SCHULDRECHT BT 1

Kaufrecht

Tausch

Werkvertragsrecht

Werklieferungsvertrag

2021

Dr. Tobias Langkamp
Rechtsanwalt und Repetitor

ALPMANN UND SCHMIDT Juristische Lehrgänge Verlagsges. mbH & Co. KG
48143 Münster, Alter Fischmarkt 8, 48001 Postfach 1169, Telefon (0251) 98109-0
AS-Online: www.alpmann-schmidt.de

Zitiervorschlag: Langkamp, Schuldrecht BT 1, Rn.

Dr. Langkamp, Tobias
Schuldrecht BT 1
Kaufrecht/Werkvertragsrecht
22. überarbeitete Auflage 2021
ISBN: 978-3-86752-770-5

Verlag Alpmann und Schmidt Juristische Lehrgänge
Verlagsgesellschaft mbH & Co. KG, Münster

INHALTSVERZEICHNIS

29.4.

30.4.

2.5.

7.5

LITERATURVERZEICHNIS

Verweise in den Fußnoten auf „RÜ“ und „RÜ2“ beziehen sich auf die Ausbildungszeitschriften von Alpmann Schmidt. Dort werden Urteile so dargestellt, wie sie in den Examensklausuren geprüft werden: in der RechtsprechungsÜbersicht als Gutachten und in der Rechtsprechungs-Übersicht 2 als Urteil/Behördenbescheid/Anwaltsschriftsatz etc.

RÜ-Leser wussten mehr: Immer wieder orientieren sich Examensklausuren an Gerichtsentscheidungen, die zuvor in der RÜ klausurmäßig aufbereitet wurden. Die aktuellsten RÜ-Treffer aus ganz Deutschland finden Sie auf unserer Homepage.

Abonnenten haben Zugriff auf unser digitales RÜ-Archiv.

Bamberger/Roth/Hau/Poseck	Beck'scher Online Kommentar BGB Stand: 01.02.2021 (zitiert: BeckOK-BGB/Bearbeiter)
Baur/Stürner	Sachenrecht 18. Auflage 2009
Dauner-Lieb/Langen	Nomos Kommentar BGB Band 2: Schuldrecht Teilband 1: §§ 241–610 Teilband 2: §§ 611–853 4. Auflage 2021 (zitiert: NK-BGB/Bearbeiter)
Erman	Handkommentar zum Bürgerlichen Gesetzbuch 16. Auflage 2020 (zitiert: Erman/Bearbeiter)
Jauernig	Bürgerliches Gesetzbuch 18. Auflage 2021 (zitiert: Jauernig/Bearbeiter)
jurisPraxiskommentar	BGB, Schuldrecht Band 2.1: §§ 241–432 9. Auflage 2020 Band 2.2: §§ 433–630 9. Auflage 2020 (zitiert: jurisPK/Bearbeiter)
Köhler/Lorenz	Schuldrecht II, Besonderer Teil 19. Auflage 2011
Looschelders	Schuldrecht Besonderer Teil 15. Auflage 2020
Medicus/Petersen	Bürgerliches Recht 27. Auflage 2019
Medicus/Lorenz	Schuldrecht II, Besonderer Teil 18. Auflage 2018
Münchener Kommentar	zum Bürgerlichen Gesetzbuch Band 1/Teilband 1: Allgemeiner Teil (§§ 1–240) 8. Auflage 2018

	Band 2: Schuldrecht Allgemeiner Teil 1 (§§ 241–310) 8. Auflage 2019
	Band 3: Schuldrecht Allgemeiner Teil II (§§ 311–432) 8. Auflage 2019
	Band 4: Schuldrecht Besonderer Teil I (§§ 433–534) 8. Auflage 2019
	Band 5: Schuldrecht Besonderer Teil II (§§ 535–630 h) 8. Auflage 2020
	Band 6: Schuldrecht Besonderer Teil III (§§ 631–704) 8. Auflage 2020
	Band 7: Schuldrecht Besonderer Teil IV (§§ 705–853) 8. Auflage 2020
	Band 8: Sachenrecht (§§ 854–1296) 8. Auflage 2020
	(zitiert: MünchKomm/Bearbeiter)
Palandt	Bürgerliches Gesetzbuch 80. Auflage 2021 (zitiert: Palandt/Bearbeiter)
Reinicke/Tiedtke	Kaufrecht 8. Auflage 2009
Schulze/Dörner/Ebert u.a.	Bürgerliches Gesetzbuch, Handkommentar 10. Auflage 2019 (zitiert: Hk-BGB/Bearbeiter)
Soergel	Bürgerliches Gesetzbuch Band 3/2 13. Auflage 2014
Staudinger	J. v. Staudingers Kommentar zum Bürgerlichen Gesetzbuch §§ 255–304 (2019) §§ 311, 311 a–c (2018) §§ 433–480 (2013) §§ 631–655 v (2019) Eckpfeiler des Zivilrechts (2020) (zitiert: Staudinger/Bearbeiter)

1. Teil: Kaufrecht

Das Kaufrecht, also das Sonderrecht für Kaufverträge, ist in den §§ 433–479 BGB[1] geregelt und dort in die folgenden Untertitel untergegliedert: 1

- **§§ 433–453** Allgemeine Vorschriften

  Die §§ 433–452 gelten unmittelbar nur für den Sachkauf. Gemäß § 453 finden diese Vorschriften aber außerdem auf den Kauf von Rechten und sonstigen Gegenständen entsprechende Anwendung.

- **§§ 454–473** Besondere Arten des Kaufs

  Für bestimmte Formen des Kaufs sind besondere Regeln erforderlich. Das sind der Kauf auf Probe, der Vorkauf und der Wiederkauf.

- **§§ 474–479** Verbrauchsgüterkauf

  Zur Umsetzung der Richtlinie über den Verbrauchsgüterkauf 1999/44/EG wurden mit der Schuldrechtsreform zum 01.01.2002 die §§ 474–479 in das BGB eingefügt. Mit Wirkung zum 01.01.2018 wurden u.a. in diesem Bereich des Kaufrechts Änderungen vorgenommen. Darauf wird im jeweiligen Sachzusammenhang eingegangen.

  Nicht nur die Vorschriften über den Verbrauchsgüterkauf, sondern sämtliche Vorschriften des Kaufrechts sind ggf. richtlinienkonform auszulegen, soweit sie sich im konkreten Fall auf einen Verbrauchsgüterkauf, d.h. auf einen Kaufvertrag zwischen einem Unternehmer (§ 14) als Verkäufer und einem Verbraucher (§ 13) als Käufer auswirken.

Außerhalb der §§ 433–479 verweisen zwei Vorschriften auf das Kaufrecht, nämlich § 480 (Tausch) und § 650 (Werklieferungsvertrag).

Für Kaufverträge gelten nicht nur die Regeln des Kaufrechts, sondern auch die Vorschriften des Allgemeinen Teils des BGB und die des Allgemeinen Teils des Schuldrechts. Viele Fälle, in denen die Parteien Kaufverträge schließen, lassen sich lösen, ohne Vorschriften des Kaufrechts anzuwenden. 2

Beispiele: Die Frage, ob ein Kaufvertrag mit einem Minderjährigen wirksam ist, lässt sich regelmäßig beantworten, ohne aus dem Kaufrecht andere Vorschriften zu zitieren als § 433 Abs. 1 oder § 433 Abs. 2.

Gerät der Verkäufer mit der Lieferung oder der Käufer mit der Zahlung in Verzug, richten sich die Rechtsfolgen nach dem Allgemeinen Teil des Schuldrechts. Die §§ 433–479 spielen für die Falllösung keine Rolle.

Kaufrecht ist nur das **Sonderrecht**, das zu den allgemeinen Regeln hinzutritt, um den Besonderheiten des Rechtsgebiets Rechnung zu tragen.

Das vorliegende Skript **konzentriert sich auf diese Besonderheiten des Kaufrechts**. Regelungen des Allgemeinen Teils des BGB oder des Schuldrechts werden nur dargestellt, soweit dies für das Verständnis unerlässlich ist oder sie trotz ihrer Stellung im Allgemeinen Teil ihren Anwendungsschwerpunkt im Kaufrecht haben.

---

1 §§ ohne Gesetzesangabe sind solche des BGB.

Beispiele: Die allgemeine Vorschrift des § 218 hat einen Anwendungsschwerpunkt beim Rücktritt des Käufers wegen eines Mangels.[2] § 323 Abs. 5 S. 2 betrifft die „nicht vertragsgemäße Leistung" und damit einen Gewährleistungsfall, der seinen Schwerpunkt im Kaufrecht hat.

1. Abschnitt: Kaufvertrag

A. Zustandekommen

3 Das Zustandekommen des Kaufvertrags erfordert grundsätzlich – wie nach allgemeiner Rechtsgeschäftslehre gemäß den **§§ 104 ff.** üblich – eine Einigung über den Abschluss des Vertrags, dem keine Wirksamkeitshindernisse entgegenstehen dürfen.

Bei einem Kaufvertrag ist die **Einigung** der Parteien darauf gerichtet, dass ein **Kaufgegenstand** gegen **Zahlung eines Kaufpreises** übertragen werden soll. Kaufgegenstand können Sachen, Rechte und sonstige Gegenstände sein.

Unmittelbar betrifft **§ 433** nur den **Kauf von Sachen**. Sachen i.S.d. Gesetzes sind nur körperliche Gegenstände. Unter Sachen sind sowohl bewegliche Sachen als auch Grundstücke zu verstehen.

Die Sache kann im Kaufvertrag individuell bestimmt sein, **Stückkauf**. Es genügt aber auch die Bestimmung nach allgemeinen Merkmalen (**Gattungskauf**, § 243). Tiere werden, soweit keine Sondervorschriften eingreifen, wie Sachen behandelt, § 90 a.[3]

Künftige Sachen, die noch nicht entstanden sind, können verkauft werden, selbst wenn sie noch wesentlicher Bestandteil (§ 93) einer anderen Sache sind.[4]

Beispiele: Verkauf einer fest mit dem Grundstück verbundenen Ausstellungshalle oder von noch nicht geschlagenen Bäumen.

Beim Kauf eines Grundstücks gilt gemäß § 311 c im Zweifel das **Zubehör des Grundstücks** als mitverkauft.

Beispiele für Zubehör (§ 97): Apothekeneinrichtung auf einem Apothekengrundstück oder Bierschankanlage bei einer Gastwirtschaft.

Einbauküchen aus Serienproduktion sind Zubehör, soweit sie nicht Bestandteil sind. Dies hängt von einer regional abweichenden Verkehrsauffassung ab, die sich im Laufe der Zeit ändern kann.[5]

Beispiel: Im norddeutschen Raum gelten Einbauküchen aus Serienproduktion teilweise als wesentlicher Bestandteil (§ 94 Abs. 2).[6] Speziell angefertigte Einbauküchen fallen unter § 94 Abs. 2. Dagegen sind Einbauküchen, die der Mieter auf eigene Kosten eingebaut hat, weder wesentlicher Bestandteil noch Zubehör.[7]

4 Gemäß **§ 453 Abs. 1** finden die Vorschriften über den Kauf von Sachen auf den **Kauf von Rechten** und sonstigen Gegenständen entsprechende Anwendung. Kaufgegen-

2 Vgl. unten Rn. 109.

3 Zur Behandlung von Tieren im Kaufrecht Eichelberger/Zentner JuS 2009, 201 f.

4 BGH NJW 2000, 504, 506; Palandt/Weidenkaff § 433 Rn. 6.

5 Palandt/Ellenberger § 97 Rn. 11.

6 BeckOK-BGB/Fritzsche § 94 Rn. 22.

7 BGH NJW 2009, 1078, 1080.

stand können also sein: beschränkt dingliche Rechte (wie Hypothek, Grundschuld, Pfandrechte, Erbbaurecht, Forderungen, immaterielle Rechte und Anteile an Gesellschaften) sowie sonstige Gegenstände (wie Unternehmen, Elektrizität und Fernwärme, Erfindungen und Software [vgl. Rn. 242]).

Sofern **Software** auf einem Datenträger gespeichert und mit diesem verkauft wird, handelt es sich um einen Sachkauf mit der Folge, dass die §§ 433 f. direkt zur Anwendung gelangen und Mängel der Software zu Mängelrechten des Käufers aus § 437 führen.[8] Wird die Software hingegen ohne Träger, insbesondere über das Internet, übertragen, liegt ein Fall des § 453 Abs. 1 Alt. 2 vor.

Außerdem muss eine Einigung über den **Kaufpreis** erzielt werden. Er muss in Geld bestehen, sonst liegt ein Tausch vor, § 480.[9] Die Höhe muss nicht ausdrücklich vereinbart werden. Es reicht aus, dass diese durch Auslegung (§§ 133, 157) ermittelt werden kann. 5

Für den Inhalt der Einigung ist es ohne Bedeutung, ob ein Unternehmer mit einem Verbraucher einen Kaufvertrag abschließt oder ein Unternehmer mit einem Unternehmer. In jedem Fall müssen die Parteien sich über die wesentlichen Vertragsbestandteile, also Kaufgegenstand und Kaufpreis, einigen. 6

Für die **Rechtsfolgen** kann es hingegen von Bedeutung sein, wer Kaufvertragspartei ist. Verkauft ein Unternehmer (§ 14) an einen Verbraucher (§ 13) eine bewegliche Sache, finden die Sonderregeln über den **Verbrauchsgüterkauf**[10] Anwendung.

Der Abschluss des Kaufvertrags ist **grundsätzlich formfrei**.

Hinweis: *Bei Kaufverträgen über Grundstücke ist allerdings gemäß* ***§ 311 b Abs. 1*** *eine notarielle Beurkundung (§ 128) erforderlich.*

B. Pflichten aus dem Kaufvertrag

I. Pflichten des Verkäufers

Durch den Kaufvertrag wird der Verkäufer einer Sache verpflichtet, dem Käufer die **Sache zu übergeben** und das **Eigentum** an der Sache **zu verschaffen**, § 433 Abs. 1 S. 1. Mit zum Inhalt der Hauptleistungspflichten des Verkäufers gehört außerdem, dass die Sache **frei von Sach- und Rechtsmängeln** ist, § 433 Abs. 1 S. 2. 7

Aufgrund des Kaufvertrags können sich Kostentragungspflichten und andere **Nebenleistungspflichten** ergeben, die erforderlich sind, damit die Kaufsache sachgerecht verwandt werden kann. Kostentragungspflichten sind insbesondere in § 448 geregelt. Danach trägt der Verkäufer die Kosten der Übergabe der Sache, der Käufer die Kosten der Abnahme und der Versendung der Sache nach einem anderen Ort als dem Erfüllungsort, § 448 Abs. 1. Bei Grundstücken trägt der Käufer die Kosten der Beurkundung des Kaufvertrags und der Auflassung, der Eintragung ins Grundbuch und der zur Eintragung erforderlichen Erklärungen, § 448 Abs. 2. Beim Rechtskauf oder Kauf von sonstigen

8 Staudinger/Beckmann § 453 Rn. 55 f.
9 Palandt/Weidenkaff § 433 Rn. 38.
10 Dazu unten Rn. 212 ff.

Gegenständen trägt der Verkäufer die Kosten der Begründung und Übertragung des Rechts, § 453 Abs. 2.

Auch durch **Auslegung** können sich Nebenleistungspflichten ergeben. So muss z.B. der Verkäufer Urkunden, die die Kaufsache betreffen und sich in seinem Besitz befinden, an den Käufer herausgeben[11] und beim Stellen der Rechnung muss er die Mehrwertsteuer getrennt ausweisen, wenn die Leistung der Umsatzsteuerpflicht unterliegt.[12]

II. Pflichten des Käufers

8 Der Käufer ist verpflichtet, dem Verkäufer den vereinbarten Kaufpreis zu zahlen und die gekaufte Sache abzunehmen, § 433 Abs. 2.

Der Käufer muss den geschuldeten **Kaufpreis grundsätzlich in bar** zahlen, d.h. durch Übereignung von Geldscheinen und -stücken. Jedoch ist eine Vereinbarung oder das Einverständnis bargeldloser Zahlung weitestgehend üblich. Ein Einverständnis liegt insbesondere in der **Angabe der Kontonummer** auf der Rechnung oder der Annahme einer EC- oder Kreditkarte. Erfüllung tritt dann erst mit Gutschrift auf dem Konto des Verkäufers ein.[13]

Allein die **Eröffnung eines Girokontos** ist noch nicht als Einverständnis zu sehen, da dieser Akt grundsätzlich kein ausreichender Kundgabecharakter zukommt und keinesfalls die verkehrstypische Bedeutung hat, es könnten alle Zahlungen über dieses Konto abgewickelt werden. Der Kontoinhaber kann aus verschiedenen Gründen ein Interesse daran haben, dass Zahlungen an ihn in bar oder über ein anderes Konto erfolgen (z.B. weil die Gutschrift dort zur Deckung einer Überziehung verwendet wird).

Die **Kaufpreiszahlung** steht **im Gegenseitigkeitsverhältnis** zum Anspruch des Käufers aus § 433 Abs. 1 und ist Hauptleistungspflicht. Sie muss daher nur **Zug um Zug** (§ 320) gegen Übertragung des Kaufgegenstandes erfüllt werden. Zahlt der Käufer den Kaufpreis nicht, so kann der Verkäufer nach den allgemeinen Leistungsstörungsregeln vorgehen.

9 Die **Abnahme** ist gemäß § 433 Abs. 2 Alt. 2 eine Pflicht des Käufers. Diese Pflicht steht grundsätzlich aber **nicht im Gegenseitigkeitsverhältnis**, sodass § 320 nicht eingreift. Es handelt sich nämlich im Regelfall um eine Nebenleistungspflicht, da es dem Verkäufer hauptsächlich auf die Kaufpreiszahlung ankommt.

Die Abnahme ist indes **ausnahmsweise Hauptleistungspflicht** und steht damit im Gegenseitigkeitsverhältnis, § 320, wenn der Verkäufer ein besonderes Interesse an der Abnahme hat und dies für den Käufer erkennbar war.

Beispiele: Räumungsverkauf oder bei leicht verderblicher Ware

---

11 Palandt/Weidenkaff § 433 Rn. 26.

12 BGH WM 2002, 605, 606.

13 Vgl. AS-Skript Schuldrecht AT 2 (2020), Rn. 3.

2. Abschnitt: Mängelgewährleistung

Die Rechte des Käufers bei einem Mangel der Kaufsache ergeben sich aus **§ 437**. Die Vorschrift unterscheidet nicht danach, ob ein **Sachmangel (§ 434)** oder ein **Rechtsmangel (§ 435)** vorliegt, sondern spricht allgemein von einer „mangelhaften" Sache und erfasst damit beide Arten von Mängeln. Aus § 437 ergeben sich folgende Rechte: 10

- **Nacherfüllung**
  Der Nacherfüllungsanspruch aus **§§ 437 Nr. 1, 439** ist **vorrangig** vor den anderen Ansprüchen des Käufers. Zwar ist dies im Gesetz nicht ausdrücklich normiert, ergibt sich jedoch daraus, dass Rücktritts- und Minderungsrechte sowie Schadensersatzansprüche des Käufers wegen des Mangels grundsätzlich den fruchtlosen Ablauf einer dem Verkäufer zur Nacherfüllung gesetzten Frist erfordern (§ 281 Abs. 1 S. 1; § 323 Abs. 1).

- **Rücktritt oder Minderung**
  Nachrangig, d.h. grundsätzlich erst nach erfolglosem Ablauf einer dem Verkäufer zur Nacherfüllung gesetzten Frist, kann der Käufer entweder vom Kaufvertrag zurücktreten, **§§ 437 Nr. 2, 440, 323, 326 Abs. 5**, oder den Kaufpreis mindern, **§§ 437 Nr. 2, 441**.

- **Schadensersatz oder Aufwendungsersatz**
  Gemäß **§§ 437 Nr. 3, 440, 280, 281, 283, 311 a Abs. 2** kann der Käufer Schadensersatz oder gemäß **§ 284** Ersatz der vergeblichen Aufwendungen verlangen.

A. Begriff des Sachmangels und des Rechtsmangels

Alle Gewährleistungsansprüche des Käufers, also Nacherfüllung, Rücktritt, Minderung sowie Schadensersatz und Aufwendungsersatz setzen entweder einen Sach- oder Rechtsmangel voraus.

I. Sachmangel

Die Vorschrift des **§ 434** unterscheidet sieben Fälle, in denen eine Sache frei von Sachmängeln ist, oder wann ein Sachmangel gegeben ist und welche Fälle dem Sachmangel gleichzustellen sind. Teilweise definiert die Norm also positiv, wann ein Sachmangel vorliegt, teilweise legt sie negativ fest, wann kein Sachmangel – also Sachmangelfreiheit – gegeben ist. Schließlich nennt sie Umstände, die einem Sachmangel gleichstehen. 11

- Die Sache ist von Sachmängeln frei, wenn sie bei Gefahrübergang die **vereinbarte Beschaffenheit** hat, § 434 Abs. 1 S. 1 (s. Rn. 12 ff.).

- Ist keine Beschaffenheit vereinbart, ist die Sache mangelfrei, wenn sie sich für die nach dem **Vertrag vorausgesetzte Verwendung** eignet, § 434 Abs. 1 S. 2 Nr. 1 (s. Rn. 17 ff.), sonst,

- wenn sie sich für die **gewöhnliche Verwendung** eignet oder die **übliche Beschaffenheit** aufweist, § 434 Abs. 1 S. 2 Nr. 2 (s. Rn. 19 ff.).

- Ein Sachmangel ist außerdem gegeben bei einer **unsachgemäßen Montage** durch den Verkäufer oder seine Erfüllungsgehilfen, § 434 Abs. 2 S. 1 (s. Rn. 24).
- Gleiches gilt, wenn eine **mangelhafte Montageanleitung** gegeben ist, § 434 Abs. 2 S. 2 (s. Rn. 25).
- Einem Sachmangel steht es ferner gleich, wenn der Verkäufer eine **andere Sache liefert**, § 434 Abs. 3 Alt. 1 (s. Rn. 27 ff.).
- Schließlich gilt das Gleiche bei einer **Minderlieferung**, § 434 Abs. 3 Alt. 2 (s. Rn. 31).

Klausurhinweis: *Die größte Relevanz in der Praxis und im Examen haben eindeutig Mängel gemäß* ***§ 434 Abs. 1****. Bei der Prüfung ist das Rangverhältnis der drei Mangeltatbestände zu beachten. Das Rangverhältnis ergibt sich aus dem Wortlaut des § 434 Abs. 1 („soweit ... nicht", „sonst") und ist auch für die* ***Prüfungsreihenfolge*** *maßgebend.*

1. **Vereinbarte Beschaffenheit** fehlt, § 434 Abs. 1 S. 1
2. sonst Fehlen der **vertraglich vorausgesetzten Verwendung**, § 434 Abs. 1 S. 2 Nr. 1
3. sonst **Eignung zur gewöhnlichen Verwendung** oder **übliche Beschaffenheit** fehlt, § 434 Abs. 1 S. 2 Nr. 2

1. Vereinbarte Beschaffenheit, § 434 Abs. 1 S. 1

12 Gemäß § 434 Abs. 1 S. 1 ist die Sache frei von Sachmängeln, wenn sie bei Gefahrübergang die vereinbarte Beschaffenheit hat. Daraus ergibt sich im Umkehrschluss, dass die **Kaufsache mangelhaft** ist, **wenn** sie bei Gefahrübergang nicht die vereinbarte Beschaffenheit hat. Das ist der Fall, wenn die **tatsächliche Beschaffenheit** (Ist-Beschaffenheit) der Sache zum Nachteil des Käufers von der vertraglich vereinbarten Beschaffenheit (Soll-Beschaffenheit) **abweicht.**[14]

Klausurhinweis: *Es ist regelmäßig einfacher zu prüfen, ob ein Mangel vorliegt als dem Wortlaut des § 434 Abs. 1 entsprechend zu prüfen, ob die Sache frei von Sachmängeln ist.*

a) Beschaffenheitsbegriff

13 Zur Beschaffenheit einer Sache gehören zunächst die **physischen Merkmale.**

Beispiele: Größe, Gewicht, Alter, Herstellungsmaterial, Höchstgeschwindigkeit, Energieverbrauch[15]

Umstritten ist, inwieweit auch die **tatsächlichen und rechtlichen Beziehungen der Sache zur Umwelt** zur Beschaffenheit gehören.

14 BGH NJW 2006, 434, 435.

15 Palandt/Weidenkaff § 434 Rn. 10.

- Nach dem früheren Recht (vor 2002) wurde angenommen, dass Umweltbeziehungen nur dann zur Beschaffenheit gehören, wenn sie **in der Sache selbst ihren Grund haben** und ihr unmittelbar physisch auf eine gewisse Dauer anhaften. Diese Ansicht wird vereinzelt auch heute noch vertreten.[16]

  Dies lässt sich mit der Annahme begründen, dass die „Beschaffenheit" einer Sache begrifflich einen unmittelbaren Sachbezug voraussetze.

- Nach einer weiteren Ansicht gehören Umweltbeziehungen, die die Brauchbarkeit oder den Wert der Kaufsache beeinflussen, zur Beschaffenheit, wenn sie **in irgendeiner Weise mit ihrer physischen Beschaffenheit zusammenhängen.**[17]

  Mit der Schuldrechtsreform 2002 wollte der Gesetzgeber den Beschaffenheitsbegriff in Bezug auf die Umweltbeziehungen erweitern. Allerdings sei das Gewährleistungsrecht insbesondere mit der kurzen Verjährung nach § 438 nur dann sachgerecht, wenn der Fehler an die physische Beschaffenheit zumindest anknüpfe.[18]

- Es wird auch die Meinung vertreten, zur Beschaffenheit gehörten alle Umweltbeziehungen, die einen **Bezug zur Sache aufweisen.**[19]

  Der Mangelbegriff sei subjektiv und damit durch die Vereinbarungen der Parteien bestimmt. Auch nach der Richtlinie über den Verbrauchsgüterkauf sei darauf abzustellen, ob die Sache vertragsgemäß sei. Die freie Vereinbarkeit der Beschaffenheit habe nur dort eine Grenze, wo kein Bezug zur Sache mehr gegeben sei.

- Am weitesten gehend ist die Ansicht, nach der **alle Umweltbeziehungen**, die von den Parteien in eine Beschaffenheitsvereinbarung aufgenommen werden, zur Beschaffenheit gehören.[20]

- Gegen die erstgenannte Ansicht spricht, dass der Gesetzgeber den Beschaffenheitsbegriff erweitern wollte. Es sollten insbesondere Abgrenzungsschwierigkeiten bei der Frage vermieden werden, ob eine Umweltbeziehung „in der Sache selbst ihren Grund hat". Gegen die letztgenannte Meinung spricht, dass der Beschaffenheitsbegriff konturenlos wird, wenn alle Umweltbeziehungen kraft Vereinbarung zur Beschaffenheit gehören. Es ist zumindest ein Bezug zu der Sache erforderlich. Nach der inzwischen **h.M.**[21] werden zu Recht **auch die Beziehungen der Kaufsache zur Umwelt** vom Beschaffenheitsbegriff erfasst, **soweit** die betroffenen Umstände den erforderlichen **Bezug zur Kaufsache** aufweisen. Dies gilt jedenfalls für alle Beziehungen der Sache zur Umwelt, die nach der Verkehrsauffassung **Einfluss auf die Wertschätzung** der Sache haben.[22]

---

16 OLG Hamm NJW-RR 2003, 1360; OLG Jena, Urt. v. 23.10.2008 – 1 U 118/08.

17 BGH RÜ 2013, 140; BeckOK-BGB/Faust § 434 Rn. 22; Erman/Grunewald § 434 Rn. 4; MünchKomm/Westermann § 434 Rn. 9.

18 Erman/Grunewald § 434 Rn. 3.

19 Staudinger/Matusche-Beckmann § 434 Rn. 54; Looschelders Rn. 38.

20 Jauernig/Berger § 434 Rn. 7; Redeker NJW 2012, 2471, 2474.

21 Vgl. Looschelders Rn. 38 m.w.N.

22 BGH RÜ 2016, 687, 689.

Klausurhinweis: *Der Meinungsstreit über den Beschaffenheitsbegriff hat häufig Auswirkungen auf die Frage, ob das Gewährleistungsrecht oder das allgemeine Schuldrecht mit einer Haftung wegen falscher oder unterlassener Angaben gemäß §§ 280 Abs. 1, 241 Abs. 2 eingreift. Teilweise können bei einer Verneinung der Beschaffenheit auch andere Varianten des § 434 eingreifen.*

Beispiele:

1. Die **Lage eines Grundstücks am See** gehört nicht zur physischen Beschaffenheit des Grundstücks, da dieses nur der katastermäßig vermessene Teil der Erdoberfläche ist. Die Seelage ist eine Umweltbeziehung, die in der Sache selbst ihren Grund hat, weil das Grundstück unverrückbar direkt an den See grenzt. Es handelt sich damit nach allen Ansichten um ein Beschaffenheitsmerkmal.

2. Der **Mietertrag eines** verkauften und bebauten **Grundstücks** ist nicht nur von dem Objekt selbst sondern auch von der Konjunktur und dem örtlichen Markt abhängig.

Nach der erstgenannten Ansicht gehören Mieterträge nicht zur Beschaffenheit, da sie sich nicht aus dem Hausgrundstück als solchem ergeben und damit den Grund nicht in der Sache selbst haben.[23] Danach kann der Verkäufer bei einer falschen Angabe der Mieterträge gemäß §§ 280 Abs. 1, 241 Abs. 1 haften.

Alle anderen Meinungen sehen den Mietertrag als Beschaffenheitsmerkmal an, da er jedenfalls mit der physischen Beschaffenheit zusammenhängt.

3. Auch bei **Angaben zur Vorgeschichte** des Kaufgegenstands ist umstritten, ob sie zur Beschaffenheit gehören.

a) Die Angabe der **Anzahl der Vorbesitzer** eines Gebrauchtfahrzeugs bezieht sich nicht auf die physische Beschaffenheit. Sie ist damit bei einem engen Verständnis des Beschaffenheitsbegriffs nicht fehlerbegründend gemäß § 434 Abs. 1 S. 1.[24] Nach dieser Ansicht kann aber ein Mangel gemäß § 434 Abs. 1 S. 2 Nr. 2 vorliegen, da sich die Anzahl der Vorbesitzer auf die Weiterverkaufsmöglichkeiten und damit die Eignung zur gewöhnlichen Verwendung auswirke.[25]
Nach der Gegenansicht ist die Anzahl der Vorbesitzer eine Umweltbeziehung, die einen Bezug zur Sache aufweist, und damit eine Beschaffenheitsangabe. Falsche Angaben über die Anzahl der Vorbesitzer begründen danach einen Fehler gemäß § 434 Abs. 1 S. 1.[26]

b) Der **Reimport eines Fahrzeugs** hängt nicht mit der physischen Beschaffenheit zusammen und fällt damit bei einer engen Auslegung nicht unter den Beschaffenheitsbegriff.[27]

Nach der Gegenansicht gehört der Reimport zur Beschaffenheit, denn er hat einen Bezug zur Sache.[28]

c) Der **frühere Anschaffungspreis** einer Sache soll keine ihr anhaftende Eigenschaft sein, da insoweit nicht die Beziehung der Sache zur Umwelt betroffen sei und auch nicht ihre tatsächlichen, rechtlichen und wirtschaftlichen Verhältnisse, die nach der Verkehrsanschauung einen Einfluss auf Nutzen und Wertschätzung des Gegenstands haben.[29]

4. Bei einer entgegen der vertraglichen Absprache nicht bestehende **Herstellergarantie** könnte man einen Sachmangel mit der Erwägung verneinen, dass es sich nicht um eine Beschaffenheit des Fahrzeugs handele, weil die Herstellergarantie dem Wagen nicht „anhafte", sondern vielmehr lediglich eine rechtliche Beziehung außerhalb der Kaufsache darstelle. Nach h.M. stellt das Bestehen einer Herstellergarantie bei einem Kraftfahrzeug indes ein auf das Fahrzeug bezogenes rechtliches Verhältnis zwischen Fahrzeughalter und Fahrzeughersteller dar, in dessen Rahmen in der Regel gemäß den Garantiebedingungen Ersatz für die Kosten bestimmter Reparaturen geleistet wird. Demnach handelt es sich um eine

23 BGH NJW 1980, 1456.
24 OLG Naumburg NJW-RR 2013, 568; BeckOK-BGB/Faust § 434 Rn. 23.
25 OLG Naumburg NJW-RR 2013, 568.
26 Redeker NJW 2012, 2471, 2473.
27 OLG Hamm NJW-RR 2003, 1360.
28 Redeker NJW 2012, 2471, 2473.
29 OLG München RÜ 2020, 69, 71.

Beziehung der Sache zur Umwelt, die **nach der Verkehrsauffassung Einfluss auf die Wertschätzung** der Sache hat, denn das (Nicht-)Bestehen einer Herstellergarantie kann im Einzelfall von großem wirtschaftlichem Gewicht sein.[30]

5. Auch das Fehlen einer **Betriebserlaubnis für Felgen** der mit dem Auto gemeinsam verkauften und vom Verkäufer noch vor Übergabe montierten Winterräder ist ein Umstand, der sich auch auf die Beschaffenheit des Fahrzeugs selbst auswirkt. Denn ein Käufer, der Wert auf die Nutzung zugelassener Räder legt, wird bei objektiver Betrachtung im Fall der Kenntniserlangung von dem Nichtvorliegen einer Betriebserlaubnis für die Felgen das Fahrzeug nicht in einer den getroffenen Vereinbarungen entsprechenden Form (also unter Verwendung der mitgelieferten Felgen) nutzen wollen und dürfen. Die Betriebserlaubnis hat insofern auch nach der Verkehrsauffassung Einfluss auf die Wertschätzung der Sache.[31]

Künftige Eigenschaften der Kaufsache, wie etwa die künftige Bebaubarkeit eines Grundstücks, stellen keine Beschaffenheitsmerkmale dar, sodass in den Fällen, in denen sich die bloßen Erwartungen der Parteien nicht erfüllen, die Gewährleistungsvorschriften keine Anwendung finden. Diese setzen nämlich voraus, dass im Zeitpunkt des **Gefahrübergangs** ein Beschaffenheitsmerkmal fehlt.[32] Werden bei Vertragsschluss Angaben über künftige Eigenschaften der Kaufsache gemacht, so kann dies allerdings nach den Regeln der Störung der Geschäftsgrundlage (§ 313) zu berücksichtigen sein.

Beispiel: V verkauft an K einen Bauernhof. Mit Rücksicht darauf, dass beide davon ausgehen, dass das Gebiet in Kürze als Bauland ausgewiesen wird, wird der Kaufpreis verdreifacht. Aufgrund der Veränderungen der politischen Verhältnisse in der Gemeinde erfüllt sich die Erwartung jedoch nicht. K verlangt von V den Kaufpreis zurück.
Das Grundstück ist nicht mangelhaft, da bei Gefahrübergang kein vereinbartes Beschaffenheitsmerkmal fehlte. Es kommt lediglich eine Anpassung bzw., wenn dies nicht möglich oder K nicht zumutbar ist, ein Rücktrittsrecht des K gemäß § 313 Abs. 3 in Betracht.

b) Vereinbarung der Beschaffenheit

Die Parteien müssen hinsichtlich der Beschaffenheit der Sache eine Vereinbarung treffen. Vereinbart ist eine Beschaffenheit, wenn der Inhalt des Kaufvertrags die Pflicht des Verkäufers enthält, die Sache in dem **bestimmten Zustand** zu übereignen und zu übergeben.[33] Eine Beschaffenheitsvereinbarung liegt nicht vor, wenn der Verkäufer sich nur auf Aussagen eines Dritten bezieht und erkennbar keine eigene Verpflichtung übernehmen will. 14

Beispiel: V verkauft dem K einen Gebrauchtwagen. In dem Bestellformular ist unter der Rubrik **„Unfallschäden laut Vorbesitzer"** maschinenschriftlich **„Nein"** eingetragen. Ist das Fahrzeug mangelhaft, wenn es einen Unfallschaden hat?

I. Es kommt ein Mangel gemäß § 434 Abs. 1 S. 1 in Betracht. V und K haben aber keine Beschaffenheitsvereinbarung über die Unfallfreiheit getroffen. V hat sich ausdrücklich auf eine bestimmte Quelle, nämlich den Vorbesitzer, bezogen und damit deutlich gemacht, dass es sich nicht um eigenes Wissen handelt. Damit hat er keine Verpflichtung für die Unfallfreiheit übernommen.[34]

II. Es liegt aber ein Mangel gemäß § 434 Abs. 1 S. 2 Nr. 2 vor, denn der Käufer eines Gebrauchtwagens kann regelmäßig erwarten, dass das Fahrzeug keinen Unfallschaden erlitten hat.[35]

30 BGH RÜ 2016, 687, 688.
31 BGH RÜ 2020, 344, 345.
32 BGH NJW 1992, 1384; BeckOK-BGB/Faust § 434 Rn. 25.
33 Palandt/Weidenkaff § 434 Rn. 15.
34 BGH NJW 2008, 1517, 1519.
35 BGH NJW 2008, 1517, 1519.

Für eine Beschaffenheitsvereinbarung genügen auch konkludente Erklärungen, wenn etwa der Käufer dem Verkäufer bestimmte Anforderungen an den Kaufgegenstand zur Kenntnis bringt und dieser zustimmt.[36] Eine **konkludente Beschaffenheitsvereinbarung** kann auch angenommen werden, wenn der Verkäufer die Sache bei Vertragsabschluss in einer bestimmten Weise beschreibt und der Käufer vor diesem Hintergrund seine Kaufentscheidung trifft.[37]

Allerdings sind an das Vorliegen einer Beschaffenheitsvereinbarung **strenge Anforderungen** zu stellen; sie kommt **nicht im Zweifel**, sondern nur in eindeutigen Fällen in Betracht.[38] Es bedarf konkreter Anhaltspunkte, aus denen sich mit der gebotenen Eindeutigkeit ergibt, dass der Verkäufer **in vertragsmäßig bindender Weise** die Gewähr für eine bestimmte Beschaffenheit übernehmen wollte.[39]

15 Verwendet der Verkäufer zur Beschreibung des Kaufgegenstands bestimmte **Begriffe**, so ist durch **Auslegung** zu ermitteln, welchen Inhalt die Beschaffenheitsangabe hat.

Beispiele:

1. Verkauft ein Kraftfahrzeughändler einen Gebrauchtwagen als **„Jahreswagen“**, entspricht es nicht mehr der vereinbarten Beschaffenheit, wenn zwischen der Herstellung und der Erstzulassung mehr als 12 Monate liegen.[40] Die vereinbarte Beschaffenheit „Jahreswagen“ ist nach der Verkehrsauffassung dahingehend zu verstehen, dass es sich um ein Gebrauchtfahrzeug aus erster Hand handelt, welches von einem Werksangehörigen ein Jahr von der Erstzulassung an gefahren worden ist.

RÜ-Video 03/20

2. Bei einem **„Werkswagen“** handelt es sich nach dem maßgeblichen Verständnis der beteiligten Kreise um ein Fahrzeug eines Automobilherstellers, das entweder im Werk zu betrieblichen Zwecken genutzt oder von einem Mitarbeiter vergünstigt gekauft, eine gewisse Zeit genutzt und dann auf dem freien Markt wieder verkauft wird. Demnach liegt ein Sachmangel vor, wenn ein tatsächlich als gewerblich genutztes Mietfahrzeug als vermeintlicher „Werkswagen“ verkauft wird.[41]

3. Wird ein Fahrzeug als **„fabrikneu“** verkauft, so bedeutet dies nach der Rspr., dass das Fahrzeug unbenutzt sein muss, im Zeitpunkt des Verkaufs noch in der Modellserie weiter gebaut wird, keine durch längere Standzeiten bedingte Mängel aufweist und nicht mehr als 12 Monate vor Abschluss des Kaufvertrags hergestellt worden ist.[42] Diese Grundsätze gelten auch bei einer **„Tages- oder Kurzzeitzulassung“**, die an der Beschaffenheit des Fahrzeugs als Neufahrzeug nichts ändert, sofern es unbenutzt geblieben ist.[43] Die kurzfristige Zulassung dient nicht der Nutzung des Fahrzeugs, sondern erfolgt im Absatzinteresse beider Parteien, da der Händler durch die Steigerung der Abnahmemenge in den Genuss niedrigerer Preise kommen kann, die er an den Kunden weitergeben kann.

4. Wird ein Kfz durch einen Händler als **„Neuwagen“** verkauft, liegt darin regelmäßig sogar die konkludente Garantie der Eigenschaft „fabrikneu“.

5. In der Vereinbarung, ein Kfz sei **„fahrbereit“**, liegt eine Beschaffenheitsvereinbarung mit dem Inhalt, dass das Fahrzeug nicht mit verkehrsgefährdenden Mängeln behaftet ist, aufgrund derer es bei einer Hauptuntersuchung als verkehrsunsicher eingestuft werden müsste.[44] Kommt es nach 2.000 km zu einem Motorschaden, so kann daraus nicht der Schluss gezogen werden, dass das Fahrzeug bei Übergabe nicht fahrbereit war. Es liegt somit kein Mangel vor.

---

36 Staudinger/Matusche-Beckmann § 434 Rn. 64.
37 BGH NJW 2013, 1074.
38 BGH RÜ 2018, 75, 76.
39 BGH RÜ 2019, 349 f.
40 BGH NJW 2006, 2694.
41 OLG Koblenz RÜ 2020, 137 mit RÜ-Video unter t1p.de/o0om.
42 BGH NJW 2004, 160.
43 BGH NJW 2005,1422.
44 BGH NJW 2007, 759.

6. Die Vereinbarung **„HU neu"** beinhaltet die stillschweigende Vereinbarung, dass sich das verkaufte Fahrzeug in einem für die Hauptuntersuchung geeigneten, verkehrssicheren Zustand befindet und die Hauptuntersuchung durchgeführt ist.[45]

7. Vereinbaren die Parteien, dass der verkaufte Gebrauchtwagen **„keine Vorschäden"** hat, begründet die Tatsache, dass eine Leiche über einen Zeitraum von vier Wochen in dem Fahrzeug gelegen hat und dabei Leichenflüssigkeit ausgetreten ist, einen Sachmangel i.S.d. § 434 Abs. 1 S. 1, da dieser Umstand einen Vorschaden darstellt.[46]

8. Ein Pferd entspricht dann nicht der zwischen den Parteien vereinbarten Beschaffenheit (§ 434 Abs. 1 S. 1), **„für einen Reitanfänger geeignet"** zu sein, wenn es insgesamt scheu, nervös und unberechenbar ist sowie Angst vor Menschen hat.[47]

Beim **Grundstückskauf** ist zu beachten, dass **auch** die **Beschaffenheitsvereinbarung** der **notariellen Beurkundung** (§ 311 b Abs. 1 S. 1) bedarf.[48] Eine Beschreibung von Eigenschaften eines Grundstücks oder Gebäudes vor Vertragsschluss durch den Verkäufer, die in der notariellen Urkunde keinen Niederschlag findet, führt deshalb in aller Regel nicht zu einer Beschaffenheitsvereinbarung nach § 434 Abs. 1 S. 1.[49]

Dieses Verständnis vorvertraglicher Beschreibungen gebietet der Auslegungsgrundsatz, wonach im Zweifel derjenigen Auslegung der Vorzug gebührt, welche die Nichtigkeit des Rechtsgeschäfts vermeidet. Mit diesem wäre es nicht vereinbar, bei vorvertraglichen Äußerungen des Verkäufers über Eigenschaften des Kaufgegenstands nicht beurkundete Beschaffenheitsvereinbarungen anzunehmen; denn dies hätte die Nichtigkeit des Vertrags nach § 125 S. 1 wegen Nichteinhaltung der gesetzlichen Formvorschrift zur Folge. Die Möglichkeit einer Heilung der Formnichtigkeit nach § 311 b Abs. 1 S. 2 mit Auflassung und Eintragung stellt den vorstehenden Grundsatz auch nicht infrage, da die Parteien im Zweifel keinen Vertrag schließen wollen, der wegen Nichtbeurkundung einer Beschaffenheitsvereinbarung formnichtig wäre.[50]

Die **Beschaffenheitsvereinbarung** ist zu **unterscheiden von** der **Beschaffenheitsgarantie**. Während die Beschaffenheitsvereinbarung lediglich die geschuldete Qualität festlegt, kann die Beschaffenheitsgarantie neben anderen Auswirkungen auf den Gewährleistungsanspruch (z.B. §§ 442, 444) auch die Folge haben, dass der Verkäufer verschuldensunabhängig (§ 276 Abs. 1 S. 1 Hs. 2) haftet (vgl. zur Beschaffenheitsgarantie unten Rn. 188). **16**

Ist im Kaufvertrag eine negative Beschaffenheit vereinbart, begründet deren Vorliegen keinen Mangel. Eine solche **negative Beschaffenheitsvereinbarung** liegt beispielsweise vor, wenn ein Kfz im Kaufvertrag als „Unfallwagen" bezeichnet wird.

2. Vertraglich vorausgesetzte Verwendung, § 434 Abs. 1 S. 2 Nr. 1

Liegt zwischen den Parteien **keine Vereinbarung** über die Beschaffenheit vor, so ist die Sache mangelhaft, wenn sie sich nicht für die nach dem **Vertrag vorausgesetzte Verwendung** eignet. Die Verwendung ist der Zweck, für den die Kaufsache eingesetzt werden soll. **17**

45 BGH NJW 2015, 1669.

46 LG Hannover RÜ 2016, 618.

47 OLG Oldenburg RÜ 2018, 681.

48 Looschelders Rn. 44.

49 BGH RÜ 2018, 549; OLG München RÜ 2020, 69, 71.

50 BGH RÜ 2016, 210.

RÜ-Video 09/18

Beispiel: Die Echtheit eines Kunstwerks im Sinne seiner Herkunft aus der Hand eines konkreten Künstlers bestimmt maßgeblich die Eignung eines Kunstwerks als Sammlerstück und Wertanlage und bildet daher regelmäßig dessen zentrale Eigenschaft für seine – im Rahmen eines Kaufvertrags der sowohl vorausgesetzten wie gewöhnlichen – Verwendung (§ 434 Abs. 1 S. 2 Nr. 1 und 2).[51]

Ohne vertraglich vereinbart zu sein, ist die Verwendung dann vertraglich vorausgesetzt, wenn sie von beiden Parteien **übereinstimmend unterstellt** wird.[52] Bei der Ermittlung dieser Verwendung sind neben dem Vertragsinhalt die Gesamtumstände des Vertragsabschlusses heranzuziehen.[53]

Dabei genügt es, dass der Käufer den **Verwendungszweck erkennen lässt und** der Verkäufer (auch konkludent) **zustimmt.**[54]

Beispiel: V verkauft K eine Immobilie als Wohnhaus. Der Umstand, dass sich das Haus mangels Tragkraft des Bodens nicht als Lagerraum eignet, begründet deshalb keinen Mangel i.S.d. § 434 Abs. 1 S. 2 Nr. 1.

Nicht zur vertraglich vorausgesetzten Verwendung gehören **einseitige Vorstellungen** des Käufers.[55]

Beispiel: Juwelier K kauft bei V einen Tresor der Sicherheitsstufe Klasse 5. Da die Versicherung den Inhalt eines Tresors der Sicherheitsstufe Klasse 5 nur mit bis zu 250.000 € versichert, K aber einen Tresor benötigt, dessen Inhalt bis zu 500.000 € versicherbar ist, möchte er sich vom Vertrag lösen.

Da der Verwendungszweck nicht vertraglich vorausgesetzt ist, führt die einseitige Erwartung des Käufers nicht zu Gewährleistungsansprüchen. Auch eine Anfechtung scheidet aus, weil lediglich ein Motivirrtum vorliegt.

Mit dem Merkmal der nach dem Vertrag vorausgesetzten Verwendung zielt die Vorschrift nämlich **nicht auf konkrete Eigenschaften** der Kaufsache ab, die sich der Käufer vorstellt, sondern darauf, ob die Sache für die dem Verkäufer erkennbare Verwendung (Nutzungsart) durch den Käufer geeignet ist.

Beispiel: K kauft eine Maschine zur Verpackung von Vogelfutter und geht dabei erkennbar von einer bestimmten Produktionsgeschwindigkeit aus.[56]

RÜ-Video 06/19

Die nach dem Vertrag vorausgesetzte Verwendung kann sich von der gewöhnlichen Verwendung der Kaufsache unterscheiden. Letztlich kommt der fehlenden Eignung für die Verwendung nach § 434 Abs. 1 S. 2 Nr. 1 regelmäßig nur dann eine **eigenständige Bedeutung gegenüber** derjenigen nach **§ 434 Abs. 1 S. 2 Nr. 2** zu, wenn die Parteien nach dem Vertrag eine andere als die gewöhnliche Verwendung vorausgesetzt haben.[57]

18 Außerdem ist das **Verhältnis** zwischen **Beschaffenheitsvereinbarung** (§ 434 Abs. 1 S. 1) und der vertraglich **vorausgesetzten Verwendung** (§ 434 Abs. 1 S. 2 Nr. 1) zu beachten: Dabei ist zu berücksichtigen, dass die nach dem Vertrag vorausgesetzte Verwendung allein nach dem **Einsatzzweck** der Kaufsache zu bestimmen ist. Dagegen darf **nicht** eine **einzelne Eigenschaft** der Sache zu der nach dem Vertrag vorausgesetzten Verwendung erhoben werden. Das liefe nämlich im praktischen Ergebnis darauf hinaus,

---

51 BGH RÜ 2018, 545; OLG Frankfurt RÜ 2018, 545 mit RÜ-Video unter t1p.de/n9h3.

52 BGH NJW-RR 2012, 1078.

53 BGH RÜ 2019, 349, 350 f.

54 Jauernig/Berger § 434 Rn. 8.

55 Looschelders Rn. 47.

56 BGH RÜ 2019, 349 mit RÜ-Video unter t1p.de/updp.

57 BGH RÜ 2019, 349, 350.

die an eine Beschaffenheitsvereinbarung nach § 434 Abs. 1 S. 1 zu stellenden (strengen) Anforderungen zu unterlaufen.[58]

- Ist eine Abweichung der Kaufsache von einer Beschaffenheitsvereinbarung der Parteien gegeben, liegt ein Mangel gemäß § 434 Abs. 1 S. 1 vor, sodass § 434 Abs. 1 S. 2 nicht zur Anwendung kommt.

- Entspricht hingegen die Beschaffenheit der Kaufsache gänzlich der Beschaffenheitsvereinbarung, kann gleichwohl ein Mangel gemäß § 434 Abs. 1 S. 2 Nr. 1 vorliegen, wenn es an der Verwendungseignung fehlt.

  Beispiel: Die Traghöhe eines Krans entspricht der Beschaffenheitsvereinbarung, nicht aber die für den vertraglichen Verwendungszweck erforderliche Tragkraft.[59]

- Problematischer ist indes der Fall, dass die **vereinbarte Beschaffenheit** und die vertraglich **vorausgesetzte Verwendungseignung miteinander in Widerspruch** stehen. Denn dann wird die Frage virulent, ob der grundsätzliche Vorrang des § 434 Abs. 1 S. 1 im Sinne einer Sperrwirkung den Rekurs auf § 434 Abs. 1 S. 2 Nr. 1 ausschließt.[60]

  Obgleich der Wortlaut des § 434 Abs. 1 S. 2 („Soweit die Beschaffenheit nicht vereinbart ist") eine solche Sperrwirkung nahelegt, kann nicht einfach der Beschaffenheitsvereinbarung der Vorrang eingeräumt werden; es ist vielmehr **durch Vertragsauslegung zu ermitteln, was vorgeht.**[61] Verlangt der Käufer eine Sache zu einem bestimmten Verwendungszweck, so kann dieser Zweck gemäß §§ 133, 157 maßgeblich sein, selbst wenn (auf Veranlassung des Verkäufers) eine ausdrückliche Vereinbarung über die Beschaffenheit getroffen wurde.[62] Bleiben Zweifel hinsichtlich des Rangverhältnisses von Beschaffenheitsvereinbarung und vorausgesetzter Verwendungseignung oder haben die Vertragsparteien beidem die gleiche Bedeutung beigemessen, geht die Beschaffenheitsvereinbarung vor.[63]

3. Eignung zur gewöhnlichen Verwendung und übliche Beschaffenheit, § 434 Abs. 1 S. 2 Nr. 2 u. S. 3

Liegt weder eine Beschaffenheitsvereinbarung (§ 434 Abs. 1 S. 1) noch eine Abweichung 19
von der vertraglich vorausgesetzten Verwendung (§ 434 Abs. 1 S. 2 Nr. 1) vor, ist die Kaufsache gemäß § 434 Abs. 1 S. 2 Nr. 2 mangelhaft, wenn sie

- sich **nicht** für die gewöhnliche Verwendung eignet ***oder***

- **nicht** eine Beschaffenheit aufweist, die bei Sachen der gleichen Art **üblich** ist und die der Käufer nach der Art der Sache erwarten kann.

Hinweis: *Der Gesetzestext definiert negativ, wann eine Sache mangelfrei ist. Das ist der Fall, wenn sie sich für die gewöhnliche Verwendung eignet und eine Beschaffenheit aufweist, die*

---

58 BGH RÜ 2019, 349, 350 f.

59 Jauernig/Berger BGB § 434 Rn. 12.

60 Vgl. Jauernig/Berger BGB § 434 Rn. 12.

61 BeckOK-BGB/Faust § 434 Rn. 48.

62 Jauernig/Berger BGB § 434 Rn. 12.

63 BeckOK-BGB/Faust § 434 Rn. 48.

bei Sachen der gleichen Art üblich ist und die der Käufer nach der Art der Sache erwarten kann. ***Mangelhaft*** *ist daher die Sache schon, wenn* ***eine der beiden Voraussetzungen fehlt****.*

a) Keine Eignung zur gewöhnlichen Verwendung

20 Ist die Verwendung weder vereinbart noch vertraglich vorausgesetzt, ist die Kaufsache mangelhaft, wenn sie sich **nicht zur gewöhnlichen Verwendung eignet**. Dies ist insbesondere dann der Fall, wenn die Sache **zum Weiterverkauf bestimmt** ist und dieser unmöglich oder erschwert ist.[64] Dabei kann auch ein mit zumutbaren Mitteln nicht auszuräumender **Verdacht der Mangelhaftigkeit** ausreichen.[65]

Beispiel: V verkauft K argentinisches Hasenfleisch zum Weiterverkauf. Nach der Lieferung häufen sich Presseberichte, nach denen ca. 31 % des aus Argentinien stammenden Hasenfleisches salmonellenverseucht sei. K kann die Ware deshalb nicht weiterverkaufen.[66]

K kann die Mängelgewährleistungsrechte geltend machen, da das zum Verkauf bestimmte Hasenfleisch jetzt unverkäuflich ist und sich damit nicht für die gewöhnliche Verwendung eignet.[67]

b) Keine übliche Beschaffenheit

21 Die Sache ist gemäß § 434 Abs. 1 S. 2 Nr. 2 auch dann mangelhaft, wenn sie **nicht die übliche Beschaffenheit** aufweist, die der **Käufer nach der Art der Sache erwarten kann**. Die übliche Beschaffenheit einer Kaufsache richtet sich nach den berechtigten Erwartungen eines objektiven Durchschnittskäufers.[68] Vergleichsmaßstab für die übliche Beschaffenheit ist dabei die übliche Beschaffenheit bei Sachen gleicher Art (Normalbeschaffenheit).[69]

Beispiel: Ein Fahrzeug hat einen Sachmangel i.S.d. § 434 Abs. 1 S. 2 Nr. 2, wenn bei Übergabe an den Käufer eine – den Stickoxidausstoß auf dem Prüfstand gegenüber dem normalen Fahrbetrieb reduzierende – Abschalteinrichtung i.S.v. Art. 3 Nr. 10 VO 715/2007/EG installiert ist, die gemäß Art. 5 Abs. 2 S. 1 VO 715/2007/EG unzulässig ist.[70]

Gegenbeispiel: Der Erwerber einer gebrauchten, zum Zeitpunkt des Vertragsabschlusses rund 19 Jahre alten Eigentumswohnung, kann nicht erwarten, dass diese Wohnung völlig frei von Silberfischen ist. Ein solcher Zustand entspräche auch nicht dem Üblichen. Vielmehr ist ein gewisser Grundbestand von Silberfischen in Wohnungen weder unüblich noch ist die Abwesenheit dieser Tiere generell zu erwarten.[71]

Beim **Gebrauchtwagenkauf** umfasst die übliche Beschaffenheit, dass das Fahrzeug **keine Unfallschäden** erlitten hat, die über Bagatellschäden hinausgehen.[72] Bagatellschäden sind nur ganz geringfügige äußere Lackschäden, nicht dagegen Blechschäden, auch wenn sie keine weiteren Folgen hatten und der Reparaturaufwand nur gering war.[73]

---

64 BGH NJW 2015, 544.

65 Jauernig/Berger § 434 Rn. 14.

66 Nach BGH NJW 1969, 1171.

67 Vgl. BGH NJW 1989, 218, 220; Jauernig/Berger § 434 Rn. 14.

68 BGH NJW 2009, 2807.

69 Grigoleit/Herresthal JZ 2003, 233, 235.

70 BGH RÜ 2019, 273, 274.

71 OLG Hamm RÜ 2017, 556, 557.

72 MünchKomm/Westermann § 434 Rn. 67.

73 OLG Rostock RÜ 2020, 668, 669.

Beispiel: Der Gebrauchtwagenhändler V verkauft K einen zwei Jahre alten gebrauchten Mercedes für 40.000 €. Eine Nachfrage beim Vorbesitzer ergab, dass dieser beim Zurücksetzen gegen ein Garagentor gefahren war. Dabei wurde die Heckklappe eingebeult. Sie musste gespachtelt und neu lackiert werden. Der Reparaturaufwand betrug 1.050 €. Ist das Auto mangelhaft?

I. Es kann ein Mangel gemäß § 434 Abs. 1 S. 1 gegeben sein. V und K haben aber keine (auch keine konkludente) Beschaffenheitsvereinbarung über die Unfallfreiheit getroffen.

II. Das Fahrzeug kann gemäß § 434 Abs. 1 S. 2 Nr. 2 mangelhaft sein. Der Käufer eines Gebrauchtwagens kann erwarten, dass das Auto keinen Unfall hatte, bei dem es zu mehr als einem Bagatellschaden gekommen ist. Bagatellschäden sind nur Lackschäden. Hier ist es zu einem Blechschaden gekommen, der gespachtelt werden musste. Das Auto ist daher nach § 434 Abs. 1 S. 2 Nr. 2 mangelhaft.

Ist der Kaufgegenstand ein **Tier, so muss** es lediglich der **Normalbeschaffenheit** ent- **22**
sprechen und nicht in jeder Hinsicht der Idealnorm. Der Käufer eines Pferdes kann deshalb redlicherweise nicht erwarten, dass er auch ohne besondere (Beschaffenheits-)Vereinbarung ein Tier mit „idealen" Anlagen erhält.[74]

Beispiele:

1. V verkauft an K ein Reitpferd, bei dem **röntgenologische Auffälligkeiten** vorliegen, welches aber keinerlei klinische Symptome, also sichtbare Beeinträchtigungen, aufweist. K macht Mängelgewährleistungsansprüche geltend, da der Röntgenbefund zu erheblichen Preisabschlägen am Markt führt.

Gemäß § 90 a S. 3 sind auf Tiere die für Sachen geltenden Vorschriften entsprechend anzuwenden, soweit nicht etwas anderes bestimmt ist. Eine Mangelhaftigkeit nach § 434 Abs. 1 S. 1 liegt nicht vor, da die Parteien keine konkrete Beschaffenheitsvereinbarung, etwa zu den körperlichen Merkmalen des Tieres oder zur Einordnung seiner Befunde in eine bestimmte Röntgenklasse, getroffen haben. Auch ein Sachmangel i.S.d. § 434 Abs. 1 S. 2 Nr. 2 ist nicht gegeben, da sich das Pferd – als Reitpferd – für eine gewöhnliche Verwendung eignet. Zu der „üblichen Beschaffenheit" eines Tieres gehört nicht, dass es in jeder Hinsicht einer biologischen oder physiologischen „Idealnorm" entspricht.[75] Gewisse – erworbene oder genetisch bedingte – Abweichungen vom physiologischen Idealzustand kommen bei Lebewesen erfahrungsgemäß vor.

2. Diese Grundsätze gelten auch für ein vom Idealzustand abweichendes Verhalten, wie etwa sog. **Rittigkeitsprobleme**, wenn das Pferd nicht oder nicht optimal mit dem Reiter harmoniert und Widersetzlichkeiten zeigt. Entspricht die Rittigkeit eines Pferdes nicht den Vorstellungen des Reiters, realisiert sich für den Käufer – wenn nicht klinische Auswirkungen hinzukommen – grundsätzlich nur der Umstand, dass es sich bei dem erworbenen Pferd um ein Lebewesen handelt, das – anders als Sachen – mit individuellen Anlagen ausgestattet und dementsprechend mit sich daraus ergebenden unterschiedlichen Risiken behaftet ist.[76]

RÜ-Video 09/20

3. Gleiches gilt für folgenlos überstandene Krankheiten und Verletzungen, wie **ausgeheilte Rippenfrakturen** eines als Reittier verkauften erwachsenen Pferdes, das nach Ablauf des Heilungsprozesses klinisch unauffällig ist. Weder kommt es insoweit darauf an, ob die vollständig ausgeheilten Rippenfrakturen auf einem „traumatischen Ereignis" beruhen, noch kann die Verletzung eines Tieres in jeder Hinsicht einem Schaden an einer Sache, etwa einem Kraftwagen, gleichgestellt werden.[77]

Ein **altlastenverdächtiges Grundstück** weist unabhängig von dem mit dem Kauf verfolgten Zweck in aller Regel schon wegen des Risikos der öffentlich-rechtlichen Inanspruchnahme und wegen der mit einem Altlastenverdacht verbundenen Wertminderung nicht die übliche Beschaffenheit i.S.v. § 434 Abs. 1 S. 2 Nr. 2 auf.[78]

---

74 BGH 2018, 75, 77.

75 Looschelders Rn. 49.

76 BGH RÜ 2020, 558, 560; BGH RÜ 2020, 558 mit RÜ-Video unter t1p.de/lhbe.

77 BGH RÜ 2020, 212, 214.

78 BGH RÜ 2018, 72.

Demgegenüber begründet eine auf Anweisung der Stadt errichtete **Wertstoffsammelstelle** in der Nähe einer vom Bauträger erworbenen Eigentumswohnung keinen Sachmangel i.S.v. § 434, weil die damit einhergehende Beeinträchtigung als sozialadäquat hinzunehmen ist.[79]

c) Öffentliche Äußerungen

23 Gemäß **§ 434 Abs. 1 S. 3** weicht die Kaufsache auch von der **üblichen Beschaffenheit** ab, wenn sie von **öffentlichen Aussagen des Verkäufers, des Herstellers** oder **seines Gehilfen**, insbesondere in der Werbung oder bei der Kennzeichnung abweicht. Erforderlich ist insoweit, dass die Äußerung an eine unbestimmte Vielzahl von Personen gerichtet ist.[80]

Beispiele: Plakatwerbung, Werbeprospekte, Fernsehspots, Internetwerbung

Außerdem muss der Kaufsache eine **bestimmte Eigenschaft** zugesprochen werden. Dies ist dann der Fall, wenn es sich bei der Äußerung um nachprüfbare Tatsachen handelt. Bloße Anpreisungen genügen hingegen nicht.[81]

Beispiel: Der Satz „Red Bull verleiht Flügel" bestimmt keine Eigenschaftsangabe, sondern stellt eine allgemeine Anpreisung dar.

Beispiel: Zu den Eigenschaften, die der Käufer eines Grundstücks nach den öffentlichen Äußerungen des Verkäufers erwarten darf, zählen auch Angaben (etwa zur Trockenheit eines Kellers) in einem Exposé, wobei es keinen Unterschied macht, ob es sich um ein von dem Verkäufer selbst erstelltes Exposé oder um ein Maklerexposé handelt.[82]

Neben dem **Verkäufer** kann auch der **Hersteller** entsprechende Äußerungen treffen, welche dann gegenüber dem Verkäufer vorgebracht werden können. Der Begriff des Herstellers ist durch die Verweisung auf § 4 Abs. 1 u. 2 ProdHaftG legal definiert.

Beispiel: Enthält ein Prospekt des Herstellers über einen Pkw die Aussage, dass sich mit dessen Smart-Key-System das Fahrzeug einschränkungslos ohne Schlüssel öffnen, verschließen und starten lässt, ist das Auto mangelhaft, wenn das System bei Störungen durch Funkwellen von Mobilfunkmasten oder Bahnoberleitungen ausfällt.[83]

Es genügen auch **Aussagen der Gehilfen**. Gehilfen (nicht notwendig Erfüllungsgehilfen) sind nicht nur die Angestellten des Verkäufers oder Herstellers, sondern auch Selbstständige, z.B. Werbeagenturen, die bei der Vermarktung tätig werden.[84]

Die übliche Beschaffenheit wird dann nicht durch öffentliche Äußerungen bestimmt, wenn einer der drei **Ausschlussgründe des § 434 Abs. 1 S. 3** gegeben ist.

- Der Verkäufer haftet nicht für solche öffentlichen Aussagen, die er **nicht kannte** und auch **nicht kennen musste**. Die Legaldefinition des „Kennenmüssens" ist in § 122 Abs. 2 geregelt und gilt für das gesamte Zivilrecht. Die Unkenntnis entlastet den Verkäufer also nur, wenn sie nicht auf Fahrlässigkeit beruht. Da insbesondere im gewerb-

79 OLG Düsseldorf RÜ 2020, 281.
80 Grigoleit/Herresthal JZ 2003, 233, 237.
81 Lehmann DB 2002, 1090, 1092.
82 BGH RÜ 2018, 416.
83 OLG München NJW-RR 2013, 1526.
84 Palandt/Weidenkaff § 434 Rn. 36.

lichen Verkehr von dem Verkäufer erwartet werden kann, dass dieser über öffentliche Äußerungen des Herstellers informiert ist, wird ein solcher Fall selten vorkommen.

- Der Verkäufer haftet auch dann nicht, wenn die betreffende öffentliche Aussage im Zeitpunkt des Vertragsschlusses in **gleichwertiger Weise berichtigt** war. Eine Berichtigung in „gleichwertiger Weise" erfordert, dass diese mit demselben Wirkungsgrad erfolgen muss, also entweder auf dieselbe Weise, in der die öffentliche Äußerung getätigt wurde, oder auf eine Weise, die dieselbe Reichweite und Wirkung hat.[85]

  Beispiel: Es reicht also nicht aus, dass eine Werbung, die in einer überörtlichen Zeitung geschaltet worden ist, in einer Tageszeitung berichtigt wird.

  Berichtigung setzt im Übrigen begrifflich voraus, dass auf die vorherige Äußerung Bezug genommen wird, also nicht lediglich später der richtige Sachverhalt mitgeteilt wird.[86]

- Der Verkäufer hat schließlich auch dann nicht für Werbeaussagen einzustehen, wenn er darlegt und beweist, dass die öffentliche Aussage die **Kaufentscheidung** des Käufers **nicht beeinflussen konnte**. Das ist dann der Fall, wenn sie für die Willensbildung des Käufers nicht maßgeblich sein konnte, etwa weil er sie nicht zur Kenntnis genommen hat oder nicht nehmen konnte, z.B. bei Äußerungen im ausländischen Werbefernsehen.

Die Annahme eines Sachmangels wegen des Fehlens einer Eigenschaft der Kaufsache, die der Käufer nach § 434 Abs. 1 S. 2 und 3 erwarten kann, setzt **nicht** voraus, dass diese Eigenschaft **im notariellen Kaufvertrag** Erwähnung findet. Denn die in § 434 Abs. 1 S. 2 und 3 genannten Anforderungen an die Kaufsache beruhen nicht auf einer beurkundungs- und auslegungsbedürftigen Vereinbarung zwischen Käufer und Verkäufer, sondern auf dem Gesetz.[87]

Hinweis: *Es besteht also ein wesentlicher Unterschied zur Annahme eines Mangels gemäß § 434 Abs. 1 S. 1. So bedarf nämlich etwa beim Grundstückskauf auch die Beschaffenheitsvereinbarung der notariellen Beurkundung (§ 311 b Abs. 1 S. 1).*

4. Unsachgemäße Montage und mangelhafte Montageanleitung, § 434 Abs. 2

a) Unsachgemäße Montage, § 434 Abs. 2 S. 1

Der Begriff Montage erfasst nicht nur den Zusammenbau der Kaufsache, sondern auch 24
das **Anbringen, Anschließen und Verbinden** der Kaufsache mit Gegenständen des Käufers.[88] Ein Sachmangel i.S.d. Vorschrift liegt nur dann vor, wenn der Verkäufer oder sein Erfüllungsgehilfe die vereinbarte Montage unsachgemäß durchgeführt hat; auf Montagefehler des Käufers oder eines Dritten kommt es also nicht an. Der § 434 Abs. 2 S. 1 ist deshalb nur anwendbar, wenn der Kaufvertrag auch eine **Montageverpflich-**

---

85 Staudinger/Matusche-Beckmann § 434 Rn. 111.

86 Staudinger/Matusche-Beckmann § 434 Rn. 111; a.A. Weiler WM 2002, 1784, 1792.

87 BGH RÜ 2018, 449, 451.

88 Palandt/Weidenkaff § 434 Rn. 42; BeckOK-BGB/Faust § 434 Rn. 89.

tung des Verkäufers enthält, die aber wiederum nicht den Schwerpunkt des Vertrages ausmachen darf, da sonst ein Werkvertrag vorliegt.[89]

Beispiel: K kauft bei Möbelhändler V Badezimmerschränke, die dieser im Bad des K auch anbringen soll.

Hinweis: *Auf einen Mangel gemäß § 434 Abs. 2 S. 1 kommt es nicht an, wenn die unsachgemäße Montage dazu führt, dass die Kaufsache (selbst) zum Zeitpunkt des Gefahrübergangs sachmangelhaft i.S.d. § 434 Abs. 1 ist. Die Vorschrift, die also gerade keinen Mangel der Kaufsache selbst voraussetzt, ist folglich nur dann relevant, wenn die unsachgemäße Montage dazu führt, dass nach Gefahrübergang ein Mangel gemäß § 434 Abs. 1 eintritt, oder wenn allein die Montage fehlerhaft ist, ohne dass dies zu einem Mangel der Sache selbst führt.*[90]

b) Mangelhafte Montageanleitung, § 434 Abs. 2 S. 2

25 Gemäß § 434 Abs. 2 S. 2 liegt ein Sachmangel auch dann vor, wenn die Kaufsache zur Montage bestimmt ist und die Montageanleitung mangelhaft ist, sog. **IKEA-Klausel**.

Die Sache ist **zur Montage bestimmt**, wenn für den bestimmungsgemäßen Gebrauch der Zusammenbau der Einzelteile oder der Anschluss, die Aufstellung oder ein Einbau notwendig ist.[91]

Die Montageanleitung muss den Käufer in die Lage versetzen, die Kaufsache **ohne größere Schwierigkeiten** zusammenzubauen.[92] Dabei ist auf die berechtigten Erwartungen eines durchschnittlichen Käufers abzustellen.[93]

Beispiele: Es kann eine Montageanleitung in der Sprache, die im Vertrag vorausgesetzt wird, verlangt werden; außerdem muss die Anleitung vollständig und unmissverständlich sein.[94]

Gemäß § 434 Abs. 2 S. 2 Hs. 2 liegt **kein Sachmangel** vor, **wenn** die Kaufsache **trotz mangelhafter Montageanleitung fehlerfrei montiert** worden ist. Dies ist z.B. der Fall, wenn der Käufer aufgrund eigener Sachkenntnisse die Sache fehlerfrei montiert.[95] Allerdings kann es dabei keinen Unterschied machen, ob die fehlerfreie Montage durch einen Käufer oder einen Dritten (etwa einen Nachbarn) erfolgt.[96]

26 **Fehlt** die **Montageanleitung ganz**, so ist zweifelhaft, ob dies einen Sachmangel i.S.d. § 434 Abs. 2 S. 2[97] (mangelhafte Montageanleitung) oder einen Mangel i.S.d. § 434 Abs. 1 S. 2 Nr. 2[98] (gewöhnliche Verwendung) darstellt. Für die erste Lösung spricht, dass bei fehlender Montageanleitung dann kein Mangel vorliegt, wenn es dem Käufer gelingt, trotz fehlender Montageanleitung die Sache mangelfrei zu montieren. Diesen Ausnahmetatbestand würde man dem Verkäufer im Rahmen des § 434 Abs. 1 S. 2 Nr. 2 vorenthalten.

---

89 Looschelders Rn. 59.
90 BeckOK-BGB/Faust § 434 Rn. 92.
91 Palandt/Weidenkaff § 434 Rn. 47.
92 Looschelders Rn. 61.
93 Reinicke/Tiedtke Rn. 434.
94 Palandt/Weidenkaff § 434 Rn. 48.
95 BT-Drs. 14/6040, S. 216.
96 Jauernig/Berger § 434 Rn. 19.
97 BeckOK-BGB/Faust § 434 Rn. 99.
98 Palandt/Weidenkaff § 434 Rn. 48.

Hingegen werden nach ganz h.M. **Gebrauchsanweisungen (Bedienungsanleitungen)** von § 434 Abs. 2 **nicht erfasst**. Die fehlerhafte Gebrauchsanweisung unterfällt dem Mangelbegriff des § 434 Abs. 1 S. 1 u. 2.[99]

5. Lieferung anderer Sache oder zu geringer Menge, § 434 Abs. 3

a) Falschlieferung

Gemäß § 434 Abs. 3 Alt. 1 steht es einem Sachmangel gleich, wenn der Verkäufer **„eine andere Sache"** (aliud) liefert. Die Vorschrift setzt voraus, dass die andere Sache **in Erfüllung des Kaufvertrags** geliefert wird.[100] Es muss eine entsprechende **Tilgungsbestimmung** des Verkäufers vorliegen, welche nach dem objektiven Empfängerhorizont des Käufers zu beurteilen ist. Der Käufer muss davon ausgehen können, dass der Verkäufer mit dieser Leistung den Kaufvertrag erfüllen will.[101] Liegt dagegen aus der Sicht des Käufers **erkennbar eine Verwechslung** vor, so kann man die erbrachte Leistung nicht einer mangelhaften Leistung gleichstellen. 27

Umstritten ist, ob sich die Regelung des § 434 Abs. 3 nur auf den Gattungskauf (Qualifikationsaliud) oder auch auf den Stückkauf (Identitätsaliud) bezieht. 28

- **Zum Teil** wird in der Lit.[102] vertreten, dass die Vorschrift **nur auf den Gattungskauf** anwendbar sei und nicht auch die Stückschuld erfasse. Danach kommt, wenn bei einem Stückkauf ein Identitätsaliud geliefert wird, keine Nacherfüllung in Betracht, sondern es besteht weiterhin der primäre Erfüllungsanspruch, also der Anspruch auf Lieferung der gekauften Sache. Begründet wird die Meinung damit, dass sich andernfalls der Käufer bei Annahme eines Mangels i.S.v. § 434 der Rückforderung entziehen kann, wenn der Verkäufer irrtümlich ein anderes, wertvolleres Identitätsaliud geliefert hat.
- Die ganz **h.M.**[103] geht jedoch davon aus, dass die Vorschrift sowohl auf den **Stückkauf** als auch auf den **Gattungskauf** anwendbar ist. Hierfür spricht, dass die Regelung des § 434 Abs. 3 nicht zwischen Gattungs- und Stückkauf differenziert, sodass man davon ausgehen kann, dass die Vorschrift für beides gilt. Hinzu kommt, dass der Gesetzgeber die Unterscheidung zwischen Stück- und Gattungskauf für die Mängelgewährleistung entbehrlich machen wollte.[104] Auch hat der Verkäufer ein Interesse daran, innerhalb der kürzeren Gewährleistungsfrist (§ 438) statt in der längeren Erfüllungsfrist (§§ 195, 199) zu klären, welchen Ansprüchen er ausgesetzt ist.

Außerdem ist umstritten, ob eine Ausnahme von § 434 Abs. 3 für krasse Abweichungen zu machen ist (Gänse statt Karpfen).[105] Für eine Anwendung des § 434 Abs. 3 auch für 29

99 Staudinger/Matusche-Beckmann § 434 Rn. 131; Palandt/Weidenkaff § 434 Rn. 48; Jauernig/Berger § 434 Rn. 19 a.E.; a.A. NK-BGB/Büdenbender § 434 Rn. 63.

100 BeckOK-BGB/Faust § 434 Rn. 109.

101 Staudinger/Matusche-Beckmann § 434 Rn. 144.

102 Hk-BGB/Saenger § 434 Rn. 20; Schulze NJW 2003, 1022.

103 Palandt/Weidenkaff § 434 Rn. 52 a; BeckOK-BGB/Faust § 434 Rn. 107; Looschelders Rn. 71.

104 BT-Drs. 14/6040, S. 94.

105 Gegen eine Ausnahme BeckOK-BGB/Faust § 434 Rn. 108; Palandt/Weidenkaff § 434 Rn. 52 a; Brors JR 2002, 133; zweifelnd Medicus/Petersen Rn. 288.

Extremabweichungen spricht, dass sich im Gesetzestext keinerlei Anhaltspunkte für eine Differenzierung finden lassen. Außerdem kann es zu Abgrenzungsschwierigkeiten bei der Feststellung der Frage, ob eine Extremabweichung vorliegt oder nicht, kommen.

Bei Extremabweichungen wird aus der maßgeblichen Sicht des Käufers regelmäßig keine auf die Erfüllung des Vertrags gerichtete **Tilgungsbestimmung** vorliegen. Der Käufer wird erkennen, dass die extrem abweichende Lieferung nicht vom Erfüllungswillen des Verkäufers getragen ist.

30 Schließlich wird auch die **Lieferung einer höherwertigen Sache** von § 434 Abs. 3 erfasst. Der Käufer kann (wenn er denn wirklich will) die Gewährleistungsrechte geltend machen. Der Verkäufer kann die höherwertige Sache nach § 812 Abs. 1 S. 1 herausverlangen.[106] Ein höherer Kaufpreis steht dem Verkäufer indes grundsätzlich nicht zu.[107]

b) Minderlieferung

31 Nach § 434 Abs. 3 Alt. 2 steht es einem Sachmangel gleich, wenn eine **zu geringe Menge** geliefert wird. Eine Minderlieferung im Handelskauf ist gegeben, wenn eine nach Zahl, Maß und Gewicht bestimmte Menge zum Teil ausbleibt.[108] Erforderlich ist jedoch, dass der Verkäufer mit der Lieferung einer zu geringen Menge seine ganze Leistungsverpflichtung erfüllen wollte. Es muss eine entsprechende **Tilgungsbestimmung** vorliegen, die aus der Sicht des Käufers auszulegen ist. Liegt für den Käufer erkennbar nur eine Teilleistung vor, greift § 434 Abs. 3 Alt. 2 nicht ein.[109] In diesem Fall sind die allgemeinen Regeln über die Nichterfüllung einschlägig.

Beispiel: K bestellt bei V insgesamt 5 t Weizen. Es werden versehentlich nur 4 t geliefert.

I. Es ist eine Minder- oder Zuweniglieferung i.S.d. § 434 Abs. 3 Alt. 2 gegeben, da eine andere Menge geliefert wurde. K kann die Gewährleistungsrechte des § 437 geltend machen. K kann daher gemäß §§ 437 Nr. 1, 439 Nacherfüllung von einer Tonne Weizen verlangen. Dieser Anspruch verjährt gemäß § 438 Abs. 1 Nr. 3 in zwei Jahren.

II. Der Anspruch des K aus § 433 Abs. 1 S. 1, der gemäß §§ 195, 199 in drei Jahren verjähren würde, ist jedoch durch Erfüllung gemäß § 362 erloschen.

Umstritten ist, unter **welchen Voraussetzungen** der **Käufer** bei einer Minderlieferung vom Vertrag zurücktreten kann (§ 323 Abs. 5) und Schadensersatz statt der Leistung verlangen kann, § 281 Abs. 1 S. 2 und 3 (s. Rn. 102).

c) Zuviellieferung

32 Nicht geregelt hat der Gesetzgeber den Fall, dass der Verkäufer zu viel liefert. Auf die Zuviellieferung ist **§ 434 Abs. 3 Alt. 2 nicht** analog **anwendbar.**[110] Erbringt der Verkäufer eine Leistung über Gebühr, so hat er ein Interesse daran, die Leistung wieder zurückzuerhalten. Erkennt ein objektiver Beobachter, dass zu viel geliefert worden ist, so kann der Verkäufer das zu viel Gelieferte nach **§ 812 Abs. 1 S. 1 Alt. 1** zurückfordern, da es

---

106 Vgl. BeckOK-BGB/Faust § 437 Rn. 206; Looschelders Rn. 74.

107 BeckOK-BGB/Faust § 434 Rn. 110.

108 BGH NJW 1992, 912, 913.

109 Lorenz JuS 2003, 36, 37.

110 BeckOK-BGB/Faust § 434 Rn. 117; Palandt/Weidenkaff § 434 Rn. 53a.

insoweit an einer Tilgungsbestimmung fehlt. Erkennt der objektive Beobachter dies nicht, so liegt aus der Sicht des Käufers eine Tilgungsbestimmung vor. Diese muss der Verkäufer zunächst nach § 119 Abs. 1 anfechten, bevor er die Sache nach § 812 Abs. 1 S. 1 Alt. 2 zurückfordern kann.

6. Maßgeblicher Zeitpunkt für das Vorliegen eines Sachmangels

Der maßgebliche Zeitpunkt für das Vorliegen eines Sachmangels ist gemäß § 434 Abs. 1 S. 1 der Zeitpunkt des **Gefahrübergangs** (§§ 446, 447). **33**

- Dies ist regelmäßig die **Übergabe der Sache an den Käufer, § 446 S. 1**.
- Gerät der Käufer in **Annahmeverzug**, so steht dies gem. § 446 S. 3 der Übergabe gleich.
- Liegt ein **Versendungskauf** i.S.d. § 447 vor, so geht die Sachgefahr auf den Käufer über, sobald der Verkäufer die Sache an eine ordnungsgemäß ausgewählte Transportperson übergeben hat. Zu beachten ist, dass § 447 beim Verbrauchsgüterkauf nur eingeschränkt anwendbar ist, § 475 Abs. 2.

Die **Beweislast** für das Vorliegen eines **Mangels bei Gefahrübergang** trifft den Käufer (§ 363). Dies gilt sowohl für die Existenz des Mangels als solchen, als auch für die Frage, ob der Mangel schon bei Gefahrübergang vorlag.

Für das Vorliegen eines Mangels bei Gefahrübergang können **Vermutungen** sprechen. **34**

- Gemäß § 443 Abs. 2 wird, wenn der Verkäufer eine **Haltbarkeitsgarantie** übernommen hat, vermutet, dass ein während der Geltungsdauer auftretender Sachmangel die Rechte aus der Garantie begründet (s. Rn. 189).
- Beim **Verbrauchsgüterkauf** enthält **§ 477** eine **Beweislastumkehr**. Zeigt sich innerhalb von sechs Monaten seit Gefahrübergang ein Sachmangel, so wird vermutet, dass die Sache bereits bei Gefahrübergang mangelhaft war, wenn nicht die Vermutung mit der Art der Sache oder des Mangels unvereinbar ist (s. Rn. 231 ff.).
- Gemäß **§ 478 Abs. 1** findet **§ 477** beim **Rückgriff des Unternehmers** mit der Maßgabe Anwendung, dass die Frist mit dem Übergang der Gefahr auf den Verbraucher beginnt (s. Rn. 203).

II. Rechtsmangel

Rechtsmängel gemäß **§ 435** können sich aus **privatrechtlichen Rechten Dritter** oder aus **öffentlich-rechtlichen Beschränkungen** ergeben, wenn der Käufer sie nicht i.S.d. § 435 S. 1 übernimmt. **35**

1. Privatrechtliche Rechte Dritter

Zu den privatrechtlichen Rechten Dritter, die einen Rechtsmangel gemäß § 435 begründen können, zählen:

- Bestehende **dingliche Belastungen** der Kaufsache **36**

  Dazu gehören bei Grundstücken z.B. Hypothek, Grundschuld, Rentenschuld, Dienstbarkeit, Nießbrauch, Vorkaufsrecht. Auch die Vormerkung fällt hierunter, obwohl sie kein dingliches Recht ist, sondern nur den Erwerb eines dinglichen Rechts gewährleistet.

Bei beweglichen Sachen: Pfandrecht, Nießbrauch und das einem dinglichen Recht gleichstehende Anwartschaftsrecht

- **Obligatorische Rechte**, soweit sie einem Dritten berechtigten Besitz verschaffen oder dem Käufer als Einwendung entgegengehalten werden können

  Ist das verkaufte Grundstück vermietet oder verpachtet, so kann sich der Mieter bzw. Pächter gemäß §§ 566, 578 gegenüber dem Käufer auf den mit dem Verkäufer abgeschlossenen Miet- bzw. Pachtvertrag berufen und ein Recht zum Besitz geltend machen.

  Das Zurückbehaltungsrecht des Besitzers gegenüber dem Eigentümer ist ein Rechtsmangel, wenn dem Besitzer gemäß § 986 Abs. 1 Var. 2 oder § 986 Abs. 2 auch gegenüber dem Erwerber ein Recht zum Besitz zusteht.

- Beschränkungen durch **Urheberrechte** und **gewerbliche Schutzrechte**

  Ein Rechtsmangel liegt auch dann vor, wenn der Kaufgegenstand wegen eines Urheberrechts oder eines gewerblichen Schutzrechts – Patentrecht, Markenrecht, Gebrauchsmuster oder Design – nicht oder nur eingeschränkt nutzbar ist. Der Verkäufer hat dafür einzustehen, dass der Käufer den Kaufgegenstand uneingeschränkt nutzen kann.[111]

  Beispiel 1: V verkauft dem Augenoptiker K eine Software der Herstellerfirma W. Die W hat V keine Lizenz zum Vertrieb des Programms erteilt.

  Es liegt ein Rechtsmangel vor: K darf die Software nicht nutzen, da V nicht befugt war, diese zu vertreiben. Es liegt eine Verletzung des Urheberrechts der W vor, das zu den Rechten Dritter i.S.d. § 435 gehört.[112]

  Beispiel 2: K kauft von V ein Grundstück, auf dem für eine Fernwärmeleitung eine beschränkt persönliche Dienstbarkeit zugunsten eines Energieversorgungsunternehmens besteht.

  Es liegt ein Rechtsmangel vor. Der Verkäufer ist seiner Verpflichtung zur Übertragung von unbelastetem Eigentum nicht nachgekommen.[113]

- Die **fehlende Verschaffung des Eigentums** stellt **keinen Rechtsmangel** dar.[114] Steht die Sache im Eigentum eines Dritten, handelt es sich um die Verletzung der Eigentumsverschaffungspflicht aus § 433 Abs. 1 S. 1 und nicht um einen Rechtsmangel. Lediglich hinsichtlich der Verjährung ist die fehlende Eigentumsverschaffung aber einem Rechtsmangel gleichzustellen (s. Rn. 159).[115]

2. Öffentlich-rechtliche Beschränkungen

Ein Rechtsmangel i.S.d. § 435 kann auch durch öffentlich-rechtliche Beschränkungen begründet werden.

a) Gesetzliche Nutzungsbeschränkung

37 Besteht für den Eigentümer, insbesondere den Grundeigentümer, im Zeitpunkt des Gefahrübergangs aufgrund öffentlich-rechtlicher oder privater Vorschriften eine Nut-

111 Palandt/Weidenkaff § 435 Rn. 9; Staudinger/Matusche-Beckmann § 435 Rn. 18; a.A. BeckOK-BGB/Faust § 435 Rn. 11.

112 OLG Hamm NJW-RR 1991, 953, 954.

113 BGH NJW 2000, 803, 804.

114 BGH NJW 2007, 3777; Palandt/Weidenkaff § 435 Rn. 8; BeckOK-BGB/Faust § 435 Rn. 15.

115 BeckOK-BGB/Faust § 435 Rn. 15.

zungsbeschränkung, so kann es sich um einen Rechtsmangel handeln, weil die Kaufsache nicht frei von Rechten Dritter i.S.d. § 435 ist.

Da die rechtlichen Beziehungen der Kaufsache zur Umwelt aber auch einen Sachmangel begründen können, ist die **Abgrenzung** zwischen **Rechtsmangel** und **Sachmangel** gelegentlich **schwierig**.

- Öffentlich-rechtliche Beschränkungen, die auf bauordnungs- oder planungsrechtlichen Bestimmungen beruhen und die **Benutzbarkeit regeln**, sind als **Sachmängel** anzusehen.[116] 38

Beispiel 1: V verkauft K notariell ein Baugrundstück. Bald nach der Auflassung und Übergabe erfährt K beim Bauamt, dass das Grundstück aus planungsrechtlichen Gründen nicht bebaut werden darf.

Nach der Rspr. sind öffentlich-rechtliche Baubeschränkungen, die auf bauordnungs- oder planungsrechtlichen Bestimmungen beruhen und die Benutzbarkeit regeln, nicht als Rechtsmangel, sondern als Sachmangel anzusehen.

Beispiel 2: K kauft von V ein Wochenendhaus für 200.000 €. Nach dem Einzug verbietet die zuständige Behörde die Benutzung, weil das Wochenendhaus ohne Baugenehmigung errichtet worden ist. Es liegt ein Sachmangel vor, denn ein Wochenendhaus soll zum Bewohnen geeignet sein.[117]

- Bei öffentlich-rechtlichen Beschränkungen, die auf den **Entzug des Eigentums oder des Besitzes** gerichtet sind, liegt grundsätzlich ein **Rechtsmangel** vor.[118] 39

Beispiel 1: Außerdem ist bereits die **Eintragung** eines Pkw im **Schengener Informationssystem (SIS)** zum Zwecke der Sicherstellung und Identitätsfeststellung als Rechtsmangel anzusehen.

Zwar handelt es sich bei diesem Informationssystem (nur) um eine interne Datenbank der Sicherheitsbehörden des Schengen-Raumes, mit der – anders als bei einer bereits vollzogenen behördlichen Beschlagnahme oder Sicherstellung – noch kein unmittelbarer Eingriff in Form des Entzugs der Sache verbunden ist. Die Eigenart der auf einem internationalen Abkommen beruhenden SIS-Sachfahndung gebietet es jedoch, bereits die Eintragung als solche und nicht erst eine daraufhin erfolgende Beschlagnahme oder Sicherstellung als Rechtsmangel einzuordnen. Denn bereits die Eintragung ist für den Käufer mit der **Gefahr einer erheblichen Nutzungsbeeinträchtigung** verbunden und führt damit zu einer individuellen Belastung, die geeignet ist, den Käufer in der ungestörten Ausübung der ihm nach § 903 S. 1 gebührenden Rechtsposition zu beeinträchtigen.[119]

Beispiel 2: K kauft von der Gemeinde G ein Gewerbegrundstück und ist nach Vertragsschluss empört als er erfährt, dass ein großer Teil der verkauften Fläche der **Widmung als öffentliches Straßenland** unterliegt.

Die Widmung als öffentliche Straße hat zur Folge, dass K mit dem erworbenen Eigentum – jedenfalls zum Teil – nicht i.S.v. § 903 S.1 nach eigenem Belieben verfahren und andere von jeder Einwirkung auf die Sache ausschließen kann, sondern vielmehr den Gemeingebrauch zu dulden hat. Außerdem sieht das öffentliche Straßen- und Wegerecht ein **Enteignungsrecht** für den Fall vor, dass kein freihändiger Erwerb eines bereits für die Straße in Anspruch genommenen Grundstücks möglich ist. Diese Belastung des Grundstücks stellt insofern einen Rechtsmangel dar, als der Verkäufer dem Käufer nur **Eigentum ohne rechtlichen Bestand** verschaffen konnte.[120]

116 BGH NJW 1992, 1384, 1385.

117 BGH WM 1985, 230, 231.

118 BGH NJW 1991, 915, 916; BGH WM 1984, 214, 215; NJW 1983, 275; BeckOK-BGB/Faust § 435 Rn. 18; a.A. Koller JuS 1984, 106, 107 ff.

119 BGH RÜ 2017, 341, 342 f.

120 OLG Hamm RÜ 2017, 273, 274.

b) Öffentliche Abgaben und Lasten

40 Für öffentliche Abgaben und Lasten an Grundstücken enthält **§ 436 Abs. 2** eine Regelung. Die Vorschrift stellt klar, dass beim Grundstückskauf öffentliche Abgaben und Lasten des Grundstücks **keinen Rechtsmangel** i.S.d. § 435 begründen. Das ist vor dem Hintergrund zu sehen, dass der Käufer mit solchen Belastungen rechnen muss, und er sich auch problemlos darüber informieren kann, weil es nicht um individuelle Rechtsverhältnisse des jeweiligen Grundstücks geht.[121]

Beispiele: Grundsteuer, aber nicht die Umsatz- oder Grunderwerbssteuer

c) Nicht bestehende Buchrechte

41 Nach **§ 435 S. 2** steht es einem Rechtsmangel gleich, wenn **im Grundbuch** ein **Recht eingetragen** ist, **das nicht besteht.** Buchrechte verschlechtern die Position des Käufers zwar nicht unmittelbar, behindern ihn jedoch bei der Verfügung über das Grundstück. Außerdem besteht die Gefahr, dass sie durch den gutgläubigen Erwerb eines Dritten (§ 892) zu einem wirklichen Recht werden.

Beispiel: A verkauft B ein Grundstück, das nach dem Kaufvertrag unbelastet sein soll. Jedoch ist immer noch eine bereits getilgte Hypothek eingetragen.

Allein die Eintragung stellt nach § 435 S. 2 einen Rechtsmangel dar, auch wenn sich die Hypothek mit der Tilgung in eine Eigentümergrundschuld verwandelt hat.

3. Maßgeblicher Zeitpunkt für das Vorliegen eines Rechtsmangels

42 Maßgeblicher Zeitpunkt für das Vorliegen eines Rechtsmangels ist, anders als beim Sachmangel nicht der Gefahrübergang, sondern der Zeitpunkt, in dem der **Erwerb der Sache** eintritt. Dies ist bei beweglichen Sachen der Zeitpunkt der Eigentumsübertragung gemäß §§ 929 ff., bei Grundstücken der Zeitpunkt, in dem der Eigentumserwerb durch Auflassung und Eintragung im Grundbuch vollendet wird (§§ 873, 925).

Hinweis: *Ob ein* ***Sach- oder Rechtsmangel*** *vorliegt, wirkt sich in der Regel wegen der identischen Rechtsfolgen (§ 437) im Ergebnis nicht aus. Unterschiede können sich aber nicht nur mit Blick auf den maßgeblichen Zeitpunkt für das Vorliegen des Mangels ergeben, sondern die Unterscheidung kann zudem* ***Bedeutung*** *erlangen, wenn durch einen* ***Gewährleistungsausschluss*** *nur die Haftung wegen Sachmängeln, nicht aber wegen Rechtsmängeln – oder umgekehrt – ausgeschlossen wird.*

121 BeckOK-BGB/Faust § 436 Rn. 8.

Sach- und Rechtsmangel

§ 434 Abs. 1 S. 1

Sache ist mangelhaft, wenn sie bei Gefahrübergang nicht die vereinbarte Beschaffenheit hat.

- **Beschaffenheit**

  Unstreitig zur Beschaffenheit zählen alle der Kaufsache anhaftenden **physischen Merkmale**; umstritten ist, inwieweit auch die tatsächlichen und rechtlichen Beziehungen zur Umwelt zur Beschaffenheit gehören.

- **Vereinbarung**

  Parteien müssen hinsichtlich der Beschaffenheit der Sache eine Vereinbarung getroffen haben; eine **konkludente** Vereinbarung **reicht aus**.

§ 434 Abs. 1 S. 2 Nr. 1

Ist keine Beschaffenheit vereinbart, ist die Kaufsache frei von Sachmängeln, wenn sie sich für die nach dem **Vertrag vorausgesetzte Verwendung** eignet, § 434 Abs. 1 S. 2 Nr. 1.

- Fehlen einer Beschaffenheitsvereinbarung.
- Verwendung ist der Zweck, für den die Kaufsache eingesetzt werden soll.
- Vertraglich vorausgesetzt ist die Verwendung, wenn sie von beiden Parteien übereinstimmend unterstellt wird.

§ 434 Abs. 1 S. 2 Nr. 2

Ist weder eine Beschaffenheit noch ein Verwendungszweck vereinbart, so ist die Sache mangelhaft, wenn sie

- sich nicht für die **gewöhnlichen Verwendungen** eignet **oder**
- nicht eine Beschaffenheit aufweist, die bei Sachen der **gleichen Art üblich** ist und die der **Käufer nach der Art der Sache erwarten** kann. Bei der Feststellung, ob eine Sache von „üblicher Beschaffenheit" vorliegt, sind zu berücksichtigen
  - die Verkehrsanschauung,
  - **öffentliche Äußerungen** des Verkäufers, Herstellers oder seines Gehilfen, **§ 434 Abs. 1 S. 3**; übliche Beschaffenheit wird dann nicht durch öffentliche Äußerungen bestimmt, wenn einer der drei Ausschlussgründe des § 434 Abs. 1 S. 3 eingreift.

Sach- und Rechtsmangel (Fortsetzung)

§ 434 Abs. 2

Nach **§ 434 Abs. 2 S. 1** liegt ein Sachmangel vor, wenn die **vereinbarte Montage** durch den Verkäufer oder dessen Erfüllungsgehilfen **unsachgemäß durchgeführt** wird.

Gemäß **§ 434 Abs. 2 S. 2** kann ein Sachmangel auch vorliegen, wenn bei einer zur Montage bestimmten Sache die **Montageanleitung mangelhaft** ist.

- Eine Montageanleitung ist mangelhaft, wenn der Käufer durch sie nicht in die Lage versetzt wird, die Kaufsache auf Anhieb ordnungsgemäß zu montieren.
- Abzustellen ist auf die berechtigten Erwartungen des durchschnittlichen Käufers.
- Mangelhafte **Gebrauchsanweisungen** (Bedienungsanleitungen) werden **nicht** von § 434 Abs. 2 erfasst.
- Streitig ist, ob eine fehlende Montageanleitung einen Sachmangel i.S.d. § 434 Abs. 2 S. 2 oder des § 434 Abs. 1 S. 2 Nr. 2 darstellt.
- Nach **§ 434 Abs. 2 S. 2 Hs. 2** liegt kein Sachmangel vor, wenn die Kaufsache trotz mangelhafter Montageanleitung **fehlerfrei montiert** worden ist.

§ 434 Abs. 3

- **§ 434 Abs. 3 Alt. 1** setzt voraus, dass **eine andere Sache** in Erfüllung des Kaufvertrags geliefert wird. Es muss eine entsprechende **Tilgungsbestimmung** vorliegen. Nach h.M. gilt die Vorschrift auch beim Stückkauf.
- **§ 434 Abs. 3 Alt. 2** betrifft die **Minderlieferung**. Die Vorschrift greift nur ein, wenn der Verkäufer mit einer zu geringen Menge seine ganze Leistungsverpflichtung erfüllen will. Es muss eine entsprechende **Tilgungsbestimmung** vorliegen. Auf die **Zuviellieferung** ist § 434 Abs. 3 Alt. 2 **nicht analog** anwendbar.

B. Rechte des Käufers bei einem Mangel

Gemäß § 437 können dem Käufer bei einem Mangel folgende Rechte zustehen: 43

- Nacherfüllung, **§ 437 Nr. 1** (s. Rn. 44 ff.),
- Rücktritt oder Minderung, **§ 437 Nr. 2** (s. Rn. 85 ff.),
- Schadensersatz oder Ersatz vergeblicher Aufwendungen, **§ 437 Nr. 3** (s. Rn. 112 ff.).

Direkt anwendbar ist § 437 nur beim Sachkauf. Über § 453 findet die Vorschrift jedoch entsprechend Anwendung beim Kauf von Rechten und sonstigen Gegenständen. Anwendbar ist das Kaufrecht auch auf Tauschverträge (§ 480) und auf Werklieferungsverträge gemäß § 650.

Hinweis: *Die Gewährleistungsrechtsrechte aus § 437 lassen sich vor dem Hintergrund ihrer Voraussetzungen in* ***drei Stufen*** *unterteilen, die Grundvoraussetzungen aller Rechte sind ein wirksamer Kaufvertrag und das Vorliegen eines Sach- oder Rechtsmangels bei Gefahrübergang bzw. bei Erwerb.*

1 **Nacherfüllung** (nur **Grundvoraussetzungen** erforderlich)

2 **Rücktritt** und **Minderung** (Grundvoraussetzungen sowie **Fristsetzung** oder Entbehrlichkeit)

3 **Schadensersatz** und **Aufwendungsersatz** (Grundvoraussetzungen, Fristsetzung oder Entbehrlichkeit sowie **Vertretenmüssen** oder Kenntnis)

I. Nacherfüllung gemäß §§ 437 Nr. 1, 439

Nach den §§ 437 Nr. 1, 439 hat der Käufer gegen den Verkäufer einen Anspruch auf Nacherfüllung, der sich nach **Wahl des Käufers** auf die **Beseitigung** des Mangels **oder** die **Lieferung einer mangelfreien Sache** richtet. 44

Der Nacherfüllungsanspruch stellt einen **modifizierten Erfüllungsanspruch** dar.[122] Der Verkäufer schuldet gemäß § 433 Abs. 1 S. 2 eine mangelfreie Sache und hat somit durch die Lieferung einer mangelhaften Sache nicht ordnungsgemäß erfüllt. Der Anspruch ist modifiziert, da er nicht mehr auf Lieferung, sondern auf Nachlieferung oder Nachbesserung gerichtet ist. Als Gewährleistungsanspruch unterliegt er nicht mehr den allgemeinen Verjährungsregeln, sondern den speziellen des § 438.

Der Zeitpunkt, in dem der Erfüllungsanspruch in den Nacherfüllungsanspruch übergeht und damit die Modifikation eintritt, ist streitig.

122 Palandt/Weidenkaff § 439 Rn. 1.

- Teilweise wird auf den Zeitpunkt abgestellt, in dem der Käufer den mangelhaften Kaufgegenstand i.S.v. § 363 als Erfüllung annimmt.[123]
- Überwiegend wird jedoch – in Übereinstimmung mit dem Zeitpunkt für das Vorliegen eines Sachmangels – der Gefahrübergang als relevanter Zeitpunkt angesehen.[124]

Die **Nacherfüllung** ist das **vorrangige Gewährleistungsrecht** des Käufers. Denn Rücktritt, Minderung oder Schadensersatz statt der Leistung stehen dem Käufer erst nach erfolglosem Ablauf einer zur Nacherfüllung gesetzten Frist oder deren Entbehrlichkeit zu. Das Erfordernis des Fristablaufs führt dazu, dass der Verkäufer faktisch ein „Recht" zur Nacherfüllung (sog. **zweite Andienung**) hat, denn er kann durch die Nacherfüllung innerhalb der Frist verhindern, dass der Käufer zurücktritt, mindert oder Schadensersatz statt der Leistung verlangt.

Prüfungsschema für den Nacherfüllungsanspruch, §§ 437 Nr. 1, 439 Abs. 1

A. Voraussetzungen

I. Wirksamer **Kaufvertrag**

II. Kaufsache muss bei **Gefahrübergang** mit **Sachmangel**, § 434, oder bei Erwerb mit **Rechtsmangel**, § 435, behaftet sein

III. **Kein Ausschluss** der Gewährleistung (Rechtsgeschäft oder Gesetz)

B. Rechtsfolge: Nach § 439 Abs. 1 kann Käufer nach seiner Wahl die Beseitigung des Mangels oder die Lieferung einer mangelfreien Sache verlangen

I. Inhalt des Anspruchs: Anspruchsumfang, Erfüllungsort, Kostentragung

II. Ausschluss der Nacherfüllung

1. Unmöglichkeit i.S.d. § 275 Abs. 1
2. Unzumutbarkeit gemäß § 439 Abs. 4 S. 1
3. Unzumutbarkeit gemäß § 275 Abs. 2 oder 3

C. Keine Verjährung, § 438

1. Voraussetzungen des Nacherfüllungsanspruchs

45 Der Anspruch auf Nacherfüllung erfordert weder eine Fristsetzung noch ein Verschulden, sondern hat lediglich die folgenden zwei Grundvoraussetzungen:

- Es muss ein **wirksamer Kaufvertrag** über eine Sache vorliegen.
- Die Sache muss außerdem bei **Gefahrübergang** mit einem **Sachmangel** (s. Rn. 11 ff.) oder bei Erwerb mit einem **Rechtsmangel** (s. Rn. 35 ff.) behaftet sein.

---

123 BeckOK-BGB/Faust § 439 Rn. 6.

124 Palandt/Weidenkaff § 437 Rn. 49.

Außerdem darf die Gewährleistung weder durch Vertrag noch kraft Gesetzes ausgeschlossen (dazu unten Rn. 137 ff.) und keine Verjährung gemäß § 438 eingetreten sein (s. Rn. 157 ff.).

2. Rechtsfolgen des Nacherfüllungsanspruchs

Gemäß § 439 Abs. 1 kann der Käufer nach seiner Wahl die Beseitigung des Mangels oder die Lieferung einer mangelfreien Sache verlangen. Der Verkäufer hat gemäß § 439 Abs. 2 auch die zum Zwecke der Nacherfüllung erforderlichen Aufwendungen zu tragen. Mit dem zum 01.01.2018 neu gefassten § 439 Abs. 3 wird außerdem die Entscheidung des EuGH zu den Ein- und Ausbaukosten für sämtliche Kaufvertragsverhältnisse und für beide Arten der Nacherfüllung nach § 439 Abs. 1 umgesetzt. **46**

Ferner ist in § 439 Abs. 4 ein Leistungsverweigerungsrecht des Verkäufers bei Unverhältnismäßigkeit geregelt. Schließlich kann der Verkäufer gemäß § 439 Abs. 5 vom Käufer die Rückgewähr der mangelhaften Sache nach den Rücktrittsvorschriften verlangen.

a) Wahlrecht zwischen Nachbesserung und Ersatzlieferung

Das Wahlrecht zwischen Nachbesserung und Ersatzlieferung hat gemäß **§ 439 Abs. 1** der Käufer. Wählt er die Nachbesserung, ist der Verkäufer verpflichtet, den Mangel selbst zu beseitigen oder durch einen Dritten beseitigen zu lassen. Die Art und Weise der Mängelbeseitigung bestimmt hingegen allein der Verkäufer, das **Wahlrecht des Käufers** erstreckt sich **nicht** auf die **Durchführung** der Nachbesserung. **47**

Streitig ist, ob der Käufer, wenn er von seinem Wahlrecht Gebrauch gemacht hat, seine **Wahl noch wechseln** kann.

- Zum Teil wird die Auffassung vertreten, dass nach einer einmaligen Ausübung des Wahlrechts nach § 439 Abs. 1 die Wahl nicht mehr gewechselt werden kann. Es handele sich um eine Wahlschuld (§§ 262, 263).[125] Das Wahlrecht sei ein Gestaltungsrecht, welches durch seine Ausübung die andere Art der Nacherfüllung gemäß **§ 263 Abs. 2** erlöschen lasse.

- Es ist jedoch nach h.M. nicht interessengerecht, für den Fall der Ausübung des Wahlrechts den anderen Nacherfüllungsanspruch untergehen zu lassen.[126] Es liegt keine Wahlschuld vor, sondern eine gesetzlich nicht geregelte **elektive Konkurrenz.**[127] Diese ist gegeben, wenn dem Berechtigten kraft Gesetzes mehrere voneinander verschiedene Ansprüche für die Rechtsausübung zur Wahl gestellt werden.[128]

  In § 439 ist das Recht des Käufers normiert, an eine mangelfreie Sache zu gelangen. Ist dies auf die gewählte Art nicht möglich, sondern nur auf eine andere Art erreichbar, ist dies dem Käufer zu gewähren. Daher kann der Käufer die Ansprüche zwar

---

125 Jauernig/Berger § 439 Rn. 17.

126 BeckOK-BGB/Faust § 439 Rn. 9; Palandt/Weidenkaff § 439 Rn. 5; Looschelders JA 2007, 161, 165.

127 BGH NJW 2015, 2106 mit Anm. Stamm.

128 Ein weiterer Fall der elektiven Konkurrenz ist beispielsweise das Wahlrecht in § 179 zwischen dem Erfüllungsanspruch und dem Schadensersatzanspruch.

nicht kumulativ, wohl aber **alternativ** geltend machen, bis der Verkäufer seine Pflicht zur mangelfreien Lieferung nachgekommen ist.

b) Erfüllungsort

48 An welchem Ort die Nacherfüllung zu erfolgen hat, also ob der Käufer dem Verkäufer die Sache bringen muss oder ob der Verkäufer sie am Wohnsitz des Käufers austauschen und reparieren muss, wird nicht einheitlich beurteilt.

- Nach in der Lit. vertretender Ansicht[129] ist bei fehlender Vereinbarung Leistungsort der Nacherfüllung der Ort, an dem sich die Sache vertragsgemäß befindet, also der **Belegenheitsort**. Hierfür spreche, dass es sich bei dem Nacherfüllungsanspruch gerade nicht um den Erfüllungsanspruch, sondern um einen **modifizierten Erfüllungsanspruch** handele. Außerdem sei beim Erfüllungsort des Rücktritts anerkannt, dass es sich um den Belegenheitsort der Kaufsache handele. Dies müsse dann aber auch für den Nacherfüllungsort gelten, zumal § 439 Abs. 5 auf § 346 verweise. Auch gebiete die Interessenlage, dem Verkäufer einer mangelhaften Sache die Beförderung zum Zwecke der Nachbesserung aufzubürden, zumal er gemäß § 439 Abs. 2 ohnehin die erforderlichen Transportkosten zu tragen habe.[130]
- Nach vorzugswürdiger Ansicht, insbesondere auch des BGH,[131] gilt für die Frage, wo der Nacherfüllungsort ist, die **allgemeine Vorschrift des § 269 Abs. 1**. Der Gesetzgeber hat im Kaufrecht keine Regelung über den Nacherfüllungsort getroffen, sodass auf die allgemeine Vorschrift zurückgegriffen werden kann. Danach sind in erster Linie die von den Parteien getroffenen Vereinbarungen entscheidend. Fehlen vertragliche Vereinbarungen, ist auf die **jeweiligen Umstände, insbesondere die Natur des Schuldverhältnisses**, abzustellen.

  Lassen sich hieraus keine abschließenden Erkenntnisse gewinnen, ist der Erfüllungsort letztlich an dem Ort anzusiedeln, in welchem der **Verkäufer** zum Zeitpunkt der Entstehung des Schuldverhältnisses seinen **Wohnsitz oder** seine gewerbliche **Niederlassung**, § 269 Abs. 2, hatte. Aus der Kostentragungspflicht des Verkäufers gemäß § 439 Abs. 2, wonach er die für die Nacherfüllung erforderlichen Aufwendungen, insbesondere Transport-, Arbeits- und Materialkosten zu tragen hat, lässt sich nicht auf den Ort der Nacherfüllung schließen. Allerdings kann sich vor allem bei großen Gegenständen, die der Käufer nicht selbst transportieren kann, aus den Umständen ergeben, dass der Ort der Nacherfüllung der Belegenheitsort der Sache ist.[132]

c) Kosten der Nacherfüllung, § 439 Abs. 2

49 Gemäß § 439 Abs. 2 hat der Verkäufer auch die zum Zwecke der **Nacherfüllung erforderlichen Aufwendungen**, insbesondere Transport-, Wege-, Arbeits- und Materialkosten zu tragen.

---

129 BeckOK-BGB/Faust § 439 Rn. 13a; Staudinger/Matusche-Beckmann § 439 Rn. 23.

130 Veltmann RÜ 2011, 414, 415.

131 BGH RÜ 2011, 414, 416 f.; Staudinger/Artz NJW 2011, 3121; Jaentsch NJW 2012, 1025, 1030.

132 BGH RÜ 2008, 299 (Nachbesserung einer Jacht).

Beispiele: Ersatzfähig sind auch die Kosten eines erfolglosen Nacherfüllungsversuchs; Transportkosten hat der Verkäufer nur insoweit zu tragen, als er gemäß § 439 Abs. 1 zum Transport verpflichtet ist, nicht also die Kosten des Rücktransports der mangelhaften oder den Hintransport der mangelfreien Sache nach Nacherfüllung, wenn deren Leistungsort der Ort des Ladengeschäfts des Verkäufers ist.[133]

Eigene Aufwendungen darf der Verkäufer dem Käufer nicht in Rechnung stellen. Begleicht der Käufer sie dennoch in Unkenntnis des Anspruchs auf kostenfreie Nacherfüllung, hat er einen Anspruch gemäß § 812 Abs. 1 S. 1 Var. 1.[134]

Auf den ersten Blick scheint § 439 Abs. 2 keine **Anspruchsgrundlage** zu sein. Wenn der 50
Verkäufer gemäß § 439 Abs. 1 zur Nacherfüllung verpflichtet ist und gemäß § 439 Abs. 2 die Kosten trägt, ergibt sich daraus nicht unbedingt ein Anspruch des Käufers. Es gibt aber gleichwohl Konstellationen, in denen ein Anspruch des Käufers gegen den Verkäufer aus § 439 Abs. 2 besteht. Dann ist § 439 Abs. 2 eine Anspruchsgrundlage.[135]

Beispiel 1: K hat eine mangelhafte Sache von V erworben. Unter Berücksichtigung der gesetzlichen Regel des § 269 ergibt sich, dass der Ort der Nacherfüllung bei V ist. Transportiert K die Sache zu V, kann er die **Transportkosten** gemäß § 439 Abs. 2 von V ersetzt verlangen.

Beispiel 2: K erwirbt Fertigholzparkett von V. Er ist sich nicht sicher, ob das Parkett mangelhaft ist und lässt es von dem Sachverständigen S untersuchen. Dieser stellt einen Mangel fest. K verlangt die Kosten für den Sachverständigen S von V ersetzt.

K hat gegen V einen Anspruch auf Zahlung der Kosten für den Sachverständigen S aus § 439 Abs. 2. Unter die „zum Zwecke der Nacherfüllung erforderlichen Aufwendungen" fallen auch die **Aufwendungen zur Klärung einer unklaren Mängelursache**, weil das damit verbundene Kostenrisiko grundsätzlich dem Verkäufer zugewiesen ist.[136]

Hinweis: *Dass es sich bei § 439 Abs. 2 um eine Anspruchsgrundlage handeln kann, zeigt auch die Neuregelung des* ***§ 475 Abs. 6****, wonach der Verbraucher für seine Aufwendungen gemäß § 439 Abs. 2 vom Unternehmer einen* ***Vorschuss*** *verlangen kann (dazu unten Rn. 60).*

d) Ersatz der Ein- und Ausbaukosten, § 439 Abs. 3

Die Vorschrift des **§ 439 Abs. 3 S. 1** bestimmt für den Fall, dass der Käufer die mangel- 51
hafte Sache gemäß ihrer Art und ihrem Verwendungszweck in eine andere Sache eingebaut oder an eine andere Sache angebracht hat, dass der Verkäufer im Rahmen der Nacherfüllung verpflichtet ist, dem Käufer die erforderlichen **Aufwendungen für** das **Entfernen** der mangelhaften und den **Einbau oder** das **Anbringen** der nachgebesserten oder gelieferten **mangelfreien Sache** zu ersetzen.

Hintergrund: *Ist eine Kaufsache ihrem bestimmungsgemäßen Zweck entsprechend vom Käufer eingebaut worden (z.B. gekaufte Fliesen werden verlegt) und stellt sich erst im Nachhinein heraus, dass sie mangelhaft sind (z.B. durch sich nach der Verlegung zeigende Verfärbungen des Fliesenbelags), wird die Frage virulent, ob der Käufer vom Verkäufer neben der Lieferung einer neuen mangelfreien Sache, auch den Ausbau der bereits eingebauten mangelhaften Sache sowie den Einbau der neuen mangelfreien Sache verlangen kann bzw. der Verkäufer die Kosten dafür tragen muss.*

133 Jauernig/Berger § 439 Rn. 37.
134 BGH NJW 2009, 580, 582.
135 BGH RÜ 2014, 477, 479.
136 Vgl. BGH RÜ 2014, 477.

Bis zum 31.12.2017 war eine entsprechende (Kostentragungs-) Pflicht nicht (ausdrücklich) gesetzlich geregelt. Auf Vorlage des BGH hatte der EuGH jedoch entschieden, dass im ***Bereich eines Verbrauchsgüterkaufs*** *(§ 474 ff.) der Verkäufer im Rahmen der Nacherfüllung in Form der Nachlieferung nicht nur zur Neulieferung einer mangelfreien Kaufsache, sondern auch zum Ausbau der mangelhaft gelieferten und zum Einbau der mangelfrei nachzuliefernden Sache oder zur Übernahme der Ein- und Ausbaukosten verpflichtet ist.*[137] *Der BGH hat sodann befunden, dass diese Verpflichtungen beim Verbrauchsgüterkauf aus einer* ***richtlinienkonformen Auslegung des § 439 Abs. 1 Alt. 2*** *folgen.*[138]

Demgegenüber war bei sonstigen Kaufverträgen außerhalb der §§ 474 ff. der Ausbau der mangelhaften Sache und der Einbau der mangelfreien Sache im Rahmen der Nacherfüllung durch den Verkäufer nicht geschuldet, sodass der Verkäufer auch nicht die entsprechenden Kosten dafür zu tragen hatte.[139] *Deshalb kam es zur sog.* ***gespaltenen Auslegung des § 439 Abs. 1*** *je nach Art des Kaufvertrags.*

aa) Anwendungsbereich

52 Die in **§ 439 Abs. 3 S. 1** normierte Kostentragungspflicht des Verkäufers gilt **für alle Kaufverträge**, also nicht nur für den Bereich des Verbrauchsgüterkaufs.

Hintergrund: *Die Erstreckung soll zu einer Entlastung der Handwerker und anderer Unternehmer führen. Denn diese schulden ihrem Auftraggeber im Rahmen der werkvertraglichen Nacherfüllung regelmäßig den Ausbau des mangelhaften Baumaterials und den Einbau des mangelfreien Ersatzmaterials. Die Kosten dafür können sehr hoch sein und die dem Handwerker aus dem Werkvertrag zustehende Vergütung bei weitem übersteigen. Von dem Verkäufer des Baumaterials konnte der Werkunternehmer dagegen nach bisheriger Rechtslage häufig nur die Lieferung einer neuen Kaufsache verlangen. Die Kosten für den Ausbau und den erneuten Einbau der mangelfreien Sache musste er nämlich selbst tragen, wenn die Voraussetzungen eines Schadensersatzanspruchs mangels eines Verschuldens des Verkäufers nicht erfüllt waren.*[140]

Außerdem findet **§ 439 Abs. 3 S. 1 unabhängig von** der **Art der Nacherfüllung**, also sowohl bei Nachbesserung als auch bei Ersatzlieferung Anwendung.

Der Wortlaut des § 439 Abs. 3 S. 1 **(„im Rahmen der Nacherfüllung")** legt nahe, dass die Verpflichtung zum Aufwendungsersatz mit dem Anspruch auf Nacherfüllung aus § 439 Abs. 1 akzessorisch verknüpft ist. Das würde bedeuten, dass dem Käufer z.B. dann kein Anspruch aus § 439 Abs. 3 zusteht, wenn die Nacherfüllung unmöglich ist. Der Käufer könnte seine Aufwendungen dann nur als Schadensersatz geltend machen, was ein Vertretenmüssen des Verkäufers voraussetzt. Dieses Verständnis der Formulierung „im Rahmen der Nacherfüllung" erscheint jedoch mit den Vorgaben des EuGH kaum vereinbar. Daher sollte der Anspruch aus § 439 Abs. 3 in solchen Fällen losgelöst vom Nacherfüllungsanspruch anwendbar sein und dem Käufer die (verschuldensunabhängige) Ersatzfähigkeit der Aus- und Wiedereinbaukosten ermöglichen.[141]

bb) Sache eingebaut oder angebracht

53 Unter **Einbau** i.S.d. § 439 Abs. 3 S. 1 ist das **Einfügen** der Kaufsache in oder an eine andere Sache zu verstehen.

Beispiele: Einbau einer Autobatterie in einen Pkw oder von Fenstern in ein Haus[142]

137 EuGH RÜ 2011, 477 ff.

138 BGH RÜ 2012, 221 ff.

139 BGH RÜ 2013, 1 ff.

140 BT-Drs. 18/8486, S. 39.

141 Für ein nicht akzessorisches Verhältnis zwischen § 439 Abs. 1 und § 439 Abs. 3 ebenso Medicus/Lorenz § 7 Rn. 18; Thon JuS 2017, 1150, 1153; Wolffskeel/Jerger ZRP 2015, 237, 238.

142 Erman/Grunewald § 439 Rn. 9.

Über die durch die Rspr. des EuGH und des BGH berühmt berüchtigten „Ein- und Ausbaufälle" hinaus erstreckt § 439 Abs. 3 S. 1 die Verpflichtung des Verkäufers auch auf Fälle, in denen die Kaufsache an eine andere Sache „angebracht" worden ist. Mit der **Alternative des Anbringens** werden etwa Fälle erfasst, in denen Baumaterialien nicht i.e.S. in ein Bauwerk eingebaut, sondern nur an dieses angebracht werden.[143]

Beispiele: Montage von Dachrinnen oder Leuchten, Befestigung von Fassadenteilen

Außerdem werden durch diese Alternative auch Fälle erfasst, in denen mangelhafte Farben oder Lacke zum Zwecke der Nachbesserung abgeschliffen und erneut angebracht werden müssen.[144]

Einer Erstreckung des Anspruchs aus § 439 Abs. 3 auf **andere Veränderungen** der Sache, insbesondere auf solche ohne körperliche Verbindung der Kaufsache mit einer anderen Sache (Aufbau eines Regals, Konfiguration einer Alarmanlage), steht der insofern eindeutige Wortlaut („eingebaut oder … angebracht") der Vorschrift entgegen.[145]

Es soll aber eine **analoge Anwendung** des § 439 Abs. 3 in Betracht kommen, wenn das vom Käufer eingesetzte Material durch die Verbindung mit der mangelhaften Kaufsache nicht weitergehend verändert wird, als es auch durch die Verbindung mit einer mangelfreien Sache verändert würde, oder der mit einer Arbeitsleistung verfolgte Zweck nur deshalb nicht vollständig erreicht wird, weil das verarbeitete Material mangelhaft ist. Gleiches soll gelten, wenn die mangelhafte Sache zum Zweck der Nachbesserung nicht ausgebaut, sondern nur freigelegt werden muss.[146]

Beispiel: Einbaumöbel müssen aus- und wieder eingebaut werden, um Mängel am Gebäude zu beheben.

cc) Gemäß ihrer Art und ihrem Verwendungszweck

Nach § 439 Abs. 3 S. 1 muss der Einbau oder das Anbringen der Sache ihrer Art und ihrem Verwendungszweck gemäß erfolgen. Mit dieser Voraussetzung sollen Fälle ausgeschlossen werden, in denen der **Käufer nicht schutzwürdig** ist und die Ansprüche für den Verkäufer nicht vorhersehbar wären.[147] 54

Dabei ist der art- und verwendungszweckgemäße Einbau oder das Anbringen der Sache grundsätzlich **objektiv zu beurteilen.**

Nach anderer Ansicht soll entgegen der Gesetzesbegründung[148] grundsätzlich eine subjektive Beurteilung nach den Vereinbarungen der Kaufvertragsparteien erfolgen und nur hilfsweise objektiv nach der Verkehrsauffassung.[149]

Maßgeblich ist, ob der Käufer die Kaufsache durch den vorgenommenen Einbau **bestimmungsgemäß verwendet** hat oder nicht.[150] Ungewöhnliche Verwendungen der Kaufsache stehen der Kostentragungspflicht nicht grundsätzlich entgegen.

Beispiel: Der Käufer nutzt den üblicherweise für Bekleidung gedachten Stoff als Vorhangstoff.[151]

---

143 Pechstein RÜ 2017, 360, 361.

144 BT-Drs. 18/11437, S.46.

145 Zur Erstreckung auf andere Veränderungen Höpfner/Fallmann NJW 2017, 3745, 3746; Thon Jus 2017, 1150, 1152 f.

146 BeckOK/Faust § 439 Rn. 100.

147 BT-Drs. 18/8486, S. 39.

148 BT-Drs. 18/8486, S. 40.

149 Vgl. Thon Jus 2017, 1150, 1152; Höpfner/Fallmann NJW 2017, 3745, 3746.

150 BT-Drs. 18/8486, S. 40.

151 Erman/Grunewald § 439 Rn. 10.

Ein Anspruch aus § 439 Abs. 3 S. 1 kann aber insbesondere dann ausgeschlossen sein, wenn der Käufer die Kaufsache durch den Einbau **entgegen ihrer funktionellen Bestimmung** verwendet.[152]

Legt der Käufer indes eine **nicht artgerechte Verwendungsabsicht** offen und gibt der Verkäufer ihm zu verstehen, dass sich die Sache auch für diese Verwendung eignet, bleibt der Anspruch des Käufers erhalten.

dd) Erforderlichkeit der Aufwendungen

55 Die Verpflichtung des Verkäufers zum Kostenersatz gemäß § 439 Abs. 3 S. 1 setzt die Erforderlichkeit der Aufwendungen des Käufers voraus. Zur Auslegung dieses Kriteriums kann auf die Judikatur zum Selbstvornahmerecht des Bestellers nach **§ 637** rekurriert werden, das ebenfalls einen Anspruch auf Ersatz der erforderlichen Aufwendungen vorsieht (§ 637 Abs.1 u. 2). Demnach sind Aufwendungen erforderlich, die ein vernünftiger, wirtschaftlich denkender Auftraggeber aufgrund sachkundiger Beratung oder Feststellung für eine vertretbare, d.h. **geeignete und Erfolg versprechende Maßnahme** zur Mängelbeseitigung erbringen konnte und musste.[153]

Allerdings sind unverhältnismäßige Kosten auch dann nicht ersatzfähig, wenn sie zum Entfernen der mangelhaften Kaufsache bzw. zum Einbau oder Anbringen der mangelfreien Sache notwendig sind.

Beispiel: K kauft bei V Lack und streicht damit die Fenster in den oberen Etagen seines Hochhauses. Stellt sich später heraus, dass der Farbton des Lackes minimal von dem geschuldeten Farbton abweicht, kann K nicht von V die Kosten für die Beseitigung des fehlerhaften Lackes und das Auftragen eines mangelfreien Lackes verlangen.[154]

ee) Kein Ausschluss wegen Kenntnis oder Kennenmüssen

56 Gemäß **§ 439 Abs. 3 S. 2** ist **§ 442 Abs. 1** auf die Anbring- und Einbaufälle dergestalt anzuwenden, dass für eine Kenntnis des Käufers nicht auf den Zeitpunkt des Vertragsschlusses, sondern auf den **Zeitpunkt des Einbaus oder des Anbringens** der mangelhaften Kaufsache durch den Käufer abzustellen ist. Kennt der Käufer den Mangel der Kaufsache bereits bei Vertragsschluss, sind seine Rechte wegen eines Mangels nach § 442 Abs. 1 S. 1 ausgeschlossen (dazu unten Rn. 145). Erlangt der Käufer **nach Vertragsschluss** aber **vor dem Einbau oder dem Anbringen** der Kaufsache Kenntnis von einem Mangel, sind seine Rechte wegen eines Mangels grundsätzlich nicht nach § 442 Abs. 1 S. 1 ausgeschlossen. Etwas anderes muss jedoch für die Rechte des Käufers aus § 439 Abs. 3 S. 1 gelten. Der Käufer, der eine **Sache in Kenntnis eines Mangels verbaut**, ist hinsichtlich der dadurch erforderlich werdenden Aus- und Einbauleistungen nämlich nicht schutzwürdig. Deshalb ist es dem Käufer zuzumuten, dass er zunächst seinen Nacherfüllungsanspruch nach § 439 Abs. 1 geltend machen muss, bevor er die Sache verbaut.[155]

---

152 BT-Drs. 18/8486, S. 40.

153 BT-Drs. 18/11437, S.46.

154 Grunewald/Tassius/Langenbach BB 2017, 1673,1674.

155 BT-Drs. 18/8486, S. 40 f.

Beispiel: K kauft bei V eine ganze Palette Parkett, um es in seinem gesamten Haus zu verlegen. Lösen sich bereits nach der Verlegung des Parketts im ersten Zimmer des Hauses Parkettstäbe von der darunterliegenden Weichholzschicht ab, darf K das Parkett nicht in seinem gesamten Haus zu Ende verlegen, wenn er seine Rechte aus § 439 Abs. 3 S. 1 erhalten will.

Dabei dürfen die Obliegenheiten des Käufers aber nicht überdehnt werden, der Käufer muss grundsätzliche **keinen „Probeeinbau" vornehmen**, er muss vielmehr nur auf Mängelindizien reagieren, die im gewöhnlichen Rahmen des Einbauprozesses zutage treten.[156]

Von dem Ausschluss gemäß § 439 Abs. 3 S. 2 i.V.m. § 442 Abs. 1 ist nur ausnahmsweise abzusehen, wenn das die Interessenlage im Einzelfall gebietet.

Beispiel: Die mangelhafte Kaufsache muss als Platzhalter eingebaut werden, um den Weiterbau nicht zu blockieren.[157]

Ist dem Käufer ein Mangel der Kaufsache bei ihrem Einbau oder beim Anbringen infolge **grober Fahrlässigkeit** unbekannt geblieben, kommt über den Verweis in **§ 439 Abs. 3 S. 2** auch **§ 442 Abs. 1 S. 2** entsprechend zur Anwendung, sodass auch bei Kennenmüssen des Käufers die Verpflichtung des Verkäufers aus § 439 Abs. 3 S. 1 nicht besteht. Etwas anderes gilt nur dann, wenn der Verkäufer den Mangel arglistig verschwiegen oder eine Garantie für die Beschaffenheit der Sache übernommen hat.

ff) Inhalt und Umfang des Anspruchs

Der Käufer kann vom Verkäufer gemäß § 439 Abs. 3 S. 1 den **Ersatz der Kosten** für die 57
erforderlichen Aufwendungen für das Entfernen der mangelhaften und den Einbau oder das Anbringen der nachgebesserten oder gelieferten mangelfreien Sache verlangen, ohne dass der Käufer dazu verpflichtet ist, dem Verkäufer die Durchführung der entsprechenden Handlungen zu erlauben.[158] Denn entgegen der Formulierungen im Referentenentwurf und im Regierungsentwurf wurde das ursprünglich vorgesehene **Recht des Verkäufers**, im Rahmen der Nacherfüllung **wählen zu können**, ob er die mangelhafte Sache aus- und die nachgelieferte Sache selbst einbauen oder die für den Aus- und Einbau erforderlichen Kosten tragen will, in der endgültigen Fassung **gestrichen**.[159]

Für den Käufer wird mithin durch die Neuregelung in § 439 Abs. 3 S. 1 erstmals ein 58
„selektives Selbstvornahmerecht" statuiert. Denn grundsätzlich hatte und hat der Käufer – im Gegensatz zum Werkbesteller (§ 637) oder dem Mieter (§ 536 a Abs. 2) – kein Selbstvornahmerecht hinsichtlich der Mangelbeseitigung. Deshalb kann der Käufer vom Verkäufer beispielsweise nicht den Ersatz für die Kosten einer Reparatur der mangelhaften Sache verlangen, die der Käufer selbst vorgenommen hat, ohne dem Verkäufer die Möglichkeit zur Nacherfüllung und damit das Recht zur zweiten Andienung eingeräumt zu haben (vgl. dazu unten Rn. 83).

Nunmehr gewährt § 439 Abs. 3 S. 1 dem Käufer zwar – anders als § 637 dem Besteller – **nicht** das Recht, den **Mangel selbst** zu beseitigen, aber sehr wohl das Recht, selbst für

156 Picht, JZ 2017, 807, 813.

157 Erman/Grunewald § 439 Rn. 12.

158 Erman/Grunewald § 439 Rn. 9.

159 Vgl. dazu Ulber JuS 2017, 584, 585.

den Ausbau der mangelfreien Sache und den Wiedereinbau oder die Wiederanbringung zu sorgen und dafür die entsprechenden Kosten zu verlangen. Das Recht aus § 439 Abs. 3 S. 1 reicht also nur soweit wie dadurch nicht die Mangelbeseitigung und dadurch die Nacherfüllung selbst betroffen ist. Diese Grenze ist insbesondere dann zu beachten, wenn der Verkäufer von Anfang an nicht nur die bloße Lieferung der Kaufsache schuldet.

Beispiel: K kauft bei V einen sehr großen und wertvollen Wandspiegel, den V im Wohnzimmer des K mittels einer Spezialbefestigung auch anbringen soll. Stellt sich nach der Montage heraus, dass der Spiegel mangelhaft ist, hat K kein Selbstvornahmerecht gemäß § 439 Abs. 3 S. 1 bezüglich der Demontage des Spiegels, da die Montage von vornherein zum vertraglichen „Erfüllungsprogramm" des V gehörte.[160]

59 Fraglich und umstritten ist jedoch, ob der Käufer zwar nicht verpflichtet ist dem Verkäufer den **Aus- und Wiedereinbau** oder das **erneute Anbringen** zu ermöglichen, aber gleichwohl dazu berechtigt ist, dies vom Verkäufer **in natura** und anstatt des Kostenersatzes zu verlangen.

- Ein solcher Anspruch auf Leistung in natura wird zum Teil[161] mit der Begründung bejaht, dass der Wortlaut sowie die Zusammenschau der Absätze 1 und 3 des § 439 dies nahelegen. Außerdem sprächen dafür der Sinn und Zweck der Norm sowie der Wille des Gesetzgebers. Auch die im Laufe des Gesetzgebungsverfahrens vorgenommene Streichung des Wahlrechts des Verkäufers zwischen Eigenleistung und Kostenersatz ändere daran nichts, da durch die Streichung die **allgemeine Regel** auflebe, derzufolge der Käufer die **Nacherfüllung im vollen Umfang** (erweitertes Nacherfüllungsverlangen) vom Verkäufer verlangen könne, wozu ausweislich § 439 Abs. 3 auch der Ein- und Ausbau zähle.
- Demgegenüber ziehen andere aus der **Streichung des Wahlrechts** gerade den Schluss, dass der Verkäufer den Aus- und Wiedereinbau nicht in natura, sondern nur in Gestalt des Aufwendungsersatzes für diese Maßnahmen schuldet.[162]

Dabei ist zunächst zu beachten, dass auch die Befürworter einer Verpflichtung des Verkäufers in natura darauf hinweisen, dass der Verkäufer – selbstverständlich – **nicht** verpflichtet sein soll die Leistungen **in eigener Person zu erbringen**, sondern auch Handwerker mit den entsprechenden Arbeiten beauftragen kann.[163] Der Verkäufer würde sich dann insofern selbst die Kosten für die erforderlichen Aufwendungen, also für die Beauftragung der Handwerker, ersetzen. Das ist mit dem Wortlaut des § 439 Abs. 3 S. 1 („dem Käufer die erforderlichen Aufwendungen ... zu ersetzen") kaum vereinbar. Der **Wortlaut** der Vorschrift bietet – jedenfalls isoliert betrachtet – überhaupt keinen Anhaltspunkt für eine Verpflichtung des Verkäufers in natura.

Auch die Herleitung einer solchen Verpflichtung aus der **Zusammenschau mit der allgemeinen Regel** des § 439 Abs. 1 erscheint **in systematischer Hinsicht problematisch.** Ob der Ein- und Ausbau zur Nacherfüllung „im vollen Umfang" gehört, ergibt sich

160 Vgl. zum Ganzen und mit weiteren Beispielen Grunewald/Tassius/Langenbach, BB 2017, 1673,1674.

161 Grunewald/Tassius/Langenbach, BB 2017, 1673.

162 So Picht JZ 2017, 807, 809; BeckOK/Faust § 439 Rn. 113; auch nach Palandt/Weidenkaff § 439 Rn. 12 besteht weder ein Recht noch eine Pflicht des Verkäufers zur Selbstvornahme.

163 Grunewald/Tassius/Langenbach BB 2017, 1673.

nicht (ausdrücklich) aus § 439 Abs. 1 und konnte bis zum 31.12.2017 nur im Wege einer richtlinienkonformen Auslegung des § 439 Abs. 1 Alt. 2 für den Bereich des Verbrauchsgüterkaufs erreicht werden. Seit dem 01.01.2018 ist der Themenkomplex Ein- und Ausbau nunmehr erstmals explizit, nämlich in § 439 Abs. 3 geregelt, aber gerade nur (und wohl abschließend) als Kostenersatzanspruch.

Der **Wille des Gesetzgebers** ist kaum zu ergründen, da die Erwägungen im Referentenentwurf und im Regierungsentwurf wegen der späteren Streichung des Wahlrechts nur sehr bedingt herangezogen werden können. Ausführungen dazu, wie sich die Streichung auf den Anspruchsinhalt auswirkt, hat der Gesetzgeber nicht gemacht. **Leitlinie** für die Regelung des § 439 Abs. 3 ist aber auf jeden Fall, also auch noch am Ende des Gesetzgebungsverfahrens, die **Umsetzung der EuGH-Rspr.** zu den Ein- und Ausbaufällen gewesen. Dieser Rspr. lässt sich entnehmen, dass der EuGH davon ausgeht, dass die **Verbrauchsgüterkaufrichtlinie** dem Käufer in den Ein- und Ausbaufällen die **Naturalleistung** und den **Aufwendungsersatz** des Verkäufers **als zwei alternative Optionen** gewährt.[164]

Demnach könnte eine **richtlinienkonforme Auslegung des § 439 Abs. 3** (ähnlich wie bis zum 31.12.2017 des § 439 Abs. 1 Alt. 2) dahingehend geboten sein, dass die Käufer (als Verbraucher im Rahmen eines Verbrauchgüterkaufs) auch einen Anspruch auf Naturalleistung des Verkäufers haben. Dazu müsste § 439 Abs. 3 hinter den Anforderungen der Richtlinie zurückbleiben. Man kann in der unbedingten Kostenerstattungspflicht ohne Wahlrecht des Verkäufers aber auch eine Besserstellung des Verbrauchers gegenüber der Richtlinie, mithin eine zulässige Überumsetzung sehen.[165] Gegen eine Besserstellung spricht die Überlegung, dass dem Verbraucher mit der Versagung eines Anspruchs auf Naturalleistung die Möglichkeit verwehrt wird, die mit dem Ein- und Ausbau verbundenen Unannehmlichkeiten (Auswahl und Beauftragung von geeigneten Handwerkern) auf den Verkäufer „abzuwälzen".

Jedenfalls ist es aber dem Käufer selbstverständlich nicht verwehrt, **mit dem Verkäufer zu vereinbaren**, dass der Verkäufer sich selbst um den Aus- und Wiedereinbau oder das erneute Anbringen kümmert. Ein Anspruch des Käufers auf Naturalleistung des Verkäufers erscheint indes aufgrund des Wortlauts des § 439 Abs. 3 nur mit dem „Kunstgriff" der richtlinienkonformen Auslegung möglich zu sein, und dann natürlich nur für den Bereich des Verbrauchsgüterkaufs.

***Klausurhinweis:** Zielt die Fallfrage eindeutig darauf ab, ob der Käufer einen Anspruch auf Kostenersatz hat, ist auf den Streit darüber, ob der Käufer grundsätzlich auch Naturalleistung verlangen kann, nicht einzugehen.*

e) Vorschuss bei Verbrauchsgüterkauf

Gemäß der **Neuregelung** in **§ 475 Abs. 6** kann der Käufer als Verbraucher vom Unternehmer, also vom Verkäufer, für Aufwendungen, die ihm im Rahmen der Nacherfüllung gemäß **§ 439 Abs. 2 und 3** entstehen und die vom Unternehmer zu tragen sind, Vor- 60

164 So Picht JZ 2017, 807, 809.

165 Picht JZ 2017, 807, 809.

schuss verlangen. Einen solchen Vorschussanspruch leitete der BGH[166] bereits aus dem bis zum 31.12.2017 geltenden Recht ab; der Anspruch besteht bereits vor Durchführung der Nacherfüllungsmaßnahmen und soll den Verbraucher als Käufer davor schützen, mit solchen Nacherfüllungskosten in Vorlage treten zu müssen, die der Verkäufer zu tragen hat.[167] **Käufer, die keine Verbraucher sind**, haben **nur in Ausnahmefällen** einen Anspruch auf einen Vorschuss, denn eine entsprechende Nebenpflicht aus dem Kaufvertrag besteht nur dann, wenn der Käufer auf den Vorschuss unbedingt angewiesen ist.[168]

f) Ausschluss der Ansprüche aus § 439 Abs. 2 u. 3 durch AGB

61 Die Grenze für einen vertraglichen Ausschluss der Aufwendungsersatzansprüche des Käufers durch AGB normiert **§ 309 Nr. 8b) cc)**. Hiernach sind AGB unwirksam, durch die der Verwender (Unternehmer) seine Verpflichtung, die zum Zweck der Nacherfüllung erforderlichen Aufwendungen nach § 439 Abs. 2 und 3 zu tragen oder zu ersetzen, ausschließt oder beschränkt.

Allerdings gilt dieses spezielle Klauselverbot (unmittelbar) nur für Verträge zwischen Verbrauchern. Denn **für Verbrauchsgüterkäufe** ist das Verbot aus **§ 476 Abs. 1 vorrangig** und auf Verträge zwischen Unternehmern ist § 309 nicht direkt anwendbar, sondern kann nur im Rahmen des § 307 als Wertungsmaßstab herangezogen werden.[169]

g) Beseitigung weiterer Schäden an der Kaufsache

62 Ein Mangel kann dazu führen, dass weitere Schäden an der Kaufsache entstehen. In diesen Fällen erstreckt sich der Anspruch aus § 439 Abs. 1 auf Mängelbeseitigung auch auf die Beseitigung der **Folgeschäden.**[170] Der Käufer hat gemäß § 439 Abs. 1 einen Anspruch auf Herstellung des vertragsgemäßen Zustands der Kaufsache. Verlangt er Nachlieferung, hat er einen Anspruch auf eine **vollständig mangelfreie Sache**. Es wäre daher unbillig, den Mängelbeseitigungsanspruch einzuschränken und ihn nicht auf die Beseitigung der Folgeschäden zu erstrecken.

Beispiel: V verkauft K einen Sportwagen mit einem mangelhaften Turbolader. Führt dieser Mangel zu einem Motorschaden, ist V durch den Anspruch auf Mängelbeseitigung verpflichtet, den gesamten Schaden am Motor zu beseitigen.

h) Gegenanspruch des Verkäufers bzgl. der mangelhaften Sache

63 Liefert der Verkäufer zum Zwecke der Nacherfüllung eine mangelfreie Sache, so kann er vom Käufer die **Rückgewähr der mangelhaften Sache** nach den Rücktrittsvorschriften der **§§ 346–348** verlangen, **§ 439 Abs. 5**.

Gemäß **§ 475 Abs. 3 S. 1** ist **bei** einem **Verbrauchsgüterkauf** die Regelung des § 439 Abs. 5 mit der Maßgabe anzuwenden, dass **Nutzungen nicht herauszugeben** oder

166 BGH NJW 2011, 2278.
167 BT-Drs. 18/8486, S. 45.
168 Erman/Grunewald § 439 Rn. 11.
169 Dazu Lorenz JuS 2018, 10, 12.
170 BeckOK BGB/Faust § 439 Rn. 15 m.w.N.

durch ihren Wert zu ersetzen sind. Der Gesetzgeber hätte § 439 Abs. 5 auch dahingehend ändern können, dass generell kein Nutzungsersatzanspruch bei Ersatzlieferungen besteht, sondern allenfalls eine Besserstellung des Käufers angesichts des Erhalts einer neuen Sache herauszugeben ist. Da der Gesetzgeber sich ausdrücklich für eine Regelung nur im Anwendungsbereich des Verbrauchsgüterkaufs entschieden hat, stellt er damit gleichzeitig klar, dass bei anderen Kaufverträgen Wertersatz für gezogene Nutzungen zu leisten ist.

3. Einschränkungen und Ausschluss des Nacherfüllungsanspruchs

Die Nacherfüllung ist ausgeschlossen, wenn sie gemäß **§ 275 Abs. 1 unmöglich** ist. Gemäß **§ 439 Abs. 4 S. 1** kann der Verkäufer die vom Käufer gewählte Art der Nacherfüllung verweigern, wenn sie nur mit unverhältnismäßigen Kosten möglich ist. Durch § 275 Abs. 3 wird klargestellt, dass § 275 Abs. 2 und 3 anwendbar sind. Die Unverhältnismäßigkeit der Nachlieferung oder Nachbesserung kann sich daher auch aus **§ 275 Abs. 2** oder **§ 275 Abs. 3** ergeben. 64

a) Unmöglichkeit der Nacherfüllung gemäß § 275 Abs. 1

Nach § 275 Abs. 1 ist die Nacherfüllungspflicht des Verkäufers ausgeschlossen, soweit sie unmöglich ist. 65

- Hat der Käufer vor dem Eintritt des Umstands, der die Unmöglichkeit begründen kann, schon eine Art der Nacherfüllung **gewählt**, tritt Unmöglichkeit des Nacherfüllungsanspruchs schon dann ein, wenn nur die gewählte Art der Nacherfüllung unmöglich ist. Der Käufer hat dann die Wahl, ob er Rechte aus der Unmöglichkeit geltend macht oder die andere Art der Nacherfüllung beansprucht.
- Hat der Käufer das **Wahlrecht noch nicht ausgeübt**, ist die Nacherfüllung erst dann gemäß § 275 Abs. 1 ausgeschlossen, wenn beide Arten der Nacherfüllung unmöglich sind. Andernfalls bleibt der Verkäufer zu der jeweils anderen Art der Nacherfüllung verpflichtet, wie sich aus dem Wortlaut („soweit") des § 275 Abs. 1 ergibt.[171]

aa) Unmöglichkeit der Mängelbeseitigung

Die Mangelbeseitigung ist unmöglich, wenn die Sache mit einem **unbehebbaren Mangel** behaftet ist. 66

Beispiel: Ein Unfallwagen wird als unfallfrei verkauft. Ein Plagiat wird als echtes Bild verkauft.

bb) Unmöglichkeit der Nachlieferung

Bei einem **Gattungskauf** ist eine Nachlieferung grundsätzlich nicht ausgeschlossen, es sei denn, dass eine Lieferung aus der Gattung nicht mehr möglich ist (beschränkte Gattungsschuld oder Untergang der gesamten Gattung). Ist die Lieferung eines ganz bestimmten Modells nicht mehr möglich, gilt es zu beachten, dass die Pflicht zur Ersatzlieferung gemäß § 439 Abs. 1 Alt. 2 eine gleichartige und – funktionell sowie vertragsmä- 67

171 BT-Drs. 14/6040, S. 232.

ßig – gleichwertige, **nicht** hingegen eine **identische Sache** erfasst. Maßgeblich ist dabei, ob die konkrete Leistung nach den vertraglichen Abreden der Parteien als austauschbar anzusehen ist.

Beispiel: Änderungen im Rahmen von Nachfolgemodellen („VW Tiguan der zweiten Generation" mit besserer Motorisierung und breiteren Radstand) bei Kraftfahrzeugen sind für die Austauschbarkeit in der Regel ohne Belang. Hier kommt es in erster Linie auf die Höhe der Ersatzbeschaffungskosten an, die allerdings selbst bei Unverhältnismäßigkeit nicht die Einwendung des § 275 Abs. 1 erfüllen, sondern ggf. ein Leistungsverweigerungsrecht nach § 439 Abs. 4 begründen.[172]

68 Umstritten ist, ob beim **Stückkauf** eine Nachlieferung einer mangelfreien Sache von vornherein ausscheidet.

- Ein Teil der Lit. nimmt an, dass beim Stückkauf eine Verpflichtung zur **Nachlieferung** einer mangelfreien Sache **von vornherein ausscheidet**.[173] Zur Begründung wird aufgeführt, dass sich die Leistungspflicht des Verkäufers beim Stückkauf nur auf die verkaufte Sache beziehe und somit jede andere Sache von vornherein untauglich sei, den vertraglich geschuldeten Zustand herbeizuführen.[174] Die gekaufte Sache könne, da einmalig, bereits begrifflich nur repariert, aber nicht nachgeliefert werden.[175]

- Nach h.M.[176] ist beim Stückkauf die Nachlieferung nicht grundsätzlich und von vornherein ausgeschlossen. Die Pflicht zur mangelfreien Lieferung, § 433 Abs. 1 S. 2, und das daran anknüpfende Nacherfüllungsrecht, § 439 Abs. 1, beruhen gerade auf dem Gedanken, dass der Verkäufer das Leistungsinteresse des Käufers durch die Lieferung **einer** (und nicht der) mangelfreien Sache zu erfüllen hat.[177] Die Auslegung des § 439 Abs. 1, wonach der Käufer einer Stücksache grundsätzlich keine Ersatzlieferung verlangen können soll, findet im Gesetz keine Stütze. Dies würde den Grundsatz des **Vorrangs der Nacherfüllung** aushöhlen, weil es häufig von Zufälligkeiten abhängt, ob es – z.B. im Rahmen von Selbstbedienungsmärkten – zu einem Stück- oder Gattungskauf kommt.

Für die Möglichkeit einer Nachlieferung auch beim Stückkauf spricht entscheidend, dass das Gesetz hinsichtlich des Nacherfüllungsanspruchs gerade nicht zwischen Stück- und Gattungskauf unterscheidet.[178] Die Möglichkeit einer Nachlieferung beim Stückkauf kann sowohl für den Käufer (Anspruch auf Lieferung einer mangelfreien Sache) als auch für den Verkäufer (Recht zur zweiten Andienung) vorteilhaft sein, sodass eine Nachlieferung auch beim Stückkauf nicht grundsätzlich auszuschließen ist. Außerdem wird den **Interessen der Parteien** Rechnung getragen, weil die Frage, ob eine Ersatzlieferung in Betracht kommt, nach dem durch Auslegung zu ermittelnden Willen der Parteien bei Vertragsschluss beurteilt wird.

---

172 BGH RÜ 2019, 273, 276 f.

173 BeckOK-BGB/Faust § 439 Rn. 34; Tiedtke/Schmitt JuS 2005, 583, 586; Tiedtke JZ 2008, 395, 400.

174 Ackermann JZ 2002, 379, 380.

175 BeckOK-BGB/Faust § 439 Rn. 27.

176 BGH RÜ 2006, 505, 507; Palandt/Weidenkaff § 439 Rn. 15.

177 Balthasar/Bolten ZGS 2004, 411, 414.

178 Schulze/Ebert JuS 2004, 462, 463.

Beispiel 1: Beim **Tierkauf** ist für den Käufer erst der bei der persönlichen Besichtigung gewonnene Gesamteindruck des individuellen Tieres ausschlaggebend für den Entschluss, **das konkrete Tier** zu kaufen. Angesichts der vielfältigen Unterschiede hinsichtlich Wesen, Zeichnung und besonderer Eigenschaften entspricht beim Tierkauf die Lieferung eines anderen Tieres daher regelmäßig nicht dem Parteiwillen.

Beispiel 2: Auch beim **Gebrauchtwagenkauf** kommt es dem Käufer regelmäßig auf einen bestimmten Typ und eine **bestimmte Ausstattung des Fahrzeugs** an. Erst der bei der persönlichen Besichtigung gewonnene Gesamteindruck von den technischen Eigenschaften, der Funktionsfähigkeit und dem äußeren Erscheinungsbild des individuellen Fahrzeugs ist ausschlaggebend für den Entschluss des Käufers, das konkrete Fahrzeug zu kaufen, das in der Gesamtheit seiner Eigenschaften gar nicht gegen ein anderes austauschbar ist.[179]

Beim Kauf von Gebrauchtwagen kann etwas anderes gelten, wenn ein Gebrauchtwagenhändler bei einem anderen Händler Autos kauft, um diese weiterzuveräußern. Ist eines dieser Pkw mangelhaft, so ist eine Nachlieferung nicht generell ausgeschlossen, denn das Interesse des Käufers ist darauf gerichtet, kein individuelles Auto, sondern einen **Pkw zum Weiterverkauf** zu erhalten.

Beispiel 3: Beim Kauf eines **Kunstwerkes** kommt es dem Käufer auf dieses bestimmte Kunstwerk an, sodass für den Fall, dass es sich als Plagiat erweist, ebenfalls davon auszugehen ist, dass eine Unmöglichkeit der Ersatzlieferung gegeben ist. Etwas anderes kann allerdings dann gelten, wenn das echte Kunstwerk noch vorhanden ist.[180] Dann stellt sich die Frage, ob es dem Käufer zumutbar (§ 439 Abs. 4) ist, dieses zu erwerben.

Ob eine gemäß § 439 Abs. 1 Alt. 2 begehrte Ersatzlieferung einer mangelfreien Sache nach Maßgabe des § 275 Abs. 1 unmöglich ist, hängt mithin nicht von der Unterscheidung zwischen Stück- und Gattungskauf, sondern vom Inhalt und der Reichweite der vom Verkäufer vertraglich übernommenen Beschaffungspflicht ab.[181]

b) Leistungsverweigerungsrecht des Verkäufers bei unverhältnismäßig hohen Kosten

aa) Leistungverweigerungsrecht gemäß §§ 439 Abs. 4 S. 1

Nach § 439 Abs. 4 S. 1 kann der Verkäufer die **vom Käufer gewählte Art der Nacherfüllung** verweigern, wenn sie nur mit unverhältnismäßig hohen Kosten möglich ist. Die Feststellung der Unverhältnismäßigkeit erfordert eine umfassende **Interessenabwägung**. 69

Klausurhinweis: *Bei der Prüfung von § 439 Abs. 4 S. 1 ist es sinnvoll, zunächst die im Gesetz genannten Umstände festzustellen. Als weiterer ungenannter Umstand ist zu berücksichtigen, ob und in welchem Maß der Verkäufer den Mangel zu vertreten hat. Danach kann die Interessenabwägung erfolgen, bei der auch prozentuale Werte als Indiz berücksichtigt werden können.*

179 BGH RÜ 2006, 505, 507.

180 Vgl. Jauernig/Berger § 439 Rn. 25.

181 Vgl. BGH RÜ 2019, 273.

Prüfungsschema für die Unverhältnismäßigkeit gemäß § 439 Abs. 4

- Wert der Sache in mangelfreiem Zustand
- Bedeutung des Mangels
- Frage, ob auf die andere Art der Nacherfüllung ohne erhebliche Nachteile zurückgegriffen werden kann
  - andere Art der Nacherfüllung unmöglich oder unverhältnismäßig: absolute Unverhältnismäßigkeit
  - andere Art der Nacherfüllung möglich: relative Unverhältnismäßigkeit
- Vertretenmüssen des Verkäufers
- Umfassende Interessenabwägung: Hohe Anforderungen an die absolute Unverhältnismäßigkeit; prozentuale Werte können als Indiz berücksichtigt werden.

Der **Wert der Sache in mangelfreiem Zustand** ist begrifflich nicht mit dem Kaufpreis identisch.[182] Weicht dieser vom Wert der Sache ab, weil etwa der Käufer einen besonders günstigen Kaufpreis erzielt hat, ist allein der Wert der Sache maßgeblich. Sind in einem Sachverhalt keine Angaben zum Wert der Sache gemacht, kann man – trotz des begrifflichen Unterschieds – annehmen, dass die Höhe des Kaufpreises den Wert der Sache in mangelfreiem Zustand wiedergibt.

Die **Bedeutung des Mangels** hängt von den Auswirkungen auf die Gebrauchsfähigkeit für den Käufer ab.

70 Gemäß § 439 Abs. 4 S. 2 ist weiterhin die Frage bedeutend, ob auf eine **andere Art der Nacherfüllung ohne erhebliche Nachteile** für den Käufer zurückgegriffen werden kann.

- Ist die **andere Art der Nacherfüllung unmöglich**, scheidet sie für einen Vergleich aus. Die Unverhältnismäßigkeit kann sich dann nur aus den hohen Kosten der konkreten Nacherfüllungsart ergeben **(absolute Unverhältnismäßigkeit)**.

  Beispiel: Der Käufer verlangt Nachlieferung. Die Mängelbeseitigung ist unmöglich. Die Kosten der Nachlieferung können daher nicht mit den Kosten der Mängelbeseitigung verglichen werden. Es kann nur geprüft werden, ob die Nachlieferung als solche unverhältnismäßig teuer ist.

  Absolute Unverhältnismäßigkeit liegt auch vor, wenn **beide Arten** der Nacherfüllung unverhältnismäßig sind (§ 439 Abs. 4 S. 3 Hs. 2).

- Ist die **andere Art der Nacherfüllung möglich**, kann für die Prüfung der Unverhältnismäßigkeit ein **Vergleich** mit ihr erfolgen **(relative Unverhältnismäßigkeit)**.

  Beispiel: Der Käufer verlangt Nachlieferung. Diese ist im Verhältnis zur Mängelbeseitigung unverhältnismäßig teuer.

71 Weiterhin ist zu berücksichtigen, ob der **Verkäufer den Mangel zu vertreten** hat.[183] Bei Vorsatz und schwerem Verschulden sind dem Verkäufer auch sonst unverhältnismäßige Aufwendungen zuzumuten.

182 BGH NJW 2015, 468, 470.

183 BGH NJW 2015, 468, 471.

Sind die für die Prüfung relevanten Umstände festgestellt, muss eine **Interessenabwägung** erfolgen. Dabei ist zunächst zu berücksichtigen, dass an die Feststellung absoluter Unverhältnismäßigkeit **besonders hohe Anforderungen** zu stellen sind. **Prozentuale Grenzen** können nur als Faustregel dienen und einen **ersten Anhaltspunkt** bieten. 72

- Absolute Unverhältnismäßigkeit ist indiziert, wenn die Kosten der Nacherfüllung **150 % des Wertes der Sache im mangelfreien Zustand** oder **200 % des mangelbedingten Minderwertes** übersteigen.[184] Bei Grundstückskaufverträgen spricht es für Unverhältnismäßigkeit, wenn die Kosten des Anspruchs auf Nacherfüllung den Verkehrswert des Grundstücks übersteigen.[185] Der Kaufpreis fließt nicht in die Abwägung ein.[186]
- Für relative Unverhältnismäßigkeit spricht es, wenn die gewählte Art der Nacherfüllung die **andere Art** hinsichtlich der Kosten **um mehr als 20 %**[187] bzw. 10 %[188] übersteigt; bei fehlendem Vertretenmüssen des Verkäufers sollen sogar 5 % ausreichen.[189]

Letztlich **entscheidend** sind allerdings stets die **Umstände des Einzelfalls**. Wird absolute Unverhältnismäßigkeit bejaht, hat der Käufer keinen Nacherfüllungsanspruch. Er kann dann aber gemäß § 440 S. 1 die ihm verbleibenden Gewährleistungsrechte (Rücktritt, Minderung und Schadensersatz) ohne das Erfordernis einer Fristsetzung geltend machen.[190]

bb) Beschränktes Leistungsrecht des Unternehmers, § 475 Abs. 4 und 5

Eine **Sonderbestimmung zu § 439 Abs. 4 für** den Bereich der **Verbrauchsgüterkäufe** enthält die zum 01.01.2018 in Kraft getretene Neuregelung in **§ 475 Abs. 4**. Gemäß § 475 Abs. 4 S. 1 ist das Leistungsverweigerungsrecht des Unternehmers (Verkäufers) wegen absoluter Unverhältnismäßigkeit ausgeschlossen. Ferner statuiert § 475 Abs. 4 S. 2 für den Unternehmer (Verkäufer) ein **als Einrede** ausgestaltetes, beschränktes Leistungsverweigerungsrecht. 73

Hintergrund: *Der EuGH[191] hat entschieden, dass es gegen Art. 3 der Verbrauchsgüterkaufrichtlinie verstößt, wenn der Verkäufer nach nationalem Recht die Ersatzlieferung als einzig mögliche Art der Abhilfe aufgrund absoluter Unverhältnismäßigkeit verweigern kann. Der EuGH sieht insoweit jedoch eine Einschränkung vor, als der Kostenerstattungsanspruch des Käufers auf einen dem Wert des Verbrauchsguts in vertragsgemäßem Zustand und der Bedeutung der Vertragswidrigkeit angemessenen Betrag beschränkt werden kann, wenn die Ersatzlieferung als einzig mögliche Art der Abhilfe wegen des erforderlichen Aus- und Einbaus zu unverhältnismäßigen Kosten führen würde. Dieser EuGH-Rspr. ist der BGH[192] im*

184 BGH RÜ 2009, 142, 144.
185 BGH NJW 2015, 468, 471.
186 BeckOK-BGB/Faust § 439 Rn. 50.
187 LG Ellwangen, NJW 2003, 517, 518.
188 Bitter/Meidt ZIP 2001, 2014, 2020; Erman/Grunewald § 439 Rn. 17.
189 BeckOK-BGB/Faust § 439 Rn. 47.
190 Looschelders Rn. 95.
191 EuGH RÜ 2011, 477 ff.
192 BGH RÜ 2012, 221 ff.

Wege der richtlinienkonformen Rechtsfortbildungen durch teleologische Reduktion des § 439 Abs. 3 S. 3 Hs. 2 gefolgt.[193]

(1) Ausschluss der Leistungsverweigerung

74 In **§ 475 Abs. 4 S. 1** ist nun in Übereinstimmung mit der eben dargestellten Judikatur und daher auch (nur) für den Verbrauchsgüterkauf normiert, dass der **Verkäufer** sich **nicht** gemäß § 439 Abs. 4 **auf** die **absolute Unverhältnismäßigkeit der einzig möglichen Nacherfüllungsvariante berufen** kann.

Dabei werden auch die Fälle erfasst, in denen beide Alternativen der Nacherfüllung nach § 439 Abs. 1 zwar möglich sind, aber jeweils für sich genommen zu unverhältnismäßigen Kosten führen.[194] Die Verweigerungsrechte des Verkäufers gemäß **§ 275 Abs. 2** und nach **§ 275 Abs. 3** (dazu unten Rn. 80 u. 81) **bleiben** jedoch erhalten.[195]

Klausurhinweis: *Bevor in der Falllösung die Voraussetzungen des § 475 Abs. 4 näher erörtert werden, ist inzident (und in der gebotenen Kürze) zunächst zu prüfen, ob ein Verbrauchsgüterkauf i.S.d. § 474 Abs. 1 vorliegt.*

(2) Beschränktes Leistungsverweigerungsrecht

75 Allerdings kann der Verkäufer nach **§ 475 Abs. 4 S. 2** den Aufwendungsersatz auf einen angemessenen Betrag beschränken, wenn die verbleibende Art der Nacherfüllung **wegen** der Höhe der Aufwendungen nach **§ 439 Abs. 2 oder Abs. 3 S. 1** „unverhältnismäßig" ist.

Beispiel: Ist die Nachbesserung der Kaufsache nur mit unverhältnismäßigen Kosten i.S.d. § 439 Abs. 4 S. 1 möglich oder gemäß § 275 Abs. 1 unmöglich, kann der Verkäufer eines Verbrauchsgüterkaufs nach § 475 Abs. 4 S. 1 nicht (auch) die Nachlieferung wegen unverhältnismäßiger Kosten gemäß § 439 Abs. 4 S. 1 verweigern. Er kann aber gemäß § 475 Abs. 4 S. 2 seine im Rahmen der Nachlieferung bestehende Verpflichtung zum Aufwendungsersatz beschränken.

Das Recht des Verbrauchers, **Nacherfüllung** für die mangelhafte Kaufsache **an sich**, also Mangelbeseitigung oder Neulieferung zu verlangen, **bleibt** durch das beschränkte Leistungsverweigerungsrecht des Unternehmers aus § 475 Abs. 4 S. 2 **unberührt.**[196]

76 Fraglich ist, was § 475 Abs. 4 S. 2 unter **„Aufwendungen nach § 439 Abs. 2 oder Abs. 3 S. 1"** versteht, und welchen **„Aufwendungsersatz"** der Verkäufer nach der Vorschrift beschränken können soll. Geht man davon aus, dass § 439 Abs. 3 S. 1 nur einen Anspruch auf Kostenersatz für die Aufwendungen des Käufers für den Aus- und Wiedereinbau gewährt (dazu oben Rn. 53), können also in Bezug auf **§ 439 Abs. 3 S. 1** auch nur **Aufwendungen des Käufers** gemeint sein.

Schwieriger ist die Einordnung hinsichtlich der **Aufwendungen gemäß § 439 Abs. 2**. Denn die Vorschrift erfasst grundsätzlich sowohl Aufwendungen des Verkäufers als auch Aufwendungen des Käufers, bei letzteren dient sie auch als Anspruchsgrundlage

193 Vgl. dazu Looschelders Rn. 95b f.

194 BT-Drs. 18/8486, S. 43.

195 Dazu BGH NJW 2012, 1073 ff.

196 Erman/Grunewald § 439 Rn. 8.

(dazu oben Rn. 50). Die Gesetzesmaterialien gehen nicht darauf ein, welche Aufwendungen nach § 439 Abs. 2 für die Beurteilung der Unverhältnismäßigkeit gemäß § 475 Abs. 4 S. 2 heranzuziehen sind, also ob nur solche des Käufers oder nur die des Verkäufers oder beide Aufwendungsalternativen Berücksichtigung finden sollen. Gleiches gilt für die (bisher noch sehr übersichtlichen) Beiträge aus der Lit.

Der Regierungsentwurf verhält sich aber zu der Frage, welchen „Aufwendungsersatz" der Unternehmer nach § 475 Abs. 4 S. 2 beschränken kann. Danach umfasst das beschränkte Leistungsverweigerungsrecht „die zum Zwecke der Nacherfüllung erforderlichen Aufwendungen, insbesondere Transport-, Wege-, Arbeits- und Materialkosten nach § 439 Abs. 2". Auf derselben Seite des Regierungsentwurfs[197] heißt es sodann: „Das Recht des Verbrauchers, Nacherfüllung für die mangelhafte Kaufsache an sich [...] zu verlangen, bleibt durch das beschränkte Leistungsverweigerungsrecht des Unternehmers unberührt. Entsprechendes gilt auch für den Anspruch auf Aufwendungsersatz nach § 439 Abs. 2." Während der erste Satz dafür spricht sowohl Aufwendungen des Käufers als auch des Verkäufers gemäß § 439 Abs. 2 beschränken zu können, könnte man den zweiten Satz hingegen so verstehen, dass Aufwendungen des Käufers i.S.d. § 439 Abs. 2 gar nicht beschränkt werden können.

In der Lit. wird davon ausgegangen, dass der Verkäufer gemäß § 475 Abs. 4 S. 2 Aufwendungsersatzansprüche des Käufers nach § 439 Abs. 3 **und § 439 Abs. 2** beschränken kann.[198] In Bezug auf § 439 Abs. 2 solle sich dies „wohl" **nur auf Kosten** beziehen, **die beim Käufer anlässlich der Nacherfüllung anfallen**, denn wären auch beim Verkäufer anfallende Kosten erfasst, müsse der Verkäufer die verbleibende Art der Nacherfüllung zwar erbringen, könne aber bei Überschreiten der angemessenen Kosten vom Käufer Ersatz des überschießenden Teils verlangen und den Käufer damit an den Kosten der Nacherfüllung beteiligen; dies liefe dem allgemeinen Kaufrecht und insbesondere der Rspr. des EuGH zuwider.[199]

Angemessen ist m.E. hinsichtlich der in § 475 Abs. 4 S. 2 aufgeführten Aufwendungen nach § 439 Abs. 2 und 3 für die Beurteilung der Unverhältnismäßigkeit sowohl Aufwendungen des Käufers als auch des Verkäufers zu berücksichtigen. Das Recht des Verkäufers gemäß § 475 Abs. 4 S. 2 „den Aufwendungsersatz" zu beschränken, sollte sich aber auf ein Recht hinsichtlich des Ersatzes der Aufwendungen des Käufers nach § 439 Abs. 2 und 3 reduzieren. Denn nur bezüglich dieser Aufwendungsersatzansprüche des Käufers kann im eigentlichen Sinne von Aufwendungsersatz gesprochen werden. Eigene Kosten i.S.d. § 439 Abs. 2 (z.B. Arbeits- und Materialkosten) hat der Verkäufer nämlich (sich) nicht „zu ersetzen", sondern (selbst) „zu tragen".

(3) Bemessung der Beschränkung

Bei der Bemessung des **„angemessenen" Betrages**, auf den der Aufwendungsersatz des Verkäufers reduziert werden kann, sind gemäß **§ 475 Abs. 4 S. 3** insbesondere der **Wert der Sache in mangelfreiem Zustand** und die **Bedeutung des Mangels** zu be- 77

197 BT-Drs. 18/8486, S. 44.

198 Erman/Grunewald § 439 Rn. 8.

199 Wolffskeel/Jerger ZRP 2015, 237, 238.

rücksichtigen. Allerdings soll das Nacherfüllungsrecht des Verbrauchers durch die Beschränkung des Anspruchs nicht ausgehöhlt werden, sodass sich der angemessene Betrag **nicht allein am Kaufpreis** orientieren darf.[200]

Hinsichtlich der Bedeutung des Mangels kommt es regelmäßig darauf an, ob der Mangel der eingebauten Sache deren Verwendungsfähigkeit beeinträchtigt oder nur ästhetischer Natur ist, denn einem **bloß ästhetischen Mangel** kommt zumeist eine deutlich **geringere Bedeutung** zu, als wenn die Kaufsache ihre bestimmungsgemäße Funktion infolge des Mangels nicht oder nur eingeschränkt erfüllen kann. Deshalb ist es bei einem lediglich ästhetischen Mangel auch **ausnahmsweise** denkbar, nur einen solchen Kostenbetrag als angemessen anzusehen, der **unter dem Wert der** ursprünglichen **Kaufsache** liegt.[201]

Von der Bestimmung einer gesetzlichen **Obergrenze** für den Anspruch des Käufers hat der Gesetzgeber **bewusst abgesehen**; dies müsse die Rspr. anhand der Umstände des jeweiligen Einzelfalls vornehmen.[202]

Klausurhinweis: *In Prüfungsarbeiten zum 1. Examen wird von Ihnen regelmäßig nicht verlangt, sich auf konkrete Summen festzulegen, wenn das einschlägige Gesetz einen „angemessenen" oder „billigen" (z.B. § 253 Abs. 2) Betrag als Rechtsfolge vorsieht. Sie sollten aber gleichwohl die maßgebenden Kriterien für die Bemessung benennen und darunter (soweit der Fall dazu Informationen enthält) subsumieren.*

(4) Entbehrlichkeit der Fristsetzung

78 Mit der Neuregelung des **§ 475 Abs. 5** zum 01.01.2018 wird das beschränkte Leistungsverweigerungsrecht des Unternehmers nach § 475 Abs. 4 S. 2 mit in die Fallgruppen aufgenommen, bei deren Vorliegen eine **Nachfristsetzung** gemäß **§ 440 S. 1 entbehrlich** ist. Der Käufer (Verbraucher) kann mithin sogleich – statt zunächst eine angemessene Frist zur Nacherfüllung setzen zu müssen – sein Rücktritts- oder Minderungsrecht ausüben bzw. Schadensersatz statt der Leistung verlangen, wenn seine Ansprüche auf Aufwendungsersatz gemäß § 439 Abs. 2 oder § 439 Abs. 3 S. 1 aufgrund einer Einrede des Unternehmers (Verkäufers) nach § 475 Abs. 4 S. 2 auf einen angemessenen Betrag beschränkt sind.

Fall 1: Fleckige Fliesen

K kaufte bei dem Baustoffhändler B polierte Bodenfliesen eines italienischen Herstellers zum Preis von 1.300 €. Er holte die Fliesen bei B ab und ließ sie auf dem Wohnzimmerboden seines Privathauses verlegen. Nach Erledigung der Arbeiten zeigten sich auf dem Fliesenbelag Schattierungen, die mit bloßem Auge zu erkennen sind und die aussehen, als hätten die Fliesen Schmutzflecken. Ein Gutachter stellte fest, dass Abhilfe nur durch einen kompletten Austausch der Bodenfliesen geschaffen werden könne, da es sich um Mikroschleifspuren in der Oberfläche handele, die auf

200 BT-Drs. 18/8486, S. 44.

201 Palandt/Weidenkaff § 475 Rn. 6.

202 BT-Drs. 18/8486, S. 44.

einen Herstellungsfehler zurückzuführen seien. Dies war auch für B nicht erkennbar. Der Ausbau würde voraussichtlich 2.000 € kosten, die Neuverlegung weitere 2.500 €. K verlangt von B die Lieferung neuer Fliesen, Kostenersatz für den Ausbau der ersten Lieferung und den Ersatz der Kosten für die Neuverlegung der nachgelieferten Fliesen. B wendet ein, dass ihn die Nachlieferung mit den Kosten des Aus- und Einbaus unverhältnismäßig belasten würde.

Kann K von B die Lieferung neuer Bodenfliesen sowie Aufwendungsersatz für die Kosten des Ausbaus der alten Fliesen sowie der Kosten für den Einbau neuer Fliesen verlangen?

K könnte gegen B einen Anspruch auf Lieferung neuer Fliesen sowie auf Ersatz der Kosten für den Aus- und Wiedereinbau aus **§§ 437 Nr. 1, 439 Abs. 1 u. 3** haben. **79**

I. K und B haben einen **wirksamen Kaufvertrag** über die Fliesen abgeschlossen.

II. Die Fliesen waren **bei Gefahrübergang mangelhaft**, denn aufgrund der Mikroschleifspuren wiesen sie eine Beschaffenheit auf, die bei Sachen gleicher Art nicht üblich ist und die der Käufer nach der Art der Sache auch nicht erwarten muss, § 434 Abs. 1 S. 1 Nr. 2 Alt. 2.

III. Mithin kann K gemäß § 439 von B Nacherfüllung verlangen.

Nach **§ 439 Abs. 1** hat der Käufer dabei ein **Wahlrecht** zwischen der Beseitigung des Mangels und der **Lieferung einer mangelfreien Sache**. K hat die Nachlieferung neuer Fliesen gewählt, die auch im Gegensatz zur Nachbesserung hier nicht gemäß § 275 Abs. 1 unmöglich ist.

Außerdem könnte K im Rahmen der Nacherfüllung einen **Aufwendungsersatzanspruch** gemäß **§ 439 Abs. 3 S. 1** haben. K hat die Bodenfliesen auf seinem Wohnzimmerboden verlegen lassen und die Kaufsache damit **gemäß ihrer Art und ihrem Verwendungszweck** in eine andere Sache **eingebaut**. K kann mithin von B den Ersatz der erforderlichen Aufwendungen für das Entfernen der mangelhaften Fliesen und den Einbau der neu gelieferten Fliesen verlangen.

IV. Möglicherweise kann B aber die **Leistung** gemäß § 439 Abs. 4 **verweigern**. Gemäß **§ 439 Abs. 4 S. 1** kann der Verkäufer die vom Käufer gewählte Art der Nacherfüllung unbeschadet des § 275 Abs. 2 und 3 verweigern, wenn sie nur mit unverhältnismäßigen Kosten möglich ist. Dabei ist das Vorliegen der **Unverhältnismäßigkeit** unter Berücksichtigung der **in § 439 Abs. 4 S. 2** genannten **Kriterien** zu beurteilen.

1. Der **Wert der Sache** in mangelfreiem Zustand ist nicht mit dem Kaufpreis identisch, wird ihn aber regelmäßig auch nicht übersteigen.[203] Mangels anderer Angaben kann hier angenommen werden, dass der Wert der Sache in mangelfreiem Zustand 1.300 € beträgt.

2. Der **Mangel ist nicht unbedeutend**, da Schattierungen, die wie Schmutzflecken aussehen, bei Fliesen für den Käufer nicht zumutbar sind.

203 BGH NJW 2009, 1660, 1662.

3. Die Beseitigung der Mängel an den Fliesen als **andere Art der Nacherfüllung** ist **unmöglich**. Es müsste daher eine absolute Unverhältnismäßigkeit gegeben sein.

4. Hat der Verkäufer den **Mangel nicht zu vertreten**, kann nach einer in der Rspr. verwendeten Faustregel absolute Unverhältnismäßigkeit bejaht werden, wenn die Kosten der Nacherfüllung 150 % des Werts der Sache in mangelfreiem Zustand übersteigen.

   Da die auf einem Herstellungsfehler beruhenden Mikroschleifspuren in der Oberfläche der Fliesen für B nicht erkennbar waren, hat B den Mangel nicht zu vertreten. Die **Kosten der Nachlieferung** (Lieferung + Ausbau + Einbau) betragen hier 5.800 € und **übersteigen** demnach den **Wert der Sache** in mangelfreiem Zustand (1.300 €) **um weit mehr als 150 %**. Die Kosten der Nachlieferung sind mithin unverhältnismäßig.

5. Das **Recht** des B, die **Nachlieferung zu verweigern** könnte indes gemäß **§ 475 Abs. 4 S. 1 ausgeschlossen** sein.

   Dazu müsste zunächst der Kaufvertrag zwischen K und B ein **Verbrauchgüterkauf** i.S.d. § 474 Abs. 1 sein. K hat für sein Wohnzimmer vom Händler B Bodenfliesen erworben. Er hat mithin als Verbraucher (§ 13) von einem Unternehmer (§ 14) eine bewegliche Sache gekauft. Ein Verbrauchsgüterkauf liegt somit vor.

   Gemäß § 475 Abs. 4 S. 1 kann der Unternehmer, wenn die **eine Art** der Nacherfüllung **nach § 275 Abs. 1 ausgeschlossen** ist, die **andere Art** der Nacherfüllung **nicht wegen Unverhältnismäßigkeit der Kosten** nach § 439 Abs. 4 S. 1 verweigern. Hier ist die Nachbesserung der Fliesen gemäß § 275 Abs. 1 unmöglich, sodass B die Nachlieferung neuer Fliesen nicht nach § 439 Abs. 4 S. 1 verweigern kann.

V. B könnte jedoch ein **beschränktes Leistungsverweigerungsrecht** gemäß **§ 475 Abs. 4 S. 2** zustehen. Dazu müsste die andere Art der Nacherfüllung wegen der Höhe der Aufwendungen nach § 439 Abs. 2 oder Abs. 3 S. 1 unverhältnismäßig sein. Vorliegend ist die Nachlieferung der Fliesen als andere Art der **Nacherfüllung wegen der Aufwendungen gemäß § 439 Abs. 3 S. 1** für den Aus- und Wiedereinbau der Fliesen **unverhältnismäßig**, da allein diese Kosten (4.500 €) den Wert der Sache in mangelfreiem Zustand (1.300 €) um weit mehr als 150 % übersteigen.

Deshalb kann B gemäß § 475 Abs. 4 S. 2 den **Aufwendungsersatzanspruch** des K aus § 439 Abs. 3 S. 1 **auf einen angemessenen Betrag beschränken**. Bei der Bemessung dieses Betrages sind insbesondere der Wert der Sache in mangelfreiem Zustand und die Bedeutung des Mangels zu berücksichtigen, **§ 475 Abs. 4 S. 3**.

Für die **Bedeutung des Mangels** ist maßgebend, ob der Mangel der eingebauten Sache deren Verwendungsfähigkeit beeinträchtigt oder nur ästhetischer Natur ist. Bei einem rein ästhetischen Mangel ist ausnahmsweise denkbar, nur einen solchen Kostenbetrag als angemessen anzusehen, der unter dem Wert der ursprünglichen Kaufsache liegt.

Der Mangel der Fliesen, nämlich die **Flecken, sind ästhetischer Natur**. Allerdings ist bei Bodenfliesen, die in einem Wohnzimmer verlegt werden, zu beachten, dass dabei nicht die Funktion der Kaufsache als Bodenbelag, sondern gerade auch die **Ästhetik von besonderer Bedeutung** ist. Der angemessene Betrag muss hier daher (deutlich) über dem Kaufpreis liegen. Die konkrete Summe ist Tatfrage.

Der Anspruch des K auf Nachlieferung der Fliesen bleibt von dem beschränkten Leistungsrecht des B unberührt.

K hat nach alledem gegen B einen Anspruch auf die Lieferung neuer Bodenfliesen und er kann von B zudem Aufwendungsersatz für den Aus- und Wiedereinbau in auf einen angemessenen Betrag beschränkter Höhe verlangen.

---

c) Leistungsverweigerungsrecht aus § 275 Abs. 2

In § 439 Abs. 4 S. 1 ist klargestellt, dass § 275 Abs. 2 anwendbar ist. Soweit die Kosten der Nacherfüllung die Unverhältnismäßigkeit begründen, hat § 439 Abs. 4 S. 1 allerdings die geringeren Voraussetzungen.[204] Für die **Leistungsverweigerung wegen** unverhältnismäßiger **Kosten** ist **§ 439 Abs. 4 S. 1** damit faktisch die **speziellere Regelung**. Sind die Kosten also nicht gemäß § 439 Abs. 4 S. 1 unverhältnismäßig, können sie es auch nicht gemäß § 275 Abs. 2 sein. 80

Ein Leistungsverweigerungsrecht aus § 275 Abs. 2 kann bei der Nacherfüllung aber virulent werden, wenn der unzumutbare Aufwand nicht auf den Kosten, sondern auf **anderen Kriterien** beruht.

Beispiel: V verkauft dem K einen Dackel. Dieser leidet an einer zunächst unerkannt gebliebenen Fehlstellung des Sprunggelenks. Eine operative Korrektur ist möglich, wäre aber mit erheblichen gesundheitlichen Risiken für das Tier verbunden. Die Gefahr späterer Komplikationen würde während der gesamten Lebensdauer des Tieres halbjährliche tierärztliche Untersuchung erfordern. Der Verkäufer verweigert die Mängelbeseitigung durch Operation.

Der BGH hat das Leistungsverweigerungsrecht des Verkäufers nicht mit unverhältnismäßigen Kosten gemäß § 439 Abs. 4 S. 1, sondern mit dem unzumutbaren Aufwand gemäß § 275 Abs. 2 begründet.[205]

d) Leistungsverweigerungsrecht aus § 275 Abs. 3

Der Verkäufer kann die gewählte Art der Nacherfüllung außerdem verweigern, wenn er die **Leistung persönlich zu erbringen** hat und sie ihm unter Abwägung des der Leistung entgegenstehenden Hindernisses mit dem Leistungsinteresse des Gläubigers nicht zugemutet werden kann. 81

Im Bereich des Kaufrechts hat dieses Leistungsverweigerungsrecht allerdings nur in Ausnahmefällen Bedeutung, weil der **Verkäufer** zur persönlichen Leistungserbringung **regelmäßig nicht verpflichtet** ist.

---

204 BT-Drs. 14/6040, S. 232; Jauernig/Berger § 439 Rn. 36.

205 BGH NJW 2005, 2852, 2854.

e) Selbstvornahme der Mangelbeseitigung durch den Käufer

82 Beseitigt der Käufer den Mangel selbst, ohne dem Verkäufer eine Frist zu setzen, so stellt sich, falls die Fristsetzung nicht ausnahmsweise entbehrlich ist, die Frage, ob der Käufer vom Verkäufer **Ersatz der Mangelbeseitigungskosten** verlangen kann. Dies wird vom BGH und der h.M. in der Lit. abgelehnt.[206] Demgegenüber bejaht ein Teil der Lit.[207] einen Anspruch auf Ersatz der ersparten Aufwendungen analog § 326 Abs. 2 S. 2.

Fall 2: Teurer Trugschluss

K erwirbt von V, einem Vertragshändler der Marke V, ein Fahrzeug zum Preis von 16.700 €. Dieses erleidet kurz darauf einen Motorschaden, der auf einen Herstellungsdefekt zurückgeht. Da K irrtümlich von einem Garantiefall ausgeht, lässt er ohne Fristsetzung bei einem anderen Vertragshändler den Motor für 2.500 € reparieren und fordert dafür von V den Ersatz der Reparaturkosten. Dieser weigert sich zu zahlen, da K ihm keine Frist zur Mangelbeseitigung gesetzt hat. Zu Recht?

83 A. K könnte gegen V einen Anspruch aus **§§ 437 Nr. 3, 280 Abs. 1 u. 3, 283** haben.

I. Ein wirksamer Kaufvertrag liegt vor.

II. Wegen eines Herstellungsdefektes war das Fahrzeug bei Gefahrübergang mangelhaft, § 434 Abs. 1 S. 2 Nr. 2.

III. Fraglich ist, ob die **Nacherfüllung** dadurch **unmöglich** geworden ist, dass K den Mangel selbst, nämlich durch einen anderen Vertragshändler, beseitigt hat.[208]

1. Dafür spricht, dass Fälle der Herbeiführung des Erfolgs durch eine Selbstvornahme jedenfalls im Werkvertragsrecht regelmäßig zur Unmöglichkeit i.S.d. § 275 Abs. 1 führen.[209]

2. Dem wird jedoch entgegengehalten, dass die bloße Tatsache, dass das Leistungsinteresse des Käufers befriedigt ist, noch keine Zweckerreichung darstelle. Vielmehr sei lediglich der Verwendungszweck des Käufers gestört, was aber noch nicht zu einer Unmöglichkeit im rechtlichen Sinne führe.[210] Andere ziehen die Unmöglichkeit der Nacherfüllung in Zweifel, da eine Nachlieferung noch möglich sei.[211]

3. Diese Frage kann offenbleiben, wenn V sich exkulpieren kann. K hat die Unmöglichkeit selbst herbeigeführt, sodass V sich **gemäß § 280 Abs. 1 S. 2 entlasten** kann.

   K hat keinen Anspruch gegen V aus §§ 437 Nr. 3, 280 Abs. 1 u. 3, 283.

---

206 BGH RÜ 2005, 288 ff.; MünchKomm/Westermann § 439 Rn. 11; Looschelders Rn. 98.
207 Lorenz NJW 2004, 1417, 1419; Herresthal/Riehm NJW 2005, 1457, 1458 f.
208 Offengelassen: BGH RÜ 2005, 288.
209 BGH NJW-RR 2005, 357, 358; Zurth JA 2014, 494, 495.
210 Lorenz NJW 2006, 1175, 1177.
211 Dauner-Lieb ZGS 2005, 10, 11.

B. Ein Schadensersatzanspruch des K gegen V aus **§§ 437 Nr. 3, 280 Abs. 1 u. 3, 281** scheidet aus, da K dem V keine Frist zur Nacherfüllung gesetzt hat und die Fristsetzung auch nicht nach § 440 oder gemäß § 281 Abs. 2 entbehrlich war.

C. Möglicherweise kann K zurücktreten und den Kaufpreis nach **§§ 437 Nr. 2, 346, 326 Abs. 5, 323 Abs. 1** herausverlangen.

I. Ein wirksamer Kaufvertrag liegt vor und die Kaufsache ist auch mangelhaft.

II. K hat V jedoch **keine Frist zur Mangelbeseitigung** gesetzt, die gemäß § 323 Abs. 1 erforderlich ist. Fraglich ist, ob die Fristsetzung nicht ausnahmsweise entbehrlich ist, wenn die Mangelbeseitigung unmöglich wäre, § 326 Abs. 5. Es ist – wie unter A. III. ausgeführt – fraglich, ob Unmöglichkeit vorliegt.

Gemäß **§ 323 Abs. 6** ist der Rücktritt jedoch jedenfalls **ausgeschlossen**, wenn der Gläubiger für den Umstand, welcher ihn zum Rücktritt berechtigen würde, allein oder weit überwiegend verantwortlich ist. Hier wäre der Umstand, welcher einen Rücktritt zulassen würde, die Unmöglichkeit der Nacherfüllung. Diese beruht aber einzig und allein auf der Mangelbeseitigung durch K. Somit wäre auch ein Rücktritt nach § 326 Abs. 5 ausgeschlossen.

D. K kann einen Teil des Kaufpreises nach **§§ 437 Nr. 2, 346, 441 Abs. 4** zurückverlangen, wenn er mindern kann. Wie sich aus § 441 Abs. 1 S. 1 ergibt („statt zurückzutreten") sind aber die Voraussetzungen der Minderung mit denen des Rücktritts deckungsgleich, sodass auch die Minderung nach § 323 Abs. 6 ausgeschlossen ist.

E. K könnte gegen V ein Aufwendungsersatzanspruch aus **§ 439 Abs. 2** zustehen.

§ 439 Abs. 2 erfasst nur solche Aufwendungen des Käufers, die zum Zweck der **Nacherfüllung durch den Verkäufer** erforderlich waren. Dies ergibt sich daraus, dass sich der Absatz 2 des § 439 auf den ersten Absatz der Vorschrift bezieht und dort der Anspruch des Käufers auf Nacherfüllung durch den Verkäufer geregelt ist. Die von K verauslagten Reparaturkosten dienten jedoch nicht einer Nacherfüllung durch den V, sondern vielmehr einer anderweitigen Mängelbeseitigung, nämlich einer solchen durch K.

F. Auch ein Aufwendungsersatzanspruch des K gegen V aus **§ 439 Abs. 3** besteht nicht.

Danach hat der Verkäufer dem Käufer nämlich **nur** Ersatz für die **Aufwendungen** des Käufers für den Ein- und Ausbau bzw. das Anbringen, aber **nicht für die Mangelbeseitigung selbst** zu leisten. Hier verlangt indes K gerade Ersatz seiner Aufwendungen für die Beseitigung des Mangels.

G. K könnte einen Anspruch auf Ersatz ersparter Nacherfüllungsaufwendungen aus **§ 326 Abs. 2 S. 2** i.V.m. **§§ 326 Abs. 4, 346** haben.

Nach § 326 Abs. 1 S. 1 hat die Unmöglichkeit regelmäßig bei einem gegenseitigen Vertrag auch den Untergang der Gegenleistungspflicht zur Folge. Eine automatische Befreiung von der Gegenleistungspflicht findet jedoch nach § 326 Abs. 1 S. 2 nicht in den Fällen der Unmöglichkeit der Nacherfüllung bei nichtvertragsgemäßer Leistung statt. Gibt es also in den Fällen der sog. „qualitativen Unmöglichkeit" bereits kein automatisches Erlöschen des Gegenleistungsanspruchs, kann es auch nicht zu einem ausnahmsweisen Bestehenbleiben des Gegenleistungsanspruchs nach § 326 Abs. 2 S. 1 und einer Vorteilsanrechnung nach § 326 Abs. 2 S. 2 kommen.

H. Ein Anspruch des K gegen V auf Ersatz ersparter Nacherfüllungsaufwendungen könnte sich aus **§ 326 Abs. 2 S. 2 analog** i.V.m. §§ 326 Abs. 4, 346 ergeben.

Eine Analogie setzt eine **planwidrige Regelungslücke** voraus.

I. Eine solche Lücke wird in der Lit.[212] zum Teil bejaht. Der Gesetzgeber habe dem Käufer zwar kein Recht auf Selbstvornahme gegeben, der **Verkäufer**, der seine Pflicht zur mangelfreien Leistung nicht erfüllt habe, **dürfe** durch die unberechtigte Selbstvornahme des Käufers aber **nicht ungerechtfertigt bereichert werden**.

II. Die Rspr.[213] und h.Lit.[214] lehnen eine Analogie und damit den Anspruch des Käufers auf Ersatz der ersparten Aufwendungen im Wesentlichen mit folgenden Argumenten ab: Ein solcher Anspruch unterlaufe das Recht des Verkäufers zur zweiten Andienung, welches selbst dann bestehe, wenn der Verkäufer schuldhaft mangelhaft geliefert habe. Im Übrigen nehme die Selbstvornahme des Käufers dem Verkäufer die Möglichkeit der Untersuchung und der Beweissicherung. Der Gesetzgeber habe im Werkvertragsrecht in § 637 und im Mietrecht in § 536 a Abs. 2 einen Anspruch auf Aufwendungsersatz bei Mängelbeseitigung geregelt. Die **§§ 437 ff.** enthielten insoweit eine **abschließende Regelung**, die einen Anspruch auf Herausgabe ersparter Aufwendungen in unmittelbarer bzw. analoger Anwendung des § 326 Abs. 2 S. 2 ausschließe.

Mit Rücksicht darauf, dass es dem **Käufer ohne Weiteres zumutbar** ist, dem Verkäufer eine **Frist zur Mängelbeseitigung zu setzen**, und der Gesetzgeber Ausnahmeregelungen getroffen hat, nach denen eine Fristsetzung sogar entbehrlich ist, erscheint die Auffassung der Rspr. vorzugswürdig. Somit scheidet ein Anspruch auf Ersatz der ersparten Aufwendungen aus § 326 Abs. 2 S. 2 analog aus.

I. Ein Anspruch aus **§ 637 analog**, der teilweise in der Lit.[215] bejaht wird, scheitert an der für eine Analogie erforderlichen Regelungslücke (s.o.).

J. Ein Aufwendungsersatzanspruch aus **§§ 684 S. 1, 812** ist ebenfalls nicht gegeben, da die Vorschriften über die Gewährleistung eine abschließende Sonderregelung enthalten.[216]

K. Der Käufer kann auch nicht nach den Vorschriften des Bereicherungsrechts, **§ 812 Abs. 1 S. 1**, vom Verkäufer Ersatz der ersparten Aufwendungen verlangen, da das Gewährleistungsrecht auch insoweit abschließende Sonderregelung ist.[217]

---

212 Müller ZJS 2012, 444; Lorenz NJW 2003, 1417; NJW 2005, 1321; NJW 2006, 1175; Gsell ZIP 2005, 922.
213 BGH RÜ 2005, 288, 289 f.
214 Dauner-Lieb/Arnold ZGS 2005, 10; Tonner BB 2005, 903; Arnold ZIP 2004, 2412; Katzenstein ZGS 2005, 184.
215 Jauernig/Berger § 439 Rn. 16.
216 BGH RÜ 2005, 288, 291; a.A. Oechsler NJW 2004, 1825, 1826.
217 So auch Looschelders Rn. 98; a.A. Katzenstein ZGS 2004, 144, 149.

f) Unberechtigtes Mangelbeseitigungsverlangen

Verlangt der Käufer Mangelbeseitigung, obwohl er die Fehlfunktion selbst verursacht hat, stellt sich die Frage, ob er dem Verkäufer den Schaden, der durch die Suche nach dem Mangel entsteht, gemäß **§§ 280 Abs. 1, 241 Abs. 2** ersetzen muss. 84

Beispiel: K installiert eine von V gelieferte Lichtrufanlage (Patientenruf) fehlerhaft. Da K nach einer Störungsmeldung durch seinen Kunden nicht in der Lage ist, den Fehler zu finden, verlangt er von V Mangelbeseitigung. Der Servicetechniker des V stellt fest, dass die Anlage fehlerfrei ist und die Störung auf einer von K installierten mangelhaften Kabelverbindung beruht.

Da selbst eine fahrlässige gerichtliche Geltendmachung eines nicht bestehenden Anspruchs keine Pflichtverletzung darstellt, wird teilweise angenommen, dass auch die außergerichtliche Geltendmachung einer nicht bestehenden Forderung **keine Schadensersatzansprüche** auslösen kann.[218]

Demgegenüber wird eingewandt, dass ein unberechtigtes Mangelbeseitigungsverlangen nicht mit der Erhebung einer Klage zur Durchsetzung vermeintlicher Ansprüche vergleichbar sei. Der Prozessgegner werde durch die besondere Ausgestaltung des gerichtlichen Verfahrens geschützt. Bei einem Mangelbeseitigungsverlangen nach § 439 treffe den Käufer jedenfalls die Pflicht, vor der Inanspruchnahme des Verkäufers sorgfältig zu prüfen, ob die Ursache einer Fehlfunktion der Kaufsache nicht aus seiner Sphäre stammt.[219]

Der Käufer, der nicht weiß, ob die Sache mangelhaft ist, oder ob er selbst die Fehlfunktion verursacht hat, gerät in eine „Zwickmühle". Beseitigt er den Mangel selbst, bekommt er die Selbstvornahmekosten nicht ersetzt. Fordert er den Verkäufer unberechtigterweise zur Mangelbeseitigung auf, so muss er Schadensersatz leisten. Deshalb wird man vom Käufer allenfalls verlangen können, im Rahmen seiner Möglichkeiten **sorgfältig zu prüfen**, ob der Defekt auf eine Ursache zurückzuführen ist, die nicht dem Verantwortungsbereich des Verkäufers zuzuordnen ist. Bleibt es ungewiss, ob tatsächlich ein Mangel vorliegt, darf der Käufer Mängelrechte geltend machen, ohne Schadensersatzpflichten wegen einer schuldhaften Vertragsverletzung befürchten zu müssen, auch wenn sich sein Verlangen im Ergebnis als unberechtigt herausstellt.[220]

218 BeckOK-BGB/Sutschet § 241 Rn. 54.

219 BGH RÜ 2008, 210, 212.

220 BGH RÜ 2008, 210.

Nacherfüllungsanspruch des Käufers

Voraussetzungen

- Wirksamer **Kaufvertrag**
- **Sachmangel** bei Gefahrübergang, § 434, oder **Rechtsmangel** bei Erwerb, § 435

Rechtsfolgen

- **Käufer hat** grundsätzlich die Wahl zwischen Mangelbeseitigung und Nachlieferung. Hat er von seinem **Wahlrecht** Gebrauch gemacht, kann er nach h.M. die Wahl noch wechseln (elektive Konkurrenz).
- **Erfüllungsort** der Nacherfüllung ist nach h.M. gemäß **§ 269** zu bestimmen, also im Zweifel: Wohn- oder Niederlassungsort des Verkäufers.
- Verkäufer hat gemäß **§ 439 Abs. 2** auch die zum Zwecke der Nacherfüllung erforderlichen Aufwendungen, insbesondere Transport-, Wege-, Arbeits- und Materialkosten zu tragen; § 439 Abs. 2 ist auch Anspruchsgrundlage auf Aufwendungsersatz.
- Hat der Käufer die mangelhafte Sache in eine andere eingebaut oder angebracht, kann er vom Verkäufer Aufwendungsersatz für den **Aus- und Wiedereinbau** verlangen, **§ 439 Abs. 3 S. 1**; ob ein Anspruch auf Naturalleistung besteht ist str.
- Bei einem Verbrauchsgüterkauf hat der Käufer bzgl. der Ansprüche aus § 439 Abs. 2 und 3 einen Anspruch auf **Vorschuss** gemäß **§ 475 Abs. 6**.

Ausschluss und Einschränkungen des Nacherfüllungsanspruchs

- Art der **Nacherfüllung** ist ausgeschlossen, wenn sie **unmöglich** gemäß **§ 275 Abs. 1** ist.
- Nach h.M. ist beim Stückkauf die Nachlieferung nicht unmöglich, wenn sich die Kaufsache durch eine gleichartige oder gleichwertige ersetzen lässt. Beim Gattungskauf ist die Nachlieferung nicht ausgeschlossen, es sei denn, dass eine Lieferung aus der Gattung nicht mehr möglich ist.
- Die Nachbesserung ist unmöglich, wenn die Sache mit einem unbehebbaren Mangel behaftet ist.
- Auch wenn beide Arten der Nacherfüllung gemäß § 275 Abs. 1–3 ausgeschlossen sind, geht der Gegenleistungsanspruch nicht automatisch unter, § 326 Abs. 1 S. 2.
- Nach **§ 439 Abs. 4 S. 1** kann der Verkäufer die vom Käufer gewählte Art der Nacherfüllung verweigern, wenn sie nur mit **unverhältnismäßigen Kosten** möglich ist. Prüfung erfolgt „insbesondere" anhand der in § 439 Abs. 4 S. 2 genannten Umstände:

  Wert der Sache in mangelfreiem Zustand, Bedeutung des Mangels und der Frage, ob auf andere Art der Nacherfüllung ohne erhebliche Nachteile zurückgegriffen werden kann; ist die andere Art der Nacherfüllung unmöglich oder unverhältnismäßig, liegt absolute Unverhältnismäßigkeit vor; ist die andere Art der Nacherfüllung möglich und verhältnismäßig, ist nur relative Unverhältnismäßigkeit gegeben. Es ist auch zu berücksichtigen, ob Verkäufer den Mangel zu vertreten hat.

  Unverhältnismäßigkeit ist durch umfassende Interessenabwägung festzustellen; prozentuale Grenzen dienen nur als Faustregel.
- **§ 275 Abs. 2 und 3** sind **anwendbar**, haben aber sehr geringe Bedeutung, da die Unverhältnismäßigkeit der Kosten direkt in § 439 Abs. 4 S. 1 geregelt ist.
- Bei einem Verbrauchsgüterkauf hat der Unternehmer ggf. nur ein **eingeschränktes Leistungsverweigerungsrecht, § 475 Abs. 4**.

II. Rücktritt oder Minderung

Für den Rücktritt verweist § 437 Nr. 2 auf die allgemeine Vorschrift des **§ 323 Abs. 1**, der eine grundsätzliche Fristsetzung vorsieht. Gemäß **§ 441 Abs. 1** kann der Käufer „statt zurückzutreten" mindern. Daraus ergibt sich, dass für die Minderung die Voraussetzungen des Rücktritts vorliegen müssen. Wird der Nacherfüllungsanspruch innerhalb der Frist nicht erfüllt, so kann der Käufer nach § 437 Nr. 2 entweder zurücktreten **oder** mindern. Rücktritt und Minderung sind **Gestaltungsrechte**. Mit dem Rücktritt wandelt sich das ursprüngliche Schuldverhältnis durch die Erklärung in ein Rückgewährschuldverhältnis um, dessen Rechtsfolgen in den §§ 346 ff. geregelt sind. **85**

1. Rücktritt

86

Prüfungsschema: Rücktritt des Käufers, §§ 437 Nr. 2, 323

A. Voraussetzungen des **Rücktrittsrechts**

- **I.** Wirksamer **Kaufvertrag**
- **II.** Kaufsache hat bei Gefahrübergang einen **Sachmangel** (§ 434) oder beim Erwerb einen **Rechtsmangel** (§ 435)
- **III.** Erfolgloser Ablauf einer angemessenen **Frist zur Nacherfüllung** (§ 323 Abs. 1) oder **Entbehrlichkeit** der Fristsetzung (§§ 440, 323 Abs. 2, 326 Abs. 5)
- **IV.** Kein **Ausschluss**
  - § 323 Abs. 5 S. 2, Unerheblichkeit der Pflichtverletzung
  - § 323 Abs. 6, Käufer allein oder weit überwiegend verantwortlich
  - kein vertraglicher oder gesetzlicher Gewährleistungsausschluss

B. Erklärung des Rücktritts, **§ 349**

C. Keine Unwirksamkeit des Rücktritts gemäß **§§ 438 Abs. 4, 218**

D. Rechtsfolgen des Rücktritts, **§§ 346, 347**

a) Voraussetzungen des Rücktrittsrechts

Neben dem wirksamen Abschluss eines Kaufvertrages zwischen Käufer und Verkäufer ist zunächst erforderlich, dass die Kaufsache bei Gefahrübergang mit einem Sachmangel, § 434, oder beim Erwerb mit einem Rechtsmangel, § 435, behaftet ist. Außerdem muss der Käufer dem Verkäufer entweder erfolglos eine angemessene Frist zur Nacherfüllung gesetzt haben oder die Fristsetzung muss entbehrlich gewesen sein, und der Rücktritt darf ferner nicht ausgeschlossen sein. **87**

aa) Erfolgloser Ablauf einer angemessenen Frist oder Entbehrlichkeit

Die Fristsetzung ist eine **Aufforderung zur Nacherfüllung unter Hinzusetzen einer Frist**. Die Leistungsaufforderung muss eindeutig und zumindest bestimmbar sein. Es **88** muss deutlich werden, welche konkrete Leistung der Käufer vom Verkäufer verlangt. Nicht ausreichend ist die Aufforderung, innerhalb einer Frist die Bereitschaft zur Nachbesserung zu erklären.[221]

Außerdem beschränkt sich das erforderliche Nacherfüllungsverlangen nicht auf eine mündliche oder schriftliche Aufforderung zur Nacherfüllung, sondern umfasst auch die Bereitschaft des Käufers, dem Verkäufer die Kaufsache zur **Überprüfung der erhobenen Mängelrügen** für eine entsprechende Untersuchung zur Verfügung zu stellen. Der Verkäufer ist nämlich nicht verpflichtet, sich auf ein Nacherfüllungsverlangen des Käufers einzulassen, bevor dieser ihm nicht Gelegenheit zu einer solchen Untersuchung der Kaufsache gegeben hat. Denn erst aufgrund einer solchen Untersuchung kann er beurteilen, ob die gerügten Mängel bestehen und bei Gefahrübergang vorgelegen haben.[222]

Nach der Rspr. reicht es aus, dass der Gläubiger durch das Verlangen nach sofortiger, unverzüglicher oder umgehender Leistung oder durch vergleichbare Formulierungen deutlich macht, dass dem Schuldner für die Erfüllung nur ein begrenzter Zeitraum zur Verfügung steht.[223] Demnach muss der Käufer **keinen konkreten Zeitpunkt oder Zeitraum** angeben.

Beispiel: K kauft beim Autohändler V einen Pkw. Er beanstandet Mängel am Motor des Fahrzeugs. Er fordert V zur umgehenden Beseitigung auf und kündigt an, andernfalls werde er eine Werkstatt mit der Reparatur beauftragen. V erteilt die Zusage, sich um die Angelegenheit zu kümmern und meldet sich in der Folgezeit nicht bei K, dessen Versuch, ihn zu erreichen, scheitert. K fragt, ob er zurücktreten kann.[224]

Dem Begriff der Fristsetzung lässt sich nicht entnehmen, dass die maßgebliche Zeitspanne nach dem Kalender bestimmt sein muss oder in konkreten Zeiteinheiten anzugeben ist.[225] Eine Frist ist ein Zeitraum, der bestimmt oder bestimmbar ist. Mit der Aufforderung die Leistung oder die Nacherfüllung „in angemessener Zeit" oder „umgehend" oder „so schnell wie möglich" zu bewirken, wird eine zeitliche Grenze gesetzt, die aufgrund der jeweiligen Umstände des Einzelfalls bestimmbar ist. Somit hat K hier ein Rücktrittsrecht.[226]

Die **Angemessenheit der Frist** bestimmt sich nach den Umständen des konkreten Einzelfalls, wobei die Interessen beider Vertragsparteien zu berücksichtigen sind. Setzt der Käufer dem Verkäufer eine zu kurze Frist, so ist die Fristsetzung nicht unwirksam, sondern es wird eine angemessene Frist in Gang gesetzt.[227]

Beispiel: Muss bei einem vom „Abgasskandal" betroffenen Fahrzeug die manipulative Software beseitigt werden, ist eine Frist von lediglich zwei Wochen nicht angemessen.[228]

Setzt der Käufer dem Verkäufer eine angemessene **Frist, obwohl diese entbehrlich ist**, so ist er an die eigene Fristsetzung gebunden. Wird der Mangel der Kaufsache innerhalb der vom Käufer gesetzten Frist zur Nacherfüllung behoben, erlischt das Recht zum Rücktritt vom Vertrag auch dann, wenn wegen des arglistigen Verhaltens des Verkäufers im Hinblick auf den Mangel eine Fristsetzung entbehrlich gewesen wäre.[229]

---

221 BGH NJW 2015, 3455, 3457.
222 BGH RÜ 2016, 1, 3.
223 BGH RÜ 2015, 349, 350.
224 Vgl. BGH RÜ 2009, 681.
225 BGH RÜ 2009, 681; BGH RÜ 2010, 241.
226 Vgl. Greiner/Hossenfelder JA 2010, 412.
227 Looschelders Rn. 101.
228 Vgl. OLG München RÜ 2017, 624, 628; Brox/Walker § 4 Rn. 51.
229 BGH RÜ 2010, 352.

Die vom Käufer gesetzte angemessene Frist zur Nacherfüllung ist nicht bereits dann gewahrt, wenn der Verkäufer innerhalb der Frist die Leistungshandlung erbracht hat. Es muss vielmehr auch der **Leistungserfolg** eingetreten sein. Andernfalls ist die **Frist zur Nacherfüllung erfolglos abgelaufen.** Die Frist ist allerdings so zu bemessen, dass der Verkäufer bei ordnungsgemäßem Vorgehen vor Fristablauf voraussichtlich nicht nur die Leistungshandlung vornehmen, sondern auch den Leistungserfolg herbeiführen kann.[230] Hat der Käufer eine angemessene Frist zur Nachbesserung gesetzt, die erfolglos abgelaufen ist, so ist er grundsätzlich nicht gehalten, dem Verkäufer eine **zweite Gelegenheit zur Nachbesserung** einzuräumen, bevor er den Rücktritt vom Kaufvertrag erklärt. Ein zweimaliges Fehlschlagen der Nachbesserung ist nur dann Rücktrittsvoraussetzung, wenn der Käufer sein Nachbesserungsverlangen nicht mit einer Fristsetzung verbunden hat.[231]

RÜ-Video 03/21

bb) Entbehrlichkeit der Fristsetzung

In den **§§ 326 Abs. 5, 323 Abs. 2** und **440** sind Fallgruppen geregelt, in denen kraft Ge- **89**
setzes eine Fristsetzung entbehrlich ist.

(1) Entbehrlichkeit gemäß § 326 Abs. 5

Ist die **Nacherfüllung unmöglich** (§ 275 Abs. 1), weil die Kaufsache mit einem unbehebbaren Mangel behaftet und eine Nachlieferung nicht möglich ist, kann der Käufer ohne Fristsetzung vom Vertrag zurücktreten. Gemäß § 326 Abs. 5 findet § 323 entsprechende Anwendung, nur die Fristsetzung ist entbehrlich.

Beispiele:

1. Ob eine **Ersatzlieferung beim Gebrauchtwagenkauf** von vornherein oder erst, wenn keine gleichartige und gleichwertige Sache am Markt zu beschaffen ist, ausscheidet, wird unterschiedlich beurteilt (dazu oben Rn. 68), und kann sich damit auch auf die Frage auswirken, ob ein Fall des § 326 Abs. 5 vorliegt.

2. Scheidet bei einem vom **„Abgasskandal"** betroffenen und als Gebrauchtwagen erworbenen Fahrzeug eine Nachlieferung aus, ist eine Entbehrlichkeit der Fristsetzung gemäß § 323 Abs. 5 gleichwohl nicht gegeben, wenn ein Software-Update dazu führen kann, dass der vertraglich vereinbarte Stickstoff-Ausstoß dann gewährleistet wäre.[232]

(2) Entbehrlichkeit gemäß § 323 Abs. 2

In § 323 Abs. 2 sind **drei Fallgruppen** geregelt, in denen eine Fristsetzung entbehrlich ist.

- Nach **§ 323 Abs. 2 Nr. 1** ist eine Fristsetzung entbehrlich, wenn der Schuldner die **90**
  Leistung ernsthaft und **endgültig** verweigert. Eine Fristsetzung wäre angesichts einer Leistungsverweigerung des Verkäufers ohnehin sinnlos.

  An das Vorliegen einer endgültigen Erfüllungsverweigerung sind allerdings strenge Anforderungen zu stellen. Sie liegt nur vor, wenn der Verkäufer **eindeutig zum Ausdruck bringt**, er werde die Nacherfüllung nicht vornehmen und es damit ausgeschlossen erscheint, dass er sich von einer Nachfristsetzung umstimmen ließe.[233]

230 BGH RÜ 2021, 137, 139; BGH RÜ 2021, 137 mit RÜ-Video unter t1p.de/p07g.
231 BGH RÜ 2021, 137, 140; a.A. OLG Frankfurt a.M. RÜ 2020, 76 als Vorinstanz.
232 Vgl. OLG München RÜ 2017, 624, 626.
233 BGH RÜ 2009, 346.

Beispiel: Das **Bestreiten des Mangels reicht** hierfür grundsätzlich **nicht** aus. Vielmehr müssen weitere Umstände hinzutreten, welche die Annahme rechtfertigen, dass der Schuldner über das bloße Bestreiten der Mängel hinaus bewusst und endgültig die Erfüllung seiner Vertragspflichten ablehnt und es damit ausgeschlossen erscheint, dass er sich von einer (ordnungsgemäßen) Nacherfüllungsaufforderung werde umstimmen lassen. Wird der Käufer vom Verkäufer auf die Geltendmachung von Garantieansprüchen gegen einen Dritten verwiesen, muss dies nicht bedeuten, dass der Verkäufer bereits eine abschließende Entscheidung über das Nacherfüllungsverlangen treffen wollte.[234]

91 ■ Außerdem ist gemäß **§ 323 Abs. 2 Nr. 2** die Fristsetzung entbehrlich, wenn der Schuldner die Leistung bis zu einem im Vertrag bestimmten Termin oder innerhalb einer im Vertrag bestimmten Frist nicht bewirkt, obwohl die termin- oder fristgerechte Leistung für den Gläubiger wesentlich ist. Die Vorschrift erfasst die **relativen Fixgeschäfte**. Ein Fixgeschäft ist gegeben, wenn das Geschäft mit der zeitgerechten Leistung „stehen und fallen" soll.

Hinweis: *Für den Handelskauf enthält § 376 HGB eine vorrangige Rücktritts- und Schadensersatzregelung bei relativen Fixgeschäften.*[235]

92 ■ Eine Fristsetzung ist nach **§ 323 Abs. 2 Nr. 3** schließlich auch dann entbehrlich, wenn **besondere Umstände** vorliegen, die unter Abwägung der beiderseitigen Interessen den sofortigen Rücktritt rechtfertigen. Diese besonderen Umstände sind beispielsweise dann gegeben, wenn der **Verkäufer den Käufer arglistig getäuscht** hat, denn eine arglistige Täuschung zerstört regelmäßig die für die Nacherfüllung erforderliche Vertrauensgrundlage.[236]

(3) Entbehrlichkeit gemäß § 440

Der **§ 440** enthält für das Kaufrecht **drei weitere Fälle**, in denen die Fristsetzung entbehrlich ist.

93 ■ Gemäß **§ 440 S. 1 Alt. 1** bedarf es einer Fristsetzung nicht, wenn der Verkäufer **beide Arten der Nacherfüllung** gemäß § 439 Abs. 4 (unverhältnismäßige Kosten) verweigert.

94 ■ Nach **§ 440 S. 1 Alt. 2** ist die Fristsetzung ebenfalls entbehrlich, wenn die dem Käufer zustehende Art der **Nacherfüllung fehlgeschlagen** ist. Nach § 440 S. 2 gilt die Nachbesserung grundsätzlich nach dem zweiten erfolglosen Versuch als fehlgeschlagen, wenn sich nicht insbesondere aus der Art der Sache oder des Mangels oder den sonstigen Umständen etwas anderes ergibt.

Mehr als **zwei Nachbesserungsversuche** kommen nur unter besonderen Umständen (z.B. besondere technische Komplexität der Sache, schwer behebbare Mängel oder ungewöhnlich widrige Umstände bei vorangegangenen Nachbesserungen) in Betracht.[237] Ein Fehlschlag liegt vor, wenn durch die Nacherfüllung entweder der alte Mangel nicht beseitigt oder ein neuer verursacht worden ist. Nachbesserungsversuche von Personen, die der Verkäufer gegenüber dem Käufer als zur Nachbesse-

234 BGH RÜ 2016, 1, 4.

235 Vgl. AS-Skript Handelsrecht (2019), Rn. 316 ff.

236 BGH NJW 2007, 1534, 1535; Looschelders Rn. 102; Tiedtke JZ 2008, 395, 402; BeckOK-BGB/Faust § 440 Rn. 37.

237 BGH NJW 2007, 504, 505.

rung berechtigt nennt, muss er sich als eigene zurechnen lassen (Reparatur eines Fahrzeugs in einer anderen Vertragswerkstatt).[238]

- Einer Fristsetzung bedarf es auch dann nicht, wenn die **Nacherfüllung für den Käufer unzumutbar** ist, **§ 440 S. 1 Alt. 3**. Diese Vorschrift hat die Funktion eines Auffangtatbestandes. Sie greift immer dann ein, wenn das Vertrauen des Käufers in eine sachgerechte Vertragserfüllung des Verkäufers nachhaltig gestört ist. Dabei kann sich die Unzumutbarkeit sowohl aus der **Person als auch aus dem Verhalten des Verkäufers** ergeben.[239] Wenn das Vertrauen des Käufers in eine ordnungsgemäße Nacherfüllung durch den Verkäufer nachhaltig gestört ist, muss der Käufer sofort Sekundäransprüche geltend machen können. 95

Beispiele:

1. In der Lit.[240] wird als Beispiel für einen solchen Fall die **Arglist des Verkäufers** genannt, wobei im Einzelfall wiederum streitig ist, ob die Arglist in jedem Fall zur Unzumutbarkeit führt oder auf die Umstände des Einzelfalls abzustellen ist. Der BGH geht im Falle der Arglist des Verkäufers davon aus, dass besondere Umstände vorliegen, die unter Abwägung der beiderseitigen Interessen den sofortigen Rücktritt rechtfertigen, und geht damit von einem Fall des **§ 323 Abs. 2 Nr. 3** aus. Da man sich im Ergebnis einig ist, dass bei Arglist grundsätzlich eine Fristsetzung entbehrlich ist, kann es dahinstehen, ob man den Fall unter § 323 Abs. 2 Nr. 3 oder unter § 440 S. 1 Alt. 3 einordnet.

2. Eine Unzumutbarkeit kann sich auch aus der **Art der Mangelhaftigkeit** ergeben, etwa wenn gesundheitsgefährdendes **Gammelfleisch** geliefert worden ist. Auch hier kann es dem Käufer nicht zugemutet werden, sich noch einmal auf eine Nacherfüllung einzulassen.

3. Unzumutbarkeit liegt auch vor, wenn ein als verkehrssicher verkauftes Auto massive Mängel in Form von fortgeschrittener Korrosion aufweist, die bei einer einfachen Sichtprüfung durch den Verkäufer ohne Weiteres erkennbar gewesen wären. Wenn der Käufer dadurch jedes **Vertrauen in die Zuverlässigkeit und Kompetenz des Verkäufers verliert**, ist die Nacherfüllung unzumutbar.[241] Gleiches kann für das Vertrauen des Käufers eines vom „Abgasskandal" betroffenen Fahrzeugs gelten.[242]

4. Stellt der Verkäufer einem Nacherfüllungsanspruch des Käufers **unberechtigte Hindernisse** in den Weg, kann dies eine Unzumutbarkeit i.S.v. § 440 S. 1 Alt. 3 begründen.[243]

(4) Entbehrlichkeit der Fristsetzung aufgrund der Richtlinie 1999/44/EG

Nach Art. 3 Abs. 5 der Richtlinie über den **Verbrauchsgüterkauf** kann der Verbraucher zurücktreten, wenn der Verkäufer nicht innerhalb einer angemessenen Frist Abhilfe geschaffen hat. Dass der Verbraucher eine Frist setzt, ist danach nicht erforderlich. Der deutsche Gesetzgeber[244] war gleichwohl der Auffassung, dass das Erfordernis der Fristsetzung mit der Richtlinie vereinbar sei, da eine Schlechterstellung des Verbrauchers damit nicht verbunden sei. Denn die Konkretisierung der Frist liege auch im Interesse des Verbrauchers. 96

238 BGH NJW 2007, 504, 505.
239 BeckOK-BGB/Faust § 440 Rn. 37.
240 Staudinger/Matusche-Beckmann § 440 Rn. 25; Lorenz NJW 2004 Rn. 26 f.
241 BGH RÜ 2015, 481, 482.
242 BeckOK-BGB/Faust § 440 Rn. 37a.
243 BGH RÜ 2017, 84, 86.
244 BT-Drs. 14/6040, S. 222.

Demgegenüber wird in der Lit.[245] für den Fall des Verbrauchsgüterkaufs eine richtlinienkonforme Auslegung des Gesetzes befürwortet und mit unterschiedlichen Begründungen angenommen, dass der Rücktritt lediglich den **Ablauf einer angemessenen Frist, nicht aber die Fristsetzung selbst voraussetzt**. Der besonderen Schutzbedürftigkeit des Verbrauchers könne nur auf diesem Wege Rechnung getragen werden. Dafür spricht, dass der rechtsunkundige Verbraucher häufig gar nicht weiß, dass er eine Frist setzen muss. Der dogmatische Ansatzpunkt für eine richtlinienkonforme Auslegung soll dabei nicht die Vorschrift des § 440, sondern § 323 Abs. 2 Nr. 3 sein.[246]

b) Ausschluss des Rücktrittsrechts

aa) Ausschluss gemäß § 323 Abs. 5 S. 2

97 Gemäß § 323 Abs. 5 S. 2 ist der Rücktritt ausgeschlossen, wenn die Pflichtverletzung unerheblich ist. Als Pflichtverletzung ist im Rahmen des § 437 Nr. 2 i.V.m. § 323 die mangelhafte Lieferung der Kaufsache anzusehen. Der Rücktritt ist daher ausgeschlossen, wenn der **Mangel unerheblich** ist.[247]

Hinweis: *Gleiches gilt für den Schadensersatzanspruch statt der ganzen Leistung, § 281 Abs. 1 S. 3. Bei unerheblicher Pflichtverletzung ist jedoch eine Minderung (§ 441 Abs. 1 S. 2) und der Schadensersatzanspruch statt der Leistung als kleiner Schadensersatzanspruch nicht ausgeschlossen.*

Für die Beurteilung der Frage, ob ein geringfügiger Mangel vorliegt, ist auf den **Zeitpunkt der Rücktrittserklärung** des Käufers abzustellen, und nicht etwa auf die erst nachträglich im Zuge der Mangelbegutachtung zur Mängelursache und deren Beseitigung gewonnenen Erkenntnisse. Denn ein zum Zeitpunkt der Rücktrittserklärung erheblicher Mangel wird nicht dadurch unerheblich, dass es dem Verkäufer möglicherweise zu einem späteren Zeitpunkt noch hätte gelingen können, die Kaufsache in einen der geforderten Beschaffenheit entsprechenden Zustand zu versetzen.[248]

Ob ein Mangel unerheblich ist, ist durch eine **umfassende Interessenabwägung unter Berücksichtigung aller Umstände des Einzelfalls** zu ermitteln. Dabei ist die Erheblichkeit des Mangels **indiziert**, wenn er auf einer **Abweichung von der vereinbarten Beschaffenheit** i.S.v. § 434 Abs. 1 S. 1 beruht.[249]

98 Umstritten ist, ob die Erheblichkeit des Mangels auch bei **Arglist des Verkäufers** indiziert ist.

- Nach der Rspr. ist die Unerheblichkeit des Mangels **schon** dann zu verneinen, **wenn** der Verkäufer den Mangel **arglistig** verschwiegen hat.[250]
- Demgegenüber wird in der Lit.[251] zum Teil vertreten, dass bei Arglist **nicht automatisch** von der Erheblichkeit des Mangels auszugehen ist. Bei einem arglistigen Ver-

245 BeckOK-BGB/Faust § 437 Rn. 18; MünchKomm/Lorenz Vor § 474 f. Rn. 21a.
246 BeckOK BGB/Faust § 437 Rn. 18a.
247 BGH RÜ 2014, 617, 618.
248 BGH RÜ 2017, 84, 87.
249 BGH RÜ 2013, 357, 359.
250 BGH NJW 2006, 1960, 1961.
251 Looschelders JR 2007, 309; Tiedtke JZ 2008, 395, 402.

schweigen eines Mangels verletze der Verkäufer nur eine Nebenpflicht i.S.d. § 241 Abs. 2, weil er in die rechtsgeschäftliche Entscheidungsfreiheit des Käufers eingreife. Damit stehe das arglistige Verschweigen außerhalb des in § 323 Abs. 5 erfassten Pflichtenkreises. Außerdem sei der Käufer, selbst wenn der Rücktritt nicht ausgeschlossen sei, nicht schutzlos, da er gemäß § 123 Abs. 1 anfechten könne.

- Für die Rspr. streiten Sinn und Zweck des § 323 Abs. 5 S. 2. Die Vorschrift soll bei geringfügigen Mängeln die für den Verkäufer regelmäßig mit erheblichen Nachteilen verbundene Rechtsfolge der Rückabwicklung des Vertrags ausschließen. Bei Arglist **verdient** das **Vertrauen des Verkäufers** in den Bestand des Rechtsgeschäfts aber **keinen Schutz**.

Ist die Erheblichkeit nicht durch die Abweichung von einer Beschaffenheitsvereinbarung oder durch die Arglist indiziert, ist für die weitere Prüfung entscheidend, ob der Mangel behebbar ist. Ist der **Mangel nicht behebbar**, ist auf das **Ausmaß der Funktionsbeeinträchtigung** abzustellen. 99

Beispiele:

1. Unerheblichkeit wurde angenommen bei einer Abweichung des Benzinverbrauchs eines verkauften Neuwagens um weniger als 10 % von den Herstellerangaben.[252] Gleiches gilt, wenn beim Durchlaufen der Waschanlage einzelne Wassertropfen an der Innenseite der Seitenscheiben entlang laufen.[253]

2. Hingegen wurde die Erheblichkeit des Mangels bei Lieferung eines Kfz in einer anderen als der bestellten Farbe bejaht.[254]

Ein **behebbarer Mangel** ist unerheblich, wenn die **Kosten der Mängelbeseitigung** im **Verhältnis zum Kaufpreis** geringfügig sind. Bis zu welchem Verhältnis die Unerheblichkeit bejaht werden kann, ist umstritten. 100

- Nach einer Auffassung sind die zur Vorgängerregelung in § 459 Abs. 1 S. 2 a.F. entwickelten Grundsätze auf § 323 Abs. 5 S. 2 zu übertragen.[255] Danach war die Erheblichkeitsgrenze niedrig angesetzt. Sie wurde zwischen 3 % und 5 % angenommen. Der Gesetzgeber habe keine Änderung der Rechtslage beabsichtigt. Eine Erhöhung der Erheblichkeitsgrenze und damit eine stärkere Einschränkung des Rücktrittsrechts würde auch der Richtlinie über den Verbrauchsgüterkauf widersprechen.
- Die Gegenauffassung spricht sich dafür aus, die Erheblichkeitsgrenze deutlich zu erhöhen.[256] Anders als nach dem früheren Recht schließe die Unerheblichkeit die Gewährleistungsansprüche nicht mehr vollständig aus, da dem Käufer das Recht zur Minderung und auf den kleinen Schadensersatz erhalten bleibe. Die Schwelle zur Erheblichkeit liege bei 8 %–10 %.
- Der **BGH** hat sich der erstgenannten Auffassung angeschlossen. Sinn und Zweck des § 323 Abs. 5 S. 2 sei es, bei geringfügigen Mängeln die für den Verkäufer in der Regel mit erheblichen Nachteilen verbundene Rechtsfolge der Rückabwicklung des Ver- 101

252 OLG Frankfurt am Main NJW-RR 2007, 1423, 1424.
253 OLG Brandenburg RÜ 2007, 465.
254 BGH RÜ 2010, 277, 278.
255 OLG Köln Ball ZGS 2002, 49, 51.
256 OLG Düsseldorf ZGS 2007, 157, 159; OLG Nürnberg NJW 2005, 2019, 2020; MünchKomm/Ernst § 323 Rn. 247 ff.

trags auszuschließen.[257] Im Rahmen einer Interessenabwägung und einer Würdigung der Umstände des Einzelfalls sei regelmäßig von einer **Erheblichkeitsschwelle von 5 %** des Kaufpreises auszugehen. Diese relativ niedrige Grenze entspreche auch der Richtlinie über den Verbrauchsgüterkauf.

Die Schwelle der notwendigen Überschreitung eines Betrages von 5 % des Kaufpreises durch die Kosten der Beseitigung eines behebbaren Mangels für die **Beurteilung** der Erheblichkeit i.S.v. § 323 Abs. 5 S. 2 **lässt sich auf** die entsprechende Bewertung eines merkantilen Minderwertes im Falle eines **unbehebbaren Mangels übertragen**; eine Diskrepanz ergibt sich nicht deshalb, weil der merkantile Minderwert grundsätzlich prozentual geringer ist als die parallelen Reparaturkosten.[258]

Besteht zwischen Käufer und Verkäufer **über die Ursachen eines Mangels Uneinigkeit**, so kommt es für die Frage der einem Rücktrittsrecht des Käufers entgegenstehenden Geringfügigkeit des Mangels ausnahmsweise auf das Ausmaß der Funktionsbeeinträchtigung an und nicht auf das sonst maßgebliche Verhältnis von Mangelbeseitigungsaufwand und Kaufpreis.[259]

102 Nach **§ 434 Abs. 3** steht es einem **Sachmangel** gleich, wenn der Verkäufer eine zu **geringe Menge** geliefert hat. Ob diese Gleichstellung auch im Rahmen des § 323 Abs. 5 gilt, wird nicht einheitlich beurteilt.

- Teilweise wird angenommen, dass die Wertung des § 434 Abs. 3 auch im Rahmen des § 323 Abs. 5 gilt.[260] Daher sei § 323 Abs. 5 richtlinienkonform auszulegen. Die Richtlinie über den Verbrauchsgüterkauf verlange, die **Zuweniglieferung** auch im Rahmen des § 323 **wie eine mangelhafte Lieferung** zu behandeln. Danach ist das Rücktrittsrecht vom gesamten Vertrag ausgeschlossen, wenn die Pflichtverletzung (die Mengenabweichung) unerheblich ist, § 323 Abs. 5 S. 2.

- Andere stellen auf den Sinn und Zweck des § 323 Abs. 5 ab. Danach ist bei einer **Teilleistung ein Rücktritt** vom gesamten Vertrag **nur bei Interessenwegfall** gerechtfertigt. Eine Teilleistung i.S.d. § 323 Abs. 5 S. 1 sei auch dann anzunehmen, wenn die Zuweniglieferung gemäß § 434 Abs. 3 als Mangel gelte.[261] Dafür spricht, dass andernfalls die Regelung des § 323 Abs. 5 S. 1 für den häufigen Fall der Minderlieferung im Kaufrecht völlig entwertet würde. Es ist nicht gerechtfertigt, dass sich der Käufer bei jeder nicht ganz unerheblichen Minderlieferung nach erfolglosem Fristablauf vom ganzen Vertrag lösen kann. Nach Sinn und Zweck des § 323 Abs. 5 ist eine Zuweniglieferung als solche und nicht als Mangel zu behandeln. § 434 Abs. 3 bezweckt nur eine Klarstellung, dass bei einer Zuweniglieferung die kaufrechtlichen Sonderregelungen über die Gewährleistung gelten. Eine Übertragung auf den Ausschlusstatbestand des § 323 Abs. 5 ist nicht erforderlich.

---

257 BGH RÜ 2014, 617, 619.
258 OLG Rostock RÜ 2020, 688, 670.
259 BGH RÜ 2017, 84, 87.
260 BeckOK-BGB/Faust § 434 Rn. 115; Jauernig/Stadler § 323 Rn. 19, § 281 Rn. 26; MünchKomm/Ernst § 323 Rn. 216.
261 Looschelders Rn. 110; Canaris ZRP 2001, 329, 334; Windel Jura 2003, 793, 796.

Ist die **Kaufsache nur teilweise mangelhaft** (von 120 Flaschen Wein sind 12 verdorben), stellt sich ebenfalls die Frage, unter welchen Voraussetzungen das Rücktrittsrecht ausgeschlossen ist. In der Lit. wird differenziert: 103

- Zunächst ist allein auf den mangelhaft gelieferten Teil abzustellen und danach zu fragen, ob der mangelhaft erbrachte Teil für sich eine erhebliche Pflichtverletzung darstellt. Ist dies der Fall, so ist der Käufer zum Teilrücktritt berechtigt. Die Befugnis vom Gesamtvertrag zurückzutreten, richtet sich dann nach **§ 323 Abs. 5 S. 1** (Interessenwegfall).[262]
- Nach a.A.[263] fallen qualitative Minderleistungen jedoch als Schlechtleistung ausschließlich unter **§ 323 Abs. 5 S. 2** (Unerheblichkeit). Das Rücktrittsrecht sei nicht teilbar, sondern entfällt insgesamt, wenn der Mangel unerheblich ist. Hierfür spricht, dass die Einordnung einer qualitativen Minderleistung als Teilleistung zu großen Abgrenzungsschwierigkeiten führen kann. Es könnte etwa die Frage virulent werden, ob ein Pkw, bei dem die bestellte Sonderausstattung fehlt, nur eine teilweise Schlechtleistung oder eine Gesamtschlechtleistung darstellt.[264]

bb) Ausschluss des Rücktrittsrechts gemäß § 323 Abs. 6

Nach § 323 Abs. 6 Alt. 1 ist der Rücktritt ausgeschlossen, wenn der Käufer für den Umstand, der ihn zum Rücktritt berechtigen würde, **allein oder weit überwiegend verantwortlich ist**. Dies kann z.B. dann gegeben sein, wenn die mangelhafte Leistung des Verkäufers darauf beruht, dass der Käufer die von ihm geschuldeten Informationen viel zu spät oder unrichtig erteilt.[265] 104

Ein Ausschluss gemäß § 323 Abs. 6 Alt. 2 greift ein, wenn sich der Gläubiger bei Eintritt des Rücktrittsgrundes in **Annahmeverzug** befindet (§ 293) und die zum Rücktritt berechtigenden Umstände nicht vom Schuldner zu verantworten sind.

cc) Eigene Vertragstreue, § 242

Das Rücktrittsrecht ist ebenfalls ausgeschlossen, wenn der **Käufer selbst nicht vertragstreu** ist. Darüber besteht im Ergebnis Einigkeit, sodass der Frage der dogmatischen Einordnung dieser Fallgruppe – ob unter § 323 Abs. 5 (soweit überwiegende Verantwortlichkeit des Gläubigers) oder unter § 242 (Treu und Glauben) – keine Bedeutung zukommt. Im Übrigen liegen häufig im Fall der Vertragsuntreue des Käufers schon die Voraussetzungen des Rücktrittsrechts nicht vor. 105

dd) Kein Ausschluss des Rücktrittsrechts durch Erfüllungsverlangen

Auch wenn der Gläubiger nach Fristablauf zunächst weiterhin Erfüllung verlangt, schließt dies nicht aus, dass er später noch vom Vertrag zurücktreten kann. Ein einmal begründetes Rücktrittsrecht nach § 323 Abs. 1 geht nicht dadurch unter, dass der Gläu- 106

262 MünchKomm/Ernst § 323 Rn. 256.
263 Hk-BGB/Schulze § 323 Rn. 13.
264 BT-Drs. 1460/40, S. 187.
265 Palandt/Grüneberg § 323 Rn. 29.

biger zunächst weiterhin Erfüllung verlangt. Zwar wurde teilweise angenommen, der Gläubiger sei analog § 262 an die einmal getroffene Wahl gebunden.[266] Nach h.M.[267] sind jedoch die Vorschriften über die Wahlschuld nicht anwendbar. Das Wahlrecht des Gläubigers nach Fristablauf beruhe nicht auf vertraglicher Vereinbarung, sondern auf der gesetzlichen Regelung in § 323. Vielmehr handelt es sich um eine **elektive Konkurrenz** (vgl. dazu bereits oben Rn. 47).

c) Erklärung des Rücktritts

107 Der Rücktritt ist ein Gestaltungsrecht, **§ 349**. Er wird durch eine **einseitige Gestaltungserklärung** des Käufers ausgeübt. Mit dem Zugang der Willenserklärung beim Verkäufer wird die Erklärung des Rücktritts wirksam (§ 130 Abs. 1 S. 1). Der Rücktritt **wirkt** ebenso wie die Kündigung **ex nunc** und ist als Gestaltungsrecht unwiderruflich. Er hat keine dingliche Wirkung, sondern die geschuldeten Leistungen müssen nach sachenrechtlichen Grundsätzen zurückübertragen werden.

d) Rechtsfolgen des Rücktritts

108 Die Rechtsfolgen des Rücktritts ergeben sich aus den §§ 346 f. Der Rücktritt führt zu einer Umwandlung des Kaufvertrags in ein **Rückgewährschuldverhältnis**. Er beseitigt also nicht den Kaufvertrag, sondern verändert nur seinen Inhalt.

Hinweis: *Dadurch unterscheidet sich der Rücktritt vom Bereicherungsrecht: Die §§ 812 ff. regeln die Rückgewähr von Vermögenswerten, insbesondere in Fällen, in denen ein Schuldverhältnis nicht besteht oder weggefallen ist. Nach den §§ 812 ff. wird im Gegensatz zu den §§ 346 f. nicht ein altes Schuldverhältnis mit neuem Inhalt fortgesetzt, sondern ein neues gesetzliches Schuldverhältnis begründet.*[268]

Müssen die Leistungen noch erbracht werden, so führt der Rücktritt zum **Erlöschen der vertraglichen Primärleistungspflichten**. Wird eine mangelhafte Kaufsache geliefert, so ist zumindest die Leistung des Verkäufers – wenn auch schlecht – erbracht und die Leistung des Käufers in der Regel ebenfalls, sodass sich die Rückabwicklung nach den §§ 346 f. richtet.[269] Die für die Fallbearbeitung wichtigste Rechtsfolge ist der Anspruch des Käufers auf **Rückzahlung des Kaufpreises** gemäß §§ 437 Nr. 2, 323, 346 Abs. 1.

e) Unwirksamkeit des Rücktritts

109 Die im Allgemeinen Teil des BGB enthaltene Vorschrift des **§ 218** hat praktische Bedeutung hauptsächlich durch den in **§ 438 Abs. 4** enthaltenen Verweis.[270] Der Rücktritt ist unwirksam, wenn der Anspruch auf Nacherfüllung verjährt ist. Eine Sonderregelung für den Rücktritt ist erforderlich, denn das **Rücktrittsrecht** ist kein Anspruch, sondern nur ein **Gestaltungsrecht**. Gestaltungsrechte verjähren nicht, sondern nur Ansprüche,

266 OLG Celle ZGS 2005, 275.
267 BGH RÜ 2006, 179,181; Looschelders JA 2007, 161, 165.
268 Medicus/Petersen Rn. 660.
269 Vgl. zu den Rechtsfolgen des Rückritts ausführlich AS-Skript Schuldrecht AT 2 (2020), Rn. 72.
270 Palandt/Ellenberger § 218 Rn. 1.

§ 194. Der Rücktritt wird unwirksam, wenn der Anspruch auf Nacherfüllung verjährt ist und der Schuldner sich hierauf beruft. Die Berufung auf die Verjährung hat also zur Folge, dass der Rücktritt **ex nunc** unwirksam wird.

Beispiel: V verkauft dem K am 04.02.2016 einen Gebrauchtwagen und übergibt ihn am gleichen Tag. Es stellt sich heraus, dass es sich um einen Unfallwagen handelt, bei dem eine Neulieferung ausscheidet. V hatte davon keine Kenntnis. Am 06.02.2018 erklärt K den Rücktritt und verlangt den Kaufpreis zurück. V beruft sich auf die Verjährung.

Ein Anspruch des K gegen V kann sich aus §§ 437 Nr. 2, 326 Abs. 5, 323, 346 Abs. 1 ergeben.

I. K und V haben einen wirksamen Kaufvertrag abgeschlossen. Die Kaufsache ist mangelhaft gemäß § 434 Abs. 1 S. 2 Nr. 2, denn ein Unfallfahrzeug weist nicht die übliche Beschaffenheit auf. Ferner ist eine Mängelbeseitigung nicht möglich. Da bei dem Gebrauchtfahrzeugen auch eine Nachlieferung ausscheidet, ist die Nacherfüllung unmöglich. K hat (seit Februar 2016) ein Rücktrittsrecht.

II. Das Rücktrittsrecht als solches verjährt nicht. Nach § 438 Abs. 4 gilt § 218.

1. Nach § 218 S. 1 ist der Rücktritt unwirksam, wenn der Nacherfüllungsanspruch verjährt ist. Hier war die Nacherfüllung aber von Anfang an unmöglich.

2. Gemäß § 218 S. 2 ist der Rücktritt auch unwirksam, wenn der Nacherfüllungsanspruch nach § 275 Abs. 1 unmöglich war und verjährt wäre. Ein wirksamer Nacherfüllungsanspruch wäre gemäß § 438 Abs. 1 Nr. 3 verjährt. Der Rücktritt des K ist daher unwirksam.
K hat keinen Anspruch auf Rückzahlung des Kaufpreises.

Der Käufer kann auch bei Unwirksamkeit des Rücktritts die Zahlung des Kaufpreises nach § 438 Abs. 4 S. 2 verweigern. Hat der Käufer den Kaufpreis voll oder zum Teil bezahlt, kann er ihn nicht gemäß §§ 812 ff. zurückfordern (§ 214 Abs. 2 S. 1).

Erhebt der Käufer die Einrede aus § 438 Abs. 4 S. 2, hat der Verkäufer nach § 438 Abs. 4 S. 3 ein Rücktrittsrecht. Damit soll verhindert werden, dass der Käufer den Kaufpreis nicht zahlen muss, aber seinerseits die Kaufsache weiter nutzen kann.

2. Minderung

Die Minderung gemäß den **§§ 437 Nr. 2, 441** ist neben dem Rücktritt das zweite **Gestal-** 110
tungsrecht im Rahmen der kaufvertraglichen Gewährleistung. Hat der Käufer bei Mangelhaftigkeit der Sache dem Verkäufer eine angemessene Frist zur Nacherfüllung gesetzt und ist diese erfolglos abgelaufen, oder ist eine Fristsetzung entbehrlich, so kann der Käufer **„statt zurückzutreten"** (§ 441 Abs. 1 S. 1) **den Kaufpreis mindern**. Für eine wirksame Minderung müssen deshalb die Voraussetzungen des Rücktritts vorliegen.

Klausurhinweis: *In der Fallbearbeitung ist das* ***Verhältnis der Minderung zu anderen Anspruchsgrundlagen*** *zu beachten. Ein Rückzahlungsanspruch aus* ***§ 812 Abs. 1 S. 1 Alt. 1*** *kommt* ***nicht*** *in Betracht, da § 441 Abs. 4 regelt, dass der Mehrbetrag vom Verkäufer zu erstatten ist und im Übrigen auf die Rücktrittsvorschriften verweist.*

Verlangt der Käufer wegen der Mangelhaftigkeit der Sache den zu viel gezahlten Kaufpreis zurück, so ist immer ***auch*** *ein* ***Schadensersatzanspruch statt der Leistung*** *(§§ 437 Nr. 3, 280 Abs. 1 u. 3, 281 – bzw. bei Unmöglichkeit §§ 437 Nr. 3, 311 a bzw. §§ 437 Nr. 3, 280 Abs. 1 u. 3, 283) in Form des* ***kleinen Schadensersatzanspruchs*** *möglich. Die Minderung hat dann eine selbstständige wirtschaftliche Bedeutung, wenn der Verkäufer sich exkulpiert, § 280 Abs. 1 S. 2. Die Minderung schließt einen Schadensersatzanspruch nicht aus. Wenn schon der Rücktritt gemäß* ***§ 325*** *das Recht, Schadensersatz zu verlangen nicht ausschließt,* *gilt dies erst recht für die Minderung. Der Schadensersatzanspruch nach einer Minderung umfasst allerdings nicht den Schaden, der durch die Minderung des Kaufpreises ausgeglichen wird.*[271]

Allerdings wird mit dem Zugang einer wirksam ausgeübten Minderung des Kaufpreises diese Erklärung bindend und der Käufer ist damit daran gehindert, hiervon wieder Abstand zu nehmen und stattdessen wegen desselben Mangels auf ***großen Schadensersatz*** *überzugehen und unter diesem Gesichtspunkt Rückgängigmachung des Kaufvertrags zu verlangen. Aus der Vorschrift des* ***§ 325*** *lässt sich nämlich nicht – auch nicht im Wege einer* ***analogen Anwendung*** *– eine Berechtigung des Käufers ableiten, von einer wirksam erklärten Minderung zu einem Anspruch auf großen Schadensersatz und damit auf Rückabwicklung des Kaufvertrags zu wechseln.*[272]

111

Prüfungsschema: Minderung, §§ 437 Nr. 2, 441

A. Voraussetzungen

I. Wirksamer **Kaufvertrag**

II. Kaufsache hat bei Gefahrübergang einen **Sachmangel** (§ 434) oder beim Erwerb einen **Rechtsmangel** (§ 435)

III. Erfolgloser Ablauf einer **angemessenen Frist** zur Nacherfüllung oder Entbehrlichkeit der Fristsetzung (§§ 440, 323 Abs. 2, 326 Abs. 5)

IV. Kein Ausschluss

Im Unterschied zum Rücktrittsrecht ist das Minderungsrecht bei einem unerheblichen Mangel nicht ausgeschlossen; **§ 323 Abs. 5 S. 2** gilt **nicht bei der Minderung**, § 441 Abs. 1 S. 2.

B. Erklärung der Minderung, **§ 441 Abs. 1 S. 1**

C. Keine Unwirksamkeit der Minderung, **§§ 438 Abs. 5, 218 Abs. 1**

D. Rechtsfolgen der Minderung

I. Gemäß **§ 441 Abs. 3 S. 1**: Der Kaufpreis ist in dem Verhältnis herabzusetzen, in welchem zur Zeit des Vertragsschlusses der Wert der Sache im mangelfreien Zustand zu dem wirklichen Wert gestanden haben würde.

$$\frac{\text{X}}{\text{vereinbarter Preis}} = \frac{\text{wirklicher Wert}}{\text{Wert ohne Mangel}}$$

Minderungsbetrag kann, soweit erforderlich, durch Schätzung ermittelt werden, **§ 441 Abs. 3 S. 2**.

II. Hat Käufer schon den gesamten Kaufpreis bezahlt, steht ihm hinsichtlich des Mehrbetrags ein **Rückforderungsanspruch** nach **§§ 441 Abs. 4, 346** zu.

271 Staudinger/Matusche-Beckmann § 441 Rn. 40.

272 BGH RÜ 2018, 481.

Rücktritt oder Minderung, § 437 Nr. 2

Voraussetzungen

- Wirksamer **Kaufvertrag**
- **Sach- oder Rechtsmangel** der Kaufsache, §§ 434, 435
- Erfolgloser Ablauf einer dem Verkäufer vom Käufer gesetzten **angemessenen Frist** zur Nacherfüllung, § 323; Fristsetzung ist Aufforderung zur Nacherfüllung unter Hinzusetzen einer Frist. Dabei reicht Aufforderung zur unverzüglichen Leistung aus; es muss kein Zeitpunkt oder Zeitraum angegeben werden, zu dessen Ablauf die Nacherfüllung vorgenommen werden muss. Ist die Frist zu kurz, so wird eine angemessene Frist in Gang gesetzt.
- Eine **Fristsetzung** ist **entbehrlich**, wenn
  - der Schuldner die Leistung ernsthaft und endgültig verweigert, § 323 Abs. 2 Nr. 1,
  - ein relatives Fixgeschäft vorliegt, § 323 Abs. 2 Nr. 2,
  - besondere Umstände vorliegen, die unter Abwägung der beiderseitigen Interessen den sofortigen Rücktritt rechtfertigen, § 323 Abs. 2 Nr. 3,
  - die Nacherfüllung unmöglich ist, § 326 Abs. 5,
  - der Verkäufer beide Arten der Nacherfüllung gemäß § 439 Abs. 3 zu Recht verweigert, **§ 440 S. 1 Alt. 1**,
  - die dem Käufer zustehende Art der **Nacherfüllung fehlgeschlagen** oder ihm **unzumutbar** ist, **§ 440 S. 1 Alt. 2 u. 3**. Dabei gilt die Nachbesserung grundsätzlich nach dem zweiten erfolglosen Versuch als fehlgeschlagen, § 440 S. 2.

Streitig ist, ob beim Verbrauchsgüterkauf eine Fristsetzung erforderlich ist oder ob nicht der Ablauf einer angemessenen Frist ausreicht.

Ausschluss des Rücktrittsrechts

- Das Rücktrittsrecht ist ausgeschlossen, wenn die Gewährleistung ausgeschlossen ist.
- Besondere Ausschlussgründe für den Rücktritt:
  - **§ 323 Abs. 5 S. 2**, es ist nur ein **unerheblicher Mangel** gegeben;

    Streitig ist, ob eine Zuweniglieferung auch im Rahmen des § 323 wie eine mangelhafte Leistung zu behandeln ist.
  - **§ 323 Abs. 6**, alleinige oder weit überwiegende Verantwortlichkeit des Gläubigers für den Rücktrittsgrund oder Annahmeverzug des Gläubigers bei Eintritt des Rücktrittsgrundes.

Erklärung des Rücktritts

Der Rücktritt wird als Gestaltungsrecht durch einseitige Erklärung des Käufers gegenüber dem Verkäufer ausgeübt, **§ 349**.

Rücktritt oder Minderung, § 437 Nr. 2 (Fortsetzung)

Unwirksamkeit des Rücktritts, §§ 438 Abs. 4, 218

- Der Rücktritt ist unwirksam, wenn der Anspruch auf **Nacherfüllung verjährt** ist, **§§ 438 Abs. 4 S. 1, 218**.
- Der Käufer kann auch bei Unwirksamkeit des Rücktritts die Zahlung des Kaufpreises verweigern, § 438 Abs. 4 S. 2.
- Verweigert er die Zahlung des Kaufpreises, so hat der Verkäufer ein Rücktrittsrecht, § 438 Abs. 4 S. 3.

Rechtsfolgen des Rücktritts, §§ 346 f.

Der Rücktritt führt zum **Erlöschen** der noch nicht erfüllten vertraglichen **Primärleistungspflichten**. Soweit die Leistungen bereits erbracht sind, begründet der Rücktritt die Pflicht zur Rückgewähr gemäß **§§ 346 ff**.

Minderung

Statt zurückzutreten, kann der Käufer den Kaufpreis mindern, § 441 Abs. 1 S. 1.

- Die Voraussetzungen der Minderung sind identisch mit denen des Rücktritts.
- Die Minderung ist bei einem geringfügigen Mangel **nicht** ausgeschlossen, § 441 Abs. 1 S. 2.
- Im Kaufrecht ist die Minderung ein **Gestaltungsrecht**, dass durch einseitige Erklärung des Käufers gegenüber dem Verkäufer ausgeübt wird.
- Die **Rechtsfolgen** der Minderung ergeben sich aus **§ 441 Abs. 3 und 4**.
- Die Minderung ist **unwirksam, wenn** der Anspruch auf **Nacherfüllung verjährt** ist, **§§ 438 Abs. 5, 218**.

III. Ansprüche des Käufers auf Schadensersatz gemäß § 437 Nr. 3

Der § 437 Nr. 3 verweist auf die Anspruchsgrundlagen für Schadensersatz im allgemei- **112**
nen Schuldrecht. Damit ist für die Ansprüche des Käufers wie im allgemeinen Schuldrecht zwischen den Schadensersatzansprüchen **statt der Leistung** und den sonstigen Schadensersatzansprüchen, die **neben die Leistung** treten, zu unterscheiden.

Überblick über die Schadensersatzansprüche des Käufers wegen Verletzung der Pflicht zur mangelfreien Leistung, § 433 Abs. 1 S. 2

Schadensersatz statt der Leistung			Schadensersatz neben der Leistung	
§§ 437 Nr. 3, **311 a Abs. 2**	§§ 437 Nr. 3, 280 Abs. 1 und 3, **283**	§§ 437 Nr. 3, 280 Abs. 1 und 3, **281**	§§ 437 Nr. 3, 280 Abs. 1 und 2, **286**	§§ 437 Nr. 3, **280 Abs. 1**
anfängliche Unmöglichkeit der Nacherfüllung	nachträgliche Unmöglichkeit der Nacherfüllung	Nichtleistung der Nacherfüllung nach Fristsetzung	Verzug mit der Nacherfüllung	sonstige Schäden, die durch die mangelhafte Leistung entstanden sind

Für den **Schadensersatzanspruch statt der Leistung** enthält das Gesetz drei verschie- **113**
dene Anspruchsgrundlagen:

- **§§ 437 Nr. 3, 311 a Abs. 2** bei einem anfänglichen Leistungshindernis gemäß § 275 Abs. 1–3
- **§§ 437 Nr. 3, 280 Abs. 1 u. 3, 283** bei nachträglichem Leistungshindernis gemäß § 275 Abs. 1–3
- **§§ 437 Nr. 3, 280 Abs. 1 u. 3, 281** bei erfolglosem Ablauf einer dem Verkäufer zur Nacherfüllung gesetzten Frist oder deren Entbehrlichkeit.

Das Gesetz enthält außerdem zwei Anspruchsgrundlagen für Schadensersatzansprüche, die **neben die Leistung** treten.

- Der Anspruch auf Ersatz des **Verzögerungsschadens** ergibt sich aus **§§ 437 Nr. 3, 280 Abs. 1, Abs. 2, 286**. Er setzt voraus, dass der Verkäufer mit der Nacherfüllung in Verzug ist.
- Sonstige Schäden, die nicht Schadensersatz statt der Leistung oder Verzögerungsschäden sind und auf der mangelhaften Lieferung beruhen, können gemäß **§§ 437 Nr. 3, 280 Abs. 1** ersetzt werden.

1. Schadensersatz statt der Leistung

114 Auch wenn die **Voraussetzungen** der drei Schadensersatzansprüche statt der Leistung in völlig anderen Normen als die eines Rücktritts geregelt sind, entsprechen sie im Ergebnis denen eines **Rücktritts plus Vertretenmüssen**.

Bei allen drei Schadensersatzansprüchen kann der Schuldner sich unter bestimmten Voraussetzungen **entlasten** (§ 311 a Abs. 2 S. 2, § 280 Abs. 1 S. 2).

Alle drei Schadensersatzansprüche haben als Rechtsfolge, dass Schadensersatz statt der Leistung geschuldet ist. Bei der Ermittlung des ersatzfähigen Schadens ergeben sich daher **Gemeinsamkeiten**:

115
- Der Käufer hat grundsätzlich die Wahl zwischen **zwei Berechnungsmethoden**.
- Der Käufer kann die mangelhafte Sache behalten und den Ausgleich der Wertdifferenz zwischen dem tatsächlichen Wert der Sache und dem Wert der Sache in mangelfreiem Zustand verlangen, **kleiner Schadensersatzanspruch**.
- Der Käufer kann die Kaufsache aber auch zurückgeben und Ersatz seines gesamten Schadens verlangen, der durch die Nichtdurchführung des Vertrags entstanden ist, **großer Schadensersatzanspruch** – Anspruch auf Ersatz der ganzen Leistung. Der Mindestschaden beim großen Schadensersatzanspruch ist der Kaufpreis.
- Der große Schadensersatzanspruch ist **ausgeschlossen**, wenn der **Mangel unerheblich ist**, § 281 Abs. 1 S. 3 (auf den in § 311a Abs. 2 S. 3 und § 283 S. 2 verwiesen wird). Die Unerheblichkeit in **§ 281 Abs. 1 S. 3** entspricht der in § 323 Abs. 5 S. 3.

  Bei Teilleistungen kann Schadensersatz wegen der ganzen Leistung gemäß § 281 Abs. 1 S. 2 (auf den § 311a Abs. 2 S. 2 und § 283 S. 2 verweisen) nur verlangt werden, wenn der Gläubiger an der Leistung kein Interesse hat. Teilleistungen des Nacherfüllungsanspruchs kommen praktisch nicht vor.

116
- Wie der Schadensersatz **statt** der Leistung **von** dem Schadensersatz **neben der Leistung abzugrenzen** ist, ist umstritten (dazu unten Rn. 126). Der Streit spielt praktisch nur bei dem Anspruch aus §§ 437 Nr. 3, 280 Abs. 1 u. 3, **281** eine Rolle. Bei anfänglicher Unmöglichkeit kann es aufgrund des Mangels keinen Schadensersatz neben der Leistung geben, denn der Anspruch auf mangelfreie Lieferung war ebenso wie der Anspruch auf Nacherfüllung schon bei Vertragsschluss gemäß § 275 Abs. 1 ausgeschlossen. Ebenso kann bei nachträglicher Unmöglichkeit ein Mangel ab dem Eintritt der Unmöglichkeit keinen Schadensersatzanspruch neben der Leistung mehr begründen.

a) Anfängliche Leistungshindernisse, §§ 437 Nr. 3, 311 a Abs. 2

117 Sind **beide Arten** der Nacherfüllung nach § 275 Abs. 1–3 ausgeschlossen, ist für den Schadensersatzanspruch statt der Leistung zu differenzieren, ob ein Fall der anfänglichen oder nachträglichen Unmöglichkeit vorliegt. Lag das Leistungshindernis **bereits bei Vertragsschluss** vor, so ist **anfängliche Unmöglichkeit** gegeben und der Anspruch auf Schadensersatz richtet sich nach §§ 437 Nr. 3, 311 a Abs. 2.

Hinweis: *Ist das Leistungshindernis erst nach Vertragsschluss eingetreten, so ist* ***nachträgliche Unmöglichkeit*** *gegeben; der Anspruch ergibt sich dann aus §§ 437 Nr. 3, 280* Abs. 1, 3, 283.

Prüfungsschema: Schadensersatzanspruch statt der Leistung bei anfänglicher Unmöglichkeit der Nacherfüllung, §§ 437 Nr. 3, 311 a Abs. 2

A. Voraussetzungen

I. Wirksamer **Kaufvertrag**

II. Kaufsache bei Gefahrübergang mit **Sachmangel** oder bei Erwerb mit **Rechtsmangel** behaftet, §§ 434, 435

III. Beide Arten der Nacherfüllung **von Anfang an unmöglich**

IV. Verkäufer hat sich nicht entlastet, § 311 a Abs. 2 S. 2

B. Kein Ausschluss der Gewährleistung

C. Rechtsfolge

Schadensersatz statt der Leistung

§ 311 a Abs. 2 S. 3 verweist auf § 281 Abs. 1 S. 2 u. 3 und Abs. 5.

D. Keine Verjährung, § 438

aa) Keine Entlastung gemäß § 311 a Abs. 2 S. 2

Der Verkäufer kann sich gemäß § 311 a Abs. 2 S. 2 entlasten, wenn er das Leistungshindernis bei Vertragsschluss **nicht kannte** und seine **Unkenntnis** auch **nicht zu vertreten** hatte. Dem Verkäufer wird nicht die Nichtvornahme der geschuldeten Leistung vorgeworfen, sondern dass er sich vor Eingehen der schuldrechtlichen Verpflichtung nicht hinreichend über **seine eigene Leistungsfähigkeit informiert** hat. Deswegen muss der Verkäufer, um nicht schadensersatzpflichtig zu werden, darlegen und gegebenenfalls beweisen, dass er das Leistungshindernis bei Vertragsschluss nicht kannte und seine Unkenntnis auch nicht zu vertreten hat. **118**

Für § 311 a Abs. 2 gelten die in **§ 276 Abs. 1 S. 1** genannten Haftungsmilderungen und Haftungsverschärfungen, insbesondere auch in Bezug auf die **Übernahme einer Garantie oder eines Beschaffungsrisikos.**[273]

Beispiel: V verkauft K das Bild von Dalí mit dem Titel „Die Schöpfung" für 50.000 €. Angesichts des Preises und der vielen auf dem Kunstmarkt existierenden Fälschungen übernimmt V, der ein exzellenter Kunstkenner ist, die Garantie für die Echtheit. Später stellt sich heraus, dass das Bild von einem Schüler von Dalí nach eigenen Vorstellungen gemalt worden ist. K verlangt Schadensersatz, V wendet ein, er habe den Mangel nicht erkennen können.

Ein Schadensersatzanspruch des K gegen V könnte sich aus **§§ 434, 437 Nr. 3, 311 a Abs. 2** ergeben.
I. Es liegt ein wirksamer Kaufvertrag vor. Das Bild ist mangelhaft, denn es weicht von der vertraglich vereinbarten Beschaffenheit ab, § 434 Abs. 1 S. 1.
II. Außerdem müssten beide Arten der Nacherfüllung von Anfang an unmöglich sein.
1. Eine Nachbesserung ist unmöglich, da keinerlei Reparaturmöglichkeiten bestehen.

273 BT-Drs. 14/6857, S. 54.

2. Auch eine Nachlieferung scheidet aus, da der Künstler das Bild nach eigenen Vorstellungen gemalt hat und es sich nicht um die Kopie eines existierenden Gemäldes handelt.[274]
III. V dürfte sich nicht gemäß § 311 a Abs. 2 S. 2 entlastet haben. Hier wendet er ein, er habe die Unmöglichkeit nicht erkennen können. Dies ist jedoch unerheblich, da er die Garantie für die Echtheit übernommen hat.
K kann somit Schadensersatz statt der Leistung verlangen.

Wird der **Vertrag durch** einen **Vertreter** abgeschlossen, ist gemäß **§ 166 Abs. 1** grundsätzlich auf dessen Kenntnis oder fahrlässige Unkenntnis abzustellen.

bb) Schadensberechnung

119 Der Käufer hat grundsätzlich die Wahl zwischen dem kleinen Schadensersatzanspruch und dem Schadensersatz statt der ganzen Leistung. Letzterer kann nicht verlangt werden, wenn der **Mangel unerheblich** ist (§§ 311 a Abs. 2 S. 3, 281 Abs. 1 S. 2).

Eine Abgrenzung zum Schadensersatz neben der Leistung ist entbehrlich. Das Vorliegen eines Mangels kann bei anfänglicher Unmöglichkeit keinen Schadensersatzanspruch neben der Leistung begründen, weil von Anfang an gemäß § 275 Abs. 1 kein Leistungsanspruch besteht.

Sonstige Begleitschäden, die nicht auf dem Mangel beruhen, können mit einem Anspruch aus § 280 Abs. 1 (§ 241 Abs. 2) zu ersetzen sein.

b) Anspruch aus §§ 437 Nr. 3, 280 Abs. 1 u. 3, 283

120 Sind **beide Arten** der Nacherfüllung durch Leistungshindernisse gemäß § 275 Abs. 1–3 **nach Vertragsschluss** ausgeschlossen, kann sich ein Schadensersatzanspruch statt der Leistung aus §§ 437 Nr. 3, 280 Abs. 1 und Abs. 3, 283 ergeben.

Prüfungsschema: Schadensersatzanspruch statt der Leistung bei nachträglicher Unmöglichkeit der Nacherfüllung, §§ 437 Nr. 3, 280 Abs. 1 u. 3, 283

A. Voraussetzungen

I. Wirksamer **Kaufvertrag**

II. Sache ist bei Gefahrübergang mit **Sachmangel** oder bei Erwerb mit **Rechtsmangel** behaftet, §§ 434, 435

III. Eintritt eines **Leistungshindernisses** bzgl. **beider Arten** der Nacherfüllung gemäß § 275 Abs. 1–3 **nach Vertragsschluss**

IV. Verkäufer hat sich **nicht entlastet**, § 280 Abs. 1 S. 2

V. Kein Ausschluss der Gewährleistung

B. Rechtsfolgen

Käufer hat Anspruch auf Schadensersatz statt der Leistung.

C. Keine Verjährung, § 438

274 Wenn es sich um die Kopie eines existierenden Gemäldes gehandelt hätte, wäre keine Unmöglichkeit nach § 275 Abs. 1 gegeben. Man kann dann eine Beschaffungspflicht bejahen, die ggf. an § 275 Abs. 2 oder § 439 Abs. 3 scheitert.

aa) Bezugspunkt des Vertretenmüssens

An welcher Stelle zu prüfen ist, ob der Eintritt des Leistungshindernisses auf einer Handlung des Schuldners beruht, ist umstritten. Entscheidend ist dabei, was man als Pflichtverletzung ansieht. 121

- Ein **Teil der Lit.** sieht die Pflichtverletzung in einer **Handlung**, d.h. einem positiven Tun oder Unterlassen, das eine Leistungsbefreiung nach § 275 Abs. 1–3 zur Folge hat.[275] Danach ist schon bei dem Prüfungspunkt „Eintritt eines Leistungshindernisses" (im obigen Schema III.) zu prüfen, ob eine Handlung des Schuldners das Leistungshindernis herbeigeführt hat. Da bei diesem Prüfungspunkt die Vermutung des § 280 Abs. 1 S. 2 nicht eingreift, muss nach dieser Ansicht der Gläubiger darlegen und im Streitfall beweisen, dass das Leistungshindernis auf einer Handlung des Schuldners beruht.
- Nach **ganz h.M.** ist die erforderliche Pflichtverletzung die **endgültige Nichtleistung** aufgrund eines nachträglich aufgetretenen Leistungshindernisses.[276] Die Pflichtverletzung ist **nicht handlungsbezogen** und liegt allein darin, dass der Gläubiger die Leistung nicht erhält. Ob eine Handlung des Schuldners das Leistungshindernis verursacht hat, ist lediglich für die Frage der Entlastung des Schuldners gemäß § 280 Abs. 1 S. 2 von Bedeutung und damit im Streitfall vom Schuldner und nicht vom Gläubiger zu beweisen.

bb) Schadensberechnung

Gemäß §§ 437 Nr. 3, 280 Abs. 1 u. 3, 283 kann der Schuldner **Schadensersatz statt der Leistung** verlangen. 122

Der Käufer hat grundsätzlich die **Wahl** zwischen dem **kleinen** Schadensersatzanspruch und dem großen **Schadensersatz** statt der ganzen Leistung. Letzterer kann nicht verlangt werden, wenn der Mangel unerheblich ist (§§ 283 S. 2, 281 Abs. 1 S. 3).

Eine **Abgrenzung zum Schadensersatz neben der Leistung** ist regelmäßig entbehrlich, denn das Vorliegen eines Mangels kann jedenfalls ab Eintritt der Unmöglichkeit keinen Schadensersatzanspruch neben der Leistung begründen.

---

275 Schapp JZ 2001, 583, 586; Schwab JuS 2002, 1, 3.

276 Erman/Westermann § 283 Rn. 1; Palandt/Grüneberg § 280 Rn. 13; Looschelders Festschrift für Canaris 213, 223 f.; Reichenbach Jura 2003, 512, 515; Mückl JA 2004, 928.

c) Anspruch aus §§ 437 Nr. 3, 280 Abs. 1 u. 3, 281

123

Prüfungsschema: Schadensersatzanspruch statt der Leistung, §§ 437 Nr. 3, 280 Abs. 1 und 3, 281
A. Voraussetzungen
I. Wirksamer **Kaufvertrag**
II. Sache ist bei Gefahrübergang mit **Sachmangel**, § 434, oder bei Erwerb mit **Rechtsmangel**, § 435, behaftet
III. Erfolgloser Ablauf einer **angemessenen Frist oder** deren **Entbehrlichkeit**, § 440 S. 1, § 281 Abs. 2
IV. Verkäufer hat sich **nicht entlastet**, § 280 Abs. 1 S. 2
V. Kein Ausschluss der Gewährleistung
B. Rechtsfolgen: Käufer hat Anspruch auf **Schadensersatz statt der Leistung**
C. Keine Verjährung, § 438

aa) Voraussetzungen des §§ 437 Nr. 3, 280 Abs. 1 u. 3, 281

124 Die ersten drei Voraussetzungen des Schadensersatzanspruchs statt der Leistung sind fast identisch mit denen des Rücktritts gemäß § 323 (dazu oben Rn. 86). Auch die **Entbehrlichkeit der Fristsetzung** gemäß **§ 281 Abs. 2** entspricht im Wesentlichen dem § 323 Abs. 2. Danach ist eine Frist entbehrlich

- bei **ernsthafter** und **endgültiger Erfüllungsverweigerung** (entspricht § 323 Abs. 2 Nr. 1) oder
- wenn **besondere Umstände** die sofortige Geltendmachung des Schadensersatzanspruchs rechtfertigen (entspricht § 323 Abs. 2 Nr. 3).

Hinweis: *Im Rahmen des Rücktrittsrechts ist gemäß* ***§ 326 Abs. 5*** *bei Unmöglichkeit die Fristsetzung entbehrlich. Eine entsprechende Regelung fehlt für den Bereich des Schadensersatzes, da es für Schadensersatz statt der Leistung bei Unmöglichkeit eigene Anspruchsgrundlagen gibt (§ 311 a Abs. 2 bei anfänglicher Unmöglichkeit; §§ 280 Abs. 1, Abs. 3, 283 bei nachträglicher Unmöglichkeit).*

bb) Bezugspunkt des Vertretenmüssens

125 Gemäß § 280 Abs. 1 S. 2 besteht kein Schadensersatzanspruch, wenn der Schuldner die Pflichtverletzung nicht zu vertreten hat. Umstritten ist weiterhin lebhaft, an **welche Pflichtverletzung des Verkäufers** für das Vertretenmüssen anzuknüpfen ist.

- Nach der inzwischen wohl **h.M.**[277] sind zwei Anspruchsvarianten zu unterscheiden, da § 437 Nr. 3 auf beide Alternativen des § 281 verweist.[278] Beim Anspruch aus den

277 BeckOK BGB/Faust § 437 Rn. 73; Looschelders Rn. 125; Brox/Walker § 4 Rn. 84; Czerny Jura 2015, 1024, 1034.

278 In diese Richtung auch BGH NJW 2015, 2244 ff. Rn. 12, 13; jedoch hat sich der BGH bisher nie ausdrücklich zu diesem Meinungsstreit geäußert.

§§ 437 Nr. 3, 280 Abs. 1 u. 3, 281 Abs. 1 S. 1 **Alt. 1** (Leistung **nicht** erbracht) sei auf das Nichterbringen der Nacherfüllung abzustellen. Das Vertretenmüssen beziehe sich auf das Unterbleiben der Nacherfüllung. Von diesem Anspruch sei der Anspruch aus den §§ 437 Nr. 3, 280 Abs. 1 u. 3, 281 Abs. 1 S. 1 **Alt. 2** (Leistung **nicht wie geschuldet** erbracht) zu unterscheiden. Bei diesem Anspruch liege die Pflichtverletzung darin, dass der Verkäufer ursprünglich keine mangelfreie Leistung erbracht habe.

Demnach kann beim Anspruch aus den §§ 437 Nr. 3, 280 Abs. 1 u. 3, 281 für das Vertretenmüssen des Verkäufers **entweder** auf die mangelhafte Lieferung **oder** das Nichtleisten bei Fristablauf, also auf die unterbliebene Nacherfüllung, abgestellt werden. Das bedeutet wiederum, dass sich der Verkäufer gemäß § 280 Abs. 1 S. 2 nur dann entlasten kann, wenn er weder die mangelhafte Lieferung noch die Nichtnacherfüllung zu vertreten hat.

- Eine immer noch **stark vertretene Ansicht**[279] stellt beim Schadensersatzanspruch aus den §§ 437 Nr. 3, 280 Abs. 1 u. 3, 281 hingegen **nur** auf das **Nichtleisten bei Fristablauf** ab. Bei Entbehrlichkeit der Frist seien die Umstände entscheidend, die die Entbehrlichkeit begründeten. Allein die Lieferung einer mangelhaften Sache löse noch keinen Schadensersatzanspruch statt der Leistung aus, sondern es ist zusätzlich der Ablauf der angemessenen Frist (oder deren Entbehrlichkeit) erforderlich. Daher sei bei der Frage, ob der Schuldner die Pflichtverletzung zu vertreten hat, beim Anspruch aus den §§ 437 Nr. 3, 280 Abs. 1 u. 3, 281 nur auf das Vertretenmüssen der Nichtleistung bei Fristablauf abzustellen.

- Eine **weitere Ansicht** sieht die Pflichtverletzung allein darin, dass der Leistungserfolg nicht eingetreten ist.[280] Die Pflichtverletzung sei rein zustandsbezogen und nicht handlungsbezogen. Der Verkäufer hafte, weil er in dem **gesamten Zeitraum von der mangelhaften Lieferung bis zum Ablauf der Frist** keine mangelfreie Ware geliefert habe. Auch das Vertretenmüssen beziehe sich auf den gesamten Zeitraum. Es könne durch die mangelhafte Lieferung, aber auch durch das Ausbleiben der Nacherfüllung begründet werden.[281] Der Verweis in § 437 Nr. 3 beziehe sich nur auf § 281 Abs. 1 S. 1, Alt. 2 (Leistung nicht wie geschuldet erbracht). Würde man an die Nichtleistung der Nacherfüllung anknüpfen, sei § 281 Abs. 1 S. 3 für den Regelfall unzutreffend formuliert.

Klausurhinweis: *Gemäß § 280 Abs. 1 S. 2 wird das Vertretenmüssen vermutet. Sind im Sachverhalt keine Informationen enthalten, die dafür sprechen, dass sich der Verkäufer entlasten kann, braucht der Streit über den Bezugspunkt des Vertretenmüssens nicht dargestellt zu werden.*

Unstreitig ist, dass sich der Verkäufer nicht dadurch entlasten kann, dass er darlegt und im Streitfall beweist, dass er die mangelhafte Lieferung nicht zu vertreten hat. Wenn man in diesen Fällen überhaupt auf den Streit eingeht, muss dessen Darstellung kurz ausfallen und bedarf keiner Entscheidung (vgl. dazu unten Fall 3).

279 OLG Celle NJW-RR 2007, 352, 354; BeckOK-BGB/Unberath § 281 Rn. 12; MünchKomm/Ernst § 281 Rn. 48.

280 Gsell, Festschrift für Canaris, S. 337, 353; Benicke/Hellwig NJW 2014, 1697, 1700.

281 Gsell, Festschrift für Canaris, S. 337, 354.

In juristischen Prüfungsarbeiten ist der Streit nur dann zu entscheiden, wenn der Verkäufer die mangelhafte Lieferung, nicht aber das Unterlassen der Nacherfüllung zu vertreten hat.[282] *In diesem Fall besteht ein Anspruch aus den §§ 437 Nr. 3, 280 Abs. 1 u. 3, 281 S. 1 Alt. 2. Soweit ersichtlich, ist diese Fallkonstellation aber in gerichtlichen Entscheidungen seit der Schuldrechtsreform 2002 noch nicht aufgetreten. Solche Fälle sind theoretisch, können aber von phantasievollen Prüfern konstruiert werden.*

cc) Schadensberechnung

126 Der Käufer hat grundsätzlich die Wahl zwischen dem kleinen Schadensersatzanspruch und dem Schadensersatz statt der ganzen Leistung. Letzterer kann nicht verlangt werden, wenn der **Mangel unerheblich** ist, **§ 281 Abs. 1 S. 3**.

Die **Abgrenzung** zwischen dem Schadensersatz **statt** der Leistung **und** dem Schadensersatz **neben der Leistung** (Verzögerungsschäden, sonstige Schäden) ist beim Anspruch aus §§ 437 Nr. 3, 280 Abs. 1 u. 3, 281 (immer noch) lebhaft umstritten. Leider bringt die anhaltende Diskussion bisher keine Klarheit, sondern wirkt eher immer diffuser.[283] Vor allem bilden sich zunehmend „Zwischenmeinungen" heraus, die eine Einordnung sehr schwer machen. Für das Examen sollte man auf jeden Fall die folgenden Ansichten und Argumente kennen:

- Zum Teil wird angenommen, dass beim Schadensersatzanspruch statt der Leistung der Gläubiger so zu stellen ist, **wie er bei ordnungsgemäßer Leistung gestanden hätte.**[284] Ordnungsgemäß ist eine Leistung, die rechtzeitig, d.h. bei Fälligkeit und mangelfrei, erfolgt. Wenn der Gläubiger so zu stellen ist wie bei einer rechtzeitigen Erfüllung, sind **zeitlich alle Schäden** ersatzfähig, die **ab Fälligkeit** eintreten. Deshalb kann der Gläubiger nach seinem Schadensersatzverlangen (§ 281 Abs. 4) überhaupt nur noch Schadensersatz statt der Leistung geltend machen, in den dann ein etwaig vor diesem Zeitpunkt entstandener Schadensersatzanspruch neben der Leistung einzubeziehen ist **(„Gesamtabrechnung")**.[285] Folgt man dieser Sichtweise, so gibt es kein Nebeneinander von Schadensersatz statt und neben der Leistung, sondern lediglich ein Nacheinander. Denn solange der Leistungsanspruch besteht, kann der Gläubiger nur Schadensersatz neben der Leistung aus §§ 280 Abs. 1 u. 2, 286 (Verzögerungsschäden) oder § 280 Abs. 1 (sonstige Schäden) verlangen. Ist indes der Leistungsgrund nach § 281 Abs. 4 (oder durch Rücktritt gemäß § 323) weggefallen, besteht nach der Lehre der „Gesamtabrechnung" nur noch ein Anspruch auf Schadensersatz statt der Leistung, in den ein zuvor entstandener **Schadensersatz neben der Leistung „aufgeht"**.
- Dagegen wird nach der Lehre der **schadensphänomenologischen Abgrenzung**[286] ausgehend vom Begriff **„statt** der Leistung" nur der Schaden erfasst, der aus der Sicht des Käufers und nach seiner Verwendungsabsicht **funktional an die Stelle** der Leis-

282 Czerny Jura 2015, 1024,1034.

283 Vgl. Paulus, Schuldrecht BT/1, 1. Aufl. 2018, Rn. 158.

284 BGH RÜ 2008, 141; RÜ 2009, 280 ff. (der auf die Problematik aber nicht ausdrücklich eingeht); Jauernig/Stadler § 281 Rn. 16.

285 Vgl. Ackermann JuS 2012, 865, 868.

286 So Grigoleit/Riehm AcP 203 (2003), 727, 730; Ackermann (JuS 2012, 865, 868) bezeichnet dies inhaltlich deckungsgleich als „schadenstypologische" Abgrenzung.

tung tritt.[287] Demnach ist im Rahmen des Schadensersatzes statt der Leistung das ursprüngliche Erfüllungsinteresse – bei gegenseitigen Verträgen das **Äquivalenzinteresse** – zu ersetzen. Hingegen sollen in Abgrenzung hierzu mit dem Schadensersatz neben der Leistung diejenigen Schäden ausgeglichen werden, die gerade kein Äquivalent für die Leistung darstellen, nämlich insbesondere die Beeinträchtigungen bereits vorhandener Rechte und Rechtsgüter des Gläubigers, also des Integritätsinteresses.

- Nach der **h.L.** gehören zum Schadensersatz statt der Leistung nur die Schäden, die auf das **endgültige Ausbleiben der Leistung** zurückzuführen sind.[288] Umgekehrt sind Schäden, die bereits vorher eingetreten sind und durch Leistung im letztmöglichen Zeitpunkt nicht mehr abgewendet werden können, dem Schadensersatz neben der Leistung zuzuordnen. Die Testfrage lautet daher: Würde der geltend gemachte Schaden entfallen, wenn die Leistung jetzt oder im letztmöglichen Zeitpunkt noch erbracht wird oder worden wäre?[289]

  Allerdings ist innerhalb dieser Ansicht umstritten, was der letztmögliche Zeitpunkt im Rahmen des § 281 ist, **ab wann** also die Leistung endgültig ausbleibt.

  - Teilweise wird für das endgültige Ausbleiben der Leistung auf den **Zeitpunkt des Fristablaufs** abgestellt, da der Gläubiger ab diesem Zeitpunkt die Leistung zurückweisen dürfe.[290] Mit dem Anspruch aus §§ 280 Abs. 1 und 3, 281 sind deshalb alle Schäden zu ersetzen, die nach dem Entstehen des Anspruchs eingetreten sind. Der Anspruch entsteht, wenn alle Voraussetzungen vorliegen, d.h. grundsätzlich bei Fristablauf, aber auch dann, wenn der Schuldner die Leistung ernsthaft und endgültig verweigert, § 281 Abs. 2.

  - Nach der Gegenansicht[291] bleibt die Leistung erst in dem Zeitpunkt endgültig aus, in dem der Schuldner sie nicht mehr erbringen kann (z.B., weil der Gläubiger gemäß §§ 323, 349 bereits den **Rücktritt** erklärt hat) oder infolge eines **Schadensersatzverlangens** des Gläubigers nicht mehr erbringen darf, vgl. § 281 Abs. 4. Alle vor diesem Zeitpunkt entstandenen Schäden sind danach Gegenstand eines Schadensersatzanspruchs neben der Leistung.

- Der **BGH** hat in einer viel beachteten Entscheidung aus 2013 für die Abgrenzung zwischen Schadensersatz statt und neben der Leistung danach differenziert, ob es sich um einen **„Verzögerungs- oder Begleitschaden"** (dann neben) oder um einen Schaden handelt, der **„an die Stelle der Leistung tritt"** (dann statt der Leistung).[292] Aus dieser Abgrenzung wurde zum Teil der Schluss gezogen, dass der BGH sich damit der Lehre der schadensphänomenologischen Abgrenzung angeschlossen hat.[293] Andere sind der Ansicht, diese Entscheidung zeige, dass der BGH anhand der Test-

287 Vgl. Grigoleit/Riehm AcP 203 (2003), 727, 733 ff.; Arnold, ZGS 2009,22, 25 f.

288 MünchKomm/Ernst § 280 Rn. 69; Medicus/Petersen Rn. 237; Lorenz, Festschrift für Leenen, S. 147 ff.; Faust, Festschrift für Huber, S. 239, 254.

289 BeckOK BGB/Unberath § 281 Rn. 33; Palandt/Grüneberg § 280 Rn. 18.

290 Ostendorf NJW 2010, 2833, 2837.

291 Medicus/Petersen Rn. 237; Faust, Festschrift für Huber, S. 239, 254.

292 BGH RÜ 2013, 613, 616 f.

293 So Alpmann RÜ 2013, 613, 617.

frage, ob der entstandene Schaden durch die Nacherfüllung beseitigt würde, abgrenzt.[294] Die Urteilsgründe sind insoweit schwer zu interpretieren; es bleibt unklar, welcher Ansicht sich der BGH tatsächlich anschließt. Der BGH scheint eher eine „Zwischenmeinung" zu vertreten, die sowohl die Testfrage als auch eine Abgrenzung nach Schadenstypen umfasst.

Dafür spricht auch eine **aktuellere Entscheidung**,[295] in welcher der BGH den Schadensersatzanspruch neben der Leistung dem Ersatz für Schäden zuordnet, die aufgrund eines Mangels entstanden sind und durch eine Nacherfüllung der geschuldeten Leistung nicht beseitigt werden können. Davon seien mangelbedingte Folgeschäden, die an anderen Rechtsgütern des Bestellers oder an dessen Vermögen eintreten, erfasst. Hingegen trete der Schadensersatzanspruch statt der Leistung an die Stelle der geschuldeten Leistung und erfasse damit das Leistungsinteresse des Anspruchstellers. Dabei bestimme sich sein Anwendungsbereich nach der Reichweite der Nacherfüllung und deren Reichweite wiederum nach dem Umfang der geschuldeten Leistung, die im Wege der Vertragsauslegung gemäß §§ 133, 157 zu ermitteln sei.

Die Abgrenzung begründet der BGH damit, dass der Schadenersatz statt der Leistung – vorbehaltlich der geregelten Ausnahmen – eine Fristsetzung zur Nacherfüllung erfordere, um dem Anspruchsgegner (Verkäufer) eine letzte Gelegenheit zur Erbringung der geschuldeten Leistung zu geben. Demgegenüber seien als Schadensersatz neben der Leistung die **über das Leistungsinteresse hinausgehenden Vermögensnachteile**, insbesondere Folgeschäden an anderen Rechtsgütern des Anspruchstellers (Käufers) als der mangelhaften Sache selbst oder an dessen Vermögen, zu ersetzen. Für derartige Folgeschäden komme die Setzung einer Frist zur Nacherfüllung nicht in Betracht, denn der **Zweck dieser Fristsetzung**, dem Anspruchsgegner eine letzte Gelegenheit einzuräumen, mangelfrei zu leisten, kann nicht erreicht werden in Bezug auf Schäden, die durch eine Nacherfüllung der geschuldeten Leistung nicht zu beseitigen sind.[296]

- **Stellungnahme:** Die Lehre der Gesamtabrechnung vermag nicht zu überzeugen, da bei einer konsequenten Anwendung Ersatz von Schäden beansprucht werden könnte, deren Ersatz nicht gerechtfertigt ist. Wenn der Gläubiger mit dem Ersatzanspruch aus § 281 uneingeschränkt so zu stellen wäre, wie er bei ordnungsgemäßer (rechtzeitiger) Erfüllung stünde, müssten auch Verzögerungsschäden ersetzt werden, die vor Verzugseintritt eintreten (z.B. Rechtsanwaltskosten für die verzugsbegründende Mahnung). Bei einer **Gesamtabrechnung** besteht weiterhin die Gefahr, dass der Schuldner für Folgeschäden haftet, für die er gemäß § 280 Abs. 1 nicht haften würde, weil er sich gemäß § 280 Abs. 1 S. 2 entlasten kann. Das gilt beispielsweise für die Schäden aufgrund des Mangels, den der Verkäufer nicht zu vertreten hat. Da gewährleistet sein muss, dass Verzögerungsschäden nur unter den Voraussetzungen des § 286 und Folgeschäden nur unter den Voraussetzungen des § 280 Abs. 1 ersetzt

294 So etwa Hellgardt JuS 2016, 1057, 1058.

295 BGH RÜ 2019, 341.

296 BGH RÜ 2019, 341 ff.

werden, ist eine Trennung der Anspruchsgrundlagen und der mit diesen jeweils zu ersetzenden Schäden vorzuziehen.[297]

Gegen die Lehre der **schadensphänomenologischen Abgrenzung** spricht, dass die zum früheren Recht (also vor der großen Schuldrechtsreform 2002) entwickelten Kriterien des Äquivalenzinteresses, Erfüllungsinteresses, sowie des Integritätsinteresses als Abgrenzungskriterium für die Schadensarten (statt der Leistung – neben der Leistung) nicht immer eine trennscharfe Abgrenzung ermöglichen[298] und die alte Terminologie nicht mit dem neuen Recht kompatibel ist.[299]

Folgt man der zeitlichen Ansicht, den Schadensersatz statt der Leistung als den einzuordnen, **der aus dem endgültigen Ausbleiben der Leistung resultiert**, so wird die Frage virulent, ob auf den Zeitpunkt des Fristablaufs oder den Zeitpunkt des Schadensersatzverlangens nach § 281 Abs. 4 abzustellen ist. Für letzteres spricht zwar, dass die Frage, ob die Leistung noch erbracht wird oder nicht, erst dann endgültig beantwortet werden kann, wenn der Gläubiger gemäß § 281 Abs. 4 Schadensersatz statt der Leistung verlangt hat.[300] Gegen die Ansicht, den Zeitpunkt des Schadensersatzverlangens als maßgeblich anzusehen, spricht aber, dass ein Gläubiger, normaler- und zweckmäßigerweise nach Fristablauf zunächst ein Deckungsgeschäft vornimmt und erst anschließend den Schaden, den er ja auch erst zu diesem Zeitpunkt beziffern kann gemäß § 281 Abs. 4 geltend macht. Müsste er zuerst Schadensersatz statt der Leistung gemäß § 281 Abs. 4 geltend machen, wäre er gezwungen, einen Schaden geltend zu machen, der zu diesem Zeitpunkt weder vorliegt noch bezifferbar ist. Dies wäre dann kein Geltendmachen, sondern eine bloße Ankündigung. Durch ein solches Geltendmachen wäre er auch gezwungen, „verfrüht" auf seinen Erfüllungsanspruch zu verzichten, weil dieser dann gemäß § 281 Abs. 4 unterginge.

Der vorstehende Meinungsstreit hinsichtlich der Abgrenzung zwischen Schadensersatz statt und Schadensersatz neben der Leistung ist im Bereich des Kaufrechts typischerweise beim sog. **Deckungskauf** zu entscheiden.

Fall 3: Fehlerhafte Fensterrahmen

K kauft Fensterrahmen aus Aluminium im Baugroßhandel des V und baut sie sogleich in sein Ferienhaus an der Nordsee ein. Bereits kurz nach dem Einbau rügt K erhebliche Lackabplatzungen an den Aluminium-Außenschalen der Fenster. Ursache für die mangelnde Haftung der Beschichtung ist eine nicht fachgerechte Vorbehandlung während des Beschichtungsprozesses durch den Hersteller H, der die Aluminiumprofile an V geliefert hat. Eine Mängelbeseitigung ist nicht möglich. V verweigert die Nachlieferung. Er beruft sich darauf, dass er die fehlerhafte Beschichtung nicht erkennen konnte, und sieht sich daher keinesfalls in der Verantwortung. K kauft deshalb neue Rahmen bei Baugroßhändler O. Dadurch entstehen Mehrkosten i.H.v. 1.800 €.

Kann K von V Schadensersatz für die Mehrkosten des Deckungskaufs bei O verlangen?

---

297 Vgl. Grigoleit/Riehm AcP 203 (2003), 727, 730.

298 Vgl. Lorenz FS Leenen 2012, 147, 148 f.

299 Vgl. Lorenz FS Leenen 2012, 147, 148 ff.

300 Vgl. Lorenz FS Leenen 2012, 147, 149.

127 K könnte gegen V einen Anspruch in Höhe von 1.800 € aus **§§ 437 Nr. 3, 280 Abs. 1 u. 3, 281** haben.

I. K und V haben einen wirksamen **Kaufvertrag** über Fensterrahmen abgeschlossen.

II. Die Fensterrahmen müssten im Zeitpunkt des Gefahrübergangs **mangelhaft** gewesen sein. Eine Beschaffenheitsvereinbarung über die Beschichtung der Fensterrahmen haben die Parteien nicht getroffen. Wegen der Lackabplatzungen eigneten sich die Rahmen aber nicht für die gewöhnliche Verwendung. Sie waren mithin mangelhaft i.S.d. § 434 Abs. 1 S. 2 Nr. 2.

III. Eine **Fristsetzung** ist nicht erfolgt. Sie war aber gemäß § 281 Abs. 2 Alt. 1 **entbehrlich**, denn V hat die Nachlieferung endgültig verweigert.

IV. Das **Vertretenmüssen** des V wird gemäß § 280 Abs. 1 S. 2 vermutet. Bezieht man das Vertretenmüssen auf die mangelhafte Lieferung, kann V sich aber möglicherweise entlasten, da er den Fehler bei der Lieferung nicht erkennen konnte. Fraglich ist jedoch, ob es ausreicht, dass der Verkäufer sich bezüglich der mangelhaften Lieferung entlastet. **Bezugspunkt** des Vertretenmüssens ist die Pflichtverletzung. Auf welche Pflichtverletzung beim Anspruch aus den §§ 437 Nr. 3, 280 Abs. 1 u. 3, 281 abzustellen ist, ist umstritten.

Nach einer Auffassung ist ausschließlich die Nichterfüllung der Nachlieferung entscheidend. Die Gegenansicht unterscheidet zwischen den Alternativen des § 281 Abs. 1 S. 1. Danach kann sich der Verkäufer nur entlasten, wenn er weder die mangelhafte Lieferung noch die Nichtnacherfüllung zu vertreten hat. Eine weitere Ansicht sieht die Pflichtverletzung allein in dem Ausbleiben der Leistung. Das Vertretenmüssen bezieht sich demnach auf den gesamten Zeitraum von der mangelhaften Lieferung bis zum Fristablauf.

Der Verkäufer kann sich mithin beim Anspruch aus den §§ 437 Nr. 3, 280 Abs. 1 u. 3, 281 unstreitig nicht durch die Darlegung entlasten, er habe die mangelhafte Lieferung nicht zu vertreten. Da V nicht dargelegt hat, dass er (auch) die Nichtnachlieferung nicht zu vertreten hat, kann er sich nicht gemäß § 280 Abs. 1. S. 1 entlasten.

V. Als **Rechtsfolge** kann K von V einen **Schadensersatz statt der Leistung** verlangen. K begehrt Schadensersatz für die Mehrkosten des Deckungskaufs bei O. Fraglich ist, ob die Kosten eines solchen **Deckungsgeschäfts** als Schadensersatz statt der Leistung ersatzfähig sind.

1. Nach der **Lehre der Gesamtabrechnung** sind alle Schäden ersatzfähig, die ab Fälligkeit eintreten. Deshalb kann der Gläubiger nach seinem Schadensersatzverlangen (§ 281 Abs. 4) überhaupt nur noch Schadensersatz statt der Leistung geltend machen, in den dann ein etwaig vor diesem Zeitpunkt entstandener Schadensersatzanspruch neben der Leistung einzubeziehen ist. Danach unterfallen die Mehrkosten hier dem Schadensersatz statt der Leistung.

2. Gemäß der Lehre der **schadensphänomenologischen Abgrenzung** wird nur der Schaden erfasst, der aus der Sicht des Käufers und nach seiner Verwendungsabsicht funktional an die Stelle der Leistung tritt. In Abgrenzung dazu werden mit dem Schadensersatz neben der Leistung diejenigen Schäden ausgeglichen, die

gerade kein Äquivalent für die Leistung darstellen, insbesondere die Beeinträchtigungen bereits vorhandener Rechte und Rechtsgüter des Gläubigers, also des Integritätsinteresses. Der Kauf der Rahmen bei O ist ein Äquivalent für die bei V bestellten Fensterrahmen, weil K damit die ursprüngliche Leistung durch eine andere endgültig ersetzen will.

3. Nach der **Ansicht des BGH** sind die Mehrkosten für einen Deckungskauf stets dem Schadensersatz statt der Leistung zuzuordnen. Denn bei derartigen Kosten handelt es sich um keinen Verzögerungs- oder Begleitschaden, sondern um einen Schaden, der an die Stelle der Leistung tritt und den der Gläubiger mithin nur unter den Voraussetzungen der §§ 280 Abs. 1 u. 3, 281 verlangen kann.

4. Nach der **h.L.** gehören zum Schadensersatz statt der Leistung nur die Schäden, die auf das **endgültige Ausbleiben der Leistung** zurückzuführen sind. Umgekehrt sind Schäden, die bereits vorher eingetreten sind und durch Leistung im letztmöglichen Zeitpunkt nicht mehr abgewendet werden können, dem Schadensersatz neben der Leistung zuzuordnen. Dabei wird teilweise die Ansicht vertreten, dass die Leistung erst in dem Zeitpunkt endgültig ausbleibt, in dem der Schuldner sie nicht mehr erbringen kann (z.B., weil Gläubiger gemäß §§ 323, 349 bereits den **Rücktritt** erklärt hat) oder infolge eines **Schadensersatzverlangens** des Gläubigers nicht mehr erbringen darf, vgl. § 281 Abs. 4. Alle vor diesem Zeitpunkt entstandenen Schäden sind danach dem Schadensersatz neben der Leistung zuzuordnen.

   Vorzugswürdig erscheint aber mit einem Teil der h.L. nicht auf das Schadensersatzverlangen (oder den Rücktritt), sondern auf den Ablauf der Nacherfüllungsfrist als den maßgebenden Zeitpunkt abzustellen. Mit dem Anspruch aus §§ 280 Abs. 1 und 3, 281 sind deshalb alle Schäden zu ersetzen, die nach dem Entstehen des Anspruchs eingetreten sind. Der Anspruch entsteht, wenn alle Voraussetzungen vorliegen, d.h. grundsätzlich bei Fristablauf, aber auch dann, wenn der Schuldner die Leistung ernsthaft und endgültig verweigert, § 281 Abs. 2.

   Danach unterfallen die Mehrkosten für den Kauf bei O dem Schadensersatz statt der Leistung, weil V zum Zeitpunkt des Deckungskaufs die Nacherfüllung bereits ernsthaft und endgültig verweigert hatte.

   Da auch nach den anderen Ansichten die Mehrkosten für den Deckungskauf bei O übereinstimmend als Schadensersatz statt der Leistung einzuordnen sind, ist ein diesbezüglicher Streitentscheid entbehrlich.

   K hat gegen V einen Anspruch aus §§ 437 Nr. 3, 280 Abs. 1 u. 3, 281 auf Ersatz der Mehrkosten für den Deckungskauf in Höhe von 1.800 €.

---

2. Verzögerungsschaden, §§ 437 Nr. 3, 280 Abs. 1 u. 2, 286

In § 437 Nr. 3 wird nicht direkt auf § 286 verwiesen. Durch die Verweisung auf § 280 soll 128
indes mittelbar auch auf § 286 verwiesen werden.[301] Mit dem Anspruch aus §§ 437 Nr. 3,

301 BT-Drs. 14/6040, 225.

280 Abs. 1 u. 2, 286 kann der Käufer den Ersatz des durch den Verzug mit der Nacherfüllung entstandenen Verzögerungsschaden verlangen. Ein typischer Schadensposten der unter den Anspruch gemäß den §§ 437 Nr. 3, 280 Abs. 1 u. 2, 286 fällt, ist der Ersatz der **Rechtsanwaltskosten** hinsichtlich des Nacherfüllungsanspruchs ab der verzugsbegründenden Mahnung (Rechtsverfolgungskosten vor Verzugseintritt sind hingegen auch nicht nach §§ 439 Abs. 3, 280 Abs. 1 ersatzfähig).[302]

Prüfungsschema: Anspruch auf Ersatz des Verzögerungsschadens, §§ 437 Nr. 3, 280 Abs. 1 und 2, 286

A. Voraussetzungen

I. Wirksamer **Kaufvertrag**

II. Sache ist bei Gefahrübergang mit **Sachmangel** (§ 434) oder bei Erwerb mit **Rechtsmangel** (§ 435) behaftet

III. Verkäufer ist mit der **Nacherfüllung im Verzug**

1. **Fälliger (durchsetzbarer) Anspruch** auf Nacherfüllung
2. **Mahnung oder** deren **Entbehrlichkeit**
3. **Nichtleistung** des Verkäufers
4. Kein Verzug, wenn der Verkäufer die Nichtleistung der Nacherfüllung **nicht zu vertreten hat,** § 286 Abs. 4

IV. Kein Ausschluss der Gewährleistung

B. Rechtsfolge

Käufer erhält den durch den Verzug mit dem Nacherfüllungsanspruch entstandenen Schaden ersetzt

C. Keine Verjährung, § 438

129 **Beispiel:** K betreibt einen Fuhrpark. Er kauft bei V einen Lkw, der einen mangelhaften Turbolader hat. K verlangt Mängelbeseitigung. Diese verzögert sich, da V das Ersatzteil zu spät bestellt. K kann den Lkw dadurch erst eine Woche später einsetzen und hat einen Schaden von 2.500 €.

K hat gegen V einen Anspruch aus §§ 437 Nr. 3, 280 Abs. 1 u. 2, 286 auf Ersatz des Verzögerungsschadens.

I. K und V haben einen wirksamen Kaufvertrag geschlossen. Auch wenn keine Beschaffenheitsvereinbarung vorliegt, war der Lkw mangelhaft, denn er eignete sich nicht für die vertraglich vorausgesetzte Verwendung. V müsste mit der Mängelbeseitigung in Verzug gekommen sein.

1. K hatte gegen V einen fälligen und durchsetzbaren Anspruch aus § 439 Abs. 1 auf Mängelbeseitigung.

2. Es müsste eine Mahnung vorliegen. Die Mahnung ist eine eindeutige und bestimmte Aufforderung, die Leistung zu erbringen. In dem Verlangen der Mängelbeseitigung ist auch eine Mahnung des Käufers K zu sehen.

3. V hat die Mängelbeseitigung nicht unverzüglich erbracht.

4. Da er das Ersatzteil zu spät bestellt hat, hat er die Nichtleistung zu vertreten und kann sich nicht gemäß § 286 Abs. 4 entlasten.

---

302 BeckOK-BGB/Faust § 437 Rn. 72.

II. K hat gegen V einen Anspruch auf Ersatz des durch den Verzug mit dem Nacherfüllungsanspruch entstandenen Schadens. Das ist der Schaden, der zwischen dem Beginn des Verzugs durch die Mahnung und dem Ende des Verzugs durch die spätere Mängelbeseitigung eingetreten ist.

3. Schadensersatzanspruch aus §§ 437 Nr. 3, 280 Abs. 1

Mit dem Schadensersatzanspruch aus den §§ 437 Nr. 3, 280 Abs. 1 kann der Käufer den Ersatz aller Schäden verlangen, die **130**

- auf der **Verletzung der Pflicht zur mangelfreien Lieferung** beruhen und
- **nicht** Schadensersatz **statt der Leistung** oder **Verzögerungsschäden** sind.

Prüfungsschema: Schadensersatzanspruch neben der Leistung, §§ 437 Nr. 3, 280 Abs. 1

A. Voraussetzungen

I. Wirksamer **Kaufvertrag**

II. Sache ist bei Gefahrübergang mit **Sachmangel** (§ 434) oder bei Erwerb mit **Rechtsmangel** (§ 435) behaftet.

III. Verkäufer hat sich bezüglich der Lieferung der mangelhaften Sache **nicht entlastet**, § 280 Abs. 1 S. 2.

IV. **Kein Ausschluss** der Gewährleistung

B. Rechtsfolge: Ersatz des Schadens, der durch die mangelhafte Lieferung entstanden ist und weder Schadensersatz statt der Leistung noch Verzögerungsschaden ist.

C. Keine Verjährung, § 438

Da die gemäß den §§ 437 Nr. 3, 280 Abs. 1 zu ersetzenden Schäden durch die mangelhafte Lieferung verursacht sein müssen und damit Folge des Mangels sind, werden sie auch **Mangelfolgeschäden** genannt.

Beispiel: K kauft bei Elektrohändler E ein TV-Gerät. Wenige Wochen später implodiert das Gerät im Wohnzimmer des K aufgrund eines Mangels. K erleidet dadurch eine Rauchvergiftung. Er nimmt den E, der den Mangel zu vertreten hat, auf Ersatz der Behandlungskosten, die K aufgrund der Rauchvergiftung entstanden sind, in Anspruch.

K hat hier einen Anspruch aus den §§ 437 Abs. 1, 280 Abs. 1, da der Schaden auf der Verletzung der Pflicht zur mangelfreien Lieferung beruht und weder Schadensersatz statt der Leistung noch Verzögerungsschaden ist.

Bei solchen Mangelfolgeschäden kommt als **konkurrierende Anspruchsgrundlage** § 241 Abs. 2 in Betracht, weil auch eine Schutzpflichtverletzung vorliegt. Dabei scheitert unstreitig ein Anspruch aus den §§ 280 Abs. 1, 241 Abs. 2 (ohne § 437) am Vorrang des Gewährleistungsrechts (dazu unten Rn. 154). Allerdings wird zum Teil die Auffassung vertreten, dass neben dem Anspruch aus den §§ 437, 280 Abs. 1 ein Anspruch aus den **§§ 437, 280 Abs. 1, 241 Abs. 2** (also mit § 437) im Wege echter Anspruchskonkurrenz bestehe.[303] Vorzugswürdig ist jedoch die Gegenansicht, die der Verletzung der leistungsbezogenen Pflicht zur mangelfreien Lieferung den die Schutzpflichtverletzung

303 Staudinger/Schwarze § 280 C 42.

verdrängenden Vorrang einräumt.[304] Ansprüche wegen Verletzung der Pflichten aus § 241 Abs. 2 sollten im Bereich des Kaufrechts auf die Fälle beschränkt bleiben, in denen nicht zugleich die Hauptpflicht aus § 433 Abs. 1 S. 2 verletzt ist.

Beispiel: K kauft bei E ein TV-Gerät. Als er das Gerät am nächsten Tag im Laden das E abholen will, implodiert durch ein fahrlässiges Verhalten des E ein Ausstellungsgerät. K erleidet eine Rauchvergiftung. Hier ergibt sich der Anspruch des K aus den §§ 280 Abs. 1, 241 Abs. 2.

Auch bei Mangelfolgeschäden in Form von **Nutzungs- oder Betriebsausfallschäden** des Käufers kommen mehrere Anspruchsgrundlagen in Betracht. Nach h.M. sind diese Schäden nicht per se mit einer bestimmten Anspruchsgrundlage, sondern mit unterschiedlichen Anspruchsgrundlagen zu ersetzen, je nachdem welche Pflichtverletzung für den Schadenseintritt kausal geworden ist.[305]

Nach h.M. kann der Käufer mit dem Schadensersatzanspruch statt der Leistung Ersatz der Schäden verlangen, die funktional an die Stelle der Leistung treten (dazu oben Rn. 126). **Nutzungsausfallkosten** entstehen indes durch die Verzögerung der Leistung. Bei ihnen handelt es sich also grundsätzlich um einen **Verzögerungsschaden**, der **neben den Anspruch auf Leistung** tritt und der nicht mit dem Schadensersatzanspruch statt der Leistung ersetzt wird. Dabei gilt es dann zwischen den Ansprüchen aus den **§§ 437 Nr. 3, 280 Abs. 1 u. 2, 286** und den **§§ 437 Nr. 3, 280 Abs. 1** zu differenzieren.

Beispiel: Kopierladenbetreiber K kauft bei E einen zusätzlichen Kopierer, um den Kundenansturm zu Semesterbeginn im Oktober besser bewältigen zu können. Bereits nach wenigen Tagen, nämlich ab dem 12.10., ist der Kopierer aufgrund eines Mangels nicht mehr funktionstauglich. K setzt E daraufhin per Brief, der dem E am 14.10. zugeht, eine angemessene Frist zur Nachlieferung bis zum 19.10. Allerdings liefert E dem K erst am frühen Morgen des 23.10. einen neuen Kopierer. E kann sich für diese Verzögerung der Nachlieferung nicht entlasten.

Der Anspruch des K auf Ersatz des Nutzungsausfalls vom 12.10.–14.10. ergibt sich aus den §§ 437 Nr. 3, 280 Abs. 1. Für die Zeit vom 14.10. bis zum 23.10. kann K gemäß den §§ 437 Nr. 3, 280 Abs. 1 u. 2, 286 Schadensersatz verlangen, da in der Aufforderung zur Nacherfüllung unter Fristsetzung die nach § 286 notwendige Mahnung zu sehen ist.[306]

Eine Verzögerung mit der Leistung kann es aber nur solange geben wie ein Anspruch auf die Leistung besteht. Mit dem Erlöschen des Leistungsanspruchs gemäß § 281 Abs. 4, ebenso wie nach einem Rücktritt des Käufers, ändert sich nämlich auch die Rechtsnatur der Nutzungsausfallkosten, denn sie können begrifflich nicht mehr zum Schadensersatz neben der Leistung gehören. Ab dem Erlöschen des Leistungsanspruchs beruhen sie auf dem endgültigen Ausfall der Leistung.[307] Sie gehören dann zum Erfüllungsinteresse des Käufers, das mit dem Anspruch auf Schadensersatz statt der Leistung aus **§§ 437 Nr. 3, 280 Abs. 1 u. 3, 281** ersetzt wird.

Beispiel: Als Abwandlung des obigen Beispiels reagiert E auf die Aufforderung durch K zur Nachlieferung bis zum 19.10. nicht. K erklärt deshalb am 25.10. den Rücktritt. Der Ersatz des Nutzungsausfallschadens richtet sich für den Zeitraum ab dem 25.10 nach den §§ 437 Nr. 3, 280 Abs. 1 u. 3, 281.

Es gibt also insgesamt **drei unterschiedliche Anspruchsvarianten**, aus denen sich ein Anspruch auf Ersatz des Nutzungs- oder Betriebsausfallschadens ergeben kann.

---

304 Jauernig/Stadler § 280 Rn. 15; kritisch auch Looschelders Rn. 134.

305 Vgl. zum Meinungsstand ausführlich BeckOK-BGB/Faust § 437 Rn. 70 ff.

306 Brox/Walker § 4 Rn. 105.

307 BGH RÜ 2010, 409, 412.

IV. Ersatz vergeblicher Aufwendungen

Der Anspruch aus den **§§ 437 Nr. 3, 284** kann anstelle jedes Schadensersatzanspruchs 131
statt der Leistung treten.

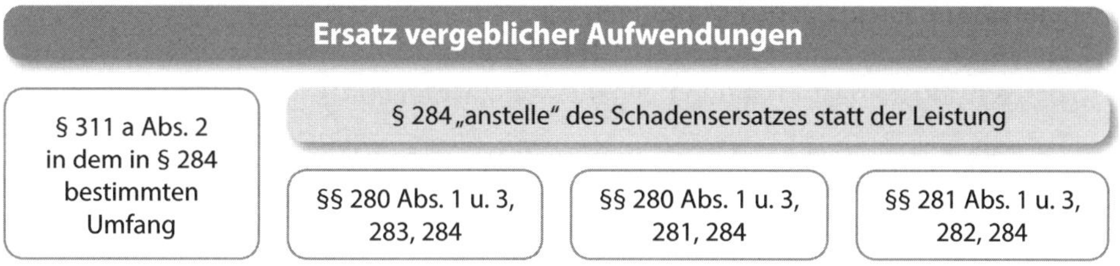

Nach § 284 ist Aufwendungsersatz allein eine Alternative zum **Schadensersatz statt der Leistung** und nicht zum Schadensersatz schlechthin. Bezweckt wird mit der Alternativstellung, dass der Geschädigte wegen ein und demselben Vermögensnachteil **nicht** sowohl Schadensersatz statt der Leistung als auch Aufwendungsersatz und damit **doppelte Kompensation** verlangen kann.[308] Das schließt aber nicht aus, dass in Bezug auf unterschiedliche Schadensposten ein Aufwendungsersatzanspruch neben einem Schadensersatzanspruch besteht.[309]

Nach h.M. kann der Gläubiger trotz der Regelung des Aufwendungsersatzanspruchs in § 284 weiterhin mit dem Schadensersatzanspruch statt der Leistung den Ersatz frustrierter Aufwendungen verlangen, wenn sie rentabel gewesen wären. Die Schadensberechnung mit der **Rentabilitätsvermutung gilt** danach **fort**.[310]

Außerdem gilt die Alternativität nur für Schadensersatzansprüche statt der Leistung. Das Verlangen von Aufwendungsersatz aus **§ 284 schließt** einen Anspruch auf **Schadensersatz neben der Leistung** also **nicht aus**.[311]

Vergebliche Aufwendungen sind freiwillige Vermögensopfer, die der Gläubiger im Vertrauen auf den Erhalt der Leistung erbracht hat, die sich aber wegen der Nichtleistung oder der nicht vertragsgemäßen Leistung des Schuldners als nutzlos erweisen.[312]

Beispiele: Darlehensaufnahme zur Kaufpreisfinanzierung; Vertragskosten, wie z.B. die Kosten für die Übergabe, Versendung und Beurkundung, Zölle, Fracht- und Montagekosten[313]

Aufwendungen, die auch bei ordnungsgemäßer Erfüllung vergeblich gewesen wären, sollen nicht ersatzfähig sein. § 284 schließt im letzten Halbsatz daher Aufwendungen aus, die ihren **Zweck** auch ohne die Pflichtverletzung des Schuldners **verfehlt** hätten.

308 BGH RÜ 2005, 518, 520.
309 MünchKomm/Ernst § 284 Rn. 32; Canaris JZ 2001, 499, 517.
310 BeckOK BGB/Unberath § 284 Rn. 4; Looschelders Rn. 656.
311 BGH RÜ 2005, 513.
312 BGH RÜ 2005, 513, 518.
313 BeckOK-BGB/Lorenz § 284 Rn. 8.

Prüfungsschema: Ersatz vergeblicher Aufwendungen

A. Voraussetzungen

I. Bestehen eines **Schadensersatzanspruchs statt der Leistung**

II. Vergebliche Aufwendungen, die der Käufer im Vertrauen auf den Erhalt der Leistung gemacht hat und billigerweise machen durfte

III. Kein Ausschluss des Aufwendungsersatzanspruchs (§ 284, letzter Hs.)

B. Rechtsfolgen

I. „Anstelle" des Schadensersatzanspruchs statt der Leistung kann Ersatz der vergeblichen Aufwendungen verlangt werden.

II. Anspruchskürzung bei Nutzung der Sache

Fall 4: Genutzter Golf

K kauft von V für die gewerbliche Nutzung einen VW Golf zum Preis von 35.000 €. Nach Übernahme lässt K die Stoßfänger des Fahrzeugs lackieren, Leichtmetallfelgen und Breitbandreifen montieren sowie Schmutzfänger, einen Tempomaten und ein Navigationssystem einbauen. Für die Zusatzausstattung verwendet er 5.000 € und für die Überführung und die Zulassung des Fahrzeugs 500 €.

Nachdem K zahlreiche Herstellungsmängel gerügt hat, deren Beseitigung nicht vollständig gelingt, lässt er ein Gutachten für 400 € anfertigen, setzt V eine angemessene Frist und tritt nach erfolglosem Ablauf der Frist vom Vertrag zurück und verlangt Aufwendungsersatz. Es kommt zum Streit, da V nicht bereit ist, die Kosten für das Gutachten und die Aufwendungen für die Zusatzausstattung, die nicht zur Wertsteigerung des Fahrzeugs geführt haben, und für die Überführung und Zulassung zu tragen. Er verweist im Übrigen darauf, dass K das Fahrzeug für ein Jahr habe nutzen können und deswegen die Aufwendungen nicht vergeblich gewesen seien. Zu Recht?

A. **Anspruch des K gegen V auf Aufwendungsersatz**

132 I. K könnte gegen V einen Anspruch aus **§§ 437 Nr. 2, 323, 347 Abs. 2 S. 1** haben.

1. Die Voraussetzungen des Rücktritts liegen vor, denn V hat aufgrund eines wirksamen Kaufvertrags K eine mangelhafte Sache geliefert und K ist nach dem fruchtlosen Ablauf einer angemessenen Frist wirksam zurückgetreten.

2. V muss K somit gemäß § 347 Abs. 2 S. 1 die **notwendigen Verwendungen** ersetzen. Sämtliche, am Fahrzeug vorgenommenen Verbesserungen sowie die Kosten der Überführung und der Zulassung sind keine notwendigen Verwendungen, da sie zur Erhaltung des Fahrzeugs nicht erforderlich sind.

II. Auch ein Anspruch aus **§§ 437 Nr. 2, 323, 347 Abs. 2 S. 2** scheidet aus, da V durch die Änderungen am Fahrzeug **nicht bereichert** ist, denn diese haben nicht zu einer Wertsteigerung geführt.

III. In Betracht kommt ein Aufwendungsersatzanspruch aus den **§§ 437 Nr. 3, 284**.

1. Dann dürfte der Anspruch auf Aufwendungsersatz nicht durch andere, vorrangige Regelungen ausgeschlossen sein.

   a) Dies könnte der Fall sein, weil ein Rücktritt vorliegt und § 347 Abs. 2 bestimmt, dass im Falle des Rücktritts Aufwendungen nur zu ersetzen sind, soweit es sich um notwendige Verwendungen handelt, und andere, wenn der Gläubiger durch sie bereichert wird. Die Vorschrift des § 347 Abs. 2 ist indes als abschließende Regelung nur anzusehen, soweit **Aufwendungen allein als Folge des Rücktritts** im Rahmen und auf Grundlage des Rückgewährschuldverhältnisses nach §§ 346 f. ersetzt verlangt werden.[314] Hat der Gläubiger daneben (§ 325) einen Anspruch auf Schadensersatz, so tritt dieser Anspruch neben den Verwendungsersatzanspruch aus § 347 Abs. 2. Dies gilt auch für den Aufwendungsersatzanspruch, da dieser anstelle des Schadensersatzanspruchs geltend gemacht werden kann.

   b) Der Geltendmachung des Anspruchs steht auch nicht entgegen, dass im vorliegenden Fall Aufwendungen für **kommerzielle Zwecke** gemacht wurden. Denn der Anwendungsbereich des § 284 ist nicht auf solche Fälle beschränkt, in denen nichtkommerzielle (ideelle oder konsumtive) Zwecke verfolgt werden.[315]

2. Gemäß § 284 können nutzlose Aufwendungen nur **„anstelle"** des Schadensersatzanspruchs statt der Leistung verlangt werden. Es müssen also die **Voraussetzungen eines Schadensersatzanspruchs statt der Leistung** gegeben sein. Dieser könnte sich hier aus den §§ 437 Nr. 3, 280 Abs. 1 u. 3, 281 ergeben.

   a) V und K haben einen wirksamen Kaufvertrag geschlossen.

   b) Die Kaufsache war mangelhaft, da sie über zahlreiche Herstellungsmängel verfügte und sich somit jedenfalls nicht für die gewöhnliche Verwendung eignete, § 434 Abs. 1 S. 2 Nr. 2.

   c) K hat V eine angemessene Frist gesetzt, die erfolglos verstrichen ist.

   d) Außerdem hat sich V nicht entlastet, § 280 Abs. 1 S. 2.

   e) Ausschlussgründe für den Schadensersatzanspruch sind nicht ersichtlich.

3. Mithin kann K von V **Ersatz der vergeblichen Aufwendungen** verlangen. Dies sind freiwillige Vermögensopfer, die der Gläubiger im Vertrauen auf den Erhalt der Leistung erbracht hat, die sich aber wegen der Nichtleistung oder der nicht vertragsgemäßen Leistung des Schuldners als nutzlos erweisen.

   a) Aufwendungen des Käufers auf die gekaufte Sache, die sich später als mangelhaft herausstellt, sind demnach in der Regel vergeblich, wenn der Käufer die Kaufsache wegen der Mangelhaftigkeit zurückgibt oder sie jedenfalls

314 BGH RÜ 2005, 518, 519.

315 BGH RÜ 2005, 518, 520.

nicht bestimmungsgemäß nutzen kann und deshalb auch die Aufwendungen nutzlos sind. Somit sind die **Kosten für die Zusatzausstattung** in Höhe von 5.000 € **ersatzfähig**.

b) Die Kosten für die **Überführung und Zulassung** des Fahrzeugs zählen zu den Vertragskosten und sind dabei ebenfalls nach § 284 **ersatzfähig**.

c) Demgegenüber sind die **Gutachterkosten keine vergeblichen Aufwendungen**, da sie zur Schadensermittlung dienen.

133 4. Der Anspruch ist auch nicht gemäß § 284 letzter Hs. ausgeschlossen, denn bei ordnungsgemäßer Erfüllung wären diese Aufwendungen **nicht verfehlt** gewesen. Als Rechtsfolge des § 284 kann der Gläubiger „anstelle" des Schadensersatzanspruchs statt der Leistung den Ersatz der vergeblichen Aufwendungen verlangen.

134 5. Fraglich ist, ob dieser **Anspruch zu kürzen** ist.

a) K hat das **Fahrzeug ein Jahr lang genutzt**. Damit sind für diese Zeit die Aufwendungen nicht vergeblich. Geht man von einer gewerblichen Nutzungsdauer eines Fahrzeugs von fünf Jahren aus, so ist der Anspruch hier um 20 % (1/5 von fünf Jahren) zu kürzen.[316]

b) In Betracht kommt außerdem eine Kürzung, weil u.U. die Zusatzausstattung anderweitig verwendbar ist und somit K eine **Schadensabwendungspflicht nach § 254** trifft. Der § 254 gilt nur für Schadensersatzansprüche, kann aber auch auf Aufwendungsersatzansprüche entsprechend anwendbar sein, wenn diese anstelle eines Schadensersatzanspruchs treten.

Nach der Rspr.[317] ist es für die Ersatzpflicht des Verkäufers ohne Bedeutung, wenn die Zubehörteile, die der Käufer an dem mangelhaften Fahrzeug hat einbauen lassen, für ihn auch anderweitig verwendbar wären. Dem widerspricht die Lit.[318] Danach muss der Käufer die Zubehörteile anderweitig verwenden, wenn die Kaufsache keine Individualität aufweist und damit der Aufwendungszweck durch ersatzweise Verwendung erreicht werden kann. Hierzu hat V jedoch nichts vorgetragen, sodass es nach allen Meinungen zu keiner Anspruchskürzung nach § 254 kommt.

135 B. **Anspruch des K gegen V auf Schadensersatz**

I. K könnte gegen V einen Anspruch gemäß den **§§ 437 Nr. 3, 280 Abs. 1 u. 3, 281** haben.

1. Die Voraussetzungen liegen vor (s.o.).

2. K hat jedoch Aufwendungsersatz verlangt. Nach § 284 kann anstelle des Schadensersatzes statt der Leistung Ersatz der Aufwendungen verlangt werden.

---

316 Zu den unterschiedlichen Berechnungsmethoden: BGH NJW 2005, 2848 ff.

317 BGH NJW 2005, 2848 ff.

318 Tiedtke JZ 2008, 395, 405; NJW 2006, 125; MünchKomm/Ernst § 284 Rn. 37.

a) Aus dieser Formulierung ergibt sich, dass Aufwendungsersatz nur alternativ zum Schadensersatz statt der Leistung verlangt werden kann.[319] Dafür spricht auch der Wortlaut des § 437 Nr. 3 (Schadensersatz „oder" nach § 284 Aufwendungsersatz). **136**

b) Die Alternativstellung bezweckt, dass der Geschädigte wegen ein und desselben Vermögensnachteils nicht sowohl Schadensersatz statt der Leistung als auch Aufwendungsersatz und damit doppelte Kompensation verlangen kann.[320] Fehlgeschlagene Aufwendungen kann der Käufer nur entweder als Schaden oder als Aufwendung geltend machen. Das schließt aber nicht aus, dass für **verschiedene Schadensposten** ein Aufwendungsersatzanspruch neben einem Schadensersatzanspruch besteht.[321]

c) Hier hat K die Kosten für die **Zusatzausstattung** in Höhe von 5.000 € und für die **Überführung und Zulassung** des Fahrzeugs in Höhe von 500 € als Aufwendungsersatz geltend gemacht und kann damit **nicht mehr Schadensersatz statt der Leistung** verlangen.

d) Die **Gutachterkosten** kann er gemäß den §§ 437 Nr. 3, 280 Abs. 1 u. 3, 281 verlangen, wenn es sich um einen Schadensersatzanspruch statt der Leistung handelt. Bei Gutachterkosten, die vor der Rückabwicklung anfallen, handelt es sich um einen typischen Schadensposten neben der Leistung, der über § 280 Abs. 1 zu ersetzen ist, da eine nachträgliche mangelfreie Erbringung der Leistung den Schaden nicht wieder entfallen lassen würde.

K hat insoweit keine Ansprüche aus den §§ 437 Nr. 3, 280 Abs. 1 u. 3, 281.

II. K könnte gegen V ein Anspruch auf Ersatz der Gutachterkosten gemäß den **§§ 437 Nr. 3, 280 Abs. 1** zustehen.

1. Die Voraussetzungen des Anspruchs liegen vor, denn V hat seine Pflicht aus § 433 Abs. 1 S. 2, ein mangelfreies Fahrzeug zu liefern, verletzt und sich nicht entlastet, § 280 Abs. 1 S. 2. Ferner sind Ausschlussgründe nicht ersichtlich.

2. K kann den durch die Pflichtverletzung entstandenen Schaden ersetzt verlangen. Bei Gutachterkosten, die vor der Rückabwicklung anfallen, handelt es sich um einen typischen Schadensersatzanspruch „neben der Leistung", da eine nachträgliche mangelfreie Erbringung der Leistung den Schaden nicht wieder entfallen lassen würde. Das K zusätzlich Aufwendungsersatz verlangt, steht dem Anspruch aus §§ 437 Nr. 3, 280 Abs. 1 nicht entgegen, da § 280 Abs. 1 neben § 284 steht. Nach § 284 ist nur der Schadensersatzanspruch statt der Leistung, aber nicht der Schadensersatzanspruch neben der Leistung ausgeschlossen.

---

319 Palandt/Grüneberg § 284 Rn. 8.

320 BGH NJW 2005, 2848 ff.

321 MünchKomm/Ernst § 284 Rn. 32; Canaris JZ 2001, 499, 517.

Schadensersatz- oder Aufwendungsersatzansprüche, § 437 Nr. 3

Schadensersatzansprüche statt der Leistung

- §§ 437 Nr. 3, **311 a Abs. 2**
  - Voraussetzungen: Kaufvertrag, Mangel, Unmöglichkeit beider Arten der Nacherfüllung **von Anfang an**, keine Entlastung gemäß § 311 a Abs. 2 S. 2
  - Rechtsfolge: Schadensersatz statt der Leistung, § 311 a Abs. 2 S. 3 verweist auf § 281 Abs. 1 S. 2 u. 3 sowie § 281 Abs. 5
- §§ 437 Nr. 3, 280 Abs. 1 u. 3, **283**
  - Voraussetzungen: Kaufvertrag, Mangel, **nachträgliche Unmöglichkeit** beider Arten der Nacherfüllung oder der vom Käufer gewählten Art der Nacherfüllung, keine Entlastung gemäß § 280 Abs. 1 S. 2. Nach h.M. ist die Frage, ob eine Handlung des Schuldners das Leistungshindernis herbeigeführt hat, bei der Entlastung gemäß § 280 Abs. 1 S. 2 zu prüfen und damit im Streitfall vom Schuldner und nicht vom Gläubiger zu beweisen.
  - Rechtsfolge: Schadensersatz statt der Leistung, § 283 S. 2 verweist auf § 281 Abs. 1 S. 3
- §§ 437 Nr. 3, 280 Abs. 1 u. 3, **281**
  - Voraussetzungen: Kaufvertrag, Mangel, erfolgloser Ablauf einer **Frist** oder deren Entbehrlichkeit, keine Entlastung gemäß § 280 Abs. 1 S. 2. Umstritten, (aber selten entscheidungsrelevant) ist die Frage, worauf sich das Vertretenmüssen bezieht. Nach h.M. kann sich der Verkäufer gemäß § 280 Abs. 1 S. 2 nur dann entlasten, wenn er **weder** die **mangelhafte Lieferung noch** die **Nichtnacherfüllung zu vertreten** hat.
  - Rechtsfolge: Schadensersatz statt der Leistung

    Wahlrecht des Käufers zwischen dem kleinen Schadensersatzanspruch und dem Schadensersatzanspruch statt der ganzen Leistung

    Kleiner Schadensersatzanspruch: Käufer behält die Sache und verlangt Ausgleich der Wertdifferenz

    Großer Schadensersatzanspruch: Käufer gibt Sache zurück und verlangt Kaufpreis zurück sowie Ersatz weiterer Schäden, Anspruch ausgeschlossen, wenn Mangel **unerheblich** ist, **§ 281 Abs. 1 S. 3**

    Schadensberechnung umstritten:

    Teil der Lit.: **Rein zeitliche** Abgrenzung; zum Schadensersatz statt der Leistung gehören alle Schäden, die nach dem Zeitpunkt des endgültigen Ausbleibens der Leistung (§ 281 Abs. 4) entstehen.

    H.M.: **Inhaltliche Abgrenzung**; zum Schadensersatz statt der Leistung gehören alle Schäden, die an die Stelle der Leistung treten und diese **funktional ersetzen**.

Schadensersatz- oder Aufwendungsersatzansprüche, § 437 Nr. 3 (Fortsetzung)

Schadensersatz neben der Leistung

- §§ 437 Nr. 3, 280 Abs. 1 u. 2, **286**
  - Voraussetzungen: Kaufvertrag, Mangel, **Verzug mit der Nacherfüllung**
  - Rechtsfolge: Ersatz des Verzögerungsschadens
- §§ 437 Nr. 3, **280 Abs. 1**
  - Voraussetzungen: Kaufvertrag, Mangel, keine Entlastung des Verkäufers gemäß § 280 Abs. 1 S. 2, Vertretenmüssen bezieht sich auf die mangelhafte Lieferung, Hersteller oder Lieferanten sind keine Erfüllungsgehilfen des Verkäufers
  - Rechtsfolge: Ersatz des durch den Mangel entstandenen Schadens

Aufwendungsersatz anstelle von Schadensersatz

Aufwendungsersatz gemäß **§ 284** ist allein **Alternative** zum Schadensersatz **statt** der Leistung, nicht aber zum Schadensersatz schlechthin (keine doppelte Kompensation).

Nach h.M. können nutzlose Aufwendungen, wenn sie kommerziellen Zwecken dienen, wahlweise auch im Rahmen eines Schadensersatzanspruchs nach §§ 437 Nr. 3, 280 Abs. 1 und 3, 281 geltend gemacht werden **(Rentabilitätstheorie)**.

Aufwendungen sind **freiwillige Vermögensopfer**, die der Gläubiger im Vertrauen auf den Erhalt der Leistung erbracht hat, die sich aber wegen der Nichtleistung oder der nicht vertragsgemäßen Leistung des Schuldners als nutzlos erweisen, z.B. Kosten für die Übergabe, Verwendung, Beurkundung, Zölle, Fracht, Einbau- und Montagekosten.

C. Ausschluss der Gewährleistungsansprüche

137 **Die Gewährleistung kann ausgeschlossen sein durch**

Rechtsgeschäft		Gesetz
Individualvereinbarung	**AGB**	
▪ Grenzen: §§ 444, 138 ▪ beim Verbrauchsgüterkauf zusätzlich gegenüber dem Verbraucher, § 476 Abs. 1, Abs. 3, nur Schadensersatzansprüche ausschließbar bzw. beschränkbar ▪ im Rahmen der Lieferkette, § 478 Abs. 2: nur Schadensersatzansprüche ausschließbar bzw. beschränkbar	Grenzen: §§ 309 Nr. 7, 309 Nr. 8 b, 307	▪ Kenntnis des Käufers, § 442 ▪ Öffentliche Versteigerung, § 445 ▪ Beiderseitiger Handelskauf, § 377 HGB ▪ Rücktritt ausgeschlossen, § 323 Abs. 5, Abs. 6 ▪ Schadensersatz statt der ganzen Leistung ausgeschlossen, § 281 Abs. 1 S. 3

I. Rechtsgeschäftlicher Gewährleistungsausschluss

Die Gewährleistung kann durch eine Individualvereinbarung oder durch AGB ausgeschlossen werden.

1. Ausschluss durch Individualvereinbarung

138 Ein vertraglicher Ausschluss der Gewährleistung ist grundsätzlich möglich. Der Verkäufer kann sich jedoch gemäß **§ 444** auf die Vereinbarung nicht berufen, wenn er den Mangel **arglistig verschwiegen** (dazu unten bei § 442 Rn. 145) hat oder eine **Garantie für die Beschaffenheit** (dazu Rn. 193) der Sache übernommen hat.

Auch wenn der arglistig verschwiegene Sachmangel für die Willensentscheidung des Käufers **nicht ursächlich** war, kann der Verkäufer sich auf einen Haftungsausschluss gemäß § 444 nicht berufen.[322] Damit führt jeder arglistig verschwiegene Sachmangel zur Unwirksamkeit des Ausschlusses der Gewährleistung.

Maßgeblicher Zeitpunkt, in dem die Voraussetzungen für einen wirksamen Haftungsausschluss vorliegen müssen, ist die Vereinbarung des Gewährleistungsausschlusses, nicht die Übergabe der Kaufsache. Deshalb muss der Verkäufer den Käufer über alle Mängel aufklären, die er zum Zeitpunkt der Vereinbarung des Gewährleistungsausschlusses für möglich hält, wenn er nicht die Unwirksamkeit des Gewährleistungsausschlusses nach § 444 riskieren will. Unterlässt der Verkäufer die geschuldete Offenbarung, kann er sich nicht auf den Gewährleistungsausschluss berufen, wenn – entgegen seiner Absichten oder Erwartungen – der Mangel bei Gefahrübergang noch vorhanden

322 BGH RÜ 2011, 683; Faust JuS 2012, 359; Looschelders JA 2012, 64.

ist. Wird der Mangel bis zum Gefahrübergang beseitigt, sind ohnehin keine Gewährleistungsansprüche gegeben.[323]

Verschweigt **einer von mehreren Verkäufern** einen Mangel der Kaufsache arglistig, können sich sämtliche Verkäufer gemäß § 444 Alt. 1 nicht auf den vertraglich vereinbarten Ausschluss der Sachmängelhaftung berufen.[324]

Liegt ein **Verbrauchsgüterkauf** vor, verkauft also ein Unternehmer eine bewegliche Sa- **139**
che an einen Verbraucher, so ist durch Individualvereinbarung nur eine Beschränkung des Schadensersatzanspruchs möglich, § 476 Abs. 1 u. 3 (vgl. Rn. 225).

Beim Rückgriff des Unternehmers ist **§ 478 Abs. 2** zu berücksichtigen (vgl. Rn. 210 f.).

Ein Gewährleistungsausschluss ist widersprüchlich und unwirksam, soweit er sich auf Ei- **140**
genschaften der Kaufsache bezieht, die Gegenstand einer Beschaffenheitsvereinbarung sind. Die **Kombination von Beschaffenheitsvereinbarung und Gewährleistungsausschluss** ist dahingehend auszulegen, dass der Haftungsausschluss nicht für das Fehlen der vereinbarten Beschaffenheit gilt,[325] sondern nur die Haftung für das Fehlen der ohne eine solche Vereinbarung nach § 434 Abs. 1 S. 2 geschuldeten Eigenschaften.[326] Deshalb kann der Verkäufer seine Haftung auch für das Fehlen von Eigenschaften ausschließen, deren Vorhandensein der Käufer nach seinen öffentlichen Äußerungen berechtigterweise erwarten kann.[327] Sie stehen nämlich gemäß § 434 Abs. 1 S. 3 den nach § 434 Abs. 1 S. 2 Nr. 2 geschuldeten Eigenschaften gleich.

Beispiel: Der in einem Grundstückskaufvertrag vereinbarte umfassende Haftungsausschluss für Sachmängel erfasst auch die nach öffentlichen Äußerungen des Verkäufers zu erwartenden Eigenschaften eines Grundstücks oder des aufstehenden Gebäudes. Bei einem Grundstückskauf ist die notarielle Urkunde maßgeblich. Erst sie ergibt, wofür der Verkäufer letztlich einstehen will. Enthält sie einen uneingeschränkten Haftungsausschluss, bedeutet das deshalb regelmäßig, dass der Verkäufer es gerade nicht bei der Haftung für die Eigenschaften belassen will, die der Käufer nach § 434 Abs. 1 S. 2 u. 3 erwarten könnte, sondern von der Möglichkeit einer abweichenden Vereinbarung Gebrauch machen und die Haftung für das Fehlen solcher Eigenschaften vollständig ausschließen will.[328]

2. Ausschluss durch Allgemeine Geschäftsbedingungen

Zusätzliche Grenzen (denn was durch Individualabrede nicht wirksam vereinbart werden kann, kann „erst recht" nicht durch AGB wirksam vereinbart werden) enthalten die **§§ 305 ff.**

a) Unwirksamkeit des Gewährleistungsausschlusses gemäß § 309

§ 309 ist bei einer Verwendung gegenüber einem Unternehmer gemäß § 310 Abs. 1 S. 1 **141**
nicht anwendbar.

Wird gegenüber einem **Verbraucher** die Gewährleistung ausgeschlossen, können gemäß § 476 Abs. 1 i.V.m. Abs. 3 nur Schadensersatzansprüche beschränkt werden.

323 OLG München RÜ 2019, 490, 491.
324 BGH RÜ 2016, 552, 554.
325 BGHZ 170, 86.
326 BGH RÜ 2018, 549, 552.
327 BGH RÜ 2018, 416.
328 BGH RÜ 2016, 751, 753.

§ 309 hat daher einen **eingeschränkten Anwendungsbereich.**

- Er findet Anwendung, wenn beim **Verbrauchsgüterkauf** der Anspruch auf **Schadensersatz** ausgeschlossen oder beschränkt wird, § 476 Abs. 3.
- Anwendbar ist § 309 auch bei **notariellen Verträgen über Immobilien** (kein Verbrauchsgüterkauf, da eine unbewegliche Sache verkauft wird).
- Verkauft ein **Verbraucher an einen Verbraucher** eine neue Sache unter Verwendung von AGB (wohl eher die Ausnahme), so unterliegen diese der Inhaltskontrolle der §§ 309–307.
- Steht **auf Käuferseite ein Unternehmer**, so findet § 309 direkt keine Anwendung, § 310 Abs. 1. Die **in § 309 getroffene Wertung** findet jedoch beim Kauf eines Unternehmers im Rahmen des § 307 Berücksichtigung.

aa) Unwirksamkeit des Ausschlusses gemäß § 309 Nr. 7

142 Nach **§ 309 Nr. 7 a)** ist ein Ausschluss oder eine Begrenzung der Haftung für Schäden bei einer Verletzung von **Leben, Körper und Gesundheit** bei zumindest fahrlässiger Pflichtverletzung des Verwenders oder eines gesetzlichen Vertreters oder Erfüllungsgehilfen unwirksam. Geschützt werden Schadensersatzansprüche wegen Pflichtverletzungen, auch soweit die Pflichtverletzung in der Lieferung einer mangelhaften Sache besteht.[329] Danach sind **Freizeichnungsklauseln** in AGB wie **„gekauft wie gesehen"** oder „Gewährleistung für Sachmangel ist ausgeschlossen" wegen Verstoßes gegen § 309 Nr. 7 a) unwirksam. Sie können demzufolge keinen Ausschluss, auch nicht in einem sonst möglichen Umfang begründen. Eine geltungserhaltende Reduktion ist nicht möglich.

Beispiel: V verkauft an Verbraucher K ein bebautes Grundstück. Der notarielle Formularvertrag enthält die früher häufig verwandte Formulierung, dass das Grundstück „wie besichtigt" verkauft wird und alle Rechte des Käufers wegen Mängeln der Sache ausgeschlossen sind.

Es liegt ein Verstoß gegen § 309 Nr. 7 a) u. b) vor. Der Gewährleistungsausschluss ist damit insgesamt unwirksam. Eine geltungserhaltende Reduktion ist bei allgemeinen Geschäftsbedingungen nicht möglich (§ 306 Abs. 2). Damit stehen dem Käufer sämtliche Mängelansprüche auch bezüglich anderer Mängel, wie z.B. einem undichten Dach oder eines verborgenen Holzbocks, zu.

bb) Unwirksamkeit des Ausschlusses gemäß § 309 Nr. 8 b)

143 Danach sind bei einem Kaufvertrag über **neu hergestellte Sachen** folgende Bestimmungen unwirksam:

- **Nr. 8 b) aa): Ausschluss und Verweisung auf Dritte**

  Unzulässig ist der völlige Ausschluss von Gewährleistungsansprüchen, auch der bedingte Ausschluss, etwa für den Fall der Beschädigung oder des Eingriffs durch einen Dritten.[330] Unwirksam sind auch Klauseln, durch die der Verwender die eigene Haftung ausschließt und den Kunden auf Ansprüche gegen Dritte verweist. Der Verwender kann seinen Kunden durch Abtretung oder Ver-

329 BT-Drs. 14/6040, S. 156.

330 BGH NJW 1980, 831, 832; OLG Hamm NJW-RR 2000, 1224, 1225.

trag zugunsten Dritter Ansprüche gegen Dritte verschaffen, etwa Rechte aus einer Herstellergarantie. Seine Haftung bleibt unberührt.[331]

- **Nr. 8 b) bb): Beschränkung auf Nacherfüllung**

  Eine Beschränkung auf Nacherfüllung ist nur möglich, wenn dem Käufer ausdrücklich das Recht vorbehalten wird, bei Fehlschlagen der Nacherfüllung zu mindern oder vom Vertrag zurückzutreten. Der Verwender braucht die denkbaren Fälle des Fehlschlagens der Nachbesserung nicht im Einzelnen aufzulisten.[332] Bringt er einen solchen Katalog, muss dieser jedoch vollständig sein.[333] Trifft dies nicht zu oder ist die verwandte generelle Formulierung zu eng, ist die Formel insgesamt unwirksam.[334]

- **Nr. 8 b) cc):** Eine Regelung, welche die Verpflichtung des Verwenders ausschließt oder beschränkt, die zum Zweck der **Nacherfüllung erforderlichen Aufwendungen** nach **§ 439 Abs. 2 u. 3** zu tragen oder zu ersetzen.

- **Nr. 8 b) dd):** Eine Bestimmung, derzufolge der Verwender die **Nacherfüllung von einer vorherigen Zahlung des vollständigen Entgelts** oder eines unter Berücksichtigung des Mangels unverhältnismäßig hohen Teils des Entgelts abhängig macht.

- **Nr. 8 b) ee):** Eine Bestimmung, wonach der Verwender dem anderen Vertragsteil für die **Anzeige nicht offensichtlicher Mängel eine Ausschlussfrist** setzt, die kürzer ist als die nach dem Doppelbuchstaben ff) zulässige Frist.

  AGB können für die Anzeige von Mängeln Ausschlussfristen bestimmen. Dabei ist jedoch zwischen offensichtlichen und verborgenen Mängeln zu unterscheiden. Auf Klauseln über offensichtliche Mängel ist nicht § 309 Nr. 8 b) ee), sondern § 307 anzuwenden.

- **Nr. 8 b) ff):** Wenn die **Verjährung von Ansprüchen gegen den Verwender wegen eines Mangels** in den Fällen des § 438 Abs. 1 Nr. 2 und § 634 a Abs. 1 Nr. 2 **erleichtert** oder in den sonstigen Fällen eine weniger als ein Jahr betragende Verjährungsfrist ab dem gesetzlichen Verjährungsbeginn erreicht wird.

  Die kaufrechtliche Verjährung der Ansprüche wegen Sachmängeln darf bei neu hergestellten Sachen formularmäßig für Bauwerke gar nicht und im Übrigen nicht auf weniger als ein Jahr ab dem gesetzlichen Verjährungsbeginn verkürzt werden.

b) Unwirksamkeit des Gewährleistungsausschlusses gemäß § 307

Gemäß § 307 Abs. 1 S. 1 sind AGB unwirksam, wenn sie den Vertragspartner des Verwen- **144**
ders entgegen dem Gebot von Treu und Glauben unangemessen benachteiligen. Wann eine **unangemessene Benachteiligung** vorliegt, ergibt sich aus § 307 Abs. 2.

Beispiel: Eine Klausel, derzufolge der Fahrzeugkäufer verpflichtet ist, das Fahrzeug auf seinen Namen zuzulassen und den Verkäufer zu bevollmächtigen, die Zulassung entsprechend zu beantragen, stellt eine unangemessene Benachteiligung dar, weil es durchaus beachtliche Gründe für den Käufer geben kann, das Fahrzeug auf den Namen z.B. eines Angehörigen oder einer Firma zuzulassen, ohne dass dadurch das Interesse des Verkäufers an der Verhinderung eines „grauen Marktes" beeinträchtigt wird.[335]

331 Palandt/Grüneberg § 309 Rn. 64.
332 BGH NJW 1994, 1004, 1005.
333 BGH NJW 1998, 679, 680.
334 BGH NJW 1996, 2504, 2506; Palandt/Grüneberg § 309 Rn. 70 m.w.N.
335 MüKoBGB/Wurmnest § 307 Rn. 93.

Nach § 307 Abs. 1 S. 2 kann sich eine unangemessene Benachteiligung daraus ergeben, dass die Bestimmung **nicht klar und verständlich** ist. Das Transparenzgebot verpflichtet den Verwender, seine AGB so zu gestalten, dass der **rechtsunkundige Durchschnittskäufer** in der Lage ist, die ihn benachteiligenden Wirkungen einer Klausel ohne Einholung von Rechtsrat zu erkennen.[336]

II. Gesetzlicher Gewährleistungsausschluss

1. Ausschluss gemäß § 442 Abs. 1

145 Die Gewährleistung ist gemäß § 442 Abs. 1 **S. 1** ausgeschlossen, wenn der **Käufer bei Vertragsschluss** den **Mangel kennt**. Kenntnis erfordert positives Wissen der Tatsachen, die den Mangel begründen. Ein dringender Verdacht reicht nicht. Hat die Kaufsache mehrere Mängel, ist die Gewährleistung nur für die Mängel ausgeschlossen, die der Käufer kennt.[337]

Bei **grob fahrlässiger Unkenntnis** kann der Käufer gemäß § 442 Abs. 1 **S. 2** Rechte wegen des Mangels nur geltend machen, wenn der Verkäufer den Mangel arglistig verschwiegen oder eine Garantie für die Beschaffenheit der Sache übernommen hat.

Grobe Fahrlässigkeit ist die **Verletzung der im Verkehr erforderlichen Sorgfalt** in einem besonders schweren Maß. Es müssen schon einfachste, ganz naheliegende Überlegungen nicht angestellt und das nicht beachtet werden, was im gegebenen Fall jedem hätte einleuchten müssen.[338]

Beispiele:

1. Ein Käufer hat grundsätzlich keine Obliegenheit, das zu erwerbende Fahrzeug gründlich auf Beschädigungen oder Mängel zu untersuchen. Das gilt auch für einen Händler, denn auch ein gewerblicher Aufkäufer darf sich insbesondere normalerweise auf Angaben des Verkäufers z.B. zur Unfallfreiheit verlassen und sich auf eine **Sichtprüfung** beschränken.

Hat der Käufer indes durch eine solche Sichtprüfung oder aufgrund sonstiger Erkenntnisse konkrete Anhaltspunkte dafür, dass die entsprechenden Angaben des Verkäufers falsch oder zweifelhaft sind, kann es als grob sorgfaltspflichtwidrig gewertet werden, wenn er das Fahrzeug daraufhin nicht genauer untersucht.[339]

2. Wird der Käufer vor Abschluss des Kaufvertrags auf ein bevorstehendes Software-Update wegen „der **Diesel-Thematik**" hingewiesen, handelt er grob fahrlässig, wenn er sich nicht näher erkundigt.[340]

Arglistiges Verschweigen setzt voraus, dass der Verkäufer den Mangel kennt oder zumindest für möglich hält und weiterhin zumindest billigend in Kauf nimmt, dass der Käufer den Mangel nicht kennt und bei Aufklärung den Vertrag nicht oder nicht mit dem konkreten Inhalt abgeschlossen hätte. Da der Verkäufer demnach nicht mit Absicht gehandelt haben muss, genügen auch „Angaben ins Blaue hinein".[341] Macht der Verkäufer

---

336 Vgl. BGH NJW 2000, 651, 652; AS-Skript BGB AT 2 (2020), Rn. 482.

337 Looschelders Rn. 147.

338 OLG Oldenburg RÜ 2018, 681.

339 OLG Hamm RÜ 2017, 621, 623.

340 OLG Karlsruhe RÜ 2020, 215, 217.

341 Looschelders Rn. 147.

auf Fragen des Käufers falsche Angaben ohne tatsächliche Grundlage also „ins Blaue hinein", setzt die Annahme eines bedingten Vorsatzes indes voraus, dass der Verkäufer mit der Unrichtigkeit seiner Angaben rechnet.

Beispiel: Die Angabe des fachkundigen Verkäufers, das Kaufobjekt fachgerecht bzw. nach den anerkannten Vorschriften errichtet zu haben, erfolgt nicht schon dann ohne tatsächliche Grundlage „ins Blaue hinein", wenn er bei der Bauausführung unbewusst von einschlägigen DIN-Vorschriften abgewichen ist.[342]

Der Verkäufer übernimmt eine **Garantie** für die Beschaffenheit, wenn er in rechtlich bindender Weise die Gewähr für ihr Vorhandensein übernimmt und erklärt, für alle Folgen des Fehlens einstehen zu wollen. Ob der Begriff der Garantie in § 442 Abs. 1 S. 2 nur Garantien i.S.d. § 276 Abs. 1 S. 1 erfasst, wird nicht einheitlich beurteilt.[343] Der weite Wortlaut und die systematische Nähe zu § 443 sprechen dafür, dass jede Art von Beschaffenheitsgarantie gemäß § 443 ausreicht.

Bei zeitlich gestreckten Erwerbstatbeständen kann fraglich sein, zu welchem **Zeitpunkt** die Kenntnis oder die grob fahrlässige Unkenntnis des Käufers vorliegen muss. Grundsätzlich ist auf den Zeitpunkt des Vertragsschlusses abzustellen. Nach Sinn und Zweck des § 442 kann aber schon auf den Zeitpunkt der Abgabe des Angebots des Käufers abzustellen sein.

Beispiel: Der Käufer macht dem Verkäufer ein notariell beurkundetes Angebot zum Erwerb eines bebauten Grundstücks. Nach der Beurkundung erlangt er Kenntnis von Feuchtigkeitsschäden an dem Bauwerk. Erst danach lässt der Verkäufer die Annahme des Angebots beurkunden.

Der BGH hat entschieden, dass für die Kenntnis des Käufers grundsätzlich auf den **Zeitpunkt der notariellen Beurkundung** des von ihm abgegebenen Angebots abzustellen ist.[344] Die Vorschrift des § 442 Abs. 1 S. 1 beruht auf dem Gedanken, dass der Käufer sich widersprüchlich verhält, wenn er den Kaufvertrag in Kenntnis des Mangels abschließt und später Gewährleistungsrechte geltend macht. Mit diesem Sinn und Zweck wäre es unvereinbar, die Gewährleistung für Mängel auszuschließen, die der Käufer bei Beurkundung seines Vertragsangebots nicht kennt.

2. Ausschluss gemäß § 445

Wird eine Sache in einer öffentlichen Versteigerung als Pfand verkauft, so stehen dem Käufer Rechte wegen eines Mangels nur zu, wenn der Verkäufer den **Mangel arglistig verschwiegen** oder eine **Garantie für die Beschaffenheit** der Sache übernommen hat. 146

Gemäß § 475 Abs. 3 S. 2 findet § 445 beim Verbrauchsgüterkauf keine Anwendung.

Der Verkauf muss in einer **öffentlichen Versteigerung** aufgrund eines – wirksamen – Pfandrechts und unter der Bezeichnung als Pfand erfolgt sein.

Die Regelung greift daher weder beim Selbsthilfeverkauf nach § 383 BGB, § 373 HGB noch beim freihändigen Pfandverkauf nach § 1221 ein. Für Veräußerungen im Rahmen der Zwangsvollstreckung gelten die Sondervorschriften der § 806 ZPO, § 56 S. 3 ZVG.

342 BGH RÜ 2020, 276, 279.

343 Dafür Looschelders Rn. 148; für ein weiteres Verständnis BeckOK/Faus § 442 Rn. 26; Palandt/Weidenkaff § 442 Rn. 19.

344 BGH NJW 2012, 2793, 2795.

3. Ausschluss gemäß § 377 HGB

147 Bei einem beiderseitigen Handelskauf soll der Verkäufer schnell Gewissheit darüber erlangen, ob er Gewährleistungsansprüchen des Käufers ausgesetzt ist. Der Käufer muss deshalb gemäß § 377 HGB seinen **Untersuchungs- und Rügeobliegenheiten** genügen, sonst verliert er seine Gewährleistungsrechte.

- Die Rügeobliegenheit aus § 377 HGB, bei der es sich nicht um eine echte Rechtspflicht handelt, entsteht **mit Ablieferung der Ware**: Dem Käufer oder einem von ihm benannten Dritten muss die Sache derart zugänglich gemacht worden sein, dass er sie auf ihre Beschaffenheit prüfen kann.

  Beim Verkauf von Sachgesamtheiten ist deren vollständige Lieferung erforderlich. So verneint der BGH[345] das Vorliegen einer Ablieferung für den Fall, dass eine aus Hard- und Software bestehende Computeranlage ohne die entsprechenden Handbücher geliefert wurde.

- Der Käufer muss die Ware **unverzüglich** nach der Ablieferung, soweit dies nach dem **ordnungsgemäßen Geschäftsgang tunlich** ist, untersuchen und, falls sich dabei (offene) Mängel zeigen, diese dem Verkäufer unverzüglich anzeigen, **§ 377 Abs. 1 HGB**.

  Welche **Anforderungen an die Art und Weise der Untersuchung** zu stellen sind, lässt sich nicht allgemein festlegen. Es ist vielmehr darauf abzustellen, welche in den Rahmen eines ordnungsgemäßen Geschäftsgangs fallenden Maßnahmen einem ordentlichen Kaufmann im konkreten Einzelfall unter Berücksichtigung auch der schutzwürdigen Interessen des Verkäufers zur Erhaltung seiner Gewährleistungsrechte zugemutet werden können. Die Untersuchung muss jedenfalls **nicht** von derartigem Umfang und solcher Intensität sein, dass sie nach Art einer **„Rundum-Untersuchung"** alle irgendwie in Betracht kommenden Mängel der Ware erfasst.[346] Die konkreten Anforderungen an eine Untersuchung sind letztlich durch eine **Interessenabwägung** zu ermitteln.

  Ein schutzwürdiges Interesse des Verkäufers an einer alsbaldigen Untersuchung durch den Käufer kann dann besonders groß sein, wenn er bei bestimmungsgemäßer Weiterverarbeitung der Kaufsache zu wertvollen Objekten mit hohen Mangelfolgeschäden rechnen muss und nur der Käufer das Ausmaß der drohenden Schäden übersehen kann. Anhaltspunkte für die **Grenzen der Zumutbarkeit** bilden vor allem der für eine Überprüfung erforderliche Kosten- und Zeitaufwand, die dem Käufer zur Verfügung stehenden technischen Prüfungsmöglichkeiten, das Erfordernis eigener technischer Kenntnisse für die Durchführung der Untersuchung oder die Notwendigkeit, die Prüfung von Dritten vornehmen zu lassen.[347] Dem Käufer aus früheren Lieferungen **bekannte Schwachstellen** der Ware müssen eher geprüft werden als das Vorliegen von Eigenschaften, die bislang nie gefehlt haben.[348]

---

345 BGH NJW 1993, 461, 462 f.

346 BGH RÜ 2018, 140, 144.

347 BGH RÜ 2018, 140, 141.

348 BGH RÜ 2016, 755, 756 f.

Art und Umfang einer gebotenen Untersuchung können grundsätzlich durch **AGB** unter Berücksichtigung der Interessen beider Parteien und dem Zweck des § 377 HGB festgelegt werden.

Beispiel: Eine Klausel, die stets und ohne Ausnahme eine vollständige Untersuchung der Ware auf ein Vorhandensein aller nicht sofort feststellbarer Mängel fordert oder dem Käufer die Untersuchung der Ware durch einen neutralen Sachverständigen vorschreibt, ist unwirksam.[349]

RÜ-Video 03/18

Haften der Sache **nicht erkennbare Mängel** an, muss der Käufer unverzüglich nach Entdeckung solcher Mängel dem Verkäufer den Mangel anzeigen, **§ 377 Abs. 2 u. 3 HGB**.

Die **Mängelanzeige** muss Art und Umfang der Mängel erkennen lassen, sodass lediglich allgemeine Redewendungen wie z.B. die Ware ist fehlerhaft, taugt nichts, ist unverwendbar usw. nicht ausreichend sind.

- Verletzt der Käufer die Untersuchungs- und Rügeobliegenheit, so **gilt** die **Ware als genehmigt, § 377 Abs. 2 u. 3 HGB**. Der Käufer kann dann keine Gewährleistungsrechte mehr geltend machen.

Dieser **Ausschluss** der Gewährleistungsrechte gilt jedoch **nicht bei Arglist** des Verkäufers, **§ 377 Abs. 5 HGB**.

Beispiel: Baumaterialienhändler V verkauft K, einem Bauunternehmer, 20 Fenster, Größe 60 x 85, Farbe hellbraun; Verglasung: Doppelverglasung mit Isolierglas 6 mm; Schwenkflügel. V liefert die Fenster in Größe 55 x 80; Stärke des Glases 4 mm. K untersucht und rügt erst nach zwei Wochen. Er verlangt Nachlieferung neuer Fenster.

Ein Nachlieferungsanspruch könnte sich aus den §§ 437 Nr. 1, 439 ergeben, denn V und K haben einen wirksamen Kaufvertrag über 20 Fenster mit bestimmten Maßen abgeschlossen. Außerdem liegt ein Sachmangel vor. Es wurden nämlich Fenster anderer Größe und mit anderer Glasstärke geliefert und nach § 434 Abs. 3 steht es einem Sachmangel gleich, wenn der Verkäufer eine andere Sache liefert. Der Anspruch ist jedoch gemäß § 377 HGB ausgeschlossen. Nach § 377 HGB muss K die Sache unverzüglich untersuchen und rügen. Unverzüglich bedeutet ohne schuldhaftes Zögern, § 121.[350] Zwei Wochen nach Lieferung ist nicht mehr unverzüglich.

---

349 BGH RÜ 2018, 140, 143 f.; BGH RÜ 2018, 140 mit RÜ-Video unter t1p.de/zvyq.

350 OLG Köln NJW 1988, 2477.

Ausschluss der Gewährleistungsansprüche

Rechtsgeschäftlicher Gewährleistungsausschluss

- **durch Individualvereinbarung**
  - Ist möglich. Der Verkäufer kann sich jedoch auf die Vereinbarung nicht berufen, wenn er den Mangel arglistig verschwiegen oder eine Garantie übernommen hat, § 444.
  - Beim **Verbrauchsgüterkauf** ist auch durch Individualvereinbarung **nur** eine Beschränkung oder der Ausschluss des **Schadensersatzanspruchs** möglich, § 476 Abs. 3.
- **durch AGB**

  Im Kaufrecht sind insbesondere von Bedeutung
  - § 309 Nr. 7 a),
  - § 309 Nr. 8 b),
  - § 307.

Gesetzliche Ausschlussgründe

- **§ 442:** Die Gewährleistung ist ausgeschlossen, wenn der Käufer bei Vertragsschluss den **Mangel** kennt. **Bei grob fahrlässiger Unkenntnis** kann der Käufer seine Rechte nur geltend machen, wenn der Verkäufer den Mangel arglistig verschwiegen oder eine Garantie übernommen hat.
- **§ 445:** Wird eine Sache in einer **öffentlichen Versteigerung als Pfand verkauft**, so stehen dem Käufer die Rechte wegen des Mangels nur zu, wenn der Verkäufer den Mangel arglistig verschwiegen oder eine Garantie für die Beschaffenheit übernommen hat.

  § 445 findet beim Verbrauchsgüterkauf keine Anwendung, § 475 Abs. 3 S. 2.
- **§ 377 Abs. 2 HGB:** Beim beiderseitigen Handelskauf ist die Gewährleistung ausgeschlossen, wenn der **Käufer seine Untersuchungs- und Rügeobliegenheit verletzt** hat, es sei denn, der Verkäufer hat den Mangel arglistig verschwiegen, § 377 Abs. 5 HGB.
- **§ 242:** Anspruchsausschluss bei eigener Vertragsuntreue

III. Verhältnis der Gewährleistungsrechte aus § 437 zu anderen Regelungen

1. Verhältnis zur Anfechtung

Dabei ist zwischen den einzelnen Anfechtungsgründen der §§ 119 ff. zu unterscheiden.

a) Anfechtung gemäß § 119 Abs. 1

Eine Anfechtung wegen **Inhalts- oder Erklärungsirrtums** nach § 119 Abs. 1 durch den Käufer ist auch nach Gefahrübergang noch möglich. **Konkurrenzprobleme** zum Gewährleistungsrecht **entstehen insofern nicht**, als sich die Irrtümer nicht auf die Beschaffenheit der Kaufsache beziehen und Fehler bei der Willensäußerung nicht vom Gewährleistungsrecht umfasst sind.[351] 148

b) Anfechtung gemäß § 119 Abs. 2

Greifen die Gewährleistungsvorschriften tatbestandsmäßig ein, ist also ein Mangel bei Gefahrübergang gegeben, kann der Käufer nicht mehr wegen **Irrtums** über eine **verkehrswesentliche Eigenschaft** nach § 119 Abs. 2 anfechten. Das Mängelgewährleistungsrecht ist **abschließende Sonderregelung**. Dies gilt nicht nur bei Vorliegen von Sachmängeln, sondern auch bei Rechtsmängeln. Die Anwendung des § 119 Abs. 2 würde dazu führen, dass die Mängelgewährleistung des Kaufrechts ausgehebelt würde. 149

- Die Verjährungsfrist des Gewährleistungsanspruchs beträgt nämlich grundsätzlich zwei Jahre (§ 438 Abs. 1 Nr. 3). Der Käufer könnte aber ggf. noch bis zu zehn Jahre anfechten, § 121.
- Bei einer Anfechtung richtet sich die Rückabwicklung nach den §§ 812 ff., die Rückabwicklung bei einem Mangel aber nach den §§ 346 ff.
- Die Gewährleistung ist bei Kenntnis bzw. grob fahrlässiger Unkenntnis des Käufers grundsätzlich ausgeschlossen, § 442. Eine Anfechtung nach § 119 Abs. 2 ist jedoch möglich, selbst wenn der Anfechtende grob fahrlässig handelte.
- Ein Anfechtungsrecht stünde dem Käufer sofort zu, ohne dass er dem Verkäufer zuvor eine Frist zur Mängelbeseitigung gesetzt haben müsste. Dies verstößt gegen die Wertung der §§ 437 Nr. 2, 323 Abs. 1, wonach eine Lösung von den Primärleistungspflichten durch Rücktritt erst nach einer Fristsetzung möglich ist. Das Recht des Verkäufers zur zweiten Andienung würde ausgehebelt.

Nicht einheitlich beurteilt wird, ob § 119 Abs. 2 schon ab Vertragsschluss ausgeschlossen ist. Nach einer in der Lit.[352] vertretenen Auffassung soll dies mit Rücksicht auf die in § 442 Abs. 1 S. 2 getroffene Wertung der Fall sein. Der Käufer soll sich bei grob fahrlässiger Unkenntnis vom Mangel nicht durch Anfechtung vom Vertrag lösen können. 150

351 Köster Jura 2005, 145, 147.

352 Jaernig/Berger § 437 Rn. 32; Köster Jura 2005, 145, 147.

Demgegenüber ging die Rspr. zur früheren Rechtslage[353] und geht ein anderer Teil der Lit.[354] davon aus, dass § 119 Abs. 2 erst **ab Gefahrübergang** ausgeschlossen ist. Hierfür spricht, dass das Mängelgewährleistungsrecht den Mangel bei Gefahrübergang voraussetzt, also vor Gefahrübergang noch gar keine kaufrechtlichen Ansprüche möglich sind.

Hat sich der Verkäufer über eine verkehrswesentliche Eigenschaft der Sache geirrt (z.B. Herkunft des Bildes), so kann er noch nach § 119 Abs. 2 anfechten. Dies gilt jedoch nicht, wenn er sich dadurch seiner Gewährleistung gegenüber dem Käufer entziehen will.[355]

Letzteres wird regelmäßig dann der Fall sein, wenn sich die Sache als minderwertiger erweist als ursprünglich vom Verkäufer angenommen. Handelt es sich hingegen um eine höherwertige Sache, stehen einem Käufer in der Regel keine Mängelrechte zu, sodass der Verkäufer zur Anfechtung gemäß § 119 Abs. 2 berechtigt bleibt.

Beispiel: Das als Kopie verkaufte Bild eines Künstlers erweist sich im Nachhinein als Original. Der Verkäufer kann gemäß § 119 Abs. 2 anfechten.

151 Fraglich ist, ob eine Anfechtung gemäß § 119 Abs. 2 möglich ist, wenn beide Parteien über eine verkehrswesentliche Eigenschaft irren **(Doppelirrtum)**. Nach der wohl h.M. sind bei einem gemeinsamen Irrtum beider Parteien über den gleichen Umstand vorrangig die Grundsätze über die Störung der Geschäftsgrundlage (§ 313) anzuwenden.[356] Es sei nicht gerechtfertigt, bei einem beiderseitigen Irrtum nur einen Teil die Risiken von Fehlvorstellungen tragen zu lassen, da im Fall einer Anfechtung nur der Anfechtende einer Schadensersatzpflicht aus § 122 unterliegt.

Nach anderer Auffassung schließt auch ein beiderseitiger Irrtum eine Anfechtung gemäß § 119 Abs. 2 nicht aus. Die Anfechtung werde nur diejenige Partei erklären, die sich von ihr einen Vorteil verspricht. Dann sei es auch nicht unbillig, sie mit der Schadensersatzpflicht aus § 122 zu belasten.[357]

c) Anfechtung gemäß § 123 Abs. 1 Alt. 1

152 Hat der Verkäufer den Mangel arglistig verschwiegen oder arglistig eine nicht vorhandene Eigenschaft vorgespiegelt, hat der Käufer ein **Wahlrecht**, ob er nach § 123 Abs. 1 Alt. 1 anficht oder Gewährleistungsrechte aus § 437 geltend macht.

2. Verhältnis zu den allgemeinen Regeln der Leistungsstörung

153 Soweit ein Mangel vorliegt, sind die **allgemeinen Regeln** der Leistungsstörung (§§ 280 ff.) nach ganz h.M.[358] **neben** den **Gewährleistungsansprüchen** des Kaufrechts **nicht anwendbar**. In § 437 Nr. 2 und Nr. 3 wird auf die allgemeinen Regeln verwiesen, sodass die Voraussetzungen der Haftung (nahezu) identisch sind. **Unterschiede** zwischen den allgemeinen Regeln und den Gewährleistungsrechten des Käufers können

---

353 BGH NJW 1988, 2597.

354 Palandt/Weidenkaff § 437 Rn. 53; Looschelders Rn. 174; Brox/Walker § 4 Rn. 134.

355 BGH NJW 1988, 2597.

356 BGH ZIP 2000, 2222, 2223 f.; Palandt/Ellenberger § 119 Rn. 21 a.

357 Medicus/Petersen Rn. 162.

358 Palandt/Grüneberg § 311 Rn. 17; Brors WM 2002, 1780, 1781; a.A. BeckOK-BGB/Faust § 437 Rn. 181, str. bei Arglist.

sich indes bei der Verjährung und dem Umfang eines Schadensersatzanspruchs ergeben.

- Die **Verjährungsfrist** für Mängelansprüche beträgt mit Ausnahme der in § 438 Abs. 1 Nr. 1 und Nr. 2 erwähnten Fälle nämlich zwei Jahre (§ 438 Abs. 1 Nr. 3). Sie beginnt bei beweglichen Sachen mit der Ablieferung (§ 438 Abs. 2). Die Verjährungsfrist nach den allgemeinen Regeln beträgt hingegen gemäß § 195 drei Jahre und beginnt mit dem Schluss des Jahres, in dem der Anspruch entstanden ist und der Gläubiger von den den Anspruch begründenden Umständen und der Person des Schuldners Kenntnis erlangt oder ohne grobe Fahrlässigkeit erlangen müsste (§ 199 Abs. 1).
- Ein Unterschied besteht ferner insoweit, als dass Schadensersatzansprüche wegen vorvertraglicher Pflichtverletzung regelmäßig auf das **negative Interesse** begrenzt sind, während der Gläubiger nach dem Gewährleistungsrecht Schadensersatz statt der Leistung, also das **positive Interesse**, verlangen kann.

Hat der Verkäufer bei Vertragsschluss vorsätzlich oder fahrlässig einen **anfänglich unbehebbaren Mangel** verschwiegen, so haftet er also auf Schadensersatz statt der Leistung nach den §§ 437 Nr. 3, 311 a Abs. 2. Die Information des Käufers über die wahre Beschaffenheit der Kaufsache ist Bestandteil der Leistungspflicht.[359]

Bei vorsätzlichen oder fahrlässigen Falschangaben hinsichtlich **behebbarer Mängel** besteht ein Schadensersatzanspruch statt der Leistung aus den §§ 437 Nr. 3, 280 Abs. 1 u. 3, 281, sofern der Verkäufer die unterlassene Nacherfüllung zu vertreten hat.

Ein **Anspruch nach den allgemeinen Leistungsstörungsregeln** kann gegeben sein, wenn eine Pflichtverletzung vorliegt, die nicht in der Lieferung einer mangelhaften Sache liegt. 154

- Hat der Verkäufer **schuldhaft falsche Angaben** über **nicht mangelbegründende Umstände gemacht**, so haftet er wegen Verletzung der Beratungs- und Aufklärungspflichten nach §§ 311 Abs. 2, 241 Abs. 2, 280 Abs. 1.

  Beispiel 1: Der Verkäufer macht beim Kauf einer Eigentumswohnung in Berlin fahrlässig falsche Angaben über die Abschreibungsmöglichkeiten. Hat der Verkäufer ausdrücklich oder konkludent eine Beratungspflicht übernommen, so haftet er ebenfalls nach den allgemeinen Regeln.[360]

  Beispiel 2: Eine Schadensersatzhaftung aus den §§ 311 Abs. 2, 241 Abs. 2, 280 Abs. 1 ist ebenfalls gegeben, wenn der Verkäufer bei der Veräußerung von Sondermünzen unrichtig über die zu erwartende Preisentwicklung informiert.[361]

- Eine Haftung nach dem allgemeinen Schuldrecht greift auch dann ein, wenn der Verkäufer als **Nebenleistungspflichtverletzung andere Rechtsgüter** des Käufers verletzt.

  Beispiel: V liefert an K das gekaufte Klavier und beschädigt dabei im Treppenhaus infolge Fahrlässigkeit das Treppengeländer und ein Bild. Dann besteht ein Anspruch gemäß den §§ 280 Abs. 1, 241 Abs. 2.

---

359 Köster Jura 2005, 145, 147; a.A. BeckOK-BGB/Faust § 437 Rn. 181, der in der Verletzung der Aufklärungspflicht einen eigenen Haftungstatbestand sieht.

360 BGHZ 114, 263 ff.

361 BGH NJW 2000, 1254, 1255 f.

- Hat der Verkäufer ausdrücklich oder konkludent eine **Beratungspflicht übernommen**, kann ihn die Haftung nach allgemeinen Regeln neben etwaigen Gewährleistungsansprüchen treffen, wenn sich die Beratungspflicht nicht auf die Beschaffenheit der Kaufsache bezieht.[362]

  Beispiel: K stellt hochwertige Gartenmöbel aus Holz her. Die Lackierarbeiten lässt er von einem anderen Unternehmen durchführen. Da er eine eigene Lackieranlage zu installieren gedenkt, wendet er sich an V, die ein Tochterunternehmen eines weltweit tätigen Chemieunternehmens ist und ein eigenes anwendungstechnisches Zentrum unterhält. Aufgrund der Empfehlung dieses anwendungstechnischen Zentrums kauft K bei V eine Lackieranlage, die sich für seine Zwecke als ungeeignet erweist.[363]

- Umstritten ist, ob die allgemeinen Regelungen über die vorvertragliche Pflichtverletzung bei **Arglist des Verkäufers** neben den Gewährleistungsrechten anwendbar sind.
  - Teilweise[364] wird vertreten, Ansprüche aus kaufrechtlicher Gewährleistung und solche aus vorvertraglicher Pflichtverletzung stünden stets nebeneinander, da es sich um unterschiedliche Haftungssysteme handele.
  - Eine andere Auffassung[365] lehnt einen Rückgriff auf die Regeln des Verschuldens bei Vertragsschluss nach Gefahrübergang stets ab, sofern es sich um Verhaltenspflichten des Verkäufers im Zusammenhang mit der Beschaffenheit der Kaufsache handelt. Der Käufer sei durch das Gewährleistungsrecht der §§ 434 ff. hinreichend geschützt. Dies gelte auch bei vorsätzlichem Verhalten des Verkäufers.
  - Nach **h.M.**[366] ist nach Gefahrübergang zwar grundsätzlich vom Vorrang der §§ 434 ff. auszugehen, jedoch eine Ausnahme bei vorsätzlichem Verhalten des Verkäufers geboten. In diesem Fall besteht nämlich nicht die Gefahr, dass kaufrechtliche Sonderregeln umgangen werden, und außerdem ist der arglistig handelnde **Verkäufer nicht schutzbedürftig**.

3. Verhältnis zu § 313

155 Liegt ein Mangel vor, so sind die Gewährleistungsregeln gegenüber § 313 abschließende Sonderregelungen. Etwas anderes gilt, wenn Angaben über die **künftigen Eigenschaften der Kaufsache** gemacht werden (das Grundstück soll Bauland werden). Es ist dann nämlich kein Mangel der Kaufsache bei Gefahrübergang gegeben. Die Regeln der Störung der Geschäftsgrundlage finden Anwendung.

Beispiel: V verkauft an K einen Bauernhof am Stadtrand. Beide gehen davon aus, dass das Gelände im folgenden Jahr als Bauland ausgewiesen wird und vereinbaren deshalb einen erheblich höheren Kaufpreis. Als dies nach fünf Jahren immer noch nicht der Fall ist, verlangt K Vertragsanpassung (Herabsetzung des Kaufpreises).

---

362 Looschelders Rn. 178.

363 BGH NJW 1997, 3227, 3228 f.

364 BeckOK-BGB/Faust § 437 Rn. 190.

365 NK-BGB/Becker § 311 Rn. 79; BeckOK-BGB/Gehrlein § 311 Rn. 43.

366 BGH RÜ 2009, 341; Looschelders Rn. 179; Lorenz NJW 2006, 1925, 1926.

4. Verhältnis § 823 Abs. 1

Werden durch die mangelhafte Kaufsache Rechtsgüter i.S.d. **§ 823** verletzt, so besteht zwischen den Ansprüchen aus § 437 Nr. 3 und § 823 Abs. 1 **echte Anspruchskonkurrenz**. Allein die Lieferung einer mangelhaften Sache ist indes noch keine Eigentumsverletzung, denn der Käufer erwirbt von vornherein nur Eigentum an der mangelhaften Sache. Anders ist es, wenn sich die Mangelhaftigkeit der gekauften Sache nur auf einen Teilbereich beschränkt, der Mangel sich dann aber nach dem Erwerb der Sache auf weitere Teile ausdehnt, wenn also ein „weiterfressender Mangel" vorliegt.[367] 156

- Deckt sich der Schaden mit dem Unwert, den die Sache wegen ihrer Mangelhaftigkeit von Anfang an hatte **(Stoffgleichheit)**, ist der Schaden ausschließlich nach Vertragsrecht abzuwickeln, da nur das **Äquivalenzinteresse** betroffen ist.
- Verursacht der Mangel einen Schaden an der Sache, der mit dem wegen des Mangels schon bei Lieferung vorhandenen Unwert **nicht stoffgleich** ist, ist auch das **Integritätsinteresse** betroffen, das gemäß § 823 Abs. 1 geschützt ist.

D. Verjährung der Mängelansprüche

Die Verjährung der in **§ 437 Nr. 1 u. 3** genannten **Ansprüche** auf Nacherfüllung, Schadensersatz oder Ersatz der vergeblichen Aufwendungen regelt **§ 438**. 157

In der Lit. wird zum Teil die Einschränkung vorgenommen, § 438 nicht anzuwenden, wenn Schäden **an anderen Rechtsgütern des Käufers** (§§ 437 Nr. 3, 280 Abs. 1) entstanden sind (sog. Mangelfolgeschäden), sondern diese der Regelverjährung zu unterwerfen.[368] Dies wird jedoch von der ganz h.M.[369] zu Recht abgelehnt, da das Gesetz keinerlei Anhaltspunkte für eine Differenzierung bietet. Aus den Gesetzesmaterialien[370] ergibt sich außerdem eindeutig, dass alle aus der Mangelhaftigkeit der Sache resultierenden Gewährleistungsansprüche unter § 438 fallen sollen.

Nicht unter § 438 fallen Ansprüche aus **§ 823**, die durch den Mangel hervorgerufen worden sind. Bei den gewährleistungsrechtlichen und deliktsrechtlichen Ansprüchen handelt es sich nämlich um zwei nebeneinander bestehende Haftungssysteme, die jeweils unterschiedlichen Voraussetzungen unterliegen.[371] Andernfalls bestünde die Gefahr, dass der Käufer schlechter stünde als jeder Dritte. 158

Nicht anwendbar ist § 438 ebenfalls auf solche Ansprüche, die aus einer **Nebenpflichtverletzung** resultieren (§ 241 Abs. 2) und nichts mit dem Mangel zu tun haben.

Gemäß **§ 214** gibt die Verjährung dem Schuldner das Recht, die Leistung zu verweigern. Leistet der Verkäufer trotz Verjährung, so kann er das Geleistete nicht nach bereicherungsrechtlichen Vorschriften (§§ 812 ff.) zurückfordern, selbst wenn er in Unkenntnis der Verjährung geleistet hat, § 214 Abs. 2 S. 1.

---

367 AS-Skript Schuldrecht BT 4 (2021), Rn. 26.

368 Leenen JZ 2001, 552, 555.

369 BeckOK-BGB/Faust § 438 Rn. 9; Staudinger/Matusche-Beckmann § 438 Rn. 30; Looschelders Rn. 162.

370 BT-Drs. 14/1640, S. 229.

371 Ganz h.M. BeckOK-BGB/Faust § 437 Rn. 197.

In § 438 Abs. 4 wird für das **Rücktrittsrecht** und in § 438 Abs. 5 für das **Minderungsrecht** auf **§ 218** verwiesen, weil diese als Gestaltungsrechte nicht verjähren können. Danach ist der Rücktritt und die Minderung unwirksam, wenn der Anspruch auf Nacherfüllung verjährt ist („Quasi-Verjährung").

I. Gesetzliche Verjährungsfristen gemäß § 438

1. Verjährungsfrist nach § 438 Abs. 1 Nr. 1: 30 Jahre

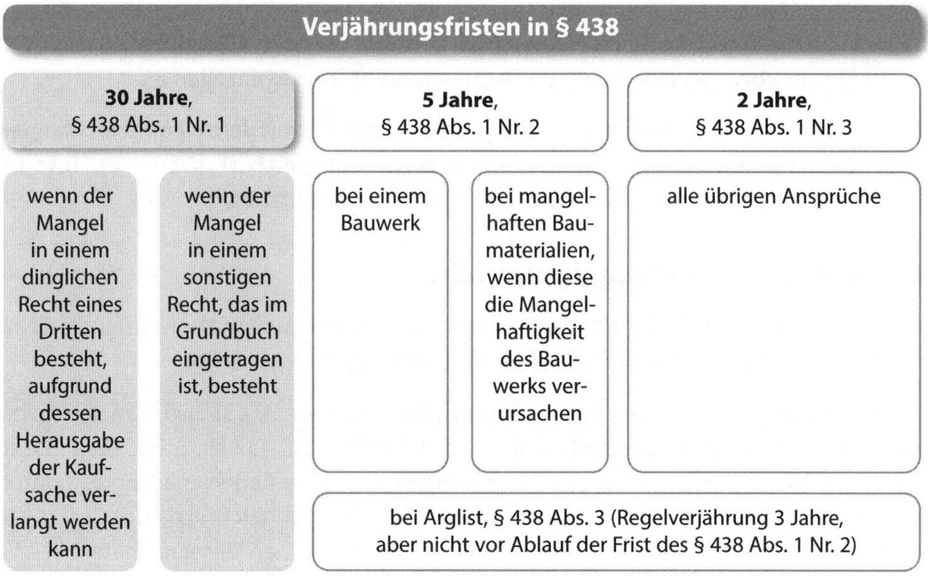

159 Gemäß § 438 Abs. 1 Nr. 1 a) verjähren in 30 Jahren Ansprüche wegen eines Mangels, der im **dinglichen Recht eines Dritten**, aufgrund dessen Herausgabe der Kaufsache verlangt werden kann, besteht.

Beispiele: Typische dingliche Rechte in diesem Sinne sind **Pfandrechte** und das **Nießbrauchsrecht**, soweit sie zum Besitz gegenüber dem Käufer berechtigen.

Problematisch ist, ob das **Eigentum** unter § 438 Abs. 1 Nr. 1 a) fällt, weil die Vorschrift nur die Verjährung von Rechtsmängeln regelt. Das Eigentum eines Dritten ist kein Rechtsmangel der Kaufsache, sondern es liegt ein Verstoß gegen § 433 Abs. 1 S. 1 vor (vgl. Rn. 36). Damit richtet sich die Verjährung grundsätzlich nach den allgemeinen Regeln (§§ 195, 199). Dies kann zu einem Wertungswiderspruch führen. Nach allgemeinem Verjährungsrecht besteht eine Verjährungshöchstdauer von zehn Jahren seit Entstehung des Anspruchs (§ 199 Abs. 4). Bei einer „nur" mit einem Pfandrecht belasteten Kaufsache liefe hingegen eine Verjährungsfrist von 30 Jahren. In der Lit. wird daher eine analoge Anwendung des § 438 Abs. 1 Nr. 1 a) für den Fall bejaht, dass der Käufer die Sache an den Eigentümer herausgeben muss.[372]

372 MünchKomm/Westermann § 438 Rn. 13.

Beispiel: V verkauft K ein Ölgemälde, das dem Eigentümer E von D gestohlen wurde und von V weiterverkauft worden ist. Dies hätte V als Kunstkenner erkennen müssen. Nach 15 Jahren stellt K das Bild einer Sonderausstellung zur Verfügung.

I. Der Anspruch des K gegen V ergibt sich aus § 311 a Abs. 2, da V seiner Eigentumsverschaffungspflicht von Anfang an nicht nachkommen konnte. Die Verpflichtung des Verkäufers, das Eigentum zu übertragen, ergibt sich ausdrücklich aus § 433 Abs. 1 S. 1 und stellt daher nach ganz überwiegender Auffassung keinen Rechtsmangel i.S.d. § 435 dar.[373] V kann sich nicht entlasten, § 311 a Abs. 2 S. 2, und ist somit zum Schadensersatz statt der Leistung verpflichtet.

II. Legt man das allgemeine Leistungsstörungsrecht zugrunde, so ist der Anspruch gemäß §§ 195, 199 Abs. 3 Nr. 1 verjährt. Denn danach verjähren sonstige Schadensersatzansprüche ohne Rücksicht auf die Kenntnis oder grob fahrlässige Unkenntnis in zehn Jahren von ihrer Entstehung an. Da derjenige, der nur Besitz an der Kaufsache erwirbt, aber nicht das Eigentum, nicht schlechter stehen darf als derjenige, der zwar das Eigentum erwirbt, die Sache aber mit einem Pfandrecht belastet ist, ist jedoch § 438 Abs. 1 Nr. 1 a) analog anzuwenden, sodass die Verjährungsfrist noch nicht abgelaufen ist.

Die 30-jährige Verjährung gilt ebenfalls für den Fall, dass der Mangel der Kaufsache darauf beruht, dass ein **sonstiges Recht im Grundbuch eingetragen** ist, § 438 Abs. 1 Nr. 1 b). Die Verjährung der Mängelansprüche beginnt bei Grundstücken gemäß § 438 Abs. 2 mit der Übergabe. Ohne die Sonderregelung des § 438 Abs. 1 Nr. 1 b) bestünde die Gefahr, dass bei einer Verzögerung der Eigentumsumschreibung (erforderliche Unterlagen wie Erbschein sind unauffindbar, Streit mit dem Finanzamt über die Höhe der Grunderwerbsteuer) der Anspruch des Käufers auf Mängelbeseitigung bereits verjährt wäre, ohne dass er Kenntnis von der Belastung hätte. **160**

Beispiel: V verkauft an K ein Einfamilienhaus. Da sich beide bereits seit langem kennen, gibt V ihm den Schlüssel, damit K schon renovieren kann. Ein Gläubiger des V lässt eine Sicherungshypothek eintragen. Dies bemerkt K nicht sofort, sondern erst bei Eigentumsumschreibung. Wegen eines Streits des K mit dem Finanzamt über die Höhe der Grunderwerbsteuer und der Überlastung des Grundbuchamts sind bis zur Eigentumsüberschreibung drei Jahre vergangen. K verlangt von V Mangelbeseitigung (Löschung der Sicherungshypothek). V beruft sich auf Verjährung.

Die Berufung des V auf die Verjährung ist unberechtigt, da gemäß § 438 Abs. 1 Nr. 1 b) der Anspruch des K auf Mangelbeseitigung erst in 30 Jahren verjährt.

2. Verjährungsfrist nach § 438 Abs. 1 Nr. 2: fünf Jahre

Gewährleistungsansprüche des Käufers **bei einem Bauwerk** verjähren gemäß § 438 Abs. 1 Nr. 2 a) in fünf Jahren. Mit dieser Vorschrift wird ein verjährungsrechtlicher Gleichklang zwischen der kaufrechtlichen und der werkrechtlichen Verjährung für Mängelansprüche bei Bauwerken herbeigeführt. Es wird nicht danach differenziert, ob das Bauwerk alt oder neu ist. **161**

Nach § 438 Abs. 1 Nr. 2 b) beträgt die Verjährung beim Kauf von **mangelhaftem Baumaterial** ebenfalls fünf Jahre. Die Vorschrift dient dem Schutz der Bauhandwerker. Diese haften gegenüber dem Besteller gemäß § 634 a Abs. 1 Nr. 2 für Mängel fünf Jahre. Würde für sie beim Kauf von Baumaterial die kaufrechtliche Regelverjährungsfrist des § 438 Abs. 1 Nr. 3 von zwei Jahren gelten, so würde eine Gewährleistungslücke entstehen, da sie fünf Jahre in Anspruch genommen werden, selbst aber nur zwei Jahre Regress nehmen könnten. Daher war diese Sonderregelung erforderlich.

373 BGH NJW 2007, 3777; Tiedtke JZ 2008, 395, 399.

3. Bei Arglist regelmäßige Verjährung, § 438 Abs. 3 S. 1

162 Gemäß § 438 Abs. 3 S. 1 verjähren beim **arglistigen Verschweigen des Mangels** Gewährleistungsansprüche abweichend von Abs. 1 Nr. 2 (fünf Jahre) und Abs. 1 Nr. 3 (zwei Jahre) in der **regelmäßigen Verjährungsfrist** des § 195 (drei Jahre).

Zwar handelt mangels Vorsatzes grundsätzlich nicht arglistig, wer gutgläubig unrichtige Angaben macht, mag auch der gute Glaube auf Fahrlässigkeit oder selbst auf Leichtfertigkeit beruhen. Zur **Arglist** ist umgekehrt aber auch nicht notwendig das Wissen erforderlich, dass die angegebene Tatsache nicht der Wahrheit entspricht. Arglist ist vielmehr schon dann anzunehmen, wenn der Verkäufer **ohne tatsächliche Grundlage unrichtige Angaben über** die **Mängelfreiheit oder** über **wesentliche Eigenschaften der Kaufsache** macht, die geeignet sind, den Kaufentschluss des Käufers mit zu beeinflussen. Denn in diesem Fall erübrigt sich aus der Sicht des Käufers eine weitere Überprüfung, weil er davon ausgehen darf, dass der Verkäufer seine **Erklärungen** nicht **„ins Blaue hinein"** abgibt. Der die Arglist begründende Vorwurf gegenüber dem Verkäufer liegt in einem solchen Fall mithin in dem Umstand, dass der Erklärende, obwohl ihm bewusst ist, dass ihm die zur sachgemäßen Beantwortung erforderliche Kenntnis fehlt, diesen Umstand gleichwohl gegenüber dem anderen Teil verschweigt.[374]

Anders als die regelmäßige kaufrechtliche Verjährungsfrist, die gemäß § 438 Abs. 2 mit der Ablieferung der Sache beginnt, beginnt die **regelmäßige Verjährungsfrist** gemäß § 199 am Schluss des Jahres, in dem der Anspruch entstanden ist und der Gläubiger von den den Anspruch begründenden Umständen und der Person des Schuldners Kenntnis erlangt oder ohne grobe Fahrlässigkeit erlangen müsste.

Dies könnte dazu führen, dass die lange Frist des § 438 Abs. 1 Nr. 2 (fünf Jahre) verkürzt wird. Um dies zu verhindern, regelt § 438 Abs. 3 S. 2, dass der **Ablauf** der regelmäßigen Verjährungsfrist nicht vor dem Ablauf der Frist des § 438 Abs. 1 Nr. 2 eintritt.

374 BGH RÜ 2018, 545, 547.

4. Exkurs: Folgen der Arglist für die Gewährleistung

Macht der Käufer die Gewährleistungsansprüche geltend, so hat die Arglist des Verkäufers folgende Auswirkungen auf die Gewährleistung:

163

- Eine **Fristsetzung** ist **entbehrlich**, § 281 Abs. 2 und § 323 Abs. 2 Nr. 3 („besondere Umstände").
- Da Arglist Vorsatz voraussetzt, kann sich der Verkäufer im Falle der Arglist **nicht entlasten**, § 280 Abs. 1 S. 2.
- Die **Pflichtverletzung** ist **nicht unerheblich**, sodass der Käufer zurücktreten (§ 323 Abs. 5 S. 2) und Schadensersatz statt der ganzen Leistung verlangen kann (§ 281 Abs. 1 S. 3).
- Auswirkungen auf den **Gewährleistungsausschluss:**
  - Nach **§ 442** ist die Gewährleistung trotz grob fahrlässiger Unkenntnis des Käufers vom Mangel nicht ausgeschlossen, wenn der Verkäufer den Mangel arglistig verschwiegen hat.
  - Nach **§ 444** ist eine Vereinbarung, welche die Gewährleistung ausschließt oder beschränkt, unwirksam, wenn der Verkäufer den Mangel arglistig verschwiegen hat.
  - Nach **§ 445** greift die gesetzliche Haftungsbeschränkung bei einer öffentlichen Pfandversteigerung nicht ein, wenn der Verkäufer den Mangel arglistig verschwiegen hat.
  - Hat beim beiderseitigen Handelskauf der Käufer seine Untersuchungs- und Rügeobliegenheit gemäß § 377 HGB verletzt, so kann der Verkäufer sich bei Arglist nicht darauf berufen, **§ 377 Abs. 5 HGB**.
- Die Arglist hat auch Auswirkungen auf die **Verjährung der Mängelgewährleistungsansprüche**. Diese verjähren nicht in der sonst gemäß § 438 üblichen, sondern nach § 438 Abs. 3 **in der regelmäßigen Verjährungsfrist**. Die regelmäßige Verjährungsfrist beträgt drei Jahre, § 195, und beginnt gemäß § 199 mit dem Schluss des Jahres, in dem der Anspruch entstanden ist und der Gläubiger von den anspruchsbegründenden Umständen und der Person des Schuldners Kenntnis erlangt oder ohne grobe Fahrlässigkeit Kenntnis erlangen müsste.

5. Regelmäßige Verjährungsfrist zwei Jahre, § 438 Abs. 1 Nr. 3

164 Die zweijährige Verjährungsfrist gemäß § 438 Abs. 1 Nr. 3 gilt für alle sonstigen Fälle, in denen Nacherfüllung, Schadens- oder Aufwendungsersatz verlangt werden kann. Dies betrifft den **Großteil der Kaufverträge des täglichen Lebens**, insbesondere auch die Fälle, in denen ein Verbrauchsgüterkauf vorliegt.

6. Rücktritt oder Minderung, § 438 Abs. 4 S. 1; Abs. 5

165 In § 438 Abs. 4 wird für das Rücktrittsrecht und in § 438 Abs. 5 für das Minderungsrecht auf § 218 verwiesen. Danach ist der Rücktritt bzw. die Minderung unwirksam, wenn der Anspruch auf die Nacherfüllung verjährt ist. Zur Wahrung der Verjährungsfrist kommt es auf den Zeitpunkt der Ausübung des Gestaltungsrechts, also auf den **Zugang der Rücktrittserklärung** beim Verkäufer an.[375] Ansprüche des Käufers aus dem durch den Rücktritt entstandenen **Rückgewährschuldverhältnis** unterliegen nicht der Verjährung des § 438, sondern der regelmäßigen Verjährung nach **§§ 195, 199**.[376]

II. Verjährungsbeginn

166 Der **§ 438 Abs. 2** enthält eine Abweichung vom Beginn der Regelverjährung des § 199. Er trifft gegenüber § 199 eine **Sonderregelung**. Nach § 438 Abs. 2 beginnt die Verjährung bei Grundstücken mit der **Übergabe**, im Übrigen mit der **Ablieferung** der Sache.

- Die Übergabe eines Grundstücks liegt vor, wenn der unmittelbare Besitz (§ 854 Abs. 1) einverständlich vom Verkäufer auf den Käufer übertragen wird.[377]
- Eine Ablieferung setzt voraus, dass der Verkäufer in Erfüllung des Kaufvertrags die Sache dem Käufer so überlassen hat, dass dieser sie untersuchen kann.

Hinweis: *Die Begründung eines Besitzmittlungsverhältnisses genügt ebenso wenig, wie die Abtretung eines Herausgabeanspruchs oder die Übergabe von Traditionspapieren. Erforderlich ist, dass der Käufer die tatsächliche Sachherrschaft erlangt.*

III. Auswirkungen der Nacherfüllung auf die Verjährung

167 Problematisch ist, welche Auswirkungen die Nacherfüllung auf die Verjährung hat. In Betracht kommt ein **Neubeginn der Verjährung** gemäß § 212 Abs. 1 Nr. 1. Die Nacherfüllung könnte ein Anerkenntnis „in anderer Weise" des Verkäufers bzgl. der Mängelrechte des Käufers sein. Andererseits könnte die Nachbesserung auch eine „Verhandlung" über den Anspruch oder die den Anspruch begründenden Umstände i.S.d. § 203 sein. Dies hätte die Folge, dass die Verjährungsfrist nicht neu beginnen würde, sondern nur gehemmt würde, § 209. Da sich beide Auslegungsmöglichkeiten vertreten lassen, ist in der Lit. streitig, welche Auswirkungen die Nacherfüllung auf die Verjährung hat. Überwiegend wird dabei wie folgt differenziert:

---

375 BGH NJW 2006, 2839, 2842.

376 BGH WM 2007, 261.

377 Palandt/Weidenkaff § 438 Rn. 14.

- Bei einer **Nachlieferung** ist davon auszugehen, dass grundsätzlich die Verjährung neu beginnt.[378]

- Bei einer **Nachbesserung** beginnt demgegenüber die Verjährung nur neu zu laufen, soweit es sich um denselben Mangel oder um die Folgen einer mangelhaften Nachbesserung handelt.[379] Auch insoweit kann es sich immer noch um eine Kulanz des Verkäufers oder den Versuch einer gütlichen Streitbeilegung handeln.[380] Ob in der Vornahme wohl nicht nur unwesentlicher Nacharbeiten ein Anerkenntnis der Gewährleistungsrechte des Verkäufers liegt, ist unter Würdigung aller Umstände des Einzelfalls zu entscheiden. Maßgeblich ist dabei, dass der Verkäufer aus der Sicht des Käufers nicht nur aus Kulanz oder zur gütlichen Beilegung eines Rechtsstreits, sondern in dem Bewusstsein handelt, zur Nachbesserung verpflichtet zu sein. Erheblich sind hierbei vor allem der Umfang, die Dauer und die Kosten der Mangelbeseitigungsarbeiten. Nicht jede Mangelbeseitigungshandlung stellt aber ein Anerkenntnis i.S.d. § 212 Abs. 1 Nr. 1 dar.[381]

IV. Rechtsgeschäftliche Abänderung der gesetzlichen Verjährung

Eine **Verlängerung der Verjährungsfristen** ist durch eine Vereinbarung der Parteien bis zu einer maximalen Frist von 30 Jahren möglich, **§ 202 Abs. 2**. 168

Durch Individualvereinbarung kann die **Verjährungsfrist** grundsätzlich **verkürzt** werden. Eine solche Vereinbarung ist jedoch unwirksam, wenn der Verkäufer den Mangel kennt, § 202 Abs. 1. In AGB ist eine Verkürzung auf ein Jahr beim **Verkauf neuer Sachen** zulässig, § 309 Nr. 8 b) ff).

Liegt ein **Verbrauchsgüterkauf** (vgl. Rn. 215 ff.) vor, verkauft also ein Unternehmer (§ 14) eine bewegliche Sache an einen Verbraucher (§ 13), so kann die Verjährungsfrist durch Individualvereinbarung für alle Ansprüche außer Schadensersatzansprüche beim Kauf neuer Sachen auf zwei Jahre und beim Kauf gebrauchter Sachen auf ein Jahr reduziert werden, **§ 476 Abs. 2**. 169

Außerdem ist beim Verbrauchsgüterkauf ein Ausschluss oder eine Beschränkung nur beim Anspruch auf Schadensersatz möglich, **§ 476 Abs. 3**. Wird bei einem Verbrauchsgüterkauf die Verjährung der Schadensersatzansprüche durch AGB gekürzt, so unterliegt sie gemäß § 476 Abs. 3 der Inhaltskontrolle der **§§ 307–309**.

3. Abschnitt: Gefahrtragung

Das Kaufrecht enthält in den **§ 446 S. 1**, **§ 446 S. 3** und **§ 447 Abs. 1** Regeln über die Gefahrtragung. Die Gefahrtragung kann sich auf zwei Gefahren beziehen: 170

- die Gefahr des **Untergangs** oder des **Verlustes** oder

- die Gefahr der **Verschlechterung** der Kaufsache.

---

378 BeckOK-BGB/Faust § 438 Rn. 59; Looschelders Rn. 158; Tiedtke JZ 2008, 395, 402; a.A. OLG Celle NJW 2006, 2643.

379 BGH NJW 2006, 47.

380 BGH NJW 2006, 47, 49.

381 Für das Werkvertragsrecht: BGH RÜ 2012, 688, 690.

Gefahrtragungsregeln können **Auswirkungen** auf die Leistungsgefahr und die Preisgefahr haben.

Die **Leistungsgefahr** ist das **Risiko des Verkäufers**, für die untergegangene, verlorene oder mangelhaft gewordene Sache einen Ersatz leisten oder nachbessern zu müssen.

Die **Preisgefahr** ist das **Risiko des Käufers** den Kaufpreis zahlen zu müssen, obwohl er die Sache nicht oder nur mangelhaft erhält.

A. Gefahrübergang gemäß § 446 S. 1

171 Nach den allgemeinen Regeln des Schuldrechts trägt der Schuldner die Gefahr bis zur Erfüllung des Anspruchs. Danach würde der Verkäufer die Gefahr tragen, bis er dem Käufer in Erfüllung des Anspruchs aus § 433 Abs. 1 Eigentum und Besitz an einer mangelfreien Kaufsache verschafft hat. Der **§ 446 S. 1 verlagert den Gefahrübergang vor**. Die Gefahr des zufälligen Untergangs und der zufälligen Verschlechterung geht schon mit der Übergabe auf den Käufer über, auch wenn die Übertragung des Eigentums noch nicht erfolgt ist. Der Käufer, der den **Besitz, aber noch nicht das Eigentum** an der Kaufsache erlangt hat, hat die tatsächliche Einwirkungsmöglichkeit auf die Sache und muss daher die Gefahr des zufälligen Untergangs tragen.

In § 446 S. 1 ist ausdrücklich nur der **Untergang** und die **Verschlechterung** der Sache genannt. Die Regelung gilt aber **auch** bei **Verlust** der Kaufsache,[382] beispielsweise dann, wenn sie durch einen Diebstahl abhandenkommt.

Der § 446 betrifft nur den **zufälligen** Untergang oder die **zufällige** Verschlechterung, also Umstände, die **weder vom Verkäufer noch vom Käufer zu vertreten** sind.

Ist der Untergang vom Käufer zu vertreten, so bleibt der Käufer gemäß § 326 Abs. 2 S. 1 Alt. 1 zur Gegenleistung verpflichtet. Ist dagegen der Untergang vom Verkäufer zu vertreten, so bleibt es bei § 326 Abs. 1 S. 1, sodass der Käufer von der Pflicht zur Zahlung des Kaufpreises frei wird.

Beispiel: V hat K unter Eigentumsvorbehalt einen Pkw verkauft und übergeben. Bei einem nicht von K verschuldeten Unfall wird das Auto zerstört. V verlangt Bezahlung.

Der Zahlungsanspruch ist gemäß § 433 Abs. 2 mit Abschluss des Vertrags entstanden. Er könnte indes gemäß § 326 Abs. 1 S. 1 Hs. 1 erloschen sein. Der Schuldner V braucht gemäß § 275 Abs. 1 nicht zu leisten, da das verkaufte Fahrzeug zerstört ist. Grundsätzlich entfällt damit gemäß § 326 Abs. 1 S. 1 Hs. 1 der Anspruch auf die Gegenleistung. Dieser Grundsatz gilt nicht, wenn eine spezielle Gefahrtragungsregel eingreift. V hat dem K das Auto übergeben. Gemäß § 446 S. 1 trägt K das Risiko des zufälligen Untergangs. K ist daher verpflichtet, den Kaufpreis zu zahlen.

B. Gefahrübergang gemäß § 446 S. 3

172 Für die **Leistungsgefahr** gilt § 446 S. 3 nicht, weil diese bei Annahmeverzug gemäß **§ 300 Abs. 2** übergeht.[383]

Der Übergang der **Preisgefahr** ist für den Fall des **Untergangs** der Sache während des Annahmeverzugs in **§ 326 Abs. 2 S. 1 Alt. 2** geregelt. Umstritten ist, ob bei Annahme-

382 Palandt/Weidenkaff § 446 Rn. 6.

383 Looschelders Rn. 189.

verzug des Käufers einer Sache § 326 Abs. 2 S. 1 Alt. 2 oder § 446 S. 3 eingreift. Der Streit ist für das Ergebnis bedeutungslos. Der Gesetzgeber sah in § 446 S. 3 eine bloß deklaratorische Klarstellung der bereits von § 326 Abs. 2 angeordneten Rechtsfolge.[384]

Der § 446 S. 3 greift ein, wenn sich die Sache während des Annahmeverzugs des Käufers **verschlechtert**. In diesem Fall liegt kein relevanter Mangel vor, da gemäß § 434 für einen Mangel auf den Zeitpunkt des Gefahrübergangs abzustellen ist.

C. Gefahrübergang gemäß § 447 Abs. 1

Versendet der Verkäufer **auf Verlangen des Käufers** die Sache an einen anderen Ort als den Erfüllungsort, geht die Preisgefahr auf den Käufer über, weil die Übernahme der mit dem **Transport** verbundenen Risiken für den Verkäufer nicht zumutbar ist. 173

I. Voraussetzungen und Rechtsfolgen des § 447 Abs. 1

Aufbauschema zu § 447 Abs. 1

I. **Anwendbarkeit:** Bei einem **Verbrauchsgüterkauf** gilt § 447 Abs. 1 gemäß **§ 475 Abs. 2** nur unter engen Voraussetzungen.

II. **Voraussetzungen:**

1. Versendung an einen **anderen Ort** als den **Erfüllungsort**
   Erfüllungsort ist der Ort der Vornahme der Leistungshandlung. Dies ist bei fehlender abweichender Vereinbarung der Wohnsitz oder die Niederlassung des Schuldners (§ 269), also des Verkäufers.
2. Versendung muss **auf Verlangen des Käufers** erfolgen
3. Auslieferung der Sache durch den Verkäufer an die **Transportperson**

III. **Rechtsfolge:** Mit Auslieferung an Transportperson geht Gefahr auf Käufer über

1. Es geht nur die Gefahr des **zufälligen** (also von keiner Partei zu vertretenden) Untergangs oder der Verschlechterung über.
2. Außerdem muss sich eine **typische Transportgefahr** realisieren (h.M.).

1. Anwendbarkeit des § 447 Abs. 1

Gemäß **§ 475 Abs. 2** ist § 447 Abs. 1 bei einem **Verbrauchsgüterkauf** nur unter engen Voraussetzungen anwendbar. Denn beim Verbrauchsgüterkauf ist es grundsätzlich nicht gerechtfertigt, die mit dem Transport verbundenen Risiken auf den Käufer (Verbraucher) übergehen zu lassen. Gemäß § 475 Abs. 2 ist § 447 Abs. 1 aber ausnahmsweise dann anwendbar, wenn der Käufer selbst den Versender beauftragt und der Unternehmer diesen nicht zuvor benannt hat. 174

384 BT-Drs. 14/6040, S. 240.

2. Voraussetzungen

a) Versendung an einen anderen Ort als den Erfüllungsort

175 Der Ausdruck **„Erfüllungsort"** ist etwas missverständlich. Es ist nicht der Ort gemeint, an dem die Erfüllung i.S.d. § 362 Abs. 1 eintritt (Erfolgsort), sondern der Ort, an dem der **Verkäufer die zur Erfüllung erforderliche Leistungshandlung vorzunehmen hat** (Leistungsort, § 269).[385]

Die verkaufte Sache muss also an einen anderen Ort als den Ort der Leistungshandlung versandt werden. Bei der Holschuld holt der Käufer die Sache am Leistungsort ab. Bei der Bringschuld ist der Leistungsort der Wohn- oder Geschäftssitz des Käufers. Eine Versendung an einen anderen Ort als den Erfüllungsort kommt mithin nur bei einer **Schickschuld** in Betracht. **Umstritten** ist, an welchem Ort im **Versandhandel** der Erfüllungsort ist.

- Nach einer **Ansicht** liegt bei einer Bestellung im Versandhandel eine **Bringschuld** vor.[386] Dies ergebe sich aus der gesetzgeberischen Entscheidung, nach der § 447 Abs. 1 beim Verbrauchsgüterkauf gemäß § 475 Abs. 2 grundsätzlich nicht eingreife. Damit sei die geschuldete Leistung des Verkäufers nicht nur die Absendung, sondern die Lieferung der Sache. Auch außerhalb eines Verbrauchsgüterkaufs sei eine Bringschuld anzunehmen, denn der Käufer könne den Gefahren des Versands weder ausweichen, noch könne er das Risiko auf einfache Weise versichern.[387] Danach ist im Versandhandel der Erfüllungsort der Wohn- oder Geschäftssitz des Käufers. Die Voraussetzungen des § 447 Abs. 1 liegen demnach auch außerhalb eines Verbrauchsgüterkaufs nicht vor, da die Sache nicht an einen anderen Ort als den Erfüllungsort versandt wird.
- Nach **h.M.** ist bei einem Kauf im Versandhandel eine **Schickschuld** gegeben.[388] Auch wenn im Versandhandel die Versendung der Sache Aufgabe des Verkäufers sei, werde allein dadurch der Wohn- oder Geschäftssitz des Käufers nicht zum Erfüllungsort. Selbst wenn der Verkäufer die Kosten der Versendung trage, sei daraus gemäß § 269 Abs. 3 nicht zu entnehmen, dass der Erfüllungsort beim Schuldner sei und damit eine Bringschuld vorliege. Es bleibe vielmehr bei der Vermutung des § 269 Abs. 1, wonach der Sitz des Schuldners Erfüllungsort für seine Pflichten sei. Im Versandhandel werde die Sache an einen anderen Ort als den Erfüllungsort versandt (auch wenn für die Anwendbarkeit des § 447 Abs. 1 beim Verbrauchsgüterkauf § 475 Abs. 2 zu berücksichtigen ist).

176 Auch eine Versendung innerhalb desselben Ortes, der sog. **Platzkauf**, fällt unter § 447. Es ist also nicht erforderlich, dass Erfüllungsort und der Ort des Eintritts des Leistungserfolges in unterschiedlichen politischen Gemeinden liegen.[389] Die Vorschrift des § 447

---

385 BeckOK-BGB/Faust § 447 Rn. 5.

386 Borges DB 2004, 1815.

387 MünchKomm/Krüger § 269 Rn. 20.

388 BGH NJW 2003, 3341; MünchKomm/Westermann § 447 Rn. 8; Palandt/Weidenkaff § 447 Rn. 5; Looschelders Rn. 193.

389 Ganz h.M. Palandt/Weidenkaff § 447 Rn. 12 m.w.N.

gilt grundsätzlich für alle Arten des Versendungskaufs und ist nach h.M. zumindest entsprechend anwendbar, wenn ein innerörtlicher Transport erfolgen soll.[390]

b) Auf Verlangen des Käufers

Die Versendung muss auf Verlangen des Käufers geschehen. Das Versendungsverlangen ist regelmäßig Bestandteil des Kaufvertrags. Es kann aber **auch nachträglich** vom Käufer erklärt werden. 177

c) Auslieferung der Sache durch den Verkäufer an eine Transportperson

Der Verkäufer muss die Sache an eine Transportperson ausliefern. Als solche sind im Gesetz der Spediteur (§§ 454 ff. HGB) und der Frachtführer (§§ 407 ff. HGB) oder auch eine sonst zur Ausführung der Versendung bestimmte Person genannt. 178

Nach ganz h.M. fallen darunter **auch** der Transport durch die **Mitarbeiter** des Verkäufers **oder** durch den **Verkäufer selbst**.[391] Beim Versendungskauf schuldet der Verkäufer den Transport nicht und ist deswegen auch nicht mit Transportrisiken zu belasten, wenn er den Transport selbst oder durch Angestellte durchführen lässt.

3. Rechtsfolge: Gefahrübergang auf den Käufer

a) Nur Gefahr des zufälligen Untergangs oder der Verschlechterung

Gemäß § 447 Abs. 1 geht nur die Gefahr des zufälligen Untergangs oder der Verschlechterung über. Zufällig ist ein Vorkommnis, das weder der Verkäufer noch der Käufer zu vertreten hat. Zu beachten ist insoweit, dass die **Transportperson nicht Erfüllungsgehilfe** des Verkäufers i.S.d. § 278 ist. 179

Bei der Schickschuld ist der Transport, anders als bei der Bringschuld, gerade keine Verpflichtung des Verkäufers. Erfüllungsgehilfe ist aber nur derjenige, der mit Wissen und Wollen des Schuldners in dessen Pflichtenkreis tätig ist. Im Übrigen liefe § 447 Abs. 1 praktisch weitgehend leer, wenn der Verkäufer bei jedem Transportschaden gemäß § 280 Abs. 1 S. 2 nachweisen müsste, dass dieser nicht auf einem Fehlverhalten der Transportperson beruht.[392] Nach h.M. muss der Verkäufer jedoch beim **Selbsttransport** für eigenes Verschulden nach **§ 276** und beim **Transport durch eigene Leute** für deren Verschulden gemäß **§ 278** einstehen.[393]

b) Beschränkt auf typische Transportgefahren

Nach der **h.M.** gehen gemäß § 447 Abs. 1 nur typische Transportgefahren über.[394] Das Interesse des Käufers gebiete, dass die Gegenleistungsgefahr nur hinsichtlich solcher 180

390 BeckOK-BGB/Faust § 447 Rn. 6.
391 MünchKomm/Westermann § 447 Rn. 16.
392 BeckOK-BGB/Faust § 447 Rn. 25.
393 MünchKomm/Westermann § 447 Rn. 23 f.; a.A. BeckOK-BGB/Faust § 447 Rn. 26.
394 BGH NJW 1965, 1324; Jauernig/Berger § 447 Rn. 13; Palandt/Weidenkaff § 447 Rn. 15.

Gefahren auf ihn übergehen solle, in denen sich das Risiko der durch ihn gewünschten Versendung realisiere. Es müsse sich ein Risiko verwirklichen, das mit dem Transport zusammenhängt. Die **Beförderung** müsse **ursächlich für** den **Untergang oder** die **Verschlechterung** sein, wie beispielsweise Unfall, Verhalten der Transportperson und dessen Erfüllungsgehilfen, Verlust der Ware durch Transportdiebstahl, Aushändigung an nicht berechtigte Dritte.[395] Allerdings reiche es aus, wenn das transportbedingte Ereignis für den Schaden lediglich mitursächlich sei.

Nach der **Gegenauffassung**[396] ist § 447 Abs. 1 nicht auf typische Transportgefahren beschränkt. Die Vorschrift beruhe nicht auf der besonderen Gefährlichkeit des Transportes, sondern vor allem auf dem Gedanken, dass der Verkäufer nicht dadurch schlechter gestellt werden solle, dass der Käufer die Ware nicht abholt und der Gefahrübergang nach § 446 S. 1 deshalb später erfolgt. Es könne deshalb **nur** darauf ankommen, ob die Verschlechterung oder der Untergang **während des Transports** eingetreten ist, nicht aber darauf, ob sie auf einer spezifischen Transportgefahr beruhte. Außerdem ließe sich die Beschränkung auf die typischen Transportgefahren dem Gesetz nicht entnehmen.[397]

Hinweis: *Da es nach der h.M. ausreicht, dass die typischen Transportgefahren für den Schadenseintritt mitursächlich sind, kommen die unterschiedlichen Ansichten in den meisten Fällen zu dem gleichen Ergebnis, sodass sich eine Entscheidung erübrigt.*

II. Ansprüche des Verkäufers und des Käufers beim Versendungskauf

1. Ansprüche, wenn ein Frachtführer i.S.d. HGB beauftragt wird

Fall 5: Fahrlässiger Fahrer

Der Antiquitätenhändler V aus Stuttgart verkauft dem Händler K aus Hannover einen antiken Schrank für 16.000 €. K verlangt von V Zusendung des Schrankes und ist bereit, die Kosten hierfür zu übernehmen. V übergibt daher den Schrank an den Frachtführer S. Kurz vor Hannover verunglückt der Lkw. Der Unfall ist auf ein fahrlässiges Verhalten des bei S beschäftigten Fahrers F zurückzuführen. Der Schrank wird zerstört. Dennoch verlangt V von K Bezahlung. K meint, er brauche nur zu zahlen, wenn V ihm seine Ansprüche gegen S abtrete.

1. Hat V gegen K einen Anspruch auf Zahlung des Kaufpreises in Höhe von 16.000 €?

2. V verlangt von S Schadensersatz. S zahlt. Rechtslage?

181 **1. Frage: Anspruch auf Kaufpreiszahlung**

Ein Anspruch des V gegen K auf Zahlung des Kaufpreises in Höhe von 16.000 € könnte sich aus **§ 433 Abs. 2** ergeben.

A. Der Anspruch auf Zahlung des Kaufpreises ist mit Abschluss des Kaufvertrags entstanden.

395 Palandt/Weidenkaff § 447 Rn. 15.

396 BeckOK-BGB/Faust § 447 Rn. 21; MünchKomm/Westermann § 447 Rn. 19.

397 Hk-BGB/Saenger § 447 Rn. 6.

B. Dieser Anspruch könnte indes gemäß **§ 326 Abs. 1 S. 1 Hs. 1** erloschen sein.

I. Dann müsste der Schuldner V von seiner Leistungspflicht gemäß **§ 275 Abs. 1** befreit worden sein. Die Verpflichtung des V aus § 433 Abs. 1 S. 1 zur Verschaffung von Eigentum und Besitz an dem Schrank richtete sich auf einen Schrank, der noch als solcher tauglich ist. Mit der Zerstörung des Schranks ist die Unmöglichkeit dieser Verpflichtung gemäß § 275 Abs. 1 eingetreten.

Die Voraussetzungen des § 326 Abs. 1 S. 1 Hs. 1 liegen damit vor.

II. Außerdem ist der Anspruch nicht ausnahmsweise gemäß **§ 326 Abs. 2 S. 1** bestehen geblieben. K hat die Unmöglichkeit nämlich weder zu verantworten noch befindet er sich im Annahmeverzug.

III. K könnte allerdings gemäß **§ 447 Abs. 1** weiterhin zur Zahlung verpflichtet sein.

1. Dazu müsste § 447 Abs. 1 **anwendbar** sein. Beim Verbrauchsgüterkauf ist die Anwendbarkeit gemäß § 475 Abs. 2 eingeschränkt. Da der Käufer K Unternehmer ist (§ 14), liegt jedoch kein Verbrauchsgüterkauf vor.

2. Es müssten ferner die Voraussetzungen des § 447 Abs. 1 vorliegen.

a) Dazu muss zunächst eine **Versendung an einen anderen Ort als den Erfüllungsort** erfolgt sein. Erfüllungsort, also der Ort der Vornahme der Leistungshandlung, ist gemäß § 269 Abs. 1 grundsätzlich der Wohnsitz des Schuldners (V).

Fraglich ist jedoch, ob durch die Versendungsabrede eine Bringschuld, bei welcher der Wohnsitz des Gläubigers (K) der Erfüllungsort ist, vereinbart worden ist. Eine Bringschuld ist jedoch ausnahmsweise nur dann anzunehmen, wenn der Verkäufer zum Ausdruck bringt, dass der Transport ebenfalls Inhalt seiner Leistungspflicht ist. Wie sich aus § 269 Abs. 3 ergibt, ist hierfür selbst die Übernahme der Transportkosten durch den Schuldner (Verkäufer) nicht entscheidend. Bei einer Versandabrede ist daher regelmäßig nur eine **Schickschuld** vereinbart. Somit erfolgte die Versendung an einen anderen Ort (Hannover) als den Erfüllungsort (Stuttgart), an dem die Leistungshandlung vorgenommen werden musste.

b) Die Versendung erfolgte auch **auf Verlangen des K**.

c) V hat den Schrank außerdem **an** eine ausgewählte **Transportperson**, den Spediteur S, **übergeben**.

3. **Rechtsfolge** des § 447 Abs. 1 ist der **Übergang der Gefahr** auf den Käufer.

a) Gemäß § 447 Abs. 1 geht nur die Gefahr des zufälligen Untergangs auf den Käufer über. Zufällig ist ein Vorkommnis, wenn es weder vom Verkäufer noch vom Käufer zu vertreten ist. Der Lkw ist infolge der Fahrlässigkeit des Fahrers F verunglückt. Da es sich jedoch um eine Schickschuld und nicht um eine Bringschuld handelt, gehört der Transport nicht zum Pflichtenkreis des V und F ist somit nicht Erfüllungsgehilfe (§ 278) im Verhältnis zu K.

b) Da ein Unfall zu den **typischen Transportgefahren** zählt, kann der Streit, ob § 447 nur eingreift, wenn sich eine typische Transportgefahr realisiert, unentschieden bleiben.

Gemäß § 447 Abs. 1 ist mit der Aushändigung an die Transportperson die Gefahr des Untergangs auf den Käufer K übergegangen. Der Zahlungsanspruch des Verkäufers aus § 433 Abs. 2 ist nicht gemäß § 326 Abs. 1 S. 1 Hs. 1 erloschen.

C. Der Anspruch des V auf Zahlung des Kaufpreises ist nicht durchsetzbar, wenn dem K gegen diesen Anspruch die Einrede des nicht erfüllten Vertrags aus **§ 320** zusteht. Dann müsste K ein Anspruch auf die Gegenleistung zustehen. Der bei Vertragsschluss im Gegenseitigkeitsverhältnis stehende Anspruch des K aus § 433 Abs. 1 ist gemäß § 275 Abs. 1 erloschen. Als Gegenanspruch des K gegen V kommt ein Anspruch aus **§ 285 Abs. 1** in Betracht. Der Anspruch auf das Surrogat aus § 285 Abs. 1 tritt an die Stelle des Erfüllungsanspruchs des Käufers und steht ebenso wie dieser im Gegenseitigkeitsverhältnis zu dem Anspruch auf Kaufpreiszahlung.

Der § 285 Abs. 1 setzt voraus, dass der Schuldner V infolge der Unmöglichkeit einen Ersatz oder einen Ersatzanspruch erlangt hat. V könnte wegen der Zerstörung des Schranks gegen S ein Ersatzanspruch aus **§§ 425 Abs. 1, 428 HGB** zustehen.

I. Als Frachtführer hat S gemäß § 425 Abs. 1 HGB für den am Frachtgut entstandenen Schaden einzustehen. Eine **Exkulpation** nach § 426 HGB kommt schon deswegen **nicht** in Betracht, weil der Frachtführer S nach § 428 HGB für das Verschulden des Fahrers einstehen muss.

II. Gemäß § 425 Abs. 1 HGB haftet der Frachtführer für den Schaden, der durch Verlust oder Beschädigung entsteht. V hat jedoch **keinen Schaden**. Ihm steht auch nach der Zerstörung des Schranks der Kaufpreisanspruch in voller Höhe zu. Er hat bei Zugrundelegung der Differenztheorie durch die Zerstörung der Sache keine Vermögenseinbuße erlitten.[398]

Grundsätzlich kann ohne einen Schaden kein Anspruch geltend gemacht werden. Nach § 421 Abs. 1 S. 2 a.E. HGB **„bleibt"** jedoch der Absender zur Geltendmachung der Schadensersatzansprüche aus dem Frachtvertrag **befugt**.

III. V hat daher infolge des Umstands, der die Unmöglichkeit verursacht hat, einen Ersatzanspruch aus §§ 425 Abs. 1, 428 HGB erlangt. K kann gemäß § 285 verlangen, dass ihm dieser Anspruch abgetreten wird. Er ist nach § 320 berechtigt, die Einrede des nicht erfüllten Vertrags geltend zu machen, solange ihm dieser Anspruch nicht abgetreten worden ist. K ist zur Kaufpreiszahlung nur Zug um Zug gegen Abtretung des Ersatzanspruchs des V gegen S verpflichtet.

Hinweis: *Obwohl der Käufer auch einen eigenen Anspruch gegen den Frachtführer gemäß § 421 Abs. 1 S. 2 Hs. 1 HGB hat, kann er die Kaufpreiszahlung verweigern, bis ihm der Verkäufer seinen Anspruch gegen den Frachtführer abgetreten hat. Dies ist aus Sicht des Käufers sehr wichtig, denn anderenfalls könnte der Frachtführer den Schadensersatz mit befreiender*

398 Palandt/Grüneberg Vorbem. v. § 249 Rn. 107 f.

Wirkung an den Verkäufer leisten. Käufer und Verkäufer sind nach h.M. Gesamtgläubiger, sodass Leistung an einen von beiden auch gegenüber dem anderen wirkt. Der Käufer liefe also Gefahr, den Kaufpreis zu zahlen und nicht einmal den Schadensersatzanspruch gegenüber dem Frachtführer realisieren zu können.

2. Frage: Rechtslage, wenn V von S Schadensersatz verlangt und S zahlt

A. Der Anspruch des V gegen S aus den **§§ 425 Abs. 1, 428 HGB** ist durch Erfüllung nach § 362 erloschen. **182**

B. K hatte gegen S ebenfalls einen Anspruch aus §§ 425, 428 HGB. Nach **§ 421 Abs. 1 S. 2 HGB** kann der Empfänger die Ansprüche aus dem Frachtvertrag **im eigenen Namen geltend machen**, wenn das Frachtgut überhaupt nicht, verspätet oder beschädigt geliefert wird. Der Empfänger und der Absender des Frachtguts sind Gesamtgläubiger i.S.d. § 428. Gemäß §§ 429, 422 wirkt die Zahlung des S an V auch K gegenüber, sodass sein Anspruch ebenfalls erloschen ist.

C. Der Anspruch des V gegen K auf Zahlung des Kaufpreises aus § 433 Abs. 2 ist bestehen geblieben (s.o.). K kann jedoch die Leistung verweigern, da er gemäß den §§ 320, 285 nur Zug um Zug gegen Herausgabe der Ersatzleistung zahlen muss, die V von S erlangt hat.

---

2. Drittschadensliquidation bei anderen Transportpersonen

Nach den Grundsätzen der Drittschadensliquidation[399] kann ausnahmsweise der Gläubiger den Schaden eines Dritten, der nicht an dem Schuldverhältnis beteiligt ist, liquidieren. Die Drittschadensliquidation hat folgende Voraussetzungen: **183**

- Der Gläubiger hat einen Anspruch gegen den Schädiger, aber keinen Schaden.
- Der Dritte hat einen Schaden, aber keinen Anspruch.
- Aus der Sicht des Schädigers handelt es sich um eine zufällige Schadensverlagerung.

Ein **klassisches Klausurproblem** der Drittschadensliquidation kann beim Versendungskauf in folgender Situation auftreten:

- **§ 447 Abs. 1 ist trotz § 475 Abs. 2 anwendbar**, weil ein Kaufvertrag außerhalb des Verbrauchsgüterkaufs oder die in § 475 Abs. 2 genannte Ausnahme vorliegt **und**
- der **Transport** wird **von** einer **nicht unter** die **§§ 407 ff. HGB** (ggf. i.V.m. § 458 HGB) **fallenden Person** durchgeführt.

399 S. hierzu ausführlich AS-Skript Schuldrecht AT 2 (2020), Rn. 370 ff.

Fall 6: Fahrlässiger Freund

V ist in Geldnöten und verkauft deswegen ein in seinem Wohnzimmer hängendes Gemälde von Ernst Ludwig Kirchner an K, wobei dieser darum bittet, dass V ihm das Bild zuschickt. V beauftragt daraufhin seinen als zuverlässig bekannten Freund D, der über einen Kombi verfügt, gegen Bezahlung den Transport durchzuführen. D verschuldet fahrlässig auf der Autobahn einen Verkehrsunfall. Dabei wird das Gemälde zerstört. V verlangt Bezahlung des Kaufpreises. K weigert sich, zu zahlen. Zu Recht?

184 V könnte gegen K einen Anspruch auf Kaufpreiszahlung aus **§ 433 Abs. 2** haben.

I. Der Anspruch ist mit Abschluss des wirksamen Kaufvertrags entstanden.

II. Allerdings könnte der Anspruch wegen Unmöglichkeit gemäß **§ 326 Abs. 1 S. 1 Hs. 1** untergegangen sein. V ist von seiner Leistungspflicht, ein Bild zu übereignen, gemäß § 275 Abs. 1 befreit worden, denn das Bild ist zerstört. Die zur Unmöglichkeit führenden Umstände sind von V auch nicht allein oder weit überwiegend zu vertreten (§ 326 Abs. 2 S. 1). Das Verschulden des D ist V nicht entsprechend § 278 zuzurechnen, denn es war eine Schickschuld vereinbart. Gemäß § 326 Abs. 1 S. 1 Hs. 1 ist damit der Kaufpreisanspruch untergegangen, wenn nicht zuvor die Preisgefahr gemäß § 447 Abs. 1 übergegangen ist.

Die Vorschrift des **§ 447 Abs. 1** ist uneingeschränkt **anwendbar**, da es sich um einen Kaufvertrag zwischen zwei Privatpersonen handelt. Die Versendung erfolgte **auf Verlangen** des Käufers an einen anderen Ort als den Erfüllungsort, es ist **an eine ausgewählte Transportperson übergeben** worden und es hat sich eine typische Transportgefahr realisiert. Mithin ist der Kaufpreisanspruch gemäß § 447 Abs. 1 bestehen geblieben.

III. Der Anspruch ist nicht durchsetzbar, wenn K zu Recht eine Einrede erhebt. Diese könnte sich aus **§ 320 Abs. 1** ergeben. Dann müsste K einen Gegenanspruch gegen V haben, der im Gegenseitigkeitsverhältnis zur Zahlungspflicht steht. In Betracht kommt die Pflicht des V, Ansprüche an K abzutreten, die er wegen der Zerstörung des Bildes gegen D erlangt hat (§ 285 Abs. 1).

1. Ein Anspruch des V gegen D könnte sich aus **§§ 280 Abs. 1, 241 Abs. 2** ergeben.

   Fraglich ist zunächst, ob § 280 Abs. 1 die richtige Anspruchsgrundlage ist oder ob die §§ 280 Abs. 1 u. 3, 283 eingreifen. Da jedoch auch ein zerstörtes Gemälde noch transportiert werden kann, scheidet Unmöglichkeit aus.

   Erwägenswert ist außerdem, ob § 280 Abs. 1 (nur) über § 634 Nr. 4 gilt, weil D den Unfall verursacht hat und somit den Transport mangelhaft durchgeführt hat. Die Gewährleistungsrechte des Werkvertragsrechts greifen jedoch erst ab Abnahme (§ 640) bzw. ab Vollendung (§ 646), sodass § 280 Abs. 1 die richtige Anspruchsgrundlage für das Schadensersatzbegehren des V ist.

   a) Die Anspruchsvoraussetzungen gemäß §§ 280 Abs. 1, 241 Abs. 2 sind erfüllt. Es liegt ein wirksamer Werkvertrag vor, die Pflicht aus § 241 Abs. 2 wurde verletzt, da das Transportgut zerstört ist, und D hat sich nicht entlastet.

b) Rechtsfolge: D muss V den durch die Pflichtverletzung entstandenen Schaden ersetzen. Rein rechnerisch gesehen hat V jedoch keinen Schaden, da der Kaufpreisanspruch gegen K bestehen geblieben ist. Den Schaden hat K, da er den Kaufpreis zahlen muss und das Bild nicht erhält.

Dieses Ergebnis, den schuldlos handelnden K mit dem Schaden zu belasten und den schuldhaft handelnden D zu privilegieren, ist interessenwidrig. Daher werden zwei dogmatische Ansätze zur Vermeidung vertreten:

aa) Zum Teil wird die Lösung in der Anwendung der **Lehre vom normativen Schadensbegriff** gesucht.[400] Danach ist der Schaden durch wertende Betrachtungsweise zu ermitteln. Dem Schädiger darf der dem Verkäufer aufgrund der gesetzlichen Gefahrtragungsregeln zustehende Anspruch gegen den Käufer nicht zugutekommen. Danach ist hier ein Schaden des V gegeben.

bb) Die h.M.[401] folgt in dieser Konstellation dem normativen Schadensbegriff nicht. Sie wendet stattdessen die Grundsätze der **Drittschadensliquidation**[402] an, nach welchen V den Schaden des K bei D liquidieren kann.

(1) Der Anspruchsteller V und der Geschädigte K fallen auseinander.

(2) Der Anspruchsteller V hat einen Anspruch gegen D, aber keinen Schaden. K, der einen Schaden hat, hat keinen Anspruch gegen D.

(3) Es handelt sich um eine zufällige Schadensverlagerung (Fallgruppe obligatorische Gefahrentlastung) aus Sicht des D.

(4) Rechtsfolge: Der Schaden des K wird zum Anspruch des V gegen D aus §§ 280 Abs. 1, 241 Abs. 2 gezogen. V hat also einen Anspruch gegen D, den er gemäß § 285 Abs. 1 letzter Hs. an K abtreten muss.

2. Außerdem hat V gegen D einen Anspruch aus **§ 823 Abs. 1** wegen der schuldhaften Eigentumsverletzung durch D i.V.m. den Grundsätzen der Drittschadensliquidation.

3. Ein Anspruch aus **§ 7 Abs. 1** bzw. **§ 18 Abs. 1 StVG** i.V.m. Drittschadensliquidation scheitert an § 8 Nr. 3 StVG. Die straßenverkehrsrechtlichen Anspruchsgrundlagen greifen nämlich nicht bei der Beschädigung transportierter Sachen ein.

Im Ergebnis lässt sich festhalten, dass K ein Zurückbehaltungsrecht bzgl. des Kaufpreisanspruchs hat, bis V ihm seinen Anspruch gegen D aus § 280 Abs. 1 u. § 823 Abs. 1 abtritt.

---

400 Büdenbender NJW 2000, 986.

401 Palandt/Grüneberg Vorbem. v § 249 Rn. 110 f.; Looschelders Rn. 199.

402 Dazu ausführlich AS-Skript Schuldrecht AT 2 (2020), Rn. 370 ff.

4. Abschnitt: Garantie gemäß § 443

185 Eine Garantie ist eine vertragliche Vereinbarung, durch welche die **Rechte des Käufers** wegen Mängeln im Vergleich zu den gesetzlichen Rechten **verstärkt** werden. Auf welche Weise dies geschieht, wird in § 443 nicht näher vorgegeben. Vielmehr bleibt den Vertragsparteien bei der Ausgestaltung des Garantieinhalts ein sehr weiter Spielraum.

Es werden verschieden Arten von Garantien unterschieden, die nicht alle in § 443 geregelt sind. Von den Garantien des § 443 zu unterscheiden ist insbesondere die Garantie i.S.d. § 276 (zur Abgrenzung unten Rn. 193 f.).

Klausurhinweis: *Für die Prüfung einer Garantie im Fallaufbau ist es vorentscheidend, ob eine selbstständige oder eine unselbstständige Garantie vorliegt.*

- *Bei selbstständigen Garantien ist der Garantievertrag mit dem Inhalt des § 443 die Anspruchsgrundlage.*
- *Bei unselbstständigen Garantien ist ein Gewährleistungsanspruch des Käufers die Anspruchsgrundlage. Die Garantie wirkt sich nur bei der Prüfung einzelner Voraussetzungen oder den Rechtsfolgen aus.*

Als **Garantiegeber** nennt § 443 Abs. 1 den Verkäufer oder einen Dritten.

- Die Garantie des **Verkäufers** bezieht sich **regelmäßig** auf die Beschaffenheit der Kaufsache. Sie ist dann **unselbstständig** und innerhalb der Voraussetzungen oder Rechtsfolgen eines Gewährleistungsanspruchs zu prüfen. Dagegen ist eine Garantie des Verkäufers selbstständig, wenn sie sich darauf bezieht, dass die Sache andere als die Mängelfreiheit betreffende Anforderungen erfüllt.
- Garantien eines **Herstellers oder sonstigen Dritten** sind stets **selbstständige Garantien**. Sie können nicht unselbstständig sein, da kein Gewährleistungsanspruch gegen den Hersteller oder gegen sonstige Dritte besteht.

Klausurhinweis: *Wenn unter Berücksichtigung des Garantiegebers festgestellt wurde, ob eine selbstständige Garantie mit der Anspruchsgrundlage § 443 Abs. 1 oder eine unselbstständige Garantie im Rahmen eines Gewährleistungsanspruchs vorliegt, kann man sich in einer Falllösung für den weiteren Aufbau weitgehend an die gesetzliche Regelung in § 443 halten.*

A. Garantievereinbarung

186 Der Wortlaut des § 443 Abs. 1 erfordert eine Erklärung oder einschlägige Werbung. Eine einseitige Erklärung reicht aber für eine Garantie nicht aus. Es ist ein **Garantievertrag erforderlich.**[403] Dieser kann auch dadurch zustande kommen, dass der Käufer das in einer Garantieerklärung liegende Angebot annimmt und der Zugang der Annahme nach § 151 entbehrlich ist.

In dem Garantievertrag muss der Verkäufer oder ein Dritter **in rechtlich bindender Weise** die **Gewähr** für eine bestimmte Beschaffenheit, die Haltbarkeit oder andere als

403 Palandt/Weidenkaff § 443 Rn. 4; Looschelders Rn. 165.

die Mängelfreiheit betreffende Anforderungen **übernehmen** und erklären, für alle Folgen des Fehlens einstehen zu wollen.[404] Bei der Beurteilung der Frage, ob eine Garantie im Sinne des § 443 abgegeben wird, muss indes das Wort Garantie nicht verwendet werden. Es muss lediglich zum Ausdruck kommen, dass der Verkäufer für eine bestimmte Tatsache einstehen möchte.

Beispiel: Macht der Verkäufer eines Gebrauchtwagens im Vertragsformular die Angabe „keine Vorschäden", gibt er damit eine Beschaffenheitsgarantie ab.[405]

I. Garantieverpflichtung

Als mögliche Garantieverpflichtung nennt **§ 443 Abs. 1** die Erstattung des Kaufpreises, den Austausch der Sache, die Nachbesserung oder das Erbringen von Dienstleistungen im Zusammenhang mit der Sache. Die **Aufzählung ist nicht abschließend.** Es kann beispielsweise auch Schadensersatz als Garantieverpflichtung vereinbart werden.[406] **187**

II. Garantieinhalt

1. Beschaffenheitsgarantie

Mit der Beschaffenheitsgarantie wird die Garantie für eine bestimmte **Beschaffenheit zu** einem **bestimmten Zeitpunkt** übernommen. Der Zeitpunkt ist **regelmäßig** derjenige des **Gefahrübergangs.** Es kann aber auch ein anderer Zeitpunkt vereinbart werden, beispielsweise derjenige des Vertragsschlusses.[407] **188**

2. Haltbarkeitsgarantie

Für die **Haltbarkeitsgarantie** enthält § 443 Abs. 2 eine Legaldefinition. Sie ist eine Garantie dafür, „dass die Sache **für** eine **bestimmte Dauer** eine bestimmte Beschaffenheit behält". Damit sagt der Verkäufer oder ein Dritter zu, dass die Kaufsache während eines bestimmten Zeitraums oder einer bestimmten Nutzungsdauer (z.B. die km-Leistung eines Kfz) **sachmangelfrei** bleibt. Er geht damit über die gesetzliche Regelung hinaus, nach der er nur für schon **bei Gefahrübergang vorhandene** Sachmängel einstehen muss. Für den Käufer bedeutet dies vor allem, dass er nicht beweisen muss, dass ein Sachmangel bereits bei Gefahrübergang vorgelegen hat, da **gemäß § 443 Abs. 2 vermutet** wird, dass der Sachmangel bereits bei Gefahrübergang vorlag. **189**

3. Garantie für andere als die Mängelfreiheit betreffende Anforderungen

Mit dieser Variante der Garantie wird die Gewähr für den Eintritt oder Nichteintritt von Umständen außerhalb der Beschaffenheit der Kaufsache übernommen. Dies sind insbesondere zukünftige Umstände wie beispielsweise der künftige Erlass eines Bebauungsplans.[408] **190**

---

404 BGHZ 170, 86, 88; BGH NJW 2011, 2653, 2655.

405 LG Hannover RÜ 2016, 618, 619.

406 Looschelders Rn. 167.

407 Jauernig/Berger § 443 Rn. 7.

408 Palandt/Weidenkaff § 443 Rn. 9.

III. Garantiefrist

191 Garantien sind regelmäßig befristet. Die Frist kann zeitlich bestimmt sein oder durch den Eintritt einer Tatsache, also beispielsweise durch die Laufleistung eines Pkw bis 100.000 km. Die **Garantiefrist** ist **von** der **Verjährungsfrist zu unterscheiden**. Sie kann kürzer oder länger als die Verjährungsfrist sein.

B. Einschränkungen und Ausschluss der Garantie

192 Garantien werden häufig an bestimmte **Bedingungen** gebunden, die der Käufer einzuhalten hat. Da Garantiebedingungen üblicherweise formularmäßig vereinbart werden, unterliegen sie als AGB der Inhaltskontrolle gemäß den §§ 305 ff.

Eine Verkäufergarantie kann nicht formularmäßig von der **Wartung beim Verkäufer** abhängig gemacht werden.[409] Zwar hat der Verkäufer, der gleichzeitig eine Werkstatt betreibt, ein Interesse daran, Kunden an die eigene Werkstatt zu binden, um auf diese Weise die Auslastung seiner Werkstatt zu fördern. Dem Kunden ist es hingegen in vielen Fällen nicht zumutbar, die Wartung ausschließlich in der Werkstatt des Verkäufers durchzuführen, etwa wenn eine Wartung während einer Reise fällig oder der Wohnort des Kunden von der Werkstatt weiter entfernt ist.

Demgegenüber kann eine Garantie des **Herstellers** formularmäßig von der regelmäßigen **Wartung in Vertragswerkstätten** abhängig gemacht werden.[410] Der Fahrzeughersteller hat ein legitimes Interesse daran, eine Kundenbindung an seine Vertragswerkstatt zu erreichen. Eine unangemessene Benachteiligung des Käufers liegt aber dann vor, wenn Garantieansprüche unabhängig davon ausgeschlossen werden, ob eine Verletzung der Wartungsobliegenheit für den eingetretenen Schaden ursächlich geworden ist.[411]

C. Eintritt des Garantiefalls und Rechtsfolgen

Voraussetzung für eine Haftung aus der Garantie ist der Eintritt des Garantiefalls innerhalb der Garantiefrist. Bei den diesbezüglichen Rechtsfolgen der Garantie ist zwischen der Beschaffenheits- und der Herstellergarantie zu differenzieren.

I. Beschaffenheitsgarantie

193 Dem Käufer stehen die in der Garantie vereinbarten Rechte zu. Wie weit diese reichen, ist durch Auslegung zu ermitteln. Eine Beschaffenheitsgarantie ist beispielsweise dahingehend auszulegen, dass etwaige **Mängel stets erheblich sind** i.S.d. §§ 281 Abs. 1 S. 3 bzw. 323 Abs. 5 S. 2. Schon daraus, dass die Parteien für eine bestimmte Beschaffenheit i.S.d. § 434 Abs. 1 S. 1 eine Garantie vereinbart haben, wird nämlich deutlich, dass für sie die Mangelfreiheit von besonderer Bedeutung ist.[412]

409 BGH RÜ 2010, 8, 10.
410 BGH RÜ 2008, 80.
411 BGH NJW 2014, 209.
412 BeckOK-BGB/Faust § 443 Rn. 46.

Eine Beschaffenheitsgarantie hat darüber hinaus gesetzliche Rechtsfolgen.

- Gemäß **§ 444** kann sich der Verkäufer auf einen etwaigen **Haftungsausschluss** nicht berufen, **soweit** er eine Garantie für die Beschaffenheit der Sache übernommen hat.
- Gemäß **§ 442 Abs. 1 S. 1** besteht ein Haftungsausschluss bei Kenntnis des Käufers vom Sachmangel im Zeitpunkt des Vertragsschlusses. Gleiches gilt grundsätzlich gemäß S. 2 bei **grob fahrlässiger Unkenntnis** des Käufers, es sei denn, der Verkäufer hat eine Beschaffenheitsgarantie übernommen.
- Ob eine Beschaffenheitsgarantie als Garantie i.S.d. **§ 276 Abs.1 S. 1** anzusehen ist und damit eine **verschuldensunabhängige Haftung** auf Schadensersatz zur Folge hat, ist umstritten.
    - Teilweise wird dies verneint.[413] Die Übernahme einer verschuldensunabhängigen Haftung auf Schadensersatz bedeute eine **erhebliche Belastung** für den Verkäufer, die er nicht ohne Weiteres durch die Zusage einer bestimmten Beschaffenheit übernehmen wolle.
    - Nach der Gegenansicht ist mit der Beschaffenheitsgarantie regelmäßig auch eine Garantie i.S.d. § 276 Abs. 1 S. 1 erklärt, soweit sich die Garantie nicht dazu äußert.[414] Der Verkäufer (oder der Dritte) erkläre mit der Beschaffenheitsgarantie, für **alle Folgen** des Fehlens der Beschaffenheit einstehen zu wollen.[415] Zu diesen Folgen gehöre auch die verschuldensunabhängige Haftung.

II. Haltbarkeitsgarantie

Wird eine **Haltbarkeitsgarantie** übernommen, wird vermutet, dass ein während ihrer Geltungsdauer auftretender Sachmangel die Rechte aus der Garantie begründet, § 443 Abs. 2. **194**

Fall 7: Mangelhafte Maschine

V liefert am 05.01. an K eine Werkzeugmaschine für gewerbliche Zwecke. In seinen AGB hat V zudem eine „einjährige Haltbarkeitsgarantie“ für die Maschine übernommen, wenn etwaige Mängel innerhalb einer Woche nach erstmaligem Auftreten angezeigt werden. Am 07.04. stellen sich Mängel heraus, die K jedoch erst am 10.06. anzeigt. V weigert sich nachzubessern. K habe die Mängel nicht rechtzeitig angezeigt. Zudem habe er die Qualität der Maschine bei Auslieferung selbst kontrolliert. Der Mangel müsse auf unsachgemäßer Bedienung durch K beruhen. Am 12.07. erhebt K Klage auf Rückzahlung des Kaufpreises. Ist die Klage begründet, wenn ein Bedienungsfehler durch K ausgeschlossen ist, sich aber nicht klären lässt, ob der Mangel bereits bei Auslieferung vorlag oder erst später aufgetreten ist?

413 BeckOK-BGB/Faust § 443 Rn. 47.

414 Palandt/Weidenkaff § 443 Rn. 12.

415 BGHZ 170, 86.

Der Anspruch des K gegen V auf Rückzahlung könnte sich aus den **§§ 437 Nr. 2, 323, 346 Abs. 1** ergeben.

A. K hat den Rücktritt gemäß § 349 erklärt. Ferner müssten auch die Voraussetzungen des Rücktrittgrunds aus § 437 Nr. 2 vorliegen.

I. V und K haben einen wirksamen Kaufvertrag geschlossen.

II. Außerdem müsste die Sache im Zeitpunkt des Gefahrübergangs mit einem Sachmangel behaftet sein.

1. Grundsätzlich muss der Käufer einer Sache beweisen, dass ein **Sachmangel im Zeitpunkt des Gefahrübergangs** vorlag, wenn er gesetzliche Gewährleistungsansprüche geltend machen will.

2. Vorliegend beruft sich V darauf, die Maschine selbst bei Auslieferung kontrolliert zu haben. K ist nicht in der Lage zu beweisen, dass der Sachmangel bereits bei Gefahrübergang (§ 446) vorlag.

3. Möglicherweise hat V hier jedoch eine Haltbarkeitsgarantie übernommen, sodass gemäß § 443 Abs. 2 vermutet wird, dass ein **während ihrer Geltungsdauer auftretender** Sachmangel die Rechte aus der Garantie begründet.

a) Die Maschine ist gemäß **§ 434 Abs. 1 S. 2 Nr. 2** mangelhaft und K konnte auch nachweisen, dass die Mängel der Maschine nicht auf unsachgemäßer Bedienung beruhen. Ein **Sachmangel** liegt daher vor.

b) V hat eine einjährige **Haltbarkeitsgarantie** übernommen. Gemäß § 443 Abs. 2 wird deshalb grundsätzlich vermutet, dass ein während ihrer Geltungsdauer auftretender Sachmangel die Rechte aus der Garantie begründet. Der Mangel ist am 07.04., also noch während der einjährigen Garantiezeit aufgetreten.

c) Vorliegend sind die Voraussetzungen für die Rechte aus der Garantie jedoch an eine **Mängelanzeige** innerhalb einer Woche nach erstmaligem Auftreten gekoppelt. Diese Bedingung der Garantie hat K, der den Mangel erst wesentlich später angezeigt hat, nicht erfüllt, sodass die Rechte aus der Garantie ausgeschlossen sein könnten. Eine entsprechende Klausel fällt auch nicht etwa unter § 309 Nr. 8 b) ee) (bzw. bei AGB gegenüber Unternehmern unter § 307 i.V.m. § 310 Abs. 1 S. 2). Zwar sind danach Klauseln unwirksam, welche die Geltendmachung von Gewährleistungsrechten an eine Mängelanzeige knüpfen, deren Frist kürzer als die gesetzliche Verjährungsfrist ist, doch wird dadurch nur die **Beschränkung der gesetzlichen Gewährleistungsrechte erfasst.** Da durch eine Garantie die gesetzlichen Gewährleistungsansprüche unberührt bleiben, können die Parteien die Voraussetzungen des **Garantiefalles** grundsätzlich frei bestimmen, also auch zusätzliche Voraussetzungen wie hier die Mängelanzeige aufstellen (vgl. § 443 Abs. 1 S. 1: „... zu den in der Garantieerklärung ... angegebenen Bedingungen ...").

B. K stehen gesetzliche Gewährleistungsansprüche nicht zu, da er nicht beweisen konnte, dass der Sachmangel bereits bei Gefahrübergang vorlag. Auch die Vermutungswirkung der Haltbarkeitsgarantie gemäß § 443 Abs. 2 vermag daran nichts zu ändern, da die Voraussetzungen des Garantiefalles (Mängelanzeige) nicht vorliegen. K hat gegen V deshalb keinen Anspruch auf Rückzahlung des Kaufpreises gemäß §§ 437 Nr. 2, 323, 346 Abs. 1.

D. Verjährung

Der Gesetzgeber hat keine Entscheidung darüber getroffen, wann die Ansprüche aus ei- **195**
ner Garantie verjähren und welche Auswirkungen die Garantiefrist auf die Verjährungsfrist hat. Garantiefrist und Verjährungsfrist sind strikt zu trennen. Innerhalb der Garantiefrist muss lediglich der Mangel aufgetreten sein, der den Garantieanspruch auslöst. Welcher Verjährung dieser Anspruch unterliegt, ist eine andere Frage.

- **Verjährungsfrist** **196**
  - Die wohl h.M. geht davon aus, dass § 438 auf Ansprüche aus § 443 nicht anwendbar ist, sodass regelmäßig die Regelverjährung des **§ 195** gilt.[416]
  - Nach anderer Ansicht sollen **im Zweifel stets** die Verjährungsfristen des **§ 438** gelten, soweit sich die Garantie auf die Mangelfreiheit bezieht.[417]
- Auswirkungen der Garantiefrist auf den **Beginn der Verjährungsfrist**

  Umstritten ist zudem, welche Auswirkung eine Garantie auf den Beginn der Verjährungsfrist hat.
  - Zum Teil[418] geht man davon aus, dass die Verjährung – unabhängig davon, ob sie sich nach § 195 oder § 438 richtet – erst mit Auftreten des Garantiefalls, also mit **Entdeckung des Mangels**, beginnt. Auf diese Weise soll der Käufer davor geschützt werden, dass erst kurz vor Ablauf der Garantiefrist entdeckte Mängel verjähren.
  - Andere stellen auf die abstrakte Erkennbarkeit des Mangels ab.[419]

5. Abschnitt: Regress des Verkäufers

Die **Neuregelungen** zum 01.01.2018 in **§ 445 a** (Rückgriff des Verkäufers) und **§ 445 b** **197**
(Verjährung von Rückgriffsansprüchen) haben weitgehend wortgleich die bis zum 31.12.2017 geltenden Regelungen der §§ 478 Abs. 1, 2, 5 und 6, 479 a.F. in das allgemeine Kaufrecht übertragen, sodass diese **nicht mehr** nur **beschränkt auf den Fall des Verbrauchsgüterkaufs** Anwendung finden. Es kommt nunmehr auch zum Regress des Verkäufers, wenn am Ende der Lieferkette ein Unternehmer steht.

---

416 Jauernig/Berger § 443 Rn. 15; Palandt/Weidenkaff § 443 Rn. 15; Looschelders Rn. 167.

417 BeckOK-BGB/Faust § 443 Rn. 48.

418 Palandt/Weidenkaff § 443 Rn. 15.

419 BeckOK-BGB/Faust § 443 Rn. 48.

Hintergrund: *Aufgrund der* ***Neuregelung des § 439 Abs. 3 S. 1*** *geht der Gesetzgeber davon aus, dass Verkäufer von Baumaterialien und anderen Gegenständen weitaus häufiger als bisher Ansprüchen auf* ***Ersatz von Aus- und Einbaukosten*** *und anderen Aufwendungsersatzansprüchen ausgesetzt sein werden. Diese Ansprüche können einen erheblichen Umfang haben, sodass ein Ausgleich für diese ausgeweitete Mängelhaftung dadurch erreicht werden soll, dass auch die Regressvorschriften zugunsten des Verkäufers ausgeweitet werden. Nach den §§ 445 a, 445 b sollen Letztverkäufer und Zwischenhändler die Aufwendungen, die ihnen durch ihre Nacherfüllungspflichten entstehen, über Regressvorschriften in der Lieferkette möglichst bis zum Verursacher des Mangels weiterreichen können,*[420] *und so vor der sog. Regressfalle geschützt werden.*

Allerdings gelten gemäß **§ 478 Sonderbestimmungen** für den Rückgriff des Unternehmers, wenn der letzte Vertrag in der Lieferkette ein Verbrauchsgüterkauf ist.

Eine **beachtliche Änderung** gegenüber der Vorgängerregelung in § 478 a.F. ist außerdem, dass der Lieferant grundsätzlich nicht mehr Unternehmer sein muss, was teilweise für ein Redaktionsversehen des Gesetzgebers gehalten wird.[421] Der Lieferant wird nämlich in § 445 a Abs. 1 als „Verkäufer, der ihm die Sache verkauft hatte (Lieferant)" und nicht mehr wie in § 478 Abs. 1 a.F. als „Unternehmer, der ihm die Sache verkauft hatte (Lieferant)" umschrieben. Demnach kommt es sowohl beim selbstständigen (§ 445 a Abs. 1) als auch beim unselbstständigen (§ 445 a Abs. 2) Regress des Verkäufers nicht mehr auf die **Unternehmereigenschaft des Lieferanten** an. Nur bei der Erstreckung auf die Lieferkette gemäß § 445 a Abs. 3 müssen der Lieferant und seine Lieferanten Unternehmer sein.

A. Anspruch auf Aufwendungsersatz, § 445 a Abs. 1

198 Die Regelung des § 445 a Abs. 1 statuiert eine eigene verschuldensunabhängige Anspruchsgrundlage für Aufwendungen des (Letzt-) Verkäufers (sog. **selbstständiger Regress**).

Danach kann der Letztverkäufer beim Verkauf einer neu hergestellten Sache von seinem Lieferanten Ersatz der Aufwendungen verlangen, die der Letztverkäufer nach den §§ 439 Abs. 2 und 3, 475 Abs. 4 und 6 im Verhältnis zum (Letzt-)Käufer, also dem Endkunden, zu tragen hatte, wenn der vom Käufer geltend gemachte Mangel bereits beim Übergang der Gefahr auf den Verkäufer vorhanden war.

I. Verkauf einer neu hergestellten Sache

199 Der Anspruch aus § 445 a Abs. 1 gilt nur für **neu hergestellte** Sachen, da es für gebrauchte Sachen in der Regel keine geschlossenen Vertriebswege gibt.[422] Neu ist eine Sache in diesem Sinne allerdings schon dann, wenn sie noch ungebraucht ist, sodass es sich nicht um „neu hergestellte" Sachen im engeren Sinne zu handeln braucht.[423] Maß-

420 BT-Drs. 18/8486, S. 41.

421 Dazu BeckOK/Faust § 445 a Rn. 8; Paulus/Zwirlein NJW 2018, 1841.

422 BT-Drs. 14/6040, S. 248.

423 MünchKomm/Lorenz § 478 Rn. 8.

geblich ist in zeitlicher Hinsicht, dass die Sache beim Verkauf durch den Letztverkäufer an den Endkunden noch „neu" ist, sodass die Vorschriften über den Verkäuferregress nicht eingreifen, wenn der Verkäufer eine für ihn neue Sache erwirbt, sie aber vor dem Weiterverkauf an den Endkunden selbst benutzt.[424]

Hinweis: *Während es sich nach der Vorgängerregelung in § 478 Abs. 2 a.F. aufgrund der Akzessorietät zum Verbrauchsgüterkauf nicht nur um eine neu hergestellte, sondern auch um eine bewegliche Sache (vgl. § 474 Abs. 1 S. 1) handeln musste, gilt der Verkäuferregress gemäß § 445 a Abs. 1* ***auch für unbewegliche Kaufsachen****, also z.B. für den Kauf von Eigentumswohnungen.*[425]

II. Derselbe Mangel bereits bei Gefahrübergang

Die Kaufsache muss sowohl im **Verhältnis** zwischen dem **Lieferanten und** dem **Letztverkäufer** als auch im Verhältnis zwischen dem **Letztverkäufer und** dem **Endkunden** mangelhaft sein. Dazu muss die Sache bei Gefahrübergang auf den Käufer hinsichtlich desselben Fehlers einen Mangel aufweisen.[426] Dabei ist bezüglich der Feststellung des Mangels zwischen den unterschiedlichen Vertragsverhältnissen zu unterscheiden: Hatte der Vorlieferant die Fehlerhaftigkeit offengelegt (§ 442) oder mit dem Unternehmer eine entsprechende Beschaffenheitsvereinbarung getroffen, und verkauft der Unternehmer die Sache an den Endkunden, ohne auf die Mangelhaftigkeit hinzuweisen, so hat er keinen Regressanspruch. 200

Beispiel:[427] Verkauft ein Lieferant an einen Unternehmer eine Waschmaschine, die einen Kratzer aufweist, mit entsprechendem Preisnachlass, dann liegt wegen der entsprechenden Beschaffenheitsvereinbarung in diesem Verhältnis kein Mangel vor. Verschweigt der Unternehmer den Kratzer gegenüber dem Kunden und verkauft die Maschine als einwandfrei weiter, so ist in diesem Vertragsverhältnis ein Mangel gegeben. Die Nachteile kann der Unternehmer dann aber selbstverständlich nicht an den Lieferanten weitergeben.

Klausurhinweis: *Der Begriff des Mangels ist insofern „relativ". Eine bestimmte Beschaffenheit kann im Verhältnis Lieferant – Letztverkäufer einen Mangel darstellen, nicht zwingend aber auch im Verhältnis Letztverkäufer – Endkunde und umgekehrt. Selbst wenn Sie in der Klausur also einen Mangel in einer der Rechtsbeziehungen bereits bejaht haben, können sie im Rahmen der anderen Rechtsbeziehung darauf nicht ohne Weiteres verweisen.*

Problematisch ist insbesondere der Fall, dass die Beschaffenheit von **öffentlichen Aussagen des Herstellers** beeinflusst wird.[428]

Beispiel: Trifft der Hersteller (Lieferant) bestimmte öffentliche Aussagen erst, nachdem er die Sache bereits an den Letztverkäufer weitergegeben hat und treffen diese Aussagen nicht zu, liegt im Verhältnis Endkunde – Letztverkäufer ein Mangel i.S.d. § 434 Abs. 1 S. 3 vor, nicht aber im Verhältnis Hersteller – Letztverkäufer. Dem Letztverkäufer stehen gegen den Hersteller daher trotz der §§ 445 a, 445 b keine Gewährleistungsrechte zu. Allerdings wird der Letztverkäufer den Hersteller gemäß § 280 Abs. 1 auf Schadensersatz in Anspruch nehmen können, weil dieser zulasten des Letztverkäufers durch öffentliche Aussagen keinen Sachmangel herbeiführen darf.

424 Tiedtke/Schmitt ZIP 2005, 681, 684.
425 Vgl. Erman/Grunewald § 445 a Rn. 3.
426 Erman/Grunewald § 445 a Rn. 4.
427 BT-Drs. 14/6040, S. 248.
428 Tiedtke/Schmitt ZIP 2005, 681, 686 f.; ausführlich auch zu einer möglichen teleologischen Reduktion des § 434 Abs. 1 S. 3.

Der Mangel muss ferner bereits im **Zeitpunkt des Gefahrübergangs** vom **Lieferanten** auf den **Unternehmer** vorgelegen haben. Ein Rückgriff ist damit nicht möglich, wenn der Mangel erst beim Unternehmer entstanden ist.

Beispiel: Die Sache ist vom Unternehmer unsachgemäß gelagert worden.

III. Umfang des Ersatzes

201 Nach § 445 a Abs. 1 ist nur der Aufwand ersatzfähig, den der (Letzt-)Verkäufer gemäß

- **§ 439 Abs. 2** (Transport-, Wege-, Arbeits- und Materialkosten) und
- **§ 439 Abs. 3** (Aus- und Wiedereinbaukosten bzw. Kosten des Anbringens, dazu oben Rn. 51) und
- **§ 475 Abs. 4** (Aufwendungskosten in beschränkter Höhe, dazu oben Rn. 73) und
- **§ 475 Abs. 6** (Vorschussverpflichtung gegenüber Verbrauchern, dazu oben Rn. 60)

zu tragen hatte, der ihm also **im Rahmen der Nacherfüllung** gegenüber dem Endkunden angefallen ist.

Hinweis: *Während die Ansprüche aus § 439 Abs. 2 und § 439 Abs. 3 stets in Betracht kommen, kann dem Letztverkäufer ein Aufwand nach* ***§ 475 Abs. 4*** *u.* ***6 nur*** *entstehen, wenn er mit dem Endkunden einen* ***Verbrauchsgüterkaufvertrag*** *abgeschlossen hat.*

Kosten die der Letztverkäufer dem Endkunden gegenüber zu tragen hat, aber die über die Ansprüche aus §§ 439 Abs. 2 u. 3, 475 Abs. 4 u. 6 hinausgehen, also z.B. **Schadensersatz für Verzögerungen**, die bei der Nacherfüllung aufgetreten sind, werden vom Aufwendungsersatzanspruch aus § 445 a Abs. 1 **nicht erfasst**. Der Letztverkäufer kann insofern aber einen Anspruch auf Schadensersatz gegen den Lieferanten aus den §§ 437 Abs. 3, 280 Abs. 1 haben.[429]

Durch die Formulierung in § 445 a Abs. 1 „zu tragen hatte" möchte der Gesetzgeber verdeutlichen, dass der Letztverkäufer seinerseits zur Nacherfüllung gegenüber dem Endkunden **verpflichtet** gewesen sein muss und ihm auch **kein Leistungsverweigerungsrecht** gegenüber dem Endkunden zustand.[430]

Beispiel: Die Kosten der vom Käufer gewählten Nachlieferung übersteigen – im Gegensatz zur ebenso möglichen Nachbesserung – die Unverhältnismäßigkeitsschwelle des § 439 Abs. 4, sodass der Letztverkäufer die durch den Käufer gewählte Art der Nacherfüllung hätte verweigern können. Macht er dies nicht, darf dadurch aber nicht der Lieferant belastet werden. Ersatzfähig nach § 445 a Abs. 1 sind deshalb nur diejenigen Kosten, die auch bei der anderen Art der Nacherfüllung (Nachbesserung) angefallen wären.

Hinweis: *Ferner darf sich der Käufer auch nicht darauf berufen, die Kosten der Nacherfüllung seien für den Letztverkäufer schon deshalb nicht unverhältnismäßig, da dieser ja Ersatz von seinem Vorlieferanten verlangen könnte. Dies würde dem Sinn von § 439 Abs. 4 zuwiderlaufen.*

An der notwendigen Verpflichtung des Letztverkäufers gegenüber dem Endkunden fehlt es auch, wenn der Letztverkäufer von seinem beschränkten Leistungsverweige-

429 Erman/Grunewald § 445 a Rn. 9.

430 BT-Drs. 18/8486, S. 41.

rungsrecht aus § 475 Abs. 4 S. 2 keinen Gebrauch macht oder **nur aus Kulanz** Nacherfüllung leistet.[431]

Problematisch ist, inwiefern **Gemeinkosten der Nacherfüllung**, wie z.B. die Vorhaltung einer Werkstatt und von Personal, ebenfalls auf den Lieferanten abgewälzt werden können. Handelt es sich ausschließlich um Vorhaltekosten für die Nacherfüllung, wird eine Ersatzpflicht gemäß § 445 a Abs. 1 zumeist bejaht, da es sich dabei um nichts anderes als „antizipierten Gewährleistungsaufwand" handele.[432]

B. Entbehrlichkeit der Fristsetzung, § 445 a Abs. 2

Anders als § 445 a Abs. 1 statuiert § 445 a Abs. 2 **keine eigenständige Anspruchsgrundlage**, die Vorschrift enthält aber eine Modifikation des Gewährleistungsrechts zugunsten des Letztverkäufers für dessen in § 437 genannten Rechte gegenüber dem Lieferanten (sog. **unselbstständiger Regress**). **202**

Nach § 445 a Abs. 2 **bedarf** es für die Geltendmachung der Gewährleistungsrechte des Letztverkäufers gegen seinen Lieferanten aus § 437 Nr. 2 u. 3 einer sonst grundsätzlich nach den §§ 323 Abs. 1, 441 Abs. 1 oder § 281 Abs. 1 erforderlichen **Fristsetzung für Rücktritt, Minderung und Schadensersatz statt der Leistung nicht**, wenn der Verkäufer die verkaufte neu hergestellte Sache als Folge ihrer Mangelhaftigkeit zurücknehmen musste oder der Käufer den Kaufpreis gemindert hat. Fristsetzungserfordernisse aus anderen Gründen, beispielsweise aufgrund einer Garantie, entfallen nicht.[433]

I. Voraussetzungen

Die Modifikation gemäß § 445 a Abs. 2 gilt ebenso wie der Anspruch aus § 445 a Abs. 1 nur für den **Verkauf neu hergestellter Sachen**. **203**

Erforderlich ist außerdem, dass der Letztverkäufer die Sache zurücknehmen musste oder der Käufer den Kaufpreis gemindert hat. Die **Rücknahme oder Minderung** muss daher gerade eine **Folge der Mangelhaftigkeit** der Sache sein und nicht aus Kulanz, aufgrund eines vereinbarten Rücktrittsrechts oder eines verbraucherschützenden Widerrufsrechts nach § 355 erfolgen.[434]

Auf die tatsächliche Rückgabe der Kaufsache an den Letztverkäufer kommt es entgegen dem insofern missverständlichen Wortlaut des § 445 a Abs. 2 („zurücknehmen musste") nicht an.[435] Maßgebend ist allein, ob den Letztverkäufer gegenüber dem Käufer eine **Rücknahmepflicht** trifft. Eine solche kann sich in **drei Fällen** ergeben:

- der **Käufer ist zurückgetreten**, §§ 437 Nr. 2, 323, 346;
- der Käufer hat im Rahmen der Geltendmachung des **großen Schadensersatzanspruchs** die Sache zurückgegeben, §§ 437 Nr. 3, 280 Abs. 1 u. 3, 281 Abs. 1 u. 5;

---

431 Erman/Grunewald § 445 a Rn. 6, 8.

432 BeckOK-BGB/Faust § 478 Rn. 24; Tröger ZGS 2003, 296, 297; Matthes NJW 2002, 2505, 2509.

433 Erman/Grunewald § 445 a Rn. 11.

434 Tiedtke/Schmitt ZIP 2005, 681; Bereska ZGS 2002, 59; Maultzsch JuS 2002, 1171, 1172.

435 Jauernig/Berger § 478 Rn. 5.

- die mangelhafte Sache ist im Rahmen der **Nacherfüllung in Form der Nachlieferung** zurückgegeben worden, § 439 Abs. 5.

Der Annahme, dass die Nachlieferung durch den Verkäufer, bei der dieser die mangelhafte Sache gemäß § 439 Abs. 4 zurückverlangen kann, einen Fall der Rücknahme i.S.d. § 445 a Abs. 2 ist, wird entgegengehalten, dass der Verkäufer nach § 439 Abs. 5 zwar ein Rückforderungsrecht habe, nicht aber zur Rücknahme der mangelhaften Sache verpflichtet sei.[436] Zudem sei die Nachlieferung vom Sinn und Zweck des § 445 a Abs. 1 nicht erfasst: Der Gesetzgeber habe mit der Vorschrift ein problemloses „Durchreichen" der mangelhaften Sache an den Hersteller ermöglichen wollen, ohne dass der Letztverkäufer sich für die ihm seinerseits nachgelieferte Sache einen neuen Käufer suchen müsse. Verlange der Käufer allerdings Nachlieferung, stelle sich dieses Problem gar nicht.[437] Nach überwiegender[438] und durch die Gesetzesbegründung[439] gestützter Ansicht stellt jedoch auch der Fall der Nachlieferung eine Rücknahme i.S.v. § 445 a Abs. 1 dar.

Neben der **Minderung** gemäß §§ 437 Nr. 2, 441 findet § 445 a Abs. 2 analoge Anwendung bei Geltendmachung des **kleinen Schadensersatzanspruchs**, weil dieser in seinen Rechtsfolgen der Minderung wirtschaftlich gleichsteht.[440] Anders verhält es sich indes mit der Nachbesserung, für die ein besonderer Aufwendungsersatzanspruch nach § 445 a Abs. 1 besteht.[441]

Darauf, ob der Verkäufer die Rücknahme der Sache oder die Minderung **zu vertreten hatte, kommt es nicht an**. Auch wenn der Verkäufer im Rahmen der Nacherfüllung untätig geblieben ist und der Käufer deswegen zurücktreten konnte, stehen dem Verkäufer die Regresserleichterungen gegen den Lieferanten zu. Entscheidend ist nur, dass der Mangel aus der Sphäre des Lieferanten stammt.[442]

Klausurhinweis: *Liegen die soeben behandelten Voraussetzungen des § 445 a Abs. 2, also der Verkauf einer neu hergestellten Sache und die Rücknahme oder Minderung in Folge der Mangelhaftigkeit, vor, kann der Letztverkäufer bei seinem Lieferanten nach den allgemeinen Vorschriften der §§ 437 ff. Regress nehmen, wobei gemäß § 445 a Abs. 2 lediglich eine sonst erforderliche Fristsetzung zur Nacherfüllung entbehrlich ist. Die übrigen Voraussetzungen der Rechte aus § 437 ersetzt die Vorschrift aber gerade nicht, sondern setzt diese vielmehr voraus. Sie sind daher in der Klausur (auch) zu prüfen. Das wird leider immer wieder einmal (in der Klausurhektik) übersehen.*

II. Inhalt der Ansprüche

204 Der Inhalt der Ansprüche des Letztverkäufers gegen den Lieferanten aus den §§ 437 ff. wird durch § 445 a Abs. 2 **nicht modifiziert**. Tritt der Letztverkäufer z.B. zurück, kann er nach § 346 Abs. 1 lediglich den seinerseits entrichteten Kaufpreis zurückverlangen; auch bei einer Minderung erfolgt die Herabsetzung des Kaufpreises auf Basis des Einkaufspreises. Der Letztverkäufer verliert dadurch (teilweise) seinen Händlergewinn. Als ent-

436 Vgl. dazu BeckOK-BGB/Faust § 478 Rn. 17; Lorenz ZGS 2004, 408, 410.

437 So insbesondere Tiedtke/Schmitt ZIP 2005, 681, 682; Salewski ZGS 2008, 212 ff.

438 MünchKomm/Lorenz § 478 Rn. 18; Böhle WM 2004, 1616, 1617; BeckOK-BGB/Faust § 478 Rn. 17; a.A. NK-BGB/Büdenbender § 478 Rn. 30 ff.

439 BT-Drs. 14/6040, S. 247.

440 MünchKomm/Lorenz § 478 Rn. 18.

441 So MünchKomm/Lorenz § 478 Rn. 18; a.A. BeckOK-BGB/Faust § 478 Rn. 20.

442 Tiedtke/Schmitt ZIP 2005, 681, 684; Erman/Grunewald § 445 a Rn. 13.

gangenen Gewinn kann er diesen nur unter den zusätzlichen Voraussetzungen eines **Schadensersatzanspruchs statt der Leistung** verlangen. Eine Fristsetzung ist für die Geltendmachung eines solchen Anspruchs ebenfalls entbehrlich.

Ist die Sache beim Käufer infolge des Mangels untergegangen und ist dieser deshalb gegenüber dem Letztverkäufer nach § 346 Abs. 3 S. 1 Nr. 3 privilegiert, muss sich diese Privilegierung im Verhältnis Letztverkäufer/Lieferant fortsetzen: Denn andernfalls bestünde eine Regresslücke, die mit dem Zweck der Privilegierung nicht vereinbar wäre.

Wählt der Käufer die **Minderung**, kommt es zwar nicht zur Rücknahme der Kaufsache durch den Letztverkäufer, gleichwohl ist nach der eindeutigen Gesetzesfassung gegenüber dem Lieferanten eine Fristsetzung generell entbehrlich. Fraglich erscheint allerdings, ob Sinn und Zweck des § 445 a Abs. 2, nämlich die Verhinderung einer Regressfalle, auch in diesen Fällen die sofortige Geltendmachung **sämtlicher** Rechtsbehelfe gegenüber dem Lieferanten rechtfertigen. Der Letztverkäufer könnte dann z.B., obwohl der Käufer „nur" gemindert hat, gegenüber seinem Lieferanten ohne weitere Voraussetzungen zurücktreten. Manche plädieren daher für eine **teleologische Reduktion des § 445 a Abs. 2** auf das Regressinteresse des Letztverkäufers.[443]

Allerdings dürfte das Regressinteresse auch bei einem Rücktritt gegenüber dem Lieferanten nicht überschritten werden, selbst wenn der Käufer nur die Minderung gewählt hat. Der Letztverkäufer kann in diesem Fall nämlich die mangelhafte Sache an seinen Lieferanten nicht herausgeben und muss diesem gemäß § 346 Abs. 2 S. 1 Nr. 2 Wertersatz in Anlehnung an den Kaufpreis (vereinbarte Gegenleistung) leisten, was wirtschaftlich einer Minderung gleichkommen dürfte.[444]

C. Verhältnis zwischen § 445 a Abs. 1 und § 445 a Abs. 2

Das **Verhältnis** zwischen dem **selbstständigen Regress nach § 445 a Abs. 1** und den **allgemeinen Rechten** des Letztverkäufers **gemäß § 437** (unabhängig davon, ob diese nach § 445 a Abs. 2 privilegiert sind) ist umstritten. Fraglich ist dabei, ob der Letztverkäufer nach Geltendmachung des Regressanspruchs aus § 445 a Abs. 1 noch mindern, zurücktreten oder Schadensersatz verlangen kann.[445] 205

Betrachtet man den Anspruch aus § 445 a Abs. 1 mit der h.M. als „Selbstvornahmerecht des Letztverkäufers" (er darf den Mangel selbst beheben und erhält seine Aufwendungen erstattet), kann es insoweit – da der Mangel beseitigt ist – nicht mehr zu einem Rücktritt, einer Minderung oder einem Schadensersatzanspruch kommen.[446] Der Letztverkäufer hat damit nach der Beseitigung des Mangels ein **Wahlrecht**:

- Macht er den Anspruch nach § 445 a Abs. 1 geltend, kann er **nicht zusätzlich die Rechte aus § 437** geltend machen. Das gilt für den Anspruch auf Nacherfüllung, das Minderungs- und Rücktrittsrecht sowie für die Ansprüche auf Schadensersatz statt der Leistung und Aufwendungsersatz (§ 284). Unberührt bleiben hingegen Ansprü-

443 Böhle WM 2004, 1616 ff.; ablehnend BeckOK-BGB/Faust § 478 Rn. 15.

444 So Tiedtke/Schmitt ZIP 2005, 681, 684.

445 Verneinend z.B. Salewski ZGS 2008, 212, 216 f.

446 BeckOK-BGB/Faust § 478 Rn. 29; MünchKomm/Lorenz § 478 Rn. 35.

che auf einfachen Schadensersatz und auf Schadensersatz wegen Verzögerung der Leistung.[447]

- Macht er den Aufwendungsersatzanspruch aus § 445 a Abs. 1 allerdings nicht geltend (wozu er nicht verpflichtet ist), stehen ihm – ggf. nach § 445 a Abs. 2 privilegiert – die allgemeinen Gewährleistungsrechte aus § 437 zu.
- Im Falle **erfolgloser Nacherfüllungsaufwendungen** können Ersatzanspruch nach § 445 a Abs. 1 und unselbstständiger Regress aber auch kombiniert werden. Es kommt für den Anspruch aus § 445 a Abs. 1 nicht darauf an, ob die Nacherfüllungsaufwendungen tatsächlich den gewünschten Erfolg herbeigeführt haben. Den Letztverkäufer trifft ein Prognoserisiko, ob die unternommenen Nacherfüllungsbemühungen erfolgreich sein werden. Dieses Risiko wird im Rahmen des § 445 a Abs. 1 an den Lieferanten weitergereicht.[448]

D. Regress in der unternehmerischen Lieferkette, § 445 a Abs. 3

206 Nach § 445 a Abs. 3 finden die Regelungen in § 445 a Abs. 1 und § 445 a Abs. 2 auf die **Ansprüche des Lieferanten und der übrigen Käufer in der Lieferkette** gegen die jeweiligen Verkäufer entsprechende Anwendung, wenn die Schuldner Unternehmer i.S.d. § 14 sind.

Hinweis: *Der Lieferant und seine Lieferanten müssen also bei der Erstreckung der Ansprüche aus § 445 a Abs. 1 und 2 auf die Lieferkette Unternehmer sein.*

Durch die Erstreckung des selbstständigen (§ 445 a Abs. 1) und unselbstständigen (§ 445 a Abs. 2) Regresses auf die unternehmerische Lieferkette sollen die **Nachteile** aus der Mangelhaftigkeit einer Sache möglichst **bis zu dem Unternehmer weitergegeben** werden, **in dessen Sphäre der Mangel entstanden ist.**[449] Die Erstreckung hat zur Folge, dass eine etwaige Fristsetzung als Voraussetzung für Rücktritt, Minderung oder Schadensersatz innerhalb einer Lieferkette ebenfalls entbehrlich ist, wenn der jeweilige Gläubiger die Sache von seinem Abnehmer zurücknehmen musste (§ 445 a Abs. 2). Außerdem sind im Bereich des selbstständigen Regresses die dem Abnehmer nach § 445 a Abs. 1 erstatteten Aufwendungen im Verhältnis des Gläubigers zum jeweiligen Lieferanten, in entsprechender Anwendung des § 445 a Abs. 1 als ersatzfähige Nacherfüllungsaufwendungen anzusehen.[450] Die mangelhafte Sache kann also im Ergebnis bis zum Hersteller „durchgereicht", werden, sofern bereits dort der Fehler entstanden ist.

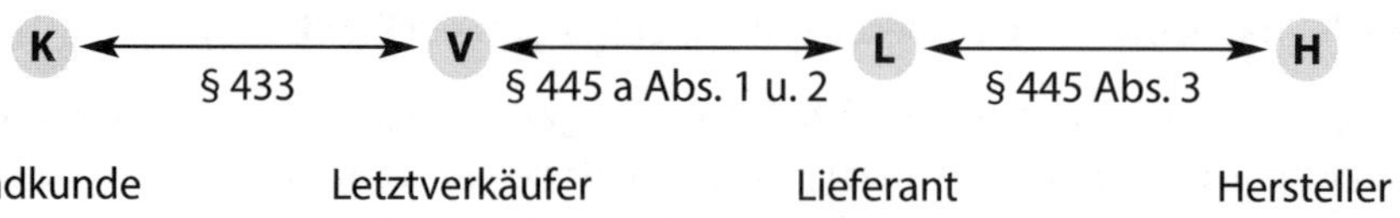

447 BeckOK-BGB/Faust § 478 Rn. 29.
448 Vgl. MünchKomm/Lorenz § 478 Rn. 33.
449 BT-Drs. 18/8486, S. 42.
450 BT-Drs. 18/8486, S. 42.

Ist der Fehler jedoch bereits in der Sphäre des Zulieferers des Herstellers entstanden, wird die Frage virulent, ob der Regress beim Hersteller der Sache enden muss oder ob nicht dann auch der Zulieferer unter Anwendung des § 445 a in Anspruch genommen werden kann. Dafür spricht zwar, dass § 445 a dazu dient, die Sache letztlich an den Verantwortlichen „durchzureichen".[451] Überwiegend wird aber davon ausgegangen, dass ein **Regress beim Zulieferer nach § 445 a nicht möglich** ist, da die Vorschrift auf „die Sache" abstellt, nicht aber auf deren Elemente oder Bestandteile.[452] Gleichwohl ist es möglich, dass der Hersteller dem § 445 a entsprechende Regelungen in seinen Einkaufsbedingungen mit Zulieferern trifft.[453]

E. Beachtung der Rügeobliegenheit

Mit dem Hinweis in **§ 445 a Abs. 4** wird klargestellt, dass die Rügelast nach § 377 HGB durch die Regelungen in § 445 a unberührt bleibt. Die **Untersuchungs- und Rügeobliegenheiten** beim beiderseitigen Handelskauf gelten also ebenso weiter wie die sich **aus § 377 HGB** ergebende Genehmigungsfiktion. Eine Verletzung der Obliegenheiten des § 377 HGB kann mithin das Entstehen von Regressketten verhindern oder solche Ketten unterbrechen.[454] Das gilt sowohl für den selbstständigen (§ 445 a Abs. 1) als auch für den unselbstständigen (§ 445 a Abs. 2) Regress des Verkäufers.[455] 207

Problematisch ist, ob der Unternehmer seinem Lieferanten den durch den Verbraucher angezeigten Mangel unverzüglich anzeigen muss.[456] Nach § 377 Abs. 3 HGB erstreckt sich die Anzeigepflicht des § 377 Abs. 1 HGB auch auf Fälle, in denen sich der Mangel erst später zeigt. Macht der Verbraucher gegenüber dem Unternehmer Mängelrechte geltend, zeigt sich hierin ein Mangel der Kaufsache.

F. Verjährung der Regressansprüche, § 445 b

In **§ 445 b Abs. 1** wird eine **spezielle Verjährungsregelung** für den Regressanspruch nach § 445 a Abs. 1 getroffen. Der von § 445 a Abs. 1 gewährte Aufwendungsersatzanspruch ist nämlich kein Gewährleistungsrecht i.S.v. § 437, sodass § 438 keine Anwendung findet und es für den Anspruch aus § 445 a Abs. 1 einer eigenständigen Regelung bedurfte. In Anlehnung an § 438 Abs. 1 Nr. 3 hat der Gesetzgeber dafür eine pauschale Verjährung **in zwei Jahren** vorgesehen. 208

Mit der Regelung des **§ 445 b Abs. 2** werden sowohl die Verjährung der Gewährleistungsansprüche des Letztverkäufers aus § 437 als auch die Verjährung des Anspruchs aus § 445 a Abs. 1 durch eine **Ablaufhemmung** modifiziert.[457] Danach tritt die Verjährung **frühestens zwei Monate** nach dem Zeitpunkt ein, in dem der Letztverkäufer die

451 Für eine Inanspruchnahme des Zulieferers: Heß NJW 2002, 253, 258 f.; Ball ZGS 2002, 49, 52.

452 Erman/Grunewald § 445a Rn. 5; Matthes NJW 2002, 2505, 2506; Mankowski DB 2002, 2419 ff.; Matusche-Beckmann BB 2002, 2561, 2564 ff.; Ernst MDR 2003, 4, 5.

453 Dazu Wagner/Neuenhahn ZGS 2003, 64 ff.; ZGS 2002, 395, 397 ff.; Matusche-Beckmann BB 2002, 2561, 2566.

454 BT-Drs. 18/8486, S. 42.

455 Vgl. Erman/Grunewald § 445 a Rn. 15.

456 So Matthes NJW 2002, 2505, 2508; a.A. Brüggemeier WM 2002, 1376, 1386, der die Anwendung des § 377 HGB für europarechtswidrig hält.

457 Eingehend zur Vorgängerregelung: Sendmeyer NJW 2008, 1914 ff.

Ansprüche des Käufers erfüllt hat. Diese Ablaufhemmung endet **spätestens fünf Jahre** nach dem Zeitpunkt, in dem der Lieferant die Sache dem Letztverkäufer abgeliefert hat. Diese Obergrenze von fünf Jahren dient der Rechtssicherheit für den Lieferanten.[458]

Beispiel: L liefert an V ein Nokia Smartphone, das sich als Ladenhüter erweist und daher fast zwei Jahre im Lager des V steht. Im Sommer gelingt es V endlich, das Gerät an K zu verkaufen. Nach vier Monaten zeigen sich jedoch schwerwiegende Mängel. V nimmt das Smartphone von K zurück und verlangt seinerseits sofort Rücknahme von L.

Der Anspruch des V gegen L auf Rücknahme ist noch nicht verjährt, denn Verjährung tritt frühestens zwei Monate nach dem Zeitpunkt ein, in dem V die Sache von K zurückgenommen hat. Dieser Zeitraum ist noch nicht verstrichen.

Sind die Gewährleistungsansprüche des Letztverkäufers gegen den Lieferanten bereits verjährt (z.B. weil er die Sache erst zwei Jahre später an einen Endkunden weiterverkauft hat), hilft die Ablaufhemmung des § 445 b Abs. 2 nicht weiter. Die Vorschrift kann nämlich nach wohl h.M. nur eine bestehende Verjährung hemmen, **nicht** aber einen **bereits verjährten Anspruch wieder beleben.**[459] Das ist auch interessengerecht, da der Zeitpunkt des Warenabsatzes in die Risikosphäre des Letztverkäufers fällt.[460]

Die Vorschrift des **§ 445 b Abs. 3** ordnet in Parallele zu § 445 a Abs. 3 die entsprechende Anwendung der Verjährungsregelung bei der **„Weitergabe" des Regresses in der Lieferkette** an, sofern die jeweiligen Schuldner Unternehmer i.S.d. § 14 sind.

G. Sonderbestimmungen für den Regress des Unternehmers, § 478

Für den Fall, dass ein Verbrauchsgüterkauf gemäß § 474 Abs. 1 (dazu sogleich unten Rn. 212) zwischen dem Letztverkäufer (Unternehmer) und dem Letztkäufer (Verbraucher) vorliegt, enthält § 478 die Regelungen des **§ 445 a ergänzende Vorschriften.**

I. Beweislastumkehr

209 Die Vorschrift des **§ 478 Abs. 1** trifft eine Modifikation hinsichtlich der Beweislastumkehr nach **§ 477**. Die zugunsten des Verbrauchers geltende Beweiserleichterung des § 477 (dazu oben Rn. 34) soll sich nicht lediglich zulasten des Letztverkäufers (im Verhältnis zum Verbraucher) auswirken, sondern auch innerhalb der Lieferkette und damit gegenüber dem Lieferanten auch zugunsten des Letztverkäufers gelten. Zudem sollen dem Letztverkäufer keine Nachteile daraus erwachsen, dass die sechsmonatige Vermutungsfrist des § 477 im Zeitpunkt der Inanspruchnahme des Letztverkäufers im Verhältnis zum Lieferanten bereits abgelaufen ist („Ladenhüterproblem").

Im Rahmen des Unternehmerregresses, wenn also der letzte Verkauf in der Lieferkette ein Verbrauchgüterkauf ist, findet deshalb die Beweislastumkehr des § 477 gemäß § 478 Abs. 1 in modifizierter Form Anwendung. Es kommt nämlich danach für den Fristbeginn nicht auf den Zeitpunkt des Gefahrübergangs zwischen Lieferant und Unternehmer an, sondern es wird auf den **Zeitpunkt des Gefahrübergangs zwischen Unternehmer**

---

458 BT-Drs. 18/8486, S. 44.

459 Raue Jura 2007, 427, 429; Tiedtke/Schmitt ZIP 2005, 681, 685; a.A. Ernst/Gsell ZIP 2001, 1389, 1400; Erman/Grunewald § 445 a Rn. 5.

460 Sendmeyer NJW 2008, 1914, 1916.

und Verbraucher abgestellt. Somit beginnt die Sechsmonats-Frist gemäß § 478 Abs. 1 i.V.m. § 477 auch für den Unternehmer erst mit dem Übergang der Gefahr auf den Verbraucher.

Beispiel: Hersteller H liefert an den Autohändler V einen neuen BMW 320, den V vier Monate in seinem Verkaufsraum stehen lässt und sodann an K verkauft. K gibt das Auto nach fünf Monaten infolge eines Mangels an V zurück. H weigert sich, das Auto zurückzunehmen. Er ist der Auffassung, dass der Mangel bei V entstanden ist. V kommt die Beweiserleichterung der §§ 478 Abs. 1, 477 zugute, weil der Mangel sich innerhalb von sechs Monaten nach Gefahrübergang auf den Verbraucher (K) gezeigt hat.

II. Einschränkung abweichender Vereinbarungen

In **§ 478 Abs. 2** finden sich Einschränkungen der Dispositivität der allgemeinen Mängelrechte des Unternehmers sowie der Regressregelungen der §§ 445 a Abs. 1 u. 2, 445 b u. 478 Abs. 1, wenn es sich bei dem letzten Kaufvertrag in der Lieferkette um einen Verbrauchsgüterkauf handelt. 210

Ein **Ausschluss** der Gewährleistung **durch Vereinbarungen**, die vor der Mitteilung des Mangels an den Lieferanten getroffen wurden, ist danach weitgehend nicht möglich. Ausgeschlossen werden können aber, wie beim Verbrauchsgüterkauf (§ 476), **Ansprüche auf Schadensersatz**. Bei einem Ausschluss oder einer Beschränkung der Schadensersatzansprüche durch AGB ist § 307 (die §§ 308, 309 gelten gemäß § 310 Abs. 1 nicht unmittelbar) zu berücksichtigen.

Die **anderen Gewährleistungsrechte** (Nacherfüllung, Rücktritt oder Minderung) können nur ausgeschlossen werden, wenn dem Rückgriffsgläubiger, also dem Letztverkäufer, **ein gleichwertiger Ausgleich** eingeräumt wird, § 478 Abs. 2 S. 1. Die Vorschrift macht keine Vorgaben, was unter einem gleichwertigen Ersatz zu verstehen ist. Laut Gesetzesbegründung sind vor allem **pauschale Abrechnungssysteme** denkbar.[461] Hierzu zählen z.B. Rabattsysteme für den Kaufpreis zum globalen Ausgleich ausgeschlossener Mängelgewährleistungsrechte, die unentgeltliche Mitlieferung von zusätzlichen Kaufgegenständen über die vertraglich vereinbarte Menge hinaus, oder auch die Einräumung großzügiger Zahlungsziele sowie ein Pauschalausgleich für alle mangelhaften Lieferungen jeweils am Ende einer Lieferperiode.[462]

III. Erstreckung auf die Lieferkette

Gemäß **§ 478 Abs. 3** finden die Regelungen in § 478 Abs. 1 und § 478 Abs. 2 auf die **Ansprüche des Lieferanten und der übrigen Käufer in der Lieferkette** gegen die jeweiligen Verkäufer entsprechende Anwendung, wenn die jeweiligen Schuldner, also die **jeweiligen Verkäufer, Unternehmer i.S.d. § 14** sind. Damit erstreckt § 478 Abs. 3 die auf das Verhältnis zwischen dem Letztverkäufer und seinem Lieferanten zugeschnittenen Vorschriften auf sämtliche Kaufverträge innerhalb der Lieferantenkette. Damit soll erreicht werden, dass letztlich derjenige für den Mangel einzustehen hat, auf den der Fehler zurückgeht. 211

461 Zur Vorgängerregelung BT-Drs. 14/6040, S. 249.

462 Nietsch AcP 210 (2010), 722.

6. Abschnitt: Verbrauchsgüterkauf, §§ 474 ff.

212 Mit der Regelung des Verbrauchsgüterkaufs hat der Gesetzgeber **Sondervorschriften** geschaffen, durch die beim Verkauf einer beweglichen Sache von einem Unternehmer an einen Verbraucher die sonst im Kaufrecht geltenden allgemeinen Regelungen **zugunsten des Verbrauchers modifiziert** werden. Umgesetzt wurde damit die europäische Verbrauchsgüterkaufrichtlinie (RL 1999/44/EG). Der Gesetzgeber hat sich auf wenige Sondervorschriften beschränkt, da weite Teile der Richtlinie bereits durch die sonstigen Regelungen des Kaufrechts umgesetzt wurden.

Hinweis: *Aus diesem Grund ist auch das „normale" Kaufrecht* ***richtlinienkonform auszulegen*** *bzw. eine richtlinienkonforme Rechtsfortbildung vorzunehmen, soweit die Vorschriften auf der Verbrauchsgüterkaufrichtlinie beruhen und der persönliche Anwendungsbereich der Richtlinie eröffnet ist (also ein Verbrauchsgüterkauf vorliegt).*[463] *Liegt kein Verbrauchsgüterkauf vor, ist allenfalls eine* ***richtlinienorientierte Auslegung*** *möglich, um eine „gespaltene Auslegung" der Vorschrift zu vermeiden.*[464]

213 Die Vorschriften über den Verbrauchsgüterkauf gewähren, abgesehen von dem in § 475 Abs. 6 statuierten Anspruch auf Vorschuss, **keine eigenen Ansprüche**. Vielmehr beinhalten die §§ 474 ff. „nur" Sonderregeln, die das allgemeine Kaufrecht an verschiedenen Stellen modifizieren.

Hinweis: *Das Verbraucherschutzrecht ist im BGB nicht zusammenhängend normiert. In den §§ 474 ff. nicht geregelt ist z.B. das Widerrufs- bzw. Rückgaberecht des Verbrauchers. Diese Rechte bestehen beim Verbrauchsgüterkauf nur, wenn ein außerhalb von Geschäftsräumen geschlossener Vertrag, § 312 b, ein Fernabsatzgeschäft, § 312 c, ein Kaufvertrag mit einem Zahlungsaufschub oder sonstigen Finanzierungshilfen, § 506 ff., oder ein Ratenlieferungsvertrag, § 510, vorliegt. Ist der Verbrauchsgüterkaufvertrag mit einem Verbraucherdarlehensvertrag verbunden, führt der Widerruf des Verbraucherdarlehensvertrags (§ 495) auch zur Rückabwicklung des Verbrauchsgüterkaufvertrags, § 358 Abs. 2 (sog. Widerrufsdurchgriff). Nach § 359 a finden die Vorschriften über verbundene Verträge einschließlich Widerrufsdurchgriff auch Anwendung, wenn die finanzierte Kaufsache im Verbraucherdarlehensvertrag bestimmt angegeben ist (dazu ausführlich AS-Skript Schuldrecht AT 2 [2020]).*

---

463 S. z.B. zu § 439 oben Rn. 72 ff.

464 MünchKomm/Lorenz Vor § 474 Rn. 4.

Verbraucherschutz im BGB

Persönlicher Anwendungsbereich		Sachlicher Anwendungsbereich				
§ 13 Verbraucher	§ 14 Unternehmer	§§ 312 ff. Besondere Vertriebsformen	§§ 474 ff. Verbrauchsgüterkaufverträge	§§ 650 i ff. Verbraucherbauverträge	§§ 491 ff. Verbraucherdarlehensvertrag und Finanzierungshilfen	§§ 655 a bis 655 e Vermittlung von Verbraucherdarlehensverträgen
AS-Skript: SchuldR AT 2	AS-Skript: SchuldR AT 2	AS-Skript: SchuldR AT 2	Rn. 215	Rn. 360	AS-Skript: SchuldR BT 2	AS-Skript: SchuldR BT 2

Die Vorschriften des Verbrauchsgüterkaufs sind aber nicht nur bei Kaufverträgen anwendbar. Da **§ 650** und **§ 480** auf die Regeln des Kaufrechts verweisen, gelten die Vorschriften auch bei **Werklieferungs-** und **Tauschverträgen**. Beim Tausch gelten sie selbstverständlich nur zugunsten des Verbrauchers, nicht aber für den Unternehmer.[465] Nach **§ 365** können die Vorschriften zudem eingreifen, wenn eine Sache **an Erfüllungs statt** hingegeben wird (z.B. Inzahlunggabe eines Gebrauchtwagens). **214**

A. Voraussetzungen des Verbrauchsgüterkaufs, § 474 Abs. 1

Voraussetzungen eines Verbrauchsgüterkaufs, § 474

Käufer ist Verbraucher, § 13	Verkäufer ist Unternehmer, § 14	Kaufgegenstand ist eine bewegliche Sache	Keine öffentliche Versteigerung einer gebrauchten Sache

Der **§ 474 Abs. 1 S. 1** enthält eine Legaldefinition des Verbrauchsgüterkaufs. Ein Verbrauchsgüterkauf liegt vor, wenn ein **Verbraucher als Käufer** von einem **Unternehmer als Verkäufer** eine **bewegliche Sache** kauft.[466] **215**

Die §§ 474 ff. finden demnach keine Anwendung bei Kaufverträgen

- zwischen Verbrauchern untereinander,
- zwischen Unternehmern untereinander,

  Dennoch sollten Unternehmer bei Kaufverträgen untereinander die Regeln über den Verbrauchsgüterkauf nicht unbeachtet lassen. Zwar gelten sie nicht direkt für diese Kaufverträge, allerdings statuiert § 478 Sonderbestimmungen für den Rückgriff des Unternehmers gemäß § 445 a (s. dazu Rn. 197 ff.).
- und zwischen Verbrauchern auf Verkäuferseite und Unternehmern auf Käuferseite.[467]

465 BeckOK-BGB/Faust § 474 Rn. 6.

466 Ausführlich zu den Voraussetzungen für die Verbraucher- und Unternehmereigenschaft AS-Skript Schuldrecht AT 2 (2020) Rn. 170 ff.

467 Ausführlich zum Anwendungsbereich der §§ 474 ff.: Schroeter JuS 2006, 682 ff.

Auch wenn **neben dem Verkauf** einer beweglichen Sache noch eine **Dienstleistung** des Verkäufers erbracht wird, steht dies einem Verbrauchsgüterkauf nicht entgegen, **§ 474 Abs. 1 S. 2**.

216 Die Anwendbarkeit der §§ 474 ff. ist allerdings ausgeschlossen, wenn es sich um **gebrauchte Sachen** handelt, die in einer **öffentlichen Versteigerung** verkauft werden, an der die Verbraucher persönlich teilnehmen können, **§ 474 Abs. 2 S. 2**. Als gebraucht gelten Sachen, die vom Verkäufer oder einem Dritten bereits benutzt worden sind. Ob eine Sache gebraucht ist, bestimmt sich nach **objektiven Kriterien** und nicht nach einer Beschaffenheitsvereinbarung gemäß § 434 Abs. 1 S. 1.[468]

Beispiele: Eine längere Lagerung („Ladenhüter") macht die Sache nicht zur gebrauchten (aber zur nicht „neu hergestellten" i.S.v. § 309 Nr. 8b); gebraucht ist auch ein Vorführwagen.[469]

Umstritten ist, inwiefern **Tiere** gebrauchte Sachen sind.

- Teilweise werden Tiere **stets als gebrauchte Sachen** i.S.v. § 474 Abs. 2 S. 2 angesehen mit der Begründung, dass eine am Verwendungszweck orientierte Abgrenzung bei Tieren aufgrund ihrer vielfältigen Verwendungsformen nicht nur sachlich unangemessen, sondern auch praktisch nicht oder nur schwer handhabbar sei.[470]
- Die h.M.[471] erachtet diesen Ansatz indes mit der Regelung des § 90 a für nicht vereinbar. Danach sind nämlich auf Tiere die für Sachen geltenden Vorschriften entsprechend anzuwenden, sofern nicht etwas anderes bestimmt ist. Die §§ 474 ff. enthalten keine Sonderregelungen für Tiere. Der Gesetzgeber ist ausweislich der Gesetzesmaterialien davon ausgegangen, dass es beim Tierkauf keiner speziellen Regelung zur Sachmängelhaftung und zur Verjährung bedarf, weil die neu eingeführten kaufrechtlichen Vorschriften auch den Tierkauf angemessen regelten. Mithin ist **auch beim Tierkauf zwischen neu und alt** zu **unterscheiden**. Dabei soll der bloße Zeitablauf unerheblich sein, solange das Tier noch jung ist.[472]

  Beispiel: Ein zum Zeitpunkt des Verkaufs zweieinhalb Jahre alter Hengst ist nicht mehr als jung anzusehen, weil er in diesem Alter schon längere Zeit von der Mutterstute getrennt ist, infolgedessen über einen nicht unerheblichen Zeitraum eine eigenständige Entwicklung vollzogen hat und bereits seit längerem geschlechtsreif ist. Die Geschlechtsreife, die bei einem Hengst spätestens mit Vollendung des zweiten Lebensjahres eintritt, erhöht bereits allein durch die im Tier zu diesem Zeitpunkt eingetretenen biologischen Veränderungen das Mängelrisiko beträchtlich. Wenngleich beispielsweise ein ungewollter Deckakt durch die Stallhaltung des Hengstes und Separierung von Stuten vermieden werden kann, verändert sich das Verhalten eines Hengstes allein durch den Eintritt der Geschlechtsreife gegenüber einem nicht geschlechtsreifen Tier erheblich.[473]

B. Rechtsfolgen des Verbrauchsgüterkaufs

217 Neben den bereits behandelten Besonderheiten hinsichtlich des Ausschlusses bzw. der Beschränkung des Leistungsverweigerungsrechts (§ 475 Abs. 4 u. 5, dazu oben Rn. 73)

---

468 BGH RÜ 2020, 142, 143; OLG Schleswig RÜ 2018, 685, 686; Jauernig/Berger § 474 Rn. 7.

469 Jauernig/Berger § 474 Rn. 7.

470 BeckOK-BGB/Faust § 474 Rn. 32; Adolphsen, Agrarrecht 2001, 203, 207.

471 BGH RÜ 2020, 142, 143; OLG Schleswig RÜ 2018, 685, 686; MünchKomm/Lorenz § 474 Rn. 16a.

472 BGH RÜ 2007, 65, 69.

473 BGH RÜ 2020, 142, 143; OLG Schleswig RÜ 2018, 685, 687.

und der Vorschussverpflichtung gemäß § 475 Abs. 6 sowie den Sonderbestimmungen beim Unternehmerregress (§ 478), gilt es beim Vorliegen eines Verbrauchsgüterkaufs die folgenden Modifikationen zu beachten:

Rechtsfolgen eines Verbrauchsgüterkaufs

Sondervorschriften	Besonderheiten der Gewährleistung	Sonderbestimmungen für Garantien	Sonderbestimmungen für Unternehmerregress
§ 475 Abs. 1 Fälligkeitsregelung	§ 476 Abs. 1 S. 1 Keine Abweichung vor Mitteilung eines Mangels	§ 479 Abs. 1 Anforderungen an Garantien	§ 478 Abs. 1 Modifikation der Beweislastumkehr
§ 475 Abs. 2 Gefahrübergang Versendungskauf	§ 476 Abs. 1 S. 2 Verbot von Umgehungsgestaltungen	§ 479 Abs. 2 Garantieerklärung in Textform	§ 478 Abs. 1 Einschränkung abweichender Vereinbarungen
§ 475 Abs. 3 S. 1 Kein Nutzungsersatz bei Ersatzlieferung	§ 477 Abs. 2 Verkürzbarkeit der Verjährung eingeschränkt	§ 479 Abs. 3 Wirksamkeit der Garantie	§ 478 Abs. 3 Erstreckung auf die Lieferkette
§ 475 Abs. 3 S. 2 Haftungsbegrenzung/Gefahrtragung	§ 477 Beweislastumkehr zugunsten des Verbrauchers		

I. Sondervorschriften

1. Fälligkeit

Nach der allgemeinen Regelung des **§ 271** ist die Leistung **sofort** zu bewirken, wenn die Leistungszeit weder bestimmt noch den Umständen zu entnehmen ist. Dies widerspricht der Richtlinie 2011/83 EU, die in Art. 18 Abs. 1 eine Lieferung des Unternehmers „**unverzüglich**, jedoch nicht später als dreißig Tage nach Vertragsschluss" verlangt. Die Regelung des **§ 475 Abs. 1** passt das deutsche Recht deshalb den Erfordernissen der Richtlinie an. Unverzüglich bedeutet ohne schuldhaftes Zögern (§ 121 Abs. 1 S. 1). Zu beachten ist, dass § 475 Abs. 1 nur auf die primären Erfüllungsansprüche Anwendung findet; für Sekundäransprüche wie etwa Schadensersatzansprüche gilt die Norm nicht.[474] Dort richtet sich die Leistungszeit vielmehr nach § 271. 218

474 BeckOK-BGB/Faust § 475 Rn. 6.

2. Gefahrübergang und Haftung beim Versendungskauf

219 Beim Verbrauchgüterkauf ist gemäß **§ 475 Abs. 2** die Vorschrift des **§ 447 Abs. 1 nur dann** anzuwenden, wenn der Käufer die Versandperson beauftragt und der Unternehmer diese Person nicht vorher benannt hat. Der Anwendungsbereich des § 447 Abs. 1 ist damit beim Verbrauchsgüterkauf minimal (praktisch gleich Null). Mithin geht regelmäßig die Gefahr gemäß § 446 S. 1 mit der Übergabe der Sache über.

Diese Regelung kann – wie die gesamte Vorschrift des § 475 – nicht abbedungen werden. Der § 475 gehört nämlich zu den „Vorschriften dieses Untertitels" die gemäß § 476 Abs. 1 S. 1 **nicht dispositiv** sind.[475]

Umstritten ist auch, ob bei einem Verbrauchsgüterkauf wegen der Nichtanwendbarkeit des § 447 stets eine **Bringschuld** vorliegt.[476] Dies lehnt die h.M. jedoch ab:[477] Durch § 475 Abs. 2 sollte lediglich das Transportrisiko geregelt werden und nicht die Frage des Erfüllungsortes. Andernfalls würde der Verkäufer auch für ein Verschulden selbstständiger Transportpersonen gemäß § 278 haften und Konkretisierung gemäß § 243 Abs. 2 träte erst mit Übergabe an den Käufer ein. Mit Ausnahme der Gefahrtragung bleibt es daher bei den allgemeinen Regelungen, sodass es sich bei einer Versendung in der Regel um eine Schickschuld handelt.

Außerdem ist gemäß **§ 475 Abs. 3 S. 2** die Regelung des **§ 447 Abs. 2 unanwendbar**.

3. Kein Nutzungsersatz bei Ersatzlieferung

220 Liefert der Verkäufer im Rahmen der Nacherfüllung eine neue Sache, muss der Käufer gemäß **§ 439 Abs. 5** i.V.m. **§§ 346 ff.** die mangelhafte Sache dem Verkäufer zurückgewähren. Gemäß § 346 Abs. 2 S. 1 Nr. 1 muss der Käufer grundsätzlich auch Wertersatz für die zwischenzeitliche Nutzung der Sache leisten. **Durch § 475 Abs. 3 S. 1** wird die Wertersatzpflicht beim Verbrauchsgüterkauf **ausgeschlossen**.

4. Haftungsbegrenzung bei öffentlicher Versteigerung

221 Nach **§ 475 Abs. 3 S. 2** ist beim Verbrauchsgüterkauf § 445 nicht anwendbar. In § 445 ist geregelt, dass bei einer **öffentlichen Versteigerung eines Pfands** dem Käufer Rechte wegen des Mangels nur zustehen, wenn der Verkäufer den Mangel arglistig verschwiegen oder eine Garantie für die Beschaffenheit der Sache übernommen hat. Nach § 474 Abs. 1 S. 2 gibt es dagegen bei öffentlichen Pfandversteigerungen **neuer** Sachen keine Haftungsbegrenzung, wenn ein Verbraucher den Zuschlag erhält. Handelt es sich hingegen um die Versteigerung einer **gebrauchten** Pfandsache, findet § 474 Abs. 2 keine Anwendung, da es sich gemäß § 474 Abs. 1 S. 2 nicht um einen Verbrauchsgüterkauf handelt, sodass es beim Haftungsausschluss des § 445 bleibt.

475 BGH NJW 2014, 454; a.A. MünchKomm/Lorenz § 475 Rn. 5.

476 Brüggemeier WM 2002, 1376, 1386.

477 BeckOK-BGB/Faust § 474 Rn. 44; Staudinger/Matusche-Beckmann § 474 Rn. 68 ff.

II. Besonderheiten der Gewährleistung

1. Verbot abweichender Vereinbarungen

Der § 476 Abs. 1 verbietet eine vor Mitteilung des Mangels getroffene Vereinbarung, die **zum Nachteil des Verbrauchers von den §§ 433–435, 437, 439–443** sowie von den Vorschriften des Untertitels „Verbrauchsgüterkauf" abweicht. Das hat die Folge, dass ein Ausschluss oder die Modifikation der Gewährleistung selbst durch Individualvereinbarung beim Verbrauchsgüterkauf weitgehend nicht möglich ist. Wird sie dennoch getroffen, so kann sich der Unternehmer gemäß **§ 476 Abs. 1** nicht auf sie berufen. **222**

Hinweis: Die ausgeklammerte Norm des **§ 436** betrifft nur Grundstücke, auf welche die Vorschriften des Verbrauchsgüterkaufs ohnehin nicht anwendbar sind. Die Regelung der Verjährung in § 438 ist nicht aufgeführt worden, da § 476 Abs. 2 eine spezielle Regelung enthält.

a) Unzulässige Abweichungen

Unzulässig sind nur Abweichungen **zum Nachteil des Verbrauchers.** Ein solcher liegt beispielsweise vor, wenn die Gewährleistungsrechte von einer **Mängelanzeige** abhängig gemacht werden,[478] die **Beweislastverteilung** geändert wird oder das dem Käufer nach § 439 Abs. 1 zustehende **Wahlrecht** dem Verkäufer zustehen soll.[479] **223**

Die Vorschrift des § 476 Abs. 1 hat eine erhebliche praktische Relevanz, da sie auch auf **gebrauchte** Sachen Anwendung findet. Somit ist ein vollständiger Gewährleistungsausschluss beispielsweise im Gebrauchtwagenhandel nicht möglich.[480]

Die im Einzelfall schwierige **Abgrenzung zwischen** (zulässiger) **Beschaffenheitsvereinbarung und** (unzulässiger) **Beschränkung** der Käuferrechte muss sich an der Frage orientieren, ob die jeweilige Vertragsgestaltung dazu führen soll, dass der Käufer das Risiko des Bestehens eines verborgenen Mangels trägt. Dieses dem Käufer – auch gegen entsprechenden Preisnachlass – zu übertragen, schließt § 475 Abs. 1 in Bezug auf die ihm unabhängig vom Vertretenmüssen des Verkäufers zustehenden Rechtsbehelfe aus. Jede Vereinbarung, die unmittelbar oder mittelbar bewirkt, dass der Käufer das Risiko des Vorhandenseins eines **verborgenen Mangels** trägt, ist unabhängig von ihrer Transparenz nach § 475 Abs. 1 unwirksam. Das gilt insbesondere für Vereinbarung des Inhalts, dass die verkaufte Sache möglicherweise mangelhaft ist.

Beispiel: Die Vereinbarung „Nachlackierung möglich" bei einen Gebrauchtwagenkauf ist keine zulässige negative Beschaffenheitsverienbarung, sondern eine unzulässige Beschränkung.[481]

Zu beachten ist, dass die Verbote des § 476 nur für Vereinbarungen gelten, die **vor Mitteilung des Mangels** zwischen Verbraucher und Unternehmer getroffen wurden. Nach Mitteilung des Mangels sind abweichende Vereinbarungen, wie etwa ein Vergleich – in den Grenzen der §§ 134, 138 sowie gemäß der §§ 305 ff. – erlaubt. Die Formulierung der Ausnahme ist allerdings nicht sonderlich geglückt: Entscheidend ist nicht, dass dem Un-

478 LG Hamburg ZGS 2004, 76 ff.; Arnold ZGS 2004, 64, 65.

479 Erman/Grunewald § 476 Rn. 5.

480 Dazu ausführlich Tiedtke/Burgmann NJW 2005, 1153 ff.

481 OLG Rostock RÜ 2020, 488, 489.

ternehmer der Mangel mitgeteilt wird, sondern dass der Verbraucher Kenntnis vom Mangel erlangt hat. Nur dann ist nämlich sichergestellt, dass er den gewährleistungsbeschränkenden Charakter der Vereinbarung auch erkannt hat. Ausgehen muss die Mitteilung daher vom Verbraucher; eine Mitteilung durch einen Dritten reicht nicht aus.[482] Bei der Mitteilung handelt es sich um eine geschäftsähnliche Handlung, sodass die Vorschriften über Willenserklärungen auf sie anwendbar sind. Die Mitteilung wird mit Zugang beim Verkäufer wirksam.[483]

Die Vereinbarung muss sich auf den mitgeteilten Mangel beziehen. Nur bezüglich des mitgeteilten Mangels, nicht aber wegen anderer (noch verdeckter) Mängel, ist die abweichende Vereinbarung wirksam.[484]

b) Rechtsfolge einer unzulässigen Abweichung

224 Geht man vom Wortlaut des Gesetzes aus, so ist eine abweichende Vereinbarung nicht etwa unwirksam, der Unternehmer kann sich auf sie nur nicht **„berufen"**. Unabhängig davon, ob man die verbotswidrige Vereinbarung tatsächlich für wirksam[485] oder unwirksam[486] hält, wird durch die Formulierung jedenfalls klargestellt, dass eine solche Vereinbarung nicht zur Gesamtnichtigkeit des Kaufvertrags gemäß § 139 führt.

Hinweis: *Die Unterscheidung ist allerdings insoweit relevant, als dass sich u.U. ein Verbraucher auf die Vereinbarung berufen möchte, was nur möglich wäre, wenn sie nicht unwirksam ist. In aller Regel wird sie für ihn dann allerdings nicht nachteilig sein, sodass § 476 gar nicht eingreift.*

Wird der Gewährleistungsausschluss in AGB vereinbart, so ist er ebenfalls gemäß § 476 unwirksam. Die strikten Verbote des § 476 gehen sogar den Klauselverboten ohne Wertungsmöglichkeit in § 309 vor, wie sich aus dem einleitenden Satz dieser Vorschrift ergibt: „Auch soweit eine Abweichung von den gesetzlichen Vorschriften zulässig ist, ist sie in Allgemeinen Geschäftsbedingungen unwirksam".

c) Verbleibender Gestaltungsspielraum

225 Ein Gestaltungsspielraum verbleibt lediglich bezüglich der Verjährung, § 476 Abs. 2, bei Schadensersatzansprüchen, § 476 Abs. 3, und bei der Gefahrtragung, § 474 Abs. 2.

Nach § 476 Abs. 3 ist beim Verbrauchsgüterkauf ein **Ausschluss oder die Beschränkung des Anspruchs auf Schadensersatz** möglich. Obwohl § 476 Abs. 3 vom Wortlaut her nur Schadensersatzansprüche erfasst, gilt er auch für Aufwendungsersatzansprüche i.S.d. § 284, da die Voraussetzungen für Schadensersatz und Aufwendungsersatz identisch sind und nach dem Gesetz nur Schadensersatz oder Aufwendungsersatz verlangt werden kann.

---

482 BeckOK-BGB/Faust § 475 Rn. 16 m.w.N.

483 Erman/Grunewald § 476 Rn. 2.

484 BeckOK-BGB/Faust § 475 Rn. 16; Staudinger/Matusche-Beckmann § 475 Rn. 35; a.A. Erman/Grunewald § 476 Rn. 2.

485 Erman/Grunewald § 476 Rn. 7.

486 Palandt/Weidenkaff § 476 Rn. 5.

Soweit eine Beschränkung oder der Ausschluss von Schadensersatzansprüchen durch AGB erfolgt, sind insbesondere die strikten Klauselverbote des **§ 309 Nr. 7** für Schäden aus der Verletzung des Lebens, des Körpers oder der Gesundheit oder für sonstige Schäden, die auf einer grob fahrlässigen Pflichtverletzung beruhen, zu beachten.

Werden unter Verstoß gegen § 476 Abs. 2 Gewährleistungsansprüche **individualvertraglich** ausgeschlossen, stellt sich die Frage, ob eine derartige Vereinbarung jedenfalls als nach § 476 Abs. 3 zulässiger Ausschluss der Schadensersatzansprüche auszulegen ist. Überträgt man auf diese Frage die für AGB geltenden Grundsätze, so bleibt der Ausschluss des Schadensersatzanspruchs jedenfalls dann wirksam, wenn die Gewährleistungsrechte **inhaltlich getrennt voneinander ausgeschlossen werden** (z.B. „Rücktritt, Minderung, Nacherfüllung und Schadensersatz sind ausgeschlossen"). Umstritten ist indes, ob ein Verbot der „geltungserhaltenden Reduktion" eingreift, wenn die Vereinbarung auf den Ausschluss „jeglicher Gewährleistungsrechte" abzielt.[487]

2. Verjährung

Ebenfalls von erheblicher Bedeutung ist die Regelung des **§ 476 Abs. 2**, wonach die Verjährung für neu hergestellte Sachen durch eine Vereinbarung **nicht** auf **unter zwei Jahre** und für gebrauchte Sachen **höchstens auf ein Jahr** verkürzt werden kann. 226

Hinweis: *Rücktritt und Minderung sind keine Ansprüche, sodass sie nicht der Verjährung unterliegen (vgl. § 194 Abs. 1), doch gilt für sie die Verjährung des Nacherfüllungsanspruchs entsprechend (§ 438 Abs. 4, 5 i.V.m. § 218). Dementsprechend kann auch die Quasi-Verjährung von Rücktritt bzw. Minderung nur in den Grenzen des § 476 Abs. 2 erleichtert werden.*

Für **neue** Sachen gilt gemäß § 438 Abs. 1 Nr. 3 eine gewöhnliche Verjährung von zwei Jahren. Verkürzt werden kann daher allenfalls die 30-jährige Verjährung (z.B. bei dinglichen Rechtsmängeln gemäß § 438 Abs. 1 Nr. 1 a) bzw. die 5-jährige Verjährung für Baumaterialien (vgl. § 438 Abs. 1 Nr. 2 b).

Die gewöhnliche Verjährung für **gebrauchte Sachen** beträgt grundsätzlich ebenfalls zwei Jahre. Ob eine Sache gebraucht oder neu ist, ist der Disposition der Parteien indes entzogen. Nach dem Wortlaut des § 476 Abs. 2 wäre bei gebrauchten Sachen eine **Erleichterung auf ein Jahr** individualvertraglich oder durch AGB möglich. Das ist jedoch **europarechtswidrig**, weil Art. 7 Abs. 1 UAbs. 2 Verbrauchsgüterkauf-RL den Mitgliedstaaten nur ermöglicht, den Parteien eine vertragliche Verkürzung der Haftungsdauer zu gestatten, nicht dagegen eine vertragliche Verkürzung der Verjährung.[488] Außerdem kommt auch eine richtlinienkonforme Rechtsfortbildung des § 476 Abs. 2 nicht in Betracht, da sie zur generellen Nichtanwendbarkeit des letzten Halbsatzes führen würde.[489] Das BMJV hat am 24.1.2020 einen Referentenentwurf vorgelegt, nach dem der letzte Halbsatz von Absatz 2 gestrichen werden soll und dafür in Absatz 1 eine Regelung aufgenommen werden soll, die es den Parteien erlaubt, bei gebrauchten Sachen eine Haftungsdauer von nicht weniger als einem Jahr zu vereinbaren.[490]

487 Bejahend Augenhofer JZ 2007, 792–796 m.w.N. auch für die Gegenansicht.

488 BGH RÜ 2020, 142.

489 BeckOK/Faust § 476 Rn. 4.

490 Vgl. BR-Drs. 18/21.

3. Verbot von Umgehungsgestaltungen

227 Durch **§ 476 Abs. 1 S. 2** soll zudem sichergestellt werden, dass die Vorschriften über den Verbrauchsgüterkauf nicht durch anderweitige Gestaltungen umgangen werden. Unter einer derartigen anderweitigen Gestaltung ist eine rechtsgeschäftliche Vereinbarung zu verstehen, welche die Wirkungen der Vorschrift auf anderem Wege als durch Ausschluss oder Beschränkung der Gewährleistung beseitigt. Eine entsprechende **Umgehungsabsicht** der Parteien ist **nicht erforderlich**.

a) Strohmanngeschäfte

Ein Umgehungsgeschäft liegt vor, wenn ein Unternehmer zum Verkauf einer Sache einen Verbraucher als „Strohmann", z.B. als mittelbaren Stellvertreter, einschaltet.[491]

Beispiel: Ein Umgehungsgeschäft liegt im Gebrauchtwagenhandel vor, wenn in den Geschäftsräumen eines Händlers ein von ihm beworbenes Fahrzeug verkauft wird, dessen angeblicher (privater) Verkäufer weder im Kfz-Brief eingetragen noch Versicherungsnehmer der Kfz-Versicherung ist.[492]

b) Agenturverträge

228 Umstritten ist, ob bei den sog. **Agenturgeschäften im Gebrauchtwagenhandel** eine unzulässige Umgehungsgestaltung gegeben ist. Ein Agenturgeschäft liegt vor, wenn der Kfz-Händler den Verkauf eines gebrauchten Kfz nicht in eigenem Namen vornimmt, sondern nur einen Kaufvertrag zwischen dem verkaufenden Voreigentümer und einem Käufer vermittelt. Der Händler selbst tritt dabei als Vertreter des Voreigentümers auf, sodass die §§ 474 ff. mangels Unternehmereigenschaft des Verkäufers nicht unmittelbar anwendbar sind.

Beispiel: K kauft bei Händler H einen fabrikneuen Porsche und gibt seinen alten VW dafür „in Zahlung". K und H vereinbaren, dass H den Wagen im Namen des K verkaufen soll. H garantiert K einen Mindestverkaufspreis von 3.000 €; liegt der spätere Verkaufspreis höher, soll H der Mehrerlös gebühren.

Derartige Agenturgeschäfte sind nicht generell ausgeschlossen oder verboten, doch kann im Einzelfall eine Umgehung i.S.d. § 476 Abs. 1 S. 2 vorliegen, wenn ein in Wahrheit vorliegendes Eigengeschäft des Unternehmers verschleiert werden soll. Entscheidende Bedeutung kommt dabei der Frage zu, wie die **wirtschaftlichen Risiken und Chancen** aus dem Geschäft verteilt sind. Eine Umgehung liegt – wie in dem obigen Beispiel – dann vor, wenn der Händler dem verkaufenden Verbraucher einen Mindestverkaufspreis garantiert und in entsprechender Höhe den Kaufpreis für den Kauf eines Neufahrzeugs gestundet hat.[493]

Umstritten sind die **Rechtsfolgen** einer Umgehung durch einen Agenturvertrag bzw. ein Strohmanngeschäft: Nach einer Auffassung führt ein Verstoß gegen das Umgehungsverbot lediglich zur Unwirksamkeit der gegen die §§ 474 ff. verstoßenden Haftungsfreizeichnungen. Der vom Unternehmer als „Strohmann" zwischengeschaltete Verbraucher-Verkäufer bleibe Vertragspartei; er hafte gegenüber dem Verbraucher-

491 BGH RÜ 2007, 124, 126.

492 OLG Celle RÜ 2007, 11, 12.

493 BGH RÜ 2005, 188; Müller NJW 2003, 1975, 1978 f.; Reinicke/Tiedtke Rn. 758; nach a.A. generell kein Umgehungscharakter: Ziegler/Rieder ZIP 2001, 1789, 1797.

Käufer dann allerdings wie ein Unternehmer.[494] Nach h.M. richten sich die Gewährleistungsansprüche jedoch gegen den Unternehmer als „Quasi-Verkäufer", da ein Eigengeschäft nur verschleiert werde.[495]

Klausurhinweis: *Offengelassen hat der BGH bisher, ob die (ausschließliche) Haftung des Unternehmers dogmatisch so zu begründen ist, dass der „vorgeschobene" Kaufvertrag (zwischen den Verbrauchern) als Scheingeschäft (§ 117) unwirksam ist und nach § 476 Abs. 1 S. 2 ausschließlich ein Verbrauchsgüterkauf zwischen dem Käufer (Verbraucher) und dem Händler (Unternehmer) besteht,[496] oder ob der durch den Händler als Vertreter vermittelte Kaufvertrag (mit dem vereinbarten Gewährleistungsausschluss) unangetastet bleibt und die Anwendung des § 476 Abs. 1 S. 2 daneben zu einer Eigenhaftung des Händlers für Sachmängel führt.[497] Sind also Ansprüche gegen den Händler zu prüfen, muss man zwar einen Vertragsschluss mit dem Unternehmer verneinen, dann aber sofort über § 476 Abs. 1 S. 2 eine Umgehungsgestaltung prüfen und bejahendenfalls auf das Vorliegen eines Sachmangels und die übrigen Anspruchsvoraussetzungen gegenüber dem Unternehmer eingehen.[498] Vereinzelt wird vertreten, der Unternehmer hafte in derartigen Drei-Personen-Fällen nach §§ 280 Abs. 1, 311 Abs. 2, 241 Abs. 2 auf Schadensersatz. Der Verbraucher sei so zu stellen, als ob der Vertrag unmittelbar mit dem Unternehmer zustande gekommen und der Gewährleistungsausschluss deshalb wegen § 476 Abs. 1 S. 1 unwirksam sei.[499]*

c) Finanzierungsleasing

Keine Umgehungsgestaltung liegt vor, wenn der Verbraucher ein Fahrzeug nicht unmit- **229**
telbar vom Händler erwirbt, sondern der Kaufvertrag unter Ausschluss der Gewährleistung zwischen dem Händler und einer Leasinggesellschaft abgeschlossen wird und diese das Fahrzeug leasingtypisch unter Ausschluss der (mietrechtlichen) Gewährleistung und unter Abtretung der Gewährleistungsrechte gegen den Händler an den Verbraucher verleast (Finanzierungsleasing).[500] Der Abschluss eines Leasingvertrags stellt keine „Umgehung eines Kaufvertrags" dar, da der Leasingvertrag eine **andere wirtschaftliche Bedeutung** hat. Der Verbraucher hat selbst entschieden, einen Wagen nicht zu kaufen, sondern zu leasen.[501]

Allerdings ist der Ausschluss der beim Leasingvertrag bestehenden mietrechtlichen Gewährleistung unwirksam, wenn die Abtretung der kaufrechtlichen Gewährleistungsansprüche gegen den Händler wegen des im unternehmerischen Verkehr möglichen Gewährleistungsausschlusses zwischen Leasinggeber und Verkäufer ins Leere geht. Dem Leasingnehmer stehen in diesem Fall die mietrechtlichen Gewährleistungsansprüche zu – auch wenn sie über die kaufrechtlichen weit hinausgehen (nicht nur Mangel-

494 MünchKomm/Lorenz § 475 Rn. 36.
495 BGH RÜ 2005, 188, 190; RÜ 2007, 124, 125.
496 So z.B. Czaplinski ZGS 2007, 91–97; a.A. wegen Fehlens einer Scheinabrede Lorenz/LMK 2007, 211667.
497 Looschelders JR 2008, 45, 47.
498 Deswegen kritisch zur Rspr. des BGH: Maultzsch ZGS 2005, 175 ff.
499 Katzenmeier NJW 2004, 2632, 2633.
500 Zu Einzelheiten des Finanzierungsleasings s. AS-Skript Schuldrecht AT 2 (2020).
501 BGH NJW 2006, 1066; vgl. auch die vorinstanzliche Entscheidung des OLG Naumburg RÜ 2005, 353; zustimmend Moseschus EWiR 2006, 299–300.

freiheit im Zeitpunkt des Gefahrübergangs, sondern Erhaltung der Sache in mangelfreiem Zustand, § 535 Abs. 1 S. 2 Alt. 2).

d) Negative Beschaffenheitsvereinbarungen

230 Gemäß § 434 Abs. 1 S. 1 können die Parteien eine konkrete Beschaffenheit der Sache vereinbaren, sodass ein Sachmangel nur bei einem negativen Abweichen von der vereinbarten Beschaffenheit vorliegt.[502] Keine Umgehung der §§ 474 ff. ist es daher, wenn der Unternehmer den (fehlerhaften) Zustand der Kaufsache detailliert beschreibt und somit die „Fehlerhaftigkeit" der Sache als Beschaffenheit vereinbart, da der Verbraucher in diesem Fall gerade auf den genauen Zustand der Sache hingewiesen wird.

Unzulässig sind jedoch **generalklauselartige Vereinbarungen** wie „Die Sache gilt als in besehenem Zustand beschaffen", „Bastlerauto" oder „rollender Schrott", wenn diese zu dem eigentlichen Vertragszweck im Widerspruch stehen. Indizien dafür sind der Kaufpreis oder beim Gebrauchtwagenkauf die Tatsache, dass ein Fahrzeug mit neuer Haupt- und Abgasuntersuchung verkauft wird.[503]

Hinweis: *Weichen der übereinstimmende Wille der Parteien, eine funktionstüchtige Sache zu verkaufen, und der Wortlaut der Beschaffenheitsvereinbarung, z.B. „Bastlerfahrzeug", voneinander ab, handelt es sich streng genommen gar nicht um einen Fall des § 476 Abs. 1 S. 2, sondern um eine bloße „falsa demonstratio", die nicht zum Ausschluss der Mängelhaftung führen kann.*[504]

4. Beweislastumkehr

231 Gemäß **§ 477** wird beim Verbrauchsgüterkauf die Beweislast zugunsten des Verbrauchers umgekehrt. Zeigt sich innerhalb der ersten sechs Monate seit Gefahrübergang ein **Sachmangel**, wird vermutet, dass die Sache bereits bei Gefahrübergang mangelhaft war. Die Vermutung greift allerdings nicht ein, wenn sie mit der Art der Sache oder der Art des Mangels unvereinbar ist. Will der Verkäufer der Vermutungswirkung entgehen, muss er gemäß § 292 ZPO das Gegenteil – also die Mangelfreiheit der Kaufsache – beweisen.

Prüfungsschema für § 477
■ Verbrauchsgüterkauf
■ Sachmangel, der sich innerhalb von sechs Monaten seit Gefahrübergang zeigt
■ Vermutung nicht unvereinbar mit der Art der Sache oder des Mangels
■ Keine Widerlegung der Vermutung
■ Rechtsfolge: Vermutung, dass die Sache bei Gefahrübergang mangelhaft war

502 Ausführlich oben Rn. 12 ff.
503 OLG Oldenburg, DAR 2004, 92, 93; May DAR 2004, 557, 558 ff.; Reinking AnwBl. 2004, 607, 608 ff.
504 So i.E. Lorenz NJW 2005, 1889, 1894.

a) Sachmangel

Die Vermutung des § 477 setzt zwingend das Vorliegen eines Sachmangels gemäß **§ 434** voraus. Der Käufer hat dabei aber weder den Grund für die Mangelerscheinung noch den Umstand zu beweisen, dass sie dem Verkäufer zuzurechnen ist. Das bedeutet, dass der Käufer insoweit lediglich den **Nachweis einer Mangelerscheinung**, also eines mangelhaften Zustands, zu erbringen hat, der – unterstellt, er beruhe auf einer dem Verkäufer zuzurechnenden Ursache – eine Haftung des Verkäufers wegen einer Abweichung von der geschuldeten Beschaffenheit begründen würde. Das Vorliegen eines Mangels ist also nicht Gegenstand, sondern Voraussetzung der Vermutung nach § 477.

Beispiel: Beim Kauf eines Pferdes mit sog. Rittigkeitsproblemen stellt sich zunächst die vorgelagerte Frage, ob eine Mangelerscheinung überhaupt gegeben ist. Erst wenn man diese Frage bejahen kann, geht es im Rahmen des § 477 um den Grund der Mangelerscheinung und darum, ob sie dem Verkäufer zuzurechnen ist. Durch § 477 kann aber nicht vermutet werden, dass ein Mangel bei Rittigkeitsproblemen vorliegt.[505]

RÜ-Video 09/20

Umstritten ist, ob § 477 auch dann eingreift, wenn ein Mangel auftritt, der unstreitig bei Gefahrübergang noch nicht vorhanden war, aber möglicherweise auf einem anderen bei Gefahrübergang vorhandenen Mangel beruht. **232**

Fall 8: Mysteriöser Motorschaden

K kaufte zur privaten Nutzung im Januar bei Kraftfahrzeughändler V einen gebrauchten VW Golf für 13.900 €. Im April desselben Jahres erlitt das Fahrzeug einen massiven Motorschaden, der auf eine Lockerung des Zahnriemens zurückzuführen ist. K setzte dem V eine Frist zu dessen Beseitigung. Nach deren erfolglosem Ablauf erklärte K den Rücktritt und verlangt Rückzahlung des Kaufpreises abzüglich von ihm gezogener Nutzungen. Besteht der geltend gemachte Anspruch, wenn nach einem Sachverständigengutachten unklar ist, ob der Motorschaden durch einen Materialfehler des Zahnriemens verursacht wurde oder die Lockerung des Zahnriemens darauf zurückzuführen ist, dass K sich verschaltet hat?

Der Anspruch des K gegen V auf Rückzahlung könnte sich aus **§§ 437 Nr. 2, 346 Abs. 1** ergeben. **233**

I. V und K haben einen wirksamen Kaufvertrag abgeschlossen.

II. Die Sache müsste im Zeitpunkt des Gefahrübergangs mangelhaft gewesen sein. Eine Beschaffenheitsvereinbarung haben die Parteien nicht getroffen. Es kann bei Gefahrübergang aber ein Mangel nach **§ 434 Abs. 1 S. 2 Nr. 2** vorgelegen haben.

Der **Motorschaden** war unstreitig **nicht schon bei Gefahrübergang** vorhanden.

Mit einem **Zahnriemendefekt** weist ein Gebrauchtwagen nicht die Beschaffenheit auf, die bei Sachen der gleichen Art üblich ist. Ein defekter Zahnriemen begründet einen Mangel i.S.d. § 434 Abs. 1 S. 2 Nr. 2. Es steht allerdings nicht fest, dass der Zahnriemen überhaupt defekt war. Nach dem Sachverständigengutachten könnte der

505 BGH RÜ 2020, 558 mit RÜ-Video unter t1p.de/lhbe.

Motorschaden auch darauf beruhen, dass K sich verschaltet hat. Damit steht nicht fest, dass das verkaufte Auto mangelhaft war. Grundsätzlich muss der Käufer darlegen und beweisen, dass ein Mangel vorlag. Zugunsten des K könnte indes die **Vermutung des § 477** eingreifen.

1. Dazu müsste es sich zunächst um einen **Verbrauchsgüterkauf** handeln, **§ 474**. K kaufte den Pkw zum privaten Gebrauch, sodass er Verbraucher ist (§ 13), während Kfz-Händler V mit der Veräußerung ein Geschäft in Ausübung seines Gewerbes vornahm und somit Unternehmer ist (§ 14). Bei dem Kfz handelt es sich um eine **bewegliche Sache**, sodass die Vorschriften über den Verbrauchsgüterkauf Anwendung finden.

2. Außerdem muss sich **innerhalb von sechs Monaten seit Gefahrübergang** ein Sachmangel gezeigt haben. Im vorliegenden Fall ist innerhalb von sechs Monaten ein Schaden eingetreten, dessen Ursache unklar ist. Ursache des Motorschadens kann ein defekter Zahnriemen, aber auch ein Schaltfehler des K gewesen sein. Ob § 477 auch dann eingreift, wenn ein Schaden eintritt, der möglicherweise nicht auf einem Mangel beruht, ist umstritten.

   a) Der BGH hat viele Jahre die Ansicht vertreten, dass der Schadenseintritt nicht selbst als Mangel angesehen werden kann, wenn dieser Schaden unstreitig bei Übergabe nicht vorlag.[506] Eine Sachmängelhaftung komme nur in Betracht, soweit der Schaden seinerseits auf eine Ursache zurückzuführen sei, die einen Mangel darstelle. Das Vorliegen eines Mangels könne nicht gemäß § 477 vermutet werden, denn diese Vorschrift regele nicht die Frage, ob überhaupt ein Mangel vorliege. Sie setze einen binnen sechs Monaten seit Gefahrübergang aufgetretenen Mangel voraus und enthalte **lediglich eine in zeitlicher Hinsicht wirkende Vermutung**, dass dieser Mangel bereits im Zeitpunkt des Gefahrübergangs vorlag. Trete ein Schaden ein, dessen Ursache unklar ist, müsse der Käufer darlegen und beweisen, dass es sich bei der Schadensursache tatsächlich um einen Mangel handele.[507]

   Danach müsste K beweisen, dass ein Zahnriemendefekt vorlag. Diesen Beweis hat er nicht geführt, denn Ursache des Motorschadens kann auch ein Schaltfehler sein.

   b) Diese Rspr. des BGH ist in der Lit. weitgehend auf Kritik gestoßen.[508] Bei der Prüfung der Voraussetzungen des § 477 wird der eingetretene Schaden selbst als Sachmangel angesehen. Auch wenn der aufgetretene Mangel (hier: der Motorschaden) unstreitig bei Gefahrübergang noch nicht vorlag, greife § 477 ein, denn es werde bei Auftreten eines Mangels **nicht vermutet, dass genau dieser Mangel bereits bei Gefahrübergang vorlag**, sondern, dass „die Sache bei Gefahrübergang mangelhaft war". Die Regelung beziehe sich daher auch auf das Vorliegen eines Mangels selbst. Diese Auslegung sei auch nach Sinn

506 BGH NJW 2004, 2299, 3000; BGH RÜ 2014, 273, 275.

507 BGH NJW 2006, 434, 436.

508 BeckOK BGB/Faust § 476 Rn. 8; Looschelders Rn. 272.

und Zweck des § 477 geboten, denn die Regelung solle einen Ausgleich bieten für die schlechten Beweismöglichkeiten des Verbrauchers und die ungleich besseren Erkenntnismöglichkeiten des Unternehmers.

c) Der EuGH hat angenommen, Art. 5 Abs. 3 der Richtlinie 1999/44/EG sei so auszulegen, dass der **Verbraucher weder den Grund für die Vertragswidrigkeit noch den Umstand beweisen muss, dass dessen Ursprung dem Verkäufer zuzurechnen ist.**[509] Für den Verbraucher könne es sich als unüberwindbare Schwierigkeit erweisen, wenn er den Beweis für eine bereits im Zeitpunkt der Lieferung vorliegende Vertragswidrigkeit erbringen müsste. Dagegen sei es für den Gewerbetreibenden viel leichter, zu beweisen, dass die Vertragswidrigkeit nicht zum Zeitpunkt der Lieferung bestand, sondern auf unsachgemäßen Gebrauch durch den Verbraucher zurückzuführen sei.[510]

   Überträgt man diese Rspr. auf § 477, ist diese Norm auch dann anwendbar, wenn innerhalb von sechs Monaten ein Schaden eintritt, dessen Ursache ein Mangel oder ein anderer Umstand sein kann.

d) Der **BGH** hat mit Urteil vom 12.10.2016[511] seine **bisherige Rspr. aufgegeben** und sich der Ansicht des EuGH angeschlossen. Demnach ist § 477 so auszulegen, dass danach vermutet wird, dass entweder derjenige Mangel, der sich innerhalb der Sechsmonatsfrist zeigt, selbst schon bei Gefahrübergang vorlag oder dass er auf einem anderen, schon bei Gefahrübergang vorliegenden Mangel beruht. Steht also – wie hier – fest, dass derjenige Mangel, der sich zeigt, erst nach Gefahrübergang eintrat, wird vermutet, dass er auf einem schon bei Gefahrübergang vorliegenden „Grundmangel" beruht.

   Deshalb wird gemäß § 477 vermutet, dass der Golf bereits bei Gefahrübergang mangelhaft war.

3. Der Defekt, nämlich der Motorschaden, hat sich **innerhalb der sechsmonatigen Frist des § 477** auch gezeigt.

4. Die Vermutung des § 477 greift nicht ein, wenn sie mit der **Art der Sache oder des Mangels unvereinbar** ist. Fraglich ist insbesondere, ob die Vermutung bei gebrauchten Sachen ausgeschlossen ist, weil von vornherein eine sehr unterschiedliche Abnutzung bestehen kann. Die Vorschrift des **§ 477** ist indes – wie alle Vorschriften des Verbrauchsgüterkaufs – **auch auf gebrauchte Sachen anwendbar.**[512] Auch bei gebrauchten Sachen liegt ein Sachmangel vor, wenn diese über den normalerweise zu erwartenden Verschleiß hinaus abgenutzt sind, sodass es konsequent ist, auch auf einen solchen Mangel die Vermutung des § 477 anzuwenden.[513]

509 EuGH RÜ 2015, 558, 559.
510 EuGH RÜ 2015, 558, 559.
511 BGH RÜ 2017, 1, 2 ff.
512 BGH RÜ 2005, 21, 22; OLG Bremen ZGS 2004, 394, 395; Lorenz NJW 2004, 3020.
513 OLG Stuttgart ZGS 2005, 156, 157 ff.

III. Die gemäß § 323 Abs. 1 erforderliche Fristsetzung ist erfolgt und die Frist ist erfolglos verstrichen.

IV. K hat gemäß § 349 wirksam seinen Rücktritt erklärt.

K kann damit von V gemäß §§ 437 Nr. 2, 346 Abs. 1 die Rückzahlung des Kaufpreises in Höhe von 13.900 € abzüglich gezogener Nutzungen verlangen.

---

b) Sich zeigen des Sachmangels

234 Die Vermutung des § 477 setzt voraus, dass sich der Mangel innerhalb der 6-Monats-Frist zeigt. Dies ist gleichbedeutend mit **Erkennbarkeit des Mangels.** Es kommt hingegen nicht darauf an, dass der Verbraucher auch innerhalb dieser Frist Gewährleistungsrechte gegenüber dem Unternehmer geltend macht.

c) Ausschluss der Vermutung

235 Die Vermutung des § 477 greift nicht ein, wenn sie mit der **Art der Sache** oder der **Art des Mangels** nicht vereinbar ist. Der Unternehmer trägt die Darlegungs- und Beweislast für die tatsächlichen Voraussetzungen der Ausnahmeregelung. Als Ausnahmetatbestand muss § 477 letzter Hs. eng interpretiert werden, sodass er nicht den Grundsatz der Beweislastumkehr aushöhlt. Die Anwendung der Beweislastumkehr wird beispielsweise nicht dadurch ausgeschlossen, dass der Verbraucher die gekaufte Sache durch einen **Dritten hat einbauen** lassen.[514] Allein die konkrete Möglichkeit, dass der Mangel von einem Dritten verursacht worden ist, reicht zum Eingreifen der Ausnahme nicht aus, denn den Beweis nachträglicher Mangelentstehung bräuchte der Unternehmer niemals zu führen, wenn er die Vermutungswirkung stets bereits durch deren bloße Erschütterung beseitigen könnte. Die Ausnahmen des § 477 letzter Hs. greifen daher vor allem in Konstellationen ein, in denen der Mangel nach der allgemeinen Lebenserfahrung typischerweise erst nachträglich entstanden ist und deshalb allem Anschein nach bei Gefahrübergang noch fehlte.[515]

Ein Ausschluss der Vermutung wegen der **Art der Sache** betrifft nach dem Willen des Gesetzgebers[516] vor allem **gebrauchte Sachen.** Daraus lässt sich aber nicht der Schluss ziehen, dass die Beweisvermutung bei gebrauchten Sachen generell nicht gilt. Zwar fehlt es bei gebrauchten Sachen schon wegen des unterschiedlichen Grades der Abnutzung an einem die Vermutung rechtfertigenden allgemeinen Erfahrungssatz.[517] Da jedoch auch der Verkauf von gebrauchten Sachen unter die §§ 474–477 fällt, kann nicht davon ausgegangen werden, dass die Beweislastumkehr nicht für gebrauchte Sachen gilt.[518] Eine Ausnahme besteht jedoch für **typische Verschleißmängel,** die sich im Rah-

514 BGH RÜ 2005, 122, 123.
515 Gsell EWiR 2005, 591–592.
516 BT-Drs. 14/6040, S. 245.
517 BT-Drs. 14/6040, S. 245.
518 Schattenkirchner DAR 2003, 179.

men dessen halten, was für eine gebrauchte Sache nach deren Alter oder Abnutzung als gewöhnlich anzusehen ist.

Hinweis: *Bei einem typischen Verschleiß fehlt es streng genommen aber schon an einem Sachmangel, da dieser gerade voraussetzt, dass die Sache sich nicht zur gewöhnlichen Verwendung eignet und ein Fehler bei Sachen der gleichen Art auch nicht üblich ist (vgl. § 434 Abs. 1 S. 2 Nr. 2).*[519]

Wegen der Art der Sache wird die Vermutung des § 477 beispielsweise nicht bei **verderblichen Lebensmitteln** greifen.

Beispiel: K kauft bei X einen Beutel Apfelsinen. Nach drei Wochen fangen diese an zu faulen.

Mit der **Art des Mangels** kann die Vermutung beispielsweise bei **Tierkrankheiten** unvereinbar sein, weil oft Ungewissheit besteht, ob die Ansteckung bereits vor oder erst nach Lieferung des Tieres erfolgt ist.[520] Nach überwiegender Ansicht besteht aber keine generelle Unvereinbarkeit von Tiermängeln mit der Vermutung des § 477.[521] Dem Tierverkäufer kann es – zumindest wenn es sich nicht um Infektionskrankheiten mit ungewisser Inkubationszeit handelt – zugemutet werden, die Vermutung des § 477 durch eine Ankaufsuntersuchung zu widerlegen.[522] Die Vermutung greift aber dann nicht ein, wenn es sich um eine Krankheit handelt, die im Einzelfall mit der Vermutung nicht vereinbar ist.

Umstritten ist, ob die Vermutung des § 477 wegen der Art des Mangels nicht eingreift, wenn es sich um einen Mangel handelt, der **typischerweise jederzeit eintreten** kann und somit keinen hinreichend wahrscheinlichen Rückschluss auf sein Vorliegen bereits im Zeitpunkt des Gefahrübergangs zulässt.[523] Nach Ansicht des BGH hängt das Eingreifen der Vermutung jedoch nicht von der Wahrscheinlichkeit eines Vorliegens des Mangels bereits im Zeitpunkt des Gefahrübergangs ab. Die Vermutung greift grundsätzlich ein und nur in eng begrenzen Ausnahmefällen nicht.[524] Etwas anderes kann allenfalls dann gelten, wenn der Mangel in einer **auffälligen äußeren Beschädigung** liegt, die auf den ersten Blick auch für einen Laien sofort erkennbar ist.[525] In einem derartigen Fall ist normalerweise zu erwarten, dass der Käufer den Mangel schon bei Übergabe beanstandet.

Beispiel: D kauft bei Kfz-Händler V einen neuen Pkw. Nach fünf Monaten stellt D nach Benutzung einer Waschanlage eine große Beule am Kotflügel des Wagens fest.

d) Keine Widerlegung der Vermutung

Will sich der Unternehmer entlasten, geht dies nur durch Erbringung des Gegenbeweises nach **§ 292 ZPO**. Er muss beweisen, dass sich die Sache aufgrund des Verhaltens des 236

519 Zutreffend Reinking ZGS 2003,105, 106; insoweit unzutreffend AG Marsberg ZGS 2003, 119, 120.

520 BT-Drs. 14/6040, S. 245.

521 Graf v. Westphalen ZGS 2004, 341; ZGS 2005, 101.

522 LG Essen NJW 2004, 527, 528.

523 So OLG Stuttgart ZGS 2005, 156, 157 ff.; OLG Stuttgart 2005, 30, 31 ff.; ZGS 2005, 36, 37 ff.

524 BGH RÜ 2005, 637: leichte Verformung des Kotflügels; BGH RÜ 2006, 173: Schaden am Katalysator infolge Aufsetzens des Fahrzeugs.

525 BGH RÜ 2005, 637; OLG Celle NJW 2004, 3566, 3567.

Verbrauchers oder durch Zufall verschlechtert hat oder dass die Sache im Zeitpunkt des Gefahrübergangs mangelfrei war. Auch die vorbehaltlose Bezahlung einer Rechnung begründet für sich genommen weder die Annahme eines deklaratorischen noch eines „tatsächlichen" Anerkenntnisses der beglichenen Forderung.[526]

Beispiel: Zwei Monate nach Übergabe eines Gebrauchtfahrzeugs an einen Verbraucher zeigt sich an diesem ein Getriebeschaden. Der Wagen wird vom Händler repariert, der dem Verbraucher dafür Reparaturkosten in Rechnung stellt. In Unkenntnis der Rechtslage zahlt der Verbraucher.
In diesem Fall kann er den gezahlten Betrag nach § 812 Abs. 1 S. 1 Alt. 1 zurückfordern. Für die Leistung fehlt es an einem rechtlichen Grund, da der Verkäufer das Getriebe kostenlos im Rahmen der Nachbesserung hätte reparieren müssen. Die Vermutung des § 477, dass der Getriebeschaden bereits bei Gefahrübergang vorlag, wird nicht dadurch überlagert, dass der Käufer die Rechnung bezahlt hat. Nur wenn bereits Streit zwischen den Parteien über den Umfang der Nacherfüllungspflicht bestand, kann in der vorbehaltlosen Bezahlung einer Rechnung ein tatsächliches Anerkenntnis liegen, nicht aber wenn der Käufer davon ausging, ohnehin zur Zahlung verpflichtet zu sein.

e) Rechtsfolge: Vermutung eines Mangels bei Gefahrübergang

237 Gemäß § 477 wird vermutet, dass die Sache bereits bei Gefahrübergang mangelhaft war. Die Vermutung greift nicht nur ein, wenn der Käufer Gewährleistungsrechte geltend macht, sondern **bei allen Ansprüchen des Verbrauchers, bei denen es darauf ankommt, ob die verkaufte Sache bei Gefahrübergang mangelhaft** war.[527]

Beispiel: Zwei Monate nach Übergabe eines Gebrauchtfahrzeugs an einen Verbraucher zeigt sich an diesem ein Getriebeschaden. Der Wagen wird vom Händler repariert, der dem Verbraucher dafür Reparaturkosten in Rechnung stellt. In Unkenntnis der Rechtslage zahlt der Verbraucher. In diesem Fall kann er den gezahlten Betrag nach § 812 Abs. 1 S. 1 Alt. 1 zurückfordern. Die Vermutung des § 477, dass der Wagen mangelhaft war, greift auch im Rahmen des bereicherungsrechtlichen Rückforderungsanspruchs ein.

III. Sonderbestimmungen für Garantien

1. Anforderungen an Garantien

238 Der **§ 479** enthält **inhaltliche** und **formellen Anforderungen** einer Garantieerklärung (§ 443), die vom Hersteller, vom Verkäufer oder einem Dritten **gegenüber dem Verbraucher** abgegeben worden ist.

Danach muss die Garantieerklärung zunächst **„einfach und verständlich"** abgefasst sein, also regelmäßig in deutscher Sprache. Außerdem muss die Garantie den **Hinweis auf die gesetzlichen Rechte** enthalten sowie darauf, dass diese durch die Garantie nicht eingeschränkt werden, § 479 Abs. 1 S. 2 Nr. 1.

Der Verbraucher muss also beispielsweise bei einer Herstellergarantie deutlich darauf hingewiesen werden, dass diese seine **gesetzlichen Gewährleistungsrechte gegen den Verkäufer nicht einschränkt**. Der Verbraucher soll dadurch klar erkennen können, dass die Garantie ein zusätzliches Leistungsversprechen enthält, das über die gesetzli-

526 BGH RÜ 2009, 84, 86.
527 BGH RÜ 2010, 84, 86; dazu Fischinger NJW 2009, 563, 565.

chen Rechte hinausgeht, diese aber nicht ersetzt. Dadurch wird vermieden, dass der Verbraucher wegen einer unklaren Fassung der Garantie davon abgehalten wird, seine Rechte gegen den Verkäufer geltend zu machen.

Gemäß § 479 Abs. 1 S. 2 Nr. 2 muss die Garantieerklärung den Inhalt der Garantie und alle **wesentlichen Angaben, die für die Geltendmachung der Garantie erforderlich sind**, insbesondere die Dauer und den räumlichen Geltungsbereich des Garantieschutzes sowie Namen und Anschrift des Garantiegebers enthalten.

Nach § 479 Abs. 2 kann der Verbraucher verlangen, dass ihm die Garantieerklärung in **Textform** mitgeteilt wird. Ist durch das Gesetz Textform (§ 126 b) vorgeschrieben, so muss die Erklärung in einer Urkunde oder auf andere, zur dauerhaften Wiedergabe in Schriftzeichen geeigneten Art abgegeben werden, die Person des Erklärenden genannt und der Abschluss der Erklärung durch Nachbildung der Namensunterschrift oder anders erkennbar gemacht werden. Nicht ausreichend sind Informationen auf einer Internetseite, da diese ständig verändert werden kann und somit das Erfordernis der Dauerhaftigkeit nicht erfüllt ist.

2. Rechtsfolgen eines Verstoßes

Gemäß **§ 479 Abs. 3** ist trotz eines Verstoßes gegen Abs. 1 oder Abs. 2 die **Garantieerklärung nicht unwirksam**. Der Unternehmer könnte sich sonst durch einen Verstoß gegen die den Verbraucher schützende Vorschrift des § 479 seinen Garantieverpflichtungen entziehen. 239

Im Falle der Verletzung des Transparenzgebotes aus § 479 Abs. 1 S. 1 gehen **Unklarheiten**, welche sich aus nicht verständlichen Ausführungen ergeben, zulasten des Garantiegebers. Wird die Garantieerklärung in Form von AGB abgegeben, findet § 307 Abs. 1 S. 2 bei Unklarheiten allerdings nur Anwendung, wenn es sich um eine für den Verbraucher nachteilige Regelung handelt, die sich von der Garantie abtrennen lässt. Andernfalls ist § 479 Abs. 3 vorrangig, sodass auch eine unklare Garantieerklärung in einer für den Verbraucher freundlichen Auslegung (§ 305 c Abs. 2) wirksam ist.[528]

Der Verbraucher hat einen **Erfüllungsanspruch** hinsichtlich der nach Abs. 1 S. 2 erforderlichen Pflichtangaben. Beispielsweise kann er Mitteilung der Anschrift des Garantiegebers verlangen. Auch im Hinblick auf die Mitteilung der Garantieerklärung in Textform nach Abs. 2 steht dem Verbraucher ein Erfüllungsanspruch zu.

Im Übrigen kommen nur **Schadensersatzansprüche** in Betracht:

- Werden die Anforderungen von Abs. 1 nicht eingehalten, ist ein Schadensersatzanspruch aus den **§§ 280 Abs. 1, 311 Abs. 2, 241 Abs. 2** denkbar.

  Beispiel: Der Verbraucher kann Rechtsanwaltskosten, welche er aufgrund einer Verletzung der Anforderungen des § 479 Abs. 1 aufgewendet hat, ersetzt verlangen. Denkbar ist zudem ein Schadensersatzanspruch, wenn der Käufer durch eine Garantie – insbesondere wegen Fehlens eines Hinweises auf die gesetzlichen Gewährleistungsrechte – daran gehindert wird, diese rechtzeitig geltend zu machen.

528 Jauernig/Berger § 477 Rn. 5.

- Außerdem ist ein **Schadensersatzanspruch statt der Leistung** denkbar, wenn der Verkäufer seine Garantieleistungen nach einer Fristsetzung nicht erfüllt.

__Hinweis:__ Außerdem kommt ein Verstoß gegen das Gesetz gegen den unlauteren Wettbewerb (UWG) unter zwei Gesichtspunkten in Betracht: Zum einen können unklare und missverständliche Garantiebedingungen zum Zweck irreführender Werbung i.S.d. § 5 Abs. 2 UWG eingesetzt werden. Zum anderen kann ein Verstoß gegen § 4 Nr. 11 UWG unter dem Gesichtspunkt des „Vorsprungs durch Rechtsbruch" vorliegen.[529]

Ein Unterlassungsanspruch nach § 2 Abs. 1, 2 Nr. 1 UKlaG besteht, wenn eine Garantie nicht durch AGB eingeräumt wird. Dies dürfte praktisch jedoch kaum vorkommen. Sofern es sich um eine durch AGB eingeräumte Garantie handelt, scheidet ein Unterlassungsanspruch nach § 1 UKlaG aus, da die Garantie nicht nach den §§ 307–309 unwirksam, sondern nach § 479 Abs. 3 gerade wirksam ist. In diesem Fall soll § 1 UKlaG analog anzuwenden sein.[530]

7. Abschnitt: Kauf von Rechten und sonstigen Gegenständen, § 453

240 In § 433 wird zunächst nur der Sachkauf geregelt. § 453 Abs. 1 regelt dann die **entsprechende Anwendung** der Vorschriften über den Kauf von Sachen auf den **Rechtskauf** und auf den **Kauf von sonstigen Gegenständen**.

A. Rechte und sonstige Gegenstände als Kaufgegenstände

I. Rechte als Kaufgegenstand

241
- Beschränkt dingliche Rechte wie Hypothek, Grundschuld, Pfandrecht
- Immaterielle Rechte wie Patent-, Verlags-, Firmen- und Markenrechte
- Mitgliedschaftsrechte wie Geschäftsanteile an einer GmbH oder, AG; Geschäftsanteile an einer Personengesellschaft; Forderungen aus einem vertraglichen oder gesetzlichen Schuldverhältnis: Kaufpreisforderung, Forderung auf Übereignung der Sache, Ansprüche aus §§ 823 ff., GoA

II. Sonstige Gegenstände

242
- Entgeltliche Übertragung von Unternehmen oder Unternehmensanteilen von freiberuflichen Praxen (zum Unternehmenskauf, s. Rn. 243 ff.)
- Elektrizität und Fernwärme
- (Nicht geschützte) Erfindungen
- Technisches Know-how
- Werbeideen
- Software, die über Datennetze übertragen wird

Bei Software, die auf einem Datenträger (z.B. CD-ROM) verkörpert ist, handelt es sich um einen Sachkauf, auch wenn der eigentliche Wert in der verkörperten geistigen Leistung liegt.[531]

529 Zu einer Abmahnung wegen Verstoßes gegen § 475 Abs. 1 s. BGH, Urt. v. 19.05.2010 – I ZR 140/08.

530 Haar VuR 2004, 161, 170.

531 BeckOK-BGB/Faust § 433 Rn. 21; a.A. Bartsch CR 2001, 649, 655.

Wegen des Verweises in § 453 auf den Sachkauf ist die Unterscheidung allerdings zu vernachlässigen. Denn die Vorschriften über den Sachkauf finden jedenfalls entsprechend über § 453 Abs. 1 Anwendung.[532]

Im Hinblick auf die Geltung von Gewährleistungsvorschriften ist weiterhin zwischen **Standard- und Individualsoftware** zu **unterscheiden**. Für Standardsoftware gelten gemäß § 453 die Regeln über den Sachkauf. Handelt es sich um Individualsoftware, also um ein Programm, das speziell nach den Wünschen des Kunden geschrieben wurde, findet Werkvertragsrecht Anwendung, §§ 631 ff.[533]

Hinweis: *Ein Werklieferungsvertrag gemäß § 650, der den Anwendungsbereich des Kaufrechts eröffnen würde, liegt nicht vor, da es sich bei der Herstellung oder Anpassung von Individualsoftware nicht um* ***Sachen*** *i.S.d. § 650 S. 1 handelt.*

B. Besonderheiten beim Unternehmenskauf

Für den Unternehmenskauf gibt es zwei grundsätzlich verschiedene Gestaltungsformen. Das Unternehmen kann als **Sach- und Rechtsgesamtheit** verkauft werden und es können die **Gesellschaftsanteile** an einer unternehmenstragenden Gesellschaft veräußert werden.[534] Die Gewährleistungsrechte des Käufers sind zumindest im Ausgangspunkt abhängig von der jeweiligen Übertragungsform. **243**

Hintergrund: *Nach amerikanischem Vorbild ist es dabei üblich geworden, dass der Käufer eine umfassende Prüfung des gekauften Unternehmens durchführt. Diese sog.* ***due diligence*** *hat die Funktion, Gewährleistungsrechte des Käufers durch Beschaffenheitsvereinbarungen und Garantien zu sichern, die mit dem Kauf verbundenen Risiken sowie den Wert des Unternehmens zu ermitteln und den Zustand des Unternehmens zur Beweissicherung zu dokumentieren.[535] Führt der Käufer eine due diligence durch, entfallen die Gewährleistungsrechte gemäß § 442 Abs. 1 S. 1, wenn er den Mangel kennt.[536] Umstritten ist, ob eine grob fahrlässig durchgeführte Unternehmensüberprüfung zu einem Verlust der Gewährleistungsrechte gemäß § 442 Abs. 1 S. 2 führen kann. Dies wird man verneinen müssen, da der Käufer gegenüber dem Verkäufer nicht verpflichtet ist, eine due diligence durchzuführen.[537]*

I. Kaufgegenstand

Ein Unternehmen kann als **Sach- und Rechtsgesamtheit** verkauft werden, sog. **asset deal**. Der Verkäufer verpflichtet sich dann zur Übertragung aller zum Unternehmen gehörenden Sachen, Rechte und sonstigen Gegenstände, d.h. zur Übertragung der Grundstücke, der beweglichen Sachen, der Firma, Marken, Lizenzen, Kundschaft, Geschäftsgeheimnisse usw.[538] Die Sach- und Rechtsgesamtheit ist ein „sonstiger Gegenstand" i.S.d. **§ 453 Abs. 1**, sodass die Vorschriften über den Sachkauf entsprechende Anwendung finden.[539] **244**

---

532 Palandt/Weidenkaff § 433 Rn. 9.

533 Brox/Walker § 2 Rn. 7.

534 Gomille JA 2012, 487.

535 Fleischer/Körber BB 2001, 841, 842; Huber AcP 202 (2002), 179, 193 ff.

536 Zur Wissenszurechnung bei arbeitsteiliger Durchführung der due diligence vgl. Goldschmidt ZIP 2005, 1305.

537 Fleischer/Körber BB 2001, 841, 848; Huber AcP 202 (2002), 179, 201.

538 BGH ZIP 2002, 440, 441 ff.; zu den Anforderungen an die Bestimmtheit der zu übertragenden Vermögensgegenstände vgl. Trendelenburg MDR 2003, 1329.

539 Dauner-Lieb/Thiessen ZIP 2002, 108, 110.

Ein Unternehmenskauf kann indes auch dadurch getätigt werden, dass **sämtliche Anteile** an einer Gesellschaft, insbesondere sämtliche Geschäftsanteile an einer GmbH, gekauft werden, sog. **share deal**. Kaufgegenstand sind dann die Gesellschaftsanteile. Die Abtretung der Geschäftsanteile einer GmbH bedarf gemäß § 15 Abs. 3 GmbHG ebenso der notariellen Beurkundung wie der Kaufvertrag, der die Verpflichtung zur Abtretung enthält (§ 15 Abs. 4 GmbHG). Der Anteilskauf ist ein Rechtskauf, auf den gemäß § 453 Abs. 1 die Vorschriften über den Sachkauf entsprechende Anwendung finden.

II. Gewährleistung

1. Vertragliche Gewährleistung

245 Die Gewährleistung des Verkäufers ist bei einem Unternehmenskauf regelmäßig weitestgehend vertraglich geregelt.[540] Der Verkäufer übernimmt die Haftung für bestimmte Umstände, wobei in vielen Fällen eine Eingrenzung erfolgt, die etwa den **Schadensersatzanspruch** des Käufers **der Höhe nach begrenzt** oder die Verjährungsfrist verkürzt.

2. Gesetzliche Gewährleistung

a) Unternehmensverkauf als Sach- und Rechtsgesamtheit

Wird das Unternehmen als Sach- und Rechtsgesamtheit veräußert, ist bezüglich der Gewährleistungsrechte zu unterscheiden:

246
- **Mängel an Einzelgegenständen** können dazu führen, dass Gewährleistungsrechte bezüglich dieser Gegenstände entstehen. Der Käufer kann dann für den konkreten Gegenstand Nacherfüllung verlangen und ggf. den Rücktritt erklären, den Kaufpreis mindern oder einen Schadensersatzanspruch geltend machen.
- Mängel an einzelnen Gegenständen oder das Fehlen einzelner Gegenstände können aber auch als ein **Mangel des Unternehmens** als solchem anzusehen sein. Dann bestehen Gewährleistungsrechte in Bezug auf den gesamten Unternehmenskaufvertrag. Dabei kann insbesondere die Frage virulent werden, ob ein Mangel des Unternehmens vorliegt, wenn der Verkäufer Angaben zu **Umsatz und Ertrag** gemacht hat, von denen die tatsächlich erzielbaren Umsätze und Erträge abweichen.

  Die **frühere Rspr.** hat den Umsatz und Ertrag (Gewinn) grundsätzlich nicht als Beschaffenheitsmerkmal und nicht als Eigenschaft eines Unternehmens angesehen. Der Umsatz und Ertrag beruhe im Regelfall überwiegend auf der persönlichen Leistung des Unternehmers und sei nicht dem Unternehmen selbst zuzurechnen. Umsatz- und Ertragsangaben wurden nur dann als zusicherungsfähige Eigenschaft angesehen, wenn sie sich über einen längeren, mehrjährigen Zeitraum erstreckten und deshalb einen verlässlichen Anhalt für die Bewertung der Ertragsfähigkeit und damit des Werts des Unternehmens gaben.[541]

---

540 Huber AcP 202 (2002), 179, 211 ff., 227 ff.

541 BGH NJW 1990, 1658; BGH NJW-RR 1996, 429.

Dies hatte zur Folge, dass der Verkäufer eines Unternehmens bei falschen Angaben über Umsatz und Ertrag grundsätzlich nach den Regeln über das Verschulden bei Vertragsschluss (c.i.c.) schon bei einfacher Fahrlässigkeit haftete, und dieser Anspruch in der regelmäßigen Verjährungsfrist von 30 Jahren verjährte (§ 195 a.F.). Nur wenn sich die Angaben über einen mehrjährigen Zeitraum erstreckten, konnte sich eine Haftung aus § 463 S. 1 a.F. ergeben, für die allerdings die kurze Verjährungsfrist des § 477 a.F. galt.

Seit der zum 01.01.2002 in Kraft getretenen Schuldrechtsreform wird indes **zunehmend** angenommen, Ertrag und Umsatz seien als **Beschaffenheitsmerkmale i.S.d. § 434** anzusehen.[542] **247**

Denn die Gründe, die den BGH dazu veranlasst haben, grundsätzlich eine Haftung aus c.i.c. anzunehmen, sind mit der Reform weithin entfallen, da nunmehr der Käufer ein Nachbesserungsrecht hat, ihm ein Schadensersatzanspruch auch bei Fahrlässigkeit des Verkäufers zustehen kann und für einen Gewährleistungsanspruch nicht mehr die kurze Frist von sechs Monaten nach § 477 Abs. 1 a.F. eingreift, sondern grundsätzlich die 2-Jahres-Frist des § 438 Abs. 1 Nr. 3.

Dafür, Umsatz und Ertrag mit zur Beschaffenheit des Unternehmens zu zählen, spricht, dass die Differenzierung der Rspr. zwischen Umsatz- und Ertragsangaben und Angaben über die Ertragsfähigkeit schwierig und unpraktikabel ist. Außerdem ist der Käufer, der zwei Jahre lang die Möglichkeit hat, Gewährleistungsansprüche geltend zu machen, ausreichend geschützt, zumal im Fall einer arglistigen Täuschung die allgemeinen Regeln neben die Gewährleistungsregeln treten. Vor allem stehen dem Käufer auch die verschuldensunabhängigen Regressmöglichkeiten des § 437 Nr. 2 (Rücktritt und Minderung) zu.

b) Anteilskauf

Der Kauf von Gesellschaftsanteilen ist ein Rechtskauf, auf den gemäß § 453 Abs. 1 die Vorschriften über den Kauf von Sachen entsprechende Anwendung finden.[543] Damit ist aber lediglich eine **entsprechende Anwendung** der Vorschriften über die **Sachmängelgewährleistung** angeordnet, **soweit Rechtsmängel vorliegen.** Der Verkäufer haftet gemäß §§ 453 Abs. 1, 434, 437 dafür, dass die Gesellschaft selbst und der Anteil in der entsprechenden Größe bestehen, die Gesellschaft nicht in der Liquidation ist und der Anteil die vertraglich vorausgesetzten Gesellschafterrechte (Gewinnbeteiligung, Stimmrecht) beinhaltet. **248**

Weist das von der Gesellschaft betriebene Unternehmen Mängel auf, haftet der Verkäufer dafür grundsätzlich nicht nach dem Gewährleistungsrecht, weil ein Mangel des zum Gesellschaftsvermögen gehörenden Unternehmens keinen Mangel des Gesellschaftsanteils selbst darstellt.[544]

Der BGH hebt dabei hervor, dass der Käufer von Geschäftsanteilen einer GmbH mit dem Erwerb der Mitgliedschaftsrechte kein unmittelbares Recht an dem von der Gesellschaft betriebenen Unternehmen insgesamt erworben hat. Diese Trennung beruhe auf dem Wesen der GmbH als juristischer Person, d.h. auf ihrer personen- und vermögensrechtlichen Verselbstständigung gegenüber den sie tragenden Gesellschaftern.

---

542 Looschelders Rn. 239; Gronstedt/Jörgens ZIP 2002, 52, 55; Wolf/Kaiser DB 2002, 411, 414; Gruber MDR 2002, 433, 436; a.A. Weitnauer NJW 2002, 2511, 2514; Fischer DStR 2004, 276; Eidenmüller ZGS 2002, 290, 295, zählt nur die aktuellen Angaben über Umsatz und Ertrag zu den Beschaffenheitsvereinbarungen.

543 BGH RÜ 2019, 1, 4.

544 BGHZ 65, 246, 250; Grunewald NZG 2003, 372, 373.

Eine Haftung des Verkäufers von Geschäftsanteilen kann sich gemäß § 280 Abs. 1 wegen der Verletzung vorvertraglicher Aufklärungspflichten ergeben. Den Verkäufer trifft im Hinblick auf die wirtschaftliche Tragweite des Geschäfts und die regelmäßig erschwerte Bewertung des Kaufobjekts durch den Kaufinteressenten diesem gegenüber eine gesteigerte Aufklärungs- und Sorgfaltspflicht.[545]

Der Kauf **sämtlicher Gesellschaftsanteile** steht allerdings wirtschaftlich dem Kauf des Unternehmens als Sach- und Rechtsgesamtheit gleich. Obwohl es sich um einen Rechtskauf handelt, wird deshalb wegen der wirtschaftlichen Gleichwertigkeit eine Haftung des Verkäufers für Sach- und Rechtsmängel des im Gesellschaftsvermögen stehenden Unternehmens in gleicher Weise angenommen, als ob das Gesellschaftsvermögen und damit das Unternehmen selbst unmittelbar Kaufgegenstand wäre. Die Vorschriften über die Sachmängelgewährleistung werden dann (analog) angewendet.[546]

Wird der Kauf von GmbH-Anteilen als Unternehmenskauf behandelt und besteht damit eine Gewährleistungshaftung für Mängel des Unternehmens selbst, geht die Gefahr gemäß § 446 S. 1 mit der Übergabe an den Käufer über.[547]

Beim Kauf von **Mehrheitsanteilen** ist nach h.M. ein Unternehmenskauf, der zur Gewährleistungshaftung für das Unternehmen selbst führt, nur dann zu bejahen, wenn der Käufer **nahezu sämtliche Anteile** an einem Unternehmen erwirbt.[548] Dabei soll ein Erwerb von 90 % auf jeden Fall ausreichen, und bei der GmbH beispielsweise auch bereits bei 75 % anzunehmen sein.[549]

Beispiel: Ein Erwerb sämtlicher oder nahezu sämtlicher Anteile am Unternehmen liegt nicht vor, wenn ein Käufer, der bereits 50 % der Mitgliedschaftsrechte an einer GmbH hält, weitere 50 % der Geschäftsanteile dieser Gesellschaft hinzuerwirbt.[550]

8. Abschnitt: Besondere Arten des Kaufs und Tauschvertrag

A. Eigentumsvorbehaltskauf, § 449

249 Kann der Käufer beim Kauf einer **beweglichen Sache** bei Abschluss des Kaufvertrags den Kaufpreis nicht entrichten, so kann er mit dem Verkäufer einen **Eigentumsvorbehaltskauf** (§ 449) vereinbaren. Das Eigentum an der geschuldeten beweglichen Sache wird dann nicht, wie es § 433 Abs. 1 bestimmt, sofort übertragen, sondern dies soll erst mit vollständiger Zahlung des Kaufpreises übergehen.

I. Bewegliche Sachen

250 Die Vereinbarung eines Eigentumsvorbehaltskaufs ist nur bei beweglichen Sachen i.S.d. §§ 90, 90 a möglich. Bei Grundstücken hat das Gesetz ausdrücklich die Einigung für bedingungsfeindlich erklärt (§§ 873 Abs. 1, 925 Abs. 2).

545 BGH NJW 2001, 2163, 2164 f.; Louven BB 2001, 2390.

546 BGH RÜ 2019, 1, 3; BGHZ 138, 195, 204; NJW 2001, 2163, 2164; ZIP 2002, 440, 441 ff.; Huber AcP 202 (2002), 179, 231.

547 BGHZ 138, 195, 204.

548 BGH NJW 2001, 2163, 2164; ebenso Müller ZIP 2000, 817, 822; Grunewald NZG 2003, 372, 373; Eidenmüller ZGS 2002, 290, 294.

549 Looschelders Rn. 241.

550 BGH RÜ 2019, 1, 3 f.

Ausgeschlossen ist der Eigentumsvorbehaltskauf damit bei Sachen, die wesentlicher Bestandteil einer anderen Sache (§ 93) oder eines Grundstücks (§ 94) sind, nicht hingegen bei unwesentlichen Scheinbestandteilen (§ 95) und Zubehör (§§ 97, 98).

II. Vereinbarung

Der Eigentumsvorbehaltskauf kann von den Parteien ausdrücklich oder konkludent im Kaufvertrag vereinbart werden. 251

Beispiel: Wird beim Kauf eines Kfz bei Übergabe der Kfz-Brief vom Verkäufer einbehalten, da der Käufer den Kaufpreis noch nicht gezahlt hat, so liegt darin in der Regel die Vereinbarung eines Eigentumsvorbehalts.[551]

Möglich ist aber auch die Vereinbarung eines Eigentumsvorbehaltskaufs in AGB. Eigentumsvorbehaltsklauseln sind keine überraschenden Klauseln, da sie heute weit verbreitet und in einigen Branchen sogar üblich sind.

Die Erfüllung des Eigentumsvorbehaltskaufs erfolgt gemäß §§ 929, 158 durch bedingte Übereignung. Der Eigentumsvorbehaltskäufer ist geschützt, denn er erhält ein Anwartschaftsrecht (wesensgleiches Minus zum Eigentum).[552]

III. Rücktritt vom Eigentumsvorbehaltskauf

Es kann die Frage virulent werden, ob ein Rücktritt vom Eigentumsvorbehaltskauf noch möglich ist, wenn der Anspruch auf Zahlung des Kaufpreises verjährt ist. 252

Fall 9: Armer Anwalt

Der Fachanwalt für Familienrecht F hat für seine Kanzlei ein repräsentatives Bürogebäude in opulenter Betonoptik errichtet. Um die Innenausstattung zu komplettieren, kauft er von seinem Mandanten, dem Möbelhändler M, im Februar 2016 ein exklusives Sideboard für 16.500 €. Weil F wegen der hohen Baukosten gerade „nix auf der Tasche hat", vereinbaren beide einen Eigentumsvorbehaltskauf. Der Kaufpreis soll im Oktober 2016 gezahlt werden. Allerdings führt das neue Kanzleigebäude nicht zu der erwarteten Umsatzsteigerung, sodass F im Oktober nur 5.000 € zahlen kann. Auch in der Folgezeit gelingt es ihm nicht, den Restbetrag aufzubringen. Schließlich erklärt M, nachdem er einen anderen Anwalt gefunden hat, Anfang 2020 nach erfolglosem Ablauf einer dem F gesetzten Frist den Rücktritt und verlangt das Möbel heraus. F beruft sich auf die Verjährung der Kaufpreisforderung. Zu Recht?

A. M könnte gegen F einen Anspruch auf Herausgabe des Sideboards aus **§§ 323 Abs. 1, 346 Abs. 1** haben. 253

I. F und M haben einen **gegenseitigen Vertrag**, nämlich einen Eigentumsvorbehaltskauf (§§ 433, 449) abgeschlossen. F hat den geschuldeten Kaufpreis, der im Oktober 2016 fällig und durchsetzbar war, nicht gezahlt.

551 BGH NJW 2006, 3488; a.A. Tiedtke JZ 2008, 452, 459.

552 Näheres vgl. AS-Skript Sachenrecht 1 (2020), Rn. 334 ff.

Eine dem F gesetzte **Frist** ist **erfolglos abgelaufen**, sodass die Voraussetzungen für den Rücktritt vorliegen, § 323.

II. Der Rücktritt könnte jedoch nach **§ 218** unwirksam sein. Danach ist der Rücktritt wegen nicht erbrachter Leistungen unwirksam, wenn der Anspruch auf die Leistung verjährt ist und der Schuldner sich hierauf beruft.

Bei beweglichen Sachen verjähren Kaufpreisansprüche in der **regelmäßigen Verjährungsfrist** des **§ 195**, also in drei Jahren. Die Verjährung beginnt nach **§ 199** am Schluss des Jahres, in dem der Anspruch entstanden ist und der Gläubiger von den anspruchsbegründenden Umständen und der Person des Schuldners Kenntnis erlangt hat. Damit begann die Verjährung am Schluss des Jahres 2016. Der Anspruch ist deshalb mit Ablauf des 31.12.2019 verjährt.

Nach **§ 218 Abs. 1 S. 3 bleibt jedoch § 216 Abs. 2 S. 2 unberührt**. Danach kann der Rücktritt vom Eigentumsvorbehaltskauf auch erfolgen, wenn der gesicherte Anspruch verjährt ist. Somit ist M wirksam zurückgetreten und kann als **Rechtsfolge** von F gemäß § 346 Abs. 1 die **Herausgabe des Sideboards** verlangen.

B. Außerdem könnte sich noch ein Herausgabeanspruch aus **§ 985** ergeben.

I. **M ist Eigentümer** des Sideboards, da die Bedingung für die Eigentumsübertragung, nämlich die vollständige Kaufpreiszahlung nicht eingetreten ist.

II. F ist Besitzer.

III. Schließlich dürfte F kein Recht zum Besitz haben.

1. Aus einem Kaufvertrag folgt ein **obligatorisches Recht** zum Besitz, da der Verkäufer verpflichtet ist, dem Käufer die Kaufsache zu übergeben (§ 433 Abs. 1 S. 1). F hat somit ein Recht zum Besitz erworben. Durch den wirksamen Rücktritt vom Kaufvertrag ist dieses Besitzrecht jedoch erloschen.

2. Ferner war F Anwartschaftsberechtigter. Ob das Anwartschaftsrecht dem Käufer ein gegenüber jedermann wirkendes dingliches Besitzrecht gibt, ist streitig.[553] Dieser Streit kann jedoch dahinstehen, da das Anwartschaftsrecht jedenfalls mit dem wirksamen Rücktritt erloschen ist.

Mithin hat F kein Recht zum Besitz, sodass M Herausgabe des Sideboards verlangen kann.

B. Kauf auf Probe, § 454

254 Nach § 454 Abs. 1 steht bei einem **Kauf auf Probe** oder **auf Besichtigung** die Billigung des gekauften Gegenstands im Belieben des Käufers. Vereinbaren die Parteien einen solchen Kauf, so ist nach der Auslegungsregel in § 454 Abs. 1 S. 2 der Kaufvertrag im Zweifel unter der **aufschiebenden Bedingung der Billigung** geschlossen.

553 Dazu AS-Skript Sachenrecht 1 (2020), Rn. 489.

Beim Kauf auf Probe entscheidet mithin der Käufer frei darüber, ob er die angebotene Sache haben will. Der Kaufvertrag kommt erst nach der fristgerechten Billigung zustande. War die Sache zum Zwecke der Probe oder Besichtigung übergeben worden, so gilt das **Schweigen** nach Fristablauf gemäß § 455 S. 2 **als Billigung**.

Im Zusammenhang mit der Billigung sind die folgenden Besonderheiten zu beachten:

- Der Käufer trägt das **Risiko der Verschlechterung** oder des Untergangs erst ab der Billigung, nicht schon mit der Überlassung der Sache gemäß § 446.[554]
- Die Gewährleistung richtet sich bei einem Mangel der Kaufsache nach § 437. Für die **Kenntnis** oder die **grob fahrlässige Unkenntnis des Käufers** von Mängeln (§ 442) ist dabei nicht der Zeitpunkt des Kaufabschlusses, sondern der Zeitpunkt der Billigung maßgeblich.
- Außerdem beginnt die **Verjährung** der Gewährleistungsansprüche erst mit der Billigung, auch wenn die Ablieferung früher erfolgte.[555]
- Erst mit der Billigung beginnt auch die Frist für die **Ausübung des Widerrufsrechts** nach § 312 g.[556]

C. Wiederkauf, §§ 456 ff.

Beim Wiederkauf verkauft der Verkäufer, doch wird vereinbart, dass er unter bestimmten Voraussetzungen und zu bestimmten Bedingungen den Gegenstand zurückerwerben kann. 255

Das Wiederkaufsrecht hat folgende **Voraussetzungen:**

- Es muss **wirksam** im Kaufvertrag **vereinbart** worden sein. Hierfür gilt beim Grundstückskaufvertrag das Formerfordernis des § 311 b Abs. 1.
- Die **Ausübung** des Wiederkaufsrechts erfolgt durch einseitige empfangsbedürftige Willenserklärung. Sie bedarf nicht der für den Kaufvertrag bestimmten Form, § 456 Abs. 1 S. 2. Der Wiederkaufspreis unterliegt der freien Vereinbarung der Parteien. Nach der Auslegungsregel in **§ 456 Abs. 2** ist im Zweifel der **ursprüngliche Kaufpreis** auch der Wiederkaufspreis.

Das Wiederkaufsrecht wirkt **rein obligatorisch**. Der Verkäufer (Wiederkäufer) hat einen bedingten Anspruch aus § 433 Abs. 1 S. 1, der mit der Ausübung des Wiederkaufsrechts wirksam wird. Dieser Anspruch kann indes durch Vormerkung gesichert werden (§ 883 Abs. 1 S. 2). Der Käufer (Wiederverkäufer) ist während der Schwebezeit zur **Obhut über den Kaufgegenstand** verpflichtet, da er im Falle der Ausübung des Wiederkaufsrechts (aber erst dann!) gemäß den §§ 457, 458 haftet.[557]

554 Palandt/Weidenkaff § 454 Rn. 11.
555 BeckOK BGB/Faust BGB § 454 Rn. 8.
556 BGH NJW-RR 2004, 1058 f.
557 BeckOK BGB/Faust BGB § 454 Rn. 9.

D. Vorkaufsrecht, § 463

256 Beim Vorkaufsrecht einigen sich der Vorkaufsverpflichtete und der Vorkaufskäufer darüber, dass der Vorkaufskäufer den Gegenstand erwerben kann, wenn der Vorkaufsverpflichtete diesen Gegenstand an einen Dritten verkauft.

Die wirksame Ausübung des Vorkaufsrechts hat folgende **Voraussetzungen**:

- Das Vorkaufsrecht muss **wirksam** im Kaufvertrag **vereinbart** worden sein. Beim Grundstückskaufvertrag gilt das Formerfordernis des § 311 b Abs. 1.
- Der Vorkaufsverkäufer muss die Sache an einen Dritten verkauft haben, es muss also der **Vorkaufsfall eingetreten** sein.
- Der Vorkaufskäufer muss sein Vorkaufsrecht **wirksam ausgeübt** haben. Die Erklärung bedarf nicht der für den Kaufvertrag bestimmten Form, § 464 Abs. 1 S. 2.
- Das Vorkaufsrecht muss **fristgerecht** ausgeübt werden, § 469.

Mit der wirksamen Ausübung des Vorkaufsrechts erwirbt der Vorkaufskäufer gegen den Vorkaufsverpflichteten einen **Anspruch auf Übertragung des Kaufgegenstands** unter den mit dem Dritten vereinbarten Kaufbedingungen, wenn der Vorkaufsfall eingetreten ist. Daran **fehlt** es,

- wenn der Verkäufer und der Dritte einen **Tauschvertrag** abschließen;[558]
- wenn der Verkäufer dem Dritten den Gegenstand schenkt, und zwar auch dann, wenn es sich um eine gemischte **Schenkung** handelt;
- wenn die Sache als **Vergütung für Dienstleistungen** überlassen wird.

Auf das **Vertragsverhältnis zwischen** dem **Verpflichteten und** dem **Dritten** hat die Ausübung des Vorkaufsrechts keinen Einfluss.[559] Der Verkäufer (Verpflichteter) kann sich aber gegen deshalb drohende Schadensersatzansprüche (§§ 280 Abs. 1 u. 3, 281, 283) schützen, indem er den Vertrag mit dem Dritten unter der (im Verhältnis der Kaufvertragsparteien wirksamen, vgl. § 465) Bedingung der Nichtausübung des Vorkaufsrechts abschließt. Hat der Dritte Kenntnis vom Vorkaufsrecht, ist regelmäßig von einer solchen (stillschweigenden) Vereinbarung auszugehen.[560]

E. Tauschvertrag, § 480

257 Beim Tausch wird die Verpflichtung begründet, einen Gegenstand gegen einen anderen auszutauschen. Der Unterschied zum Kaufvertrag besteht mithin darin, dass keine der Parteien eine Geldleistung erbringen muss. Gleichwohl finden etwa im Falle der Mangelhaftigkeit die **Vorschriften über den Kauf entsprechende Anwendung**.

Wird beim Erwerb einer in der Regel neuen Sache eine gebrauchte Sache **in Zahlung gegeben**, so kommen insbesondere nachstehende Vertragsgestaltungen in Betracht:

---

558 BGH NJW 1964, 540, 541.
559 Looschelders Rn. 255.
560 Jauernig/Berger § 464 Rn. 7.

- **Tauschvertrag** mit der Verpflichtung, den **Differenzbetrag** zwischen dem Wert der neuen und alten Sache **auszugleichen**.

- **Doppelverkauf** mit einer **Aufrechnungsabrede**. Jeder verkauft seine Sache; die beiden Kaufpreisforderungen werden miteinander verrechnet.

- Ein **Kaufvertrag** über die **neue** Sache mit der Berechtigung des Käufers, den Kaufpreis zu tilgen, indem er seine **gebrauchte** Sache **an Erfüllungs statt** leistet (§§ 364, 365).[561]

Beispiel: Der Kfz-Händler V verkauft K einen neuen Wagen und nimmt dessen Gebrauchtwagen für 3.000 € in Zahlung, ohne mit diesem Gebrauchtwagen eine Probefahrt gemacht zu haben. Der Gebrauchtwagen ist mangelhaft. V erklärt nach erfolglosem Ablauf einer Frist den Rücktritt.

I. Da die Parteien einen Kaufvertrag mit einer Erfüllungs-statt-Abrede gemäß §§ 364, 365 abgeschlossen haben, kann V wegen des Mangels am Wagen die Gewährleistungsrechte geltend machen.
II. Die Voraussetzungen für den Rücktritt liegen vor, jedoch könnte die Gewährleistung ausgeschlossen sein.
1. Unter Berücksichtigung der Interessenlage ist von den Parteien konkludent ein Haftungsausschluss bezüglich der üblichen Verschleißerscheinungen vereinbart worden. Der Neuwagenkäufer will in aller Regel den Gebrauchtwagen in dem Zustand abgeben, in dem er sich gerade befindet. Dessen ist sich der Händler bewusst, sodass er wegen der üblichen Verschleißerscheinungen keine Gewährleistungsrechte geltend machen kann.
2. Der gesetzliche Gewährleistungsausschluss gemäß § 442 ist gegeben, weil der Händler als Fachmann beim Erwerb eines Gebrauchtwagens hätte Vorsicht walten lassen und zumindest eine Probefahrt machen müssen. Da er dieses versäumt hat, hat er grob fahrlässig den Mangel nicht gekannt und kann keine Gewährleistungsansprüche geltend machen.

561 So die Rspr. und h.M.: BGH NJW 1984, 429, 431; BGHZ 46, 338, 342; a.A. Medicus/Petersen Rn. 756; Honsell Jura 1983, 523, 524 f.

2. Teil: Werkvertragsrecht

258 Der im BGB geregelte Werkvertrag (§§ 631–651 y) ist in vier Kapitel unterteilt:

- in Kapitel 1 sind Allgemeine Vorschriften zum Werkvertrag geregelt, §§ 631–650;
- dem folgen in einem Kapitel 2 die Regelungen zum Bauvertrag, §§ 650 a–650 h
- sowie in Kapitel 3 die Sonderregelungen für den Verbraucherbauvertrag, §§ 650 i bis 650 n;
- schließlich regelt das nur aus der Norm des § 650 o bestehende Kapitel 4 die Unabdingbarkeit.

In den folgenden Vorschriften sind ferner eigenständig geregelt

- der Architektenvertrag und der Ingenieurvertrag, §§ 650 p–650 t
- sowie der Bauträgervertrag, §§ 650 u–650 v.

1. Abschnitt: Werkvertrag gemäß § 631

A. Zustandekommen

I. Inhalt der Einigung

259 Die Parteien müssen sich darüber einigen (§§ 145 ff.), dass der Unternehmer zur **Herstellung** des **Werkes** und der Besteller zur Entrichtung einer **Vergütung** verpflichtet ist, vgl. § 631.

Hinweis: *Der Unternehmer i.S.d. §§ 631 ff. ist zu unterscheiden von einem Unternehmer gemäß § 14: Unternehmer i.S.d. § 631 ist derjenige, der das Werk erstellt. Er kann, muss aber nicht dabei als Unternehmer i.S.d. § 14 handeln.*

Eine Vergütung gilt als stillschweigend vereinbart, wenn die Erstellung des Werkes den Umständen nach nur gegen eine Vergütung zu erwarten ist, § 632 Abs. 1 (vgl. dazu unten Rn. 276). Ist der Werkvertrag zustande gekommen, so ist die Vergütung Hauptleistungspflicht des Bestellers.

1. Werk als Leistungsgegenstand

260 Prägendes Merkmal des Werkvertrags ist die Pflicht des Unternehmers, für einen **bestimmten Erfolg** einzustehen.[562] Darunter fallen etwa:

- **Reparaturarbeiten an beweglichen und unbeweglichen Sachen**

  Für Reparaturarbeiten an beweglichen Sachen gilt Werkvertragsrecht. Die Verweisung in § 650 auf das Kaufrecht betrifft nur die Lieferung **herzustellender** oder **noch zu erzeugender** beweglicher Sachen, nicht aber Reparaturarbeiten.

---

562 MünchKomm/Busche § 631 Rn. 1.

- **Geistige Tätigkeiten**

  Dabei kann es sich beispielsweise um die Erstellung eines schriftlichen Gutachtens oder um ein Manuskript für ein Theaterstück handeln.

- **Erstellung** von **Individualsoftware**

- Als Werk kann auch ein **unkörperlicher Arbeitserfolg** geschuldet werden.

  Beispiele: Durchführung einer Veranstaltung (Konzert, Theatervorstellung, Fußballspiel); Beförderung von Personen und Sachen; Beschaffung bestimmter Informationen

2. Abgrenzung zu anderen Vertragstypen

Im Rahmen einer Klausur ist nicht selten zunächst einmal (kurz) zu erörtern, dass es sich um einen Werkvertrag handelt und daher etwa das werkvertragliche Gewährleistungsrecht zur Anwendung kommt. Dabei kommt es oftmals auf die Abgrenzung zu ebenfalls in Betracht kommenden Vertragstypen an.

- Mit dem **Dienstvertrag** i.S.d. **§ 611** hat der Werkvertrag gemein, dass beide Verträge **261**
  eine entgeltliche Arbeitsleistung zum Gegenstand haben. Der wesentliche Unterschied besteht indes darin, dass beim Dienstvertrag **nur die vertragsgemäße Bemühung um den Erfolg** geschuldet wird, während beim Werkvertrag der Unternehmer das Ergebnis seiner Tätigkeit, also den Erfolg selbst, schuldet.[563]

  Beispiel: Ein Tierarzt ist bei der Ankaufsuntersuchung eines Pferdes nicht nur verpflichtet, die Untersuchung ordnungsgemäß durchzuführen, sondern er schuldet einen fehlerfreien Befund.[564]

  Der Werkvertrag ist ferner auch vom **Arbeitsvertrag (§ 611 a)** abzugrenzen. Dabei ist zunächst zu beachten, dass Gegenstand eines Werkvertrags sowohl die Herstellung oder Veränderung einer Sache als auch ein **anderer durch Arbeit oder Dienstleistung** herbeizuführender Erfolg sein kann (§ 631 Abs. 2).

  Fehlt es allerdings an einem vertraglich festgelegten abgrenzbaren, dem Auftragnehmer als eigene Leistung zurechenbaren und abnahmefähigen Werk, kommt ein Werkvertrag kaum in Betracht, weil der „Auftraggeber" dann durch weitere Weisungen den Gegenstand der vom „Auftragnehmer" zu erbringenden Leistung erst bestimmen und damit Arbeit und Einsatz erst bindend organisieren muss.[565]

- Der **Garantievertrag** und der Werkvertrag sind miteinander insofern vergleichbar, **262**
  als auch der Garant für einen bestimmten Erfolg einzustehen hat. Anders aber als der Werkunternehmer braucht der Garant keine Tätigkeit zu entfalten und den Erfolg herbeiführen.

  Beispiel für einen Garantievertrag: Bei dem Verkauf einer Eigentumswohnung garantiert der Verkäufer nach Abschluss des Kaufvertrags, dass eine Mindestmiete von 15 € pro qm zu erzielen ist.

---

563 MünchKomm/Busche § 631 Rn. 1; zur Abgrenzung zwischen Werk- und Dienstvertrag anlässlich eines „Winterdienstvertrags" BGH RÜ 2013, 548 ff.

564 BGH RÜ 2012, 217.

565 BAG RÜ 2014, 5, 6.

263 ■ Beim **Kaufvertrag** wird zwar mit der Lieferung der Sache auch ein Erfolg geschuldet, im Gegensatz zum Werkvertrag ist aber die Herstellung des Gegenstands nicht Vertragsinhalt. Der Kaufvertrag ist auf die Übereignung eines fertigen Produkts gerichtet, während beim Werkvertrag die Schöpfung des Werkes im Mittelpunkt der vertraglichen Beziehungen steht.

Bei der Abgrenzung zwischen einem **Kaufvertrag mit Montageverpflichtung** und einem Werkvertrag ist entscheidend, auf welcher der beiden Leistungen bei einer Gesamtbetrachtung der **Schwerpunkt** liegt. Dabei ist vor allem auf die Art des zu liefernden Gegenstandes, das Wertverhältnis von Lieferung und Montage sowie auf die Besonderheiten des geschuldeten Ergebnisses abzustellen.

Beispiel: Ein Vertrag über die Lieferung und den Einbau einer serienmäßig hergestellten Autogasanlage ist als Werkvertrag – nicht als Kaufvertrag mit Montageverpflichtung – anzusehen.[566]

264 ■ Der **Werklieferungsvertrag** gemäß § 650 (Rn. 377 ff.), hat mit dem Werkvertrag die Herstellung eines körperlichen Arbeitserfolgs gemein. Beim Werkvertrag steht die Schöpfung des Werkes für den Besteller, beim Werklieferungsvertrag hingegen die mit dem Warenumsatz verbundene Übertragung von Eigentum und Besitz im Vordergrund.[567]

265 ■ Der **Auftragsvertrag** (§ 662) hat mit dem Werkvertrag den Charakter als Tätigkeitsvertrag gemein, unterscheidet sich allerdings von ihm durch die **Unentgeltlichkeit** der Leistung.[568]

266 ■ Beim **Geschäftsbesorgungsvertrag** gemäß § 675 geht es um entgeltliche Dienst- oder Werkleistungen, die in der selbstständigen **Wahrnehmung fremder Vermögensinteressen** bestehen. Der Geschäftsbesorger übt daher eine Tätigkeit aus, für die der Geschäftsherr ursprünglich selbst zu sorgen hatte.

Der Geschäftsbesorgungsvertrag ist ein Unterfall des Werkvertrags, wenn nicht nur die Tätigkeit, sondern ein Erfolg geschuldet wird. Deswegen wird zwischen Geschäftsbesorgungsverträgen mit werkvertraglichem und mit dienstvertraglichem Charakter unterschieden.

3. Werklohn

267 Bei Abschluss eines Werkvertrags treffen die Parteien regelmäßig auch eine Vereinbarung über die Vergütung. Ist dies nicht der Fall, ergibt sich aus § 632 Abs. 1, dass eine **Vergütung stillschweigend als vereinbart gilt**, wenn die Herstellung des Werkes den Umständen nach nur gegen eine Vergütung zu erwarten ist. Vorzugehen ist daher in zwei Schritten:

■ Zunächst ist zu prüfen, ob ein Vertrag überhaupt zustande gekommen ist,[569] denn die Vermutung des **§ 632 Abs. 1 erstreckt sich nicht auf den Abschluss des Werkvertrags** als solchen, sondern nur auf dessen Entgeltlichkeit.[570] Zum Abschluss des

566 OLG Oldenburg RÜ 2011, 749.
567 Palandt/Retzlaff § 651 Rn. 4.
568 MünchKomm/Busche § 631 Rn. 20.
569 BGH NJW 1997, 3017.
570 BGH NJW 1999, 3554, 3555.

Werkvertrags ist jedenfalls eine Einigung über Art und Umfang der Leistung erforderlich, aber auch ausreichend.[571]

Beispiel: Die umfangreiche Reparatur eines Autos durch einen befreundeten Kfz-Mechaniker kann nur gegen eine Vergütung erwartet werden. Anders ist es, wenn lediglich eine Glühbirne ausgetauscht wird.

- Ist eine solche **Einigung zustande gekommen**, wird unter den Voraussetzungen des § 632 Abs. 1 vermutet, dass (anders als bei einer Gefälligkeit bzw. bei einem Auftrag) eine Vergütung geschuldet wird.

Nach **§ 632 Abs. 1** wird bei **Fehlen einer Vergütungsabrede** vermutet, dass bei einem Werkvertrag eine Vergütung geschuldet wird („Ob" der Vergütung), während **§ 632 Abs. 2** nicht an das Fehlen der gesamten Vergütungsabrede anknüpft, sondern eingreift, wenn nur eine **Vereinbarung über die Höhe der Vergütung** nicht getroffen worden ist.[572] **268**

II. Wirksamkeit der Einigung

Die Wirksamkeit des Werkvertrags beurteilt sich nach den allgemeinen, für alle Verträge geltenden Regelungen. Dabei sind aber vor allem die folgenden Nichtigkeitsgründe zu beachten: **269**

1. Formverstoß

Der Werkvertrag gemäß § 631 ist grundsätzlich formfrei.

Ausnahmsweise ist jedoch die Form des **§ 311 b Abs. 1 S. 1** zu beachten, wenn der Werkvertrag mit einem Kaufvertrag über ein Grundstück eine rechtliche Einheit bildet, d.h., wenn die Vereinbarungen nach dem Willen der Parteien nicht für sich allein gelten, sondern miteinander „stehen und fallen sollen".[573]

Beispiel: Vertrag über den Verkauf und die Bebauung eines Grundstücks[574]

Wird in einem solchen Ausnahmefall die Form nicht gewahrt, so ist der Werkvertrag gemäß **§ 125 S. 1** nichtig.

Hinweis: *Der Verbraucherbauvertrag (dazu Rn. 360) bedarf gemäß § 650 i Abs. 2 der Textform.*

2. Verstoß gegen ein Verbotsgesetz

Bei Werkverträgen stellt sich häufig die Frage des Verstoßes gegen ein Verbotsgesetz. Verstößt ein Rechtsgeschäft gegen ein Verbotsgesetz, so ist die Rechtsfolge gemäß § 134 die Nichtigkeit, „wenn sich nicht aus dem Gesetz ein anderes ergibt". **270**

---

571 Palandt/Retzlaff § 631 Rn. 1 a.

572 BeckOK-BGB/Voit § 632 Rn. 1.

573 Palandt/Grüneberg § 311 b Rn. 33.

574 BGHZ 165, 325.

Ein **beiderseitiger Verstoß** führt grundsätzlich zur Nichtigkeit, es sei denn, Sinn und Zweck des Gesetzes erfordern dies nicht, weil andere Sanktionsmöglichkeiten bestehen.

Bei einem **einseitigen Gesetzesverstoß** ist das Rechtsgeschäft grundsätzlich wirksam, es sei denn, der Zweck des Gesetzes ist nur durch die Nichtigkeitsanordnung zu verwirklichen.

a) Verstoß gegen § 1 Abs. 1 S. 1 HandwO

271 § 1 Abs. 1 S. 1 HandwO bestimmt, dass „der selbstständige Betrieb eines Handwerks als stehendes Gewerbe nur den in der Handwerksrolle eingetragenen natürlichen und juristischen Personen und Personengesellschaften (selbstständige Handwerker) gestattet" ist.

Dabei handelt es sich um ein **einseitiges gesetzliches Verbot** i.S.d. § 134, das sich gegen denjenigen richtet, der das Handwerk betreibt. In diesem Fall ist es nicht erforderlich, dass der zivilrechtliche Vertrag unwirksam ist,[575] da die HandwO in erster Linie eine öffentlich-rechtliche Ordnungsfunktion hat und als Sanktionen Bußgelder[576] sowie berufsrechtliche Maßnahmen[577] vorsieht.

b) Verstoß gegen § 1 Abs. 2 SchwarzArbG

272 Wird vereinbart, eine Leistung **„ohne Rechnung"** oder **„schwarz"** zu erbringen, verstößt dies sowohl gegen § 370 AO als auch gegen § 1 Abs. 2 Nr. 2 SchwarzArbG.

Fall 10: Teure Terrasse

B beauftragte den U mündlich, die Terrasse seines Hauses abzudichten und mit Holz auszulegen. Bei Beginn der Bauarbeiten erhielt U eine Anzahlung von 1.000 € für Materialkosten und nach Abschluss der Arbeiten weitere 2.250 €. Eine Rechnung wurde vereinbarungsgemäß nicht erstellt. Kurze Zeit nach Beendigung der Arbeiten zeigten sich Wasserschäden in der unter der Terrasse gelegenen Einliegerwohnung. B fragt, ob ihm Gewährleistungsansprüche zustehen.

Werkvertragliche Gewährleistungsansprüche setzen voraus, dass ein **wirksamer Werkvertrag** vorliegt. U und B haben sich über den Inhalt eines Werkvertrags geeinigt, denn U hat sich verpflichtet, die Terrasse des B abzudichten und mit Holz auszulegen. Diese Einigung könnte indes gemäß **§ 134 nichtig** sein, da vereinbarungsgemäß keine Rechnung erstellt werden sollte.

A. Es liegt ein Verstoß gegen **§ 370 AO** vor, weil die Ohne-Rechnung-Abrede die **Hinterziehung von Umsatzsteuern** bezweckt und dies eine Steuerstraftat darstellt.[578] Es wird somit gegen ein gesetzliches Verbot verstoßen. Ein gegen § 134 verstoßender Vertrag ist nichtig, wenn sich nicht aus dem Gesetz etwas anderes ergibt. Die Fra-

575 BGHZ 89, 369, 371.

576 § 117 Abs. 1 Nr. 1 HandwO.

577 Z.B. Untersagung nach § 16 Abs. 3 HandwO.

578 Vgl. Palandt/Ellenberger § 134 Rn. 23 m.w.N.

ge, ob verbotswidrige Verträge nichtig sind, ist daher dem Sinn und Zweck der jeweiligen Verbotsvorschrift gemäß zu beurteilen. Die Steuerhinterziehung führt nur dann zur **Gesamtnichtigkeit** des Vertrags nach § 134, wenn sie **Hauptzweck des Vertrags** ist. Dies ist jedoch nicht der Fall, denn Hauptzweck des Vertrags war die ordnungsgemäße Erbringung der vereinbarten Bauleistung durch U. Somit führt der Verstoß gegen § 370 AO nur zur Teilnichtigkeit des Vertrags.

B. Der Vertrag könnte gemäß **§ 134** i.V.m. **§ 1 Abs. 2 Nr. 2 SchwarzArbG** nichtig sein.

I. Dazu müsste § 1 Abs. 2 Nr. 2 SchwarzArbG ein **Verbotsgesetz** sein. Das sind solche Gesetze, die die Vornahme eines Rechtsgeschäfts verbieten. Für eine effektive Bekämpfung der Schwarzarbeit ist es erforderlich, dass schon die Vereinbarung der Ohne-Rechnung-Abrede verboten ist.[579] § 1 Abs. 2 Nr. 2 SchwarzArbG ist daher ein Verbotsgesetz.

II. Außerdem müsste ein **Verstoß gegen das Verbotsgesetz** vorliegen. Gemäß § 1 Abs. 2 Nr. 2 SchwarzArbG leistet Schwarzarbeit, wer Werkleistungen **erbringt oder ausführen** lässt und dabei **als Steuerpflichtiger** seine sich daraus ergebenden **Pflichten nicht erfüllt**.

1. U erbringt Werkleistungen, ist Steuerpflichtiger (§ 33 Abs. 1 AO) und verstößt gegen die Pflicht, eine Rechnung auszustellen (§ 14 Abs. 2 S. 1 UStG).

2. Fraglich ist, ob auch B gegen § 1 Abs. 2 Nr. 2 SchwarzArbG verstößt.

a) B lässt Werkleistungen ausführen.

b) Allerdings ist B nach der Begriffsbestimmung in § 33 Abs. 2 AO nicht Steuerpflichtiger. Er hat zwar eine steuerliche Pflicht, Rechnungen aufzubewahren (§ 14 b UStG). Aufbewahrungspflichten führen aber nicht dazu, dass eine Person als Steuerpflichtiger anzusehen ist (§ 33 Abs. 2 AO). Ob der Besteller bei einer Ohne-Rechnung-Abrede gleichwohl gegen § 1 Abs. 2 Nr. 2 SchwarzArbG verstößt, ist umstritten.

Teilweise wird die in § 33 Abs. 2 AO enthaltene Begriffsbestimmung auf das SchwarzArbG übertragen. Danach ist der Besteller nicht Steuerpflichtiger und verstößt nicht gegen § 1 Abs. 2 Nr. 2 SchwarzArbG.[580]

Nach der Gegenansicht kann auch der Besteller Steuerpflichtiger i.S.d. § 1 Abs. 2 Nr. 2 SchwarzArbG sein. Schon die Formulierung „wer Dienst- oder Werkleistungen erbringt oder ausführen lässt" zeige, dass das SchwarzArbG grundsätzlich beide Parteien erfassen wolle.[581]

Eine Streitentscheidung ist nicht erforderlich, wenn auch ein **einseitiger Gesetzesverstoß** zur Nichtigkeit des Werkvertrags führt.

579 BGH RÜ 2015, 625, 626.
580 Stamm NZBau 2014, 131, 132.
581 Jerger NZBau 2014, 415, 416; Stadler JA 2014, 65, 67.

III. Ob ein Gesetzesverstoß die Nichtigkeit des Vertrags zur Folge hat, ist durch Auslegung nach dem Sinn und Zweck der Verbotsnorm zu ermitteln. Ein wichtiges Indiz ist dabei, ob beide Parteien oder nur eine Partei gegen die Verbotsnorm verstoßen. Ein **beiderseitiger Verstoß indiziert die Nichtigkeit**.

Auch ein einseitiger Verstoß führt zur Nichtigkeit, wenn Sinn und Zweck des Verbotsgesetzes dies erfordern. Ziel des § 1 Abs. 2 Nr. 2 SchwarzArbG ist es, die Schwarzarbeit wirkungsvoll zu bekämpfen und soweit wie möglich zu verhindern. Aufgrund dieses Gesetzeszwecks reicht für die **Nichtigkeit von Werkverträgen bereits ein einseitiger Gesetzesverstoß des Unternehmers, wenn der Besteller den Verstoß kennt und bewusst zu seinem eigenen Vorteil ausnutzt**.

B hat auf die Rechnung verzichtet, da er wusste, dass U damit Umsatzsteuern vermeidet und die Werkleistung zu einem geringeren Preis anbietet. Selbst wenn man nur einen einseitigen Verstoß gegen § 1 Abs. 2 Nr. 2 SchwarzArbG bejaht, ist der Werkvertrag gemäß § 134 i.V.m. § 1 Abs. 2 Nr. 2 SchwarzArbG nichtig.

IV. Möglicherweise kann sich U aber gemäß **§ 242** nicht auf die Nichtigkeit berufen.

Nach der Rspr. zu einer früheren Fassung des SchwarzArbG konnte es gegen § 242 verstoßen, wenn der Werkunternehmer sich gegenüber Gewährleistungsansprüchen auf die Nichtigkeit des Werkvertrags berief.

Das SchwarzArbG ist im Jahr 2004 erheblich verschärft worden, um die Schwarzarbeit insbesondere in der Form der Ohne-Rechnung-Abrede effektiver zu bekämpfen. Dem Sinn und Zweck des SchwarzArbG entspricht es, wenn die Schwarzarbeit auch für den Besteller mit einem erheblichen Risiko verbunden ist und ihm keine Gewährleistungsansprüche zustehen. Es ist dem Unternehmer nicht gemäß § 242 verwehrt, sich gegenüber Gewährleistungsansprüchen des Bestellers auf die Nichtigkeit des Vertrags zu berufen.

B hat keine Gewährleistungsansprüche gegen U.

---

273 ***Klausurhinweis:*** *Bei einem Verstoß gegen § 1 Abs. 2 Nr. 2 SchwarzArbG steht dem Unternehmer kein Werklohnanspruch zu. Auch ein Anspruch aus § 812 Abs. 1 S. 1, gerichtet auf Wertersatz für die erbrachten Leistungen besteht nicht, denn er ist gemäß § 817 S. 2 ausgeschlossen.*[582] *Eine früher vertretene einschränkende Auslegung des § 817 S. 2 hat der BGH aufgegeben.*[583] *Ferner hat der Besteller keinen (bereicherungsrechtlichen) Anspruch auf Rückzahlung des Werklohns.*[584] *Ein zunächst nicht gegen ein gesetzliches Verbot verstoßender Werkvertrag kann auch dann gemäß § 134 i.V.m. § 1 Abs. 2 Nr. 2 SchwarzArbG nichtig sein, wenn er nachträglich so abgeändert wird, dass er nunmehr von dem Verbot des § 1 Abs. 2 Nr. 2 SchwarzArbG erfasst wird.*[585]

582 Vgl. dazu AS-Skript Schuldrecht BT 3 (2020), Rn. 138.

583 BGH RÜ 2014, 409.

584 BGH RÜ 2015, 625, 626 f.

585 BGH RÜ 2017, 409, 411.

B. Durchsetzbarkeit

Anders als Nichtigkeits- und Untergangsgründe betreffen Einreden nicht die Existenz eines Anspruchs, sondern verhindern nur die Durchsetzbarkeit. **274**

- Gemäß **§ 634 a Abs. 4 u. 5** kann die Zahlung der Vergütung trotz Unwirksamkeit des Rücktritts und der Minderung verweigert werden.
- Einrede des nicht erfüllten Vertrags
  - Gemäß § 641 Abs. 1 S. 1 ist der Vergütungsanspruch nicht sofort (§ 271 Abs. 1) fällig, sondern erst mit Abnahme des Werkes. In Bezug auf die Erstellung ist der Unternehmer also **vorleistungspflichtig**; bezüglich der Verschaffung des Werkes gilt § 320. Der Unternehmer muss das Werk demnach nur gegen Bezahlung herausgeben.
  - Bei Mängeln der Werkleistung gilt die § 320 verdrängende Sonderregel des **§ 641 Abs. 3**, nach der der Besteller in der Regel das Doppelte der Nachbesserungskosten zurückhalten darf.[586]
  - Der Besteller kann wegen eines Mangels der Werkleistung ein Leistungsverweigerungsrecht gegenüber dem Unternehmer **nach Eintritt der Verjährung** der Mängelansprüche gemäß **§ 215** geltend machen, wenn dieser Mangel bereits vor Ablauf der Verjährungsfrist in Erscheinung getreten ist und daher ein darauf gestütztes Leistungsverweigerungsrecht in nicht verjährter Zeit geltend gemacht werden konnte.[587]

C. Rechte und Pflichten aus dem Werkvertrag

I. Rechte und Pflichten des Bestellers

Aus dem wirksam geschlossenen Werkvertrag ergeben sich für die Parteien Hauptleistungs-, Nebenleistungs- und Rücksichtnahmepflichten sowie Obliegenheiten. Im Werkvertragsrecht gelten die folgenden Besonderheiten für die Pflichten des Bestellers und des Unternehmers: **275**

1. Vergütungspflicht des Bestellers

Gemäß **§ 631 Abs. 1 Hs. 2** ist der Besteller zur Entrichtung der Vergütung verpflichtet.

a) Vereinbarte Vergütung

Die Hauptleistungspflicht des Bestellers besteht in der Entrichtung der vereinbarten Vergütung. Wurde darüber keine Vereinbarung getroffen, so gilt die Vergütung gemäß **§ 632 Abs. 1** als stillschweigend vereinbart, wenn die Herstellung des Werkes nur gegen eine Vergütung zu erwarten ist. **276**

586 Palandt/Grüneberg § 320 Rn. 11.
587 BGH RÜ 2016, 8, 10.

b) Taxmäßige oder übliche Vergütung

277 Fehlt eine Vereinbarung, so ist die Höhe der Vergütung gemäß **§ 632 Abs. 2** wie folgt zu bestimmen:

- Bei dem **Bestehen einer Taxe** ist die **taxmäßige Vergütung** als vereinbart anzusehen. Es kommen hierbei aber nicht beliebige Gebührenordnungen der verschiedenen Berufsverbände in Betracht, sondern nur solche, die eine hoheitliche Preisfestsetzung enthalten, wie z.B. das Rechtsanwaltsvergütungsgesetz, die Gebührenordnung für Ärzte oder die Tarife für den Güternahverkehr.[588]
- Fehlt eine Taxe, so ist die **Vergütung nach der Üblichkeit** zu bestimmen. Üblich ist diejenige Vergütung, die für Leistungen gleicher Art und Güte sowie gleichen Umfangs am Leistungsort nach allgemein anerkannter Auffassung bezahlt werden müsste. Die Anerkennung der Üblichkeit setzt gleiche Verhältnisse in zahlreichen Einzelfällen voraus.[589] Lässt sich ein konkreter üblicher Betrag nicht ermitteln, ist auch eine Vergütung üblich, die sich innerhalb einer bestimmten **Bandbreite** üblicherweise verlangter und gezahlter Beträge bewegt.[590]

  Beispiel: Für gewöhnliche Werkleistungen liegen die an einem bestimmten Ort verlangten Preise in der Regel innerhalb einer gewissen Bandbreite. Ein Preis innerhalb dieser Bandbreite stellt dann die übliche Vergütung dar.

- Nur wenn sich die Üblichkeit weder anhand einer Vielzahl vergleichbarer Einzelfälle noch im Rahmen einer bestimmten Bandbreite feststellen lässt, ist die Vergütungshöhe vom Unternehmer gemäß **§§ 315, 316** eigenverantwortlich zu bestimmen.

  Beispiel: Bei einer ungewöhnlichen Werkleistung, wie z.B. einem speziellen Gutachten, gibt es weder eine Taxe noch eine übliche Vergütung.

c) Vergütung von Vorarbeiten

278 Ob ein Werkvertrag mit der Folge einer nach § 632 Abs. 1 fingierten Vergütungspflicht zustande gekommen ist, richtet sich nach den allgemeinen Auslegungsvorschriften der §§ 157, 133. Problematisch kann dies vor allem bei der Abgrenzung eines Werkvertrags von bloßen **Vorverhandlungen, bei Reparaturen und bei Gefälligkeiten** sein.

aa) Leistung auf vertraglicher Basis

279 Vielfach erbringt der Unternehmer Leistungen im Vorfeld eines Vertragsschlusses in Form von Planung, Beratung oder auch in Form eines Kostenanschlags. Denkbar ist etwa, dass ein Architekt eine Planung für eine Bauvoranfrage erstellt, ein Elektrofachgeschäft ein defektes Elektrogerät untersucht, um den Fehler festzustellen, oder ein Handwerker einen Kostenanschlag für eine Reparatur erstellt.

Ob es sich bereits um eine Leistung auf vertraglicher Basis oder nur um eine (unentgeltliche) vorvertragliche Leistung handelt, richtet sich danach, ob dem Verhalten der Par-

588 MünchKomm/Busche § 632 Rn. 21.
589 MünchKomm/Busche § 632 Rn. 22.
590 BGH NJW-RR 2007, 56.

teien ein **Rechtsbindungswille** entnommen werden kann. Maßgeblich ist, ob es sich angesichts des **Umfangs** und der **selbstständigen Nutzbarkeit** der durchgeführten Arbeiten um unverbindliche Vorarbeiten handelt, die der Unternehmer im Hinblick auf eine mögliche spätere Beauftragung durchführt, oder um ein auch aus der Sicht des Bestellers selbstständig zu vergütendes Werk. Bleiben Zweifel, fehlt es an einem Vertragsschluss, sodass auch die Vermutung des § 632 Abs. 1 nicht eingreift.[591]

Beispiel: Ein Bauherr verhandelt mit mehreren Architekten über die Planung eines Einfamilienhauses. Architekt Andre will den Auftrag unbedingt und erbringt umfangreiche Entwürfe für eine Bauvoranfrage, die der Bauherr tatsächlich nutzt. Mit den Detailplanungen wird später aber Architekt Peter beauftragt.

Kommt ein Architektenvertrag (§ 650 p) zustande, umfasst er grundsätzlich auch die Planungen für eine Bauvoranfrage. Angesichts des erheblichen Umfangs der Arbeiten muss ein Bauherr wissen, dass – wenn es nicht zu einer Beauftragung des Architekten kommt – diese Arbeiten gesondert zu vergüten sind.
Ist dem Architekt aber bekannt, dass der Bauherr mit mehreren Architekten verhandelt, ist er verpflichtet, den Bauherrn auf diese Vergütungspflicht hinzuweisen. Andernfalls haftet er aus § 311 Abs. 2 i.V.m. § 241 Abs. 2, 280 Abs. 1. Der Schadensersatzanspruch umfasst allerdings nicht den vollen Werklohn, sondern ist um ein Mitverschulden des Bauherrn gemäß § 254 zu kürzen. Im Ergebnis kann der Architekt – je nach den Umständen des Einzelfalls – daher nur etwa die Hälfte der Vergütung verlangen.[592]

bb) Kostenanschläge

Vorarbeiten zur Erstellung eines Angebots erfolgen grundsätzlich ohne Rechtsbindungswillen, selbst wenn diese einen erheblichen Umfang aufweisen. Dies gilt grundsätzlich auch für **Kostenanschläge** (= Kostenvoranschläge) von Handwerkern oder Reparaturbetrieben für Elektrogeräte. Ein Kostenanschlag ist die Angabe der **voraussichtlich entstehenden Kosten**, die nach der Vermutungsregelung des **§ 632 Abs. 3** im Zweifel nicht (gesondert) zu vergüten ist. **280**

Der § 632 Abs. 3 greift nicht ein, wenn hinsichtlich der Vergütungspflicht eine **ausdrückliche Vereinbarung** getroffen worden ist. Hierfür trägt jedoch der Unternehmer die Beweislast, wenn er sich auf eine von der Auslegungsregel abweichende Vereinbarung beruft. Zweifelhaft ist, ob eine abweichende Vereinbarung in **AGB** durch Aufnahme einer Klausel über eine Vergütungspflicht getroffen werden kann.

- Der Gesetzgeber[593] und ein Teil der Lit.[594] gehen davon aus, dass eine abweichende Regelung in AGB nicht getroffen werden kann, da es an einer Einbeziehung der AGB in den Vertrag fehle, wenn der Besteller gerade auf der Grundlage des Kostenanschlags über den Vertragsschluss entscheiden möchte. Der Gesetzgeber stellt zudem darauf ab, dass eine Vereinbarung in den AGB gegen § 305 c Abs. 1 bzw. gegen § 307 verstößt.[595] **281**

591 BGHZ 136, 33, 36.
592 OLG Saarbrücken NJW-RR 1999, 1035.
593 BT-Drs. 14/6040, S. 260.
594 BeckOK-BGB/Voit § 632 Rn. 16 m.w.N.
595 BT-Drs. 14/6040, S. 260.

- Demgegenüber hält ein anderer Teil der Lit.[596] zumindest bei **Branchenüblichkeit** eine wirksame Vereinbarung in AGB für möglich. Eine überraschende Klausel i.S.d. § 305 c Abs. 1 sei dann nicht gegeben, wenn eine entsprechende Kostenabwälzung aufgrund individueller Vereinbarung in der Branche üblich geworden sei. Auch liege kein Verstoß gegen § 307 Abs. 3 vor.[597]

- Ein Besteller, der gerade auf der Grundlage des Kostenanschlags über den Vertragsschluss entscheiden möchte, hat erkennbar nicht den für die Einbeziehung von AGB notwendigen Rechtsbindungswillen.[598] Kommt es jedoch zu einem späteren Vertragsschluss, ist mit Rücksicht auf die vom Gesetzgeber angeordnete Vergütungsfreiheit in § 632 Abs. 3 die Anordnung einer Vergütungspflicht regelmäßig überraschend und damit unwirksam, § 305 c Abs. 1.

282 Eine **wesentliche Überschreitung des Kostenanschlags** führt nicht zur Begrenzung des Vergütungsanspruchs, sondern nur zum Recht des Bestellers, den **Werkvertrag vorzeitig zu kündigen**, § 649 Abs. 1.

d) Abschlagszahlungen

Gemäß **§ 632 a Abs. 1** kann der Unternehmer vom Besteller eine Abschlagszahlung in **Höhe des Wertes der von ihm erbrachten und nach dem Vertrag geschuldeten Leistungen** verlangen. Die Vorschrift dient dazu, die Vorleistungspflicht des Unternehmers abzumildern, indem ihm die Möglichkeit eröffnet wird, Abschlagszahlungen vom Besteller zu verlangen.

Hintergrund: *In der bis zum 31.12.2017 geltenden Fassung des § 632 a konnte der Unternehmer Abschlagszahlung in der Höhe verlangen, in welcher der Besteller durch die* ***Leistung einen Wertzuwachs*** *erlangt hat. Dieser Bezugspunkt stieß in der Praxis auf Probleme, da die Höhe des Wertzuwachses durch die vom Unternehmer vorgenommenen Leistungen im Einzelfall schwer zu ermitteln und daher zwischen den Parteien häufig umstritten ist. Durch die Änderung der Vorschrift soll es nunmehr möglich sein, dass der vom Besteller bezahlte Abschlag den gleichzeitig erfolgten Wertzuwachs im Einzelfall geringfügig übersteigt, da z.B. bei einem Bauvorhaben in bestimmten Bauphasen die Kosten für die Bauleistungen höher sind als der durch sie bewirkte Wertzuwachs an dem Grundstück. Dies wird sich jedoch mit den folgenden Abschlagszahlungen ausgleichen, teilweise auch umkehren. Diese minimale und nur punktuell eintretende* ***Risikoerhöhung für den Besteller*** *soll indes mit Blick auf die damit einhergehende wesentliche Vereinfachung der Berechnung der Abschlagszahlungen und die bestehenden bzw. neu eingeführten Vorschriften zum Schutz des Bestellers bei Verbraucherbauverträgen hinnehmbar sein.*[599]

Sind die erbrachten **Leistungen nicht vertragsgemäß**, kann der Besteller gemäß **§ 632 a Abs. 1 S. 2** die Zahlung eines angemessenen **Teils des Abschlags verweigern**. Diese Regelung gilt – im Gegensatz zur bis zum 31.12.2017 geltenden Fassung der Vorschrift – bei allen Abweichungen vom vertragsgemäßen Zustand unabhängig davon, ob sie wesentliche oder unwesentliche Mängel sind.[600]

596 Palandt/Retzlaff § 632 Rn. 10.
597 NK-BGB/Raab § 632 Rn. 19.
598 BeckOK-BGB/Voit § 632 Rn. 16.
599 BT-Drs. 18/8486, S. 46 f.
600 Erman/Schwenker/Rodemann § 632 a Rn. 8.

Durch den zum 01.01.2018 neu eingeführten § 632 a Abs. 1 S. 3 wird ferner klargestellt, dass **keine Änderung der Beweislast** für die Vertragsgemäßheit beabsichtigt ist. Sie liegt – wie sonst vor der Abnahme auch – beim Unternehmer.

2. Abnahmepflicht des Bestellers gemäß § 640

a) Abnahme, § 640 Abs. 1 S. 1

Nach § 640 Abs. 1 S. 1 ist der Besteller verpflichtet, das vertragsgemäß hergestellte Werk abzunehmen, sofern nicht nach der Beschaffenheit des Werkes die Abnahme ausgeschlossen ist. **283**

Die Abnahme bedeutet grundsätzlich die **körperliche Hinnahme** des Werkes verbunden mit der **Anerkennung** (Billigung) des Werkes **als im Wesentlichen vertragsgemäße Leistung.**[601] Sie kann ausdrücklich oder durch schlüssiges Verhalten erfolgen.

Der **Besteller** hat das Werk abzunehmen. Die Abnahme durch einen Dritten, z.B. einen Kunden des Bestellers, genügt nur, wenn der Besteller die Erklärung des Dritten aufgrund einer Ermächtigung oder aus sonstigen Gründen gegen sich gelten lassen muss.[602]

Beispiel: Im Verhältnis des Hauptunternehmers zum Subunternehmer erfolgt die Abnahme durch den Auftraggeber.[603]

Ist eine körperliche Hinnahme nicht erforderlich, weil sich das körperliche Werk schon im Besitz des Bestellers befindet – z.B. bei Arbeiten auf dem Grundstück des Bestellers –, erfordert die Abnahme nur, dass der Besteller das Werk als im Wesentlichen vertragsgemäß billigt.[604]

b) Abnahmefiktion, § 640 Abs. 2

Der Abnahme steht es gemäß **§ 640 Abs. 2 S. 1** gleich, wenn der Unternehmer dem Besteller nach Fertigstellung des Werks eine **angemessene Frist** zur Abnahme gesetzt hat und der Besteller die Abnahme nicht innerhalb dieser Frist unter Angabe mindestens eines Mangels verweigert hat. **284**

Hintergrund: *Die bis zum 31.12.2017 in § 640 Abs. 1 S. 3 a.F. geregelte Abnahmefiktion soll durch die Neuregelung in § 640 Abs. 2 S. 1 effektiver ausgestaltet werden und dabei die Interessen, Risiken und Belastungen zwischen den Parteien gerecht verteilen, eine missbräuchliche Verweigerung der Abnahme soll weitgehend ausgeschlossen werden.*[605]

Um die Fiktion zu zerstören, genügt es nun nicht mehr, lediglich die Abnahme zu verweigern. Vielmehr muss der Besteller auch **mindestens einen Mangel angeben.** Eine Unterscheidung zwischen wesentlichen und unwesentlichen Mängeln wird dabei nicht

601 BGH NJW 1993, 1972, 1974; Palandt/Retzlaff § 640 Rn. 3.

602 BGH NJW-RR 2000, 164.

603 OLG Naumburg MDR 2001, 1289, 1290.

604 BGHZ 48, 257, 262 f.

605 BT-Drs. 18/8486, S. 48.

vorgenommen, da diese Unterscheidung im Einzelfall schwierig ist und oftmals erst im gerichtlichen Verfahren festgestellt werden kann. Gibt der Besteller nur offensichtlich nicht bestehende oder eindeutig unwesentliche Mängel an, kann dies allerdings rechtsmissbräuchlich sein.[606]

Ein Schweigen oder Nichtbenennen von Mängeln führt auch dann zur fiktiven Abnahme, wenn wesentliche Mängel vorhanden sind. Die Abnahmefiktion gemäß § 640 Abs. 2 S. 1 tritt mithin ein,

- wenn der Besteller sich entweder **überhaupt nicht** zu dem Abnahmeverlangen äußert oder
- wenn er die Abnahme **ohne Benennung von Mängeln** verweigert.

Der Besteller muss bei der Abnahmeverweigerung indes **nicht** alle Mängel angeben oder die **Mängel im Detail darlegen.** Es genügt, wenn er beispielsweise dem Unternehmer mitteilt, wo das Werk aus seiner Sicht nicht die vereinbarte Beschaffenheit hat. Weitere Mängel, die der Besteller zunächst nicht angegeben hat, können gleichwohl bei der anschließenden Bewertung der Abnahmereife berücksichtigt werden.[607]

Außerdem ist zu beachten, dass die Abnahmefiktion gemäß § 640 Abs. 2 S. 1 ausdrücklich die **Fertigstellung des Werks** voraussetzt. Durch die Einführung dieses neuen Kriteriums soll ein zu frühes Andienen des Werks unterbunden und damit ein missbräuchlicher Einsatz des Instruments der fiktiven Abnahme insbesondere auch gegenüber Verbrauchern verhindert werden.[608] Von einer Fertigstellung i.S.d. § 640 Abs. 2 S. 1 ist dann auszugehen, wenn das Werk nach der vertraglichen Vereinbarung der Parteien als „fertig" anzusehen ist. Das ist der Fall, wenn die im Vertrag genannten Leistungen abgearbeitet oder erbracht sind – unabhängig davon, ob Mängel vorliegen oder nicht.[609]

Handelt es sich bei dem **Besteller** um einen **Verbraucher**, so greift die Abnahmefiktion nur dann ein, wenn der Unternehmer den Besteller zusammen mit der Aufforderung zur Abnahme auf die **Folgen** einer nicht erklärten oder ohne Angabe von Mängeln verweigerten Abnahme **hingewiesen** hat, **§ 640 Abs. 2 S. 2.** Dieser Hinweis bedarf der **Textform** gemäß § 126 b.

Hintergrund: *Die mit Wirkung zum 01.01.2018 neu eingefügte Vorschrift ist vor dem Hintergrund zu sehen, dass von einem Verbraucher nicht erwartet werden kann, dass er sich über die Rechtsfolgen im Klaren ist, wenn er sich auf die Fristsetzung des Unternehmers, mit der dieser eine fiktive Abnahme erreichen will, nicht erklärt oder die Abnahme ohne Angabe von Mängeln verweigert.*[610]

Durch **§ 650 o** wird die Verbraucherschutzvorschrift des **§ 640 Abs. 2 S. 2** außerdem **zwingend** ausgestaltet.

---

606 BT-Drs. 18/8486, S. 48.
607 BT-Drs. 18/8486, S. 48.
608 BT-Drs. 18/8486, S. 49.
609 Erman/Schwenker/Rodemann § 640 Rn. 28.
610 Vgl. BT-Drs. 18/8486, S. 49.

c) Vollendung, § 646

Die Abnahme gemäß § 640 wird durch die Vollendung nach § 646 ersetzt, wenn eine **Billigung nicht möglich** oder **wirtschaftlich sinnlos** ist. 285

Beispiel: Bei einer Theateraufführung wäre eine nachträgliche Billigung sinnlos, weil die Aufführung zu einer bestimmten Zeit geschuldet und eine Billigung nachher ohne Bedeutung ist.

d) Rechtsfolgen der Abnahme

- Der Anspruch auf die **Vergütung** wird bei Abnahme **fällig, § 641**. 286

  Hinweis: *Vor der Abnahme des Werkes braucht sich der Besteller auf die Einrede des § 320 nicht zu berufen, da der Unternehmer vorleistungspflichtig ist. Nach Fälligkeit steht dem Besteller die Einrede des § 320 zu, wenn das Werk mangelhaft ist. Über § 320 hinaus kann der Besteller gemäß § 641 Abs. 3 die Zahlung eines angemessenen Teils der Vergütung verweigern, in der Regel das Doppelte der für die Beseitigung des Mangels erforderlichen Kosten.*

  Auch nach **Kündigung** eines Bauvertrags wird die Werklohnforderung erst mit der Abnahme der bis dahin erbrachten Werkleistung fällig.[611]

  Auch die **Verjährung des Anspruchs des Bestellers auf Herstellung** des versprochenen Werks führt – ohne Abnahme – nicht zur Fälligkeit des Werklohnanspruchs des Unternehmers.[612]

- Die Vergütung ist ab dem Zeitpunkt der Abnahme(-fiktion) zu **verzinsen**, § 641 Abs. 4.

- Der **allgemeine Erfüllungsanspruch erlischt**; er konkretisiert und beschränkt sich auf die Mängelbeseitigung **(Nacherfüllungsanspruch)**.[613] Bei Mängeln zum Zeitpunkt der Abnahme greifen die Mängelrechte nach § 634.

- Nimmt der Besteller trotz Kenntnis des Mangels die Sache vorbehaltlos an, so stehen ihm die in § 634 Nr. 1–3 bezeichneten Gewährleistungsansprüche nicht zu, § 640 Abs. 3. Dabei führt auch eine konkludente Abnahme zum Rechtsverlust gemäß § 640 Abs. 3.[614]

  Hinweis: *Die in § 634 Nr. 4 erwähnten Ansprüche (Schadens- oder Aufwendungsersatz) bleiben bestehen, da diese in § 640 Abs. 3 gerade nicht erwähnt sind.*

- Die **Verjährung** der Mängelansprüche beginnt mit der Abnahme, § 634 a Abs. 2.

- Mit der Abnahme geht die **Leistungsgefahr gemäß § 644 Abs. 1 S. 1** auf den Besteller über. Vor Abnahme liegt die Leistungsgefahr beim Unternehmer, der die Leistung deshalb grundsätzlich auch dann noch erbringen muss, wenn sein Werk untergeht.[615]

---

611 BGH NJW 2006, 2475 (Änderung der Rspr.); Hartung NJW 2007, 1099.

612 BGH RÜ 2020, 760.

613 Palandt/Retzlaff § 640 Rn. 18; BeckOK-BGB/Voit § 640 Rn. 1.

614 BGH RÜ 2010, 354, 356.

615 OLG Celle RÜ 2010, 488, 489.

Beispiel: B beauftragt U, sein Dach neu zu decken. Als U fast fertig ist, tobt der Orkan Kyrill über das Land und das Dach wird abgedeckt.

U muss das Dach neu eindecken und kann für seine bisher geleistete Arbeit keinen Werklohn verlangen.

- Die **Beweislast** wird **umgekehrt**. Nach der Abnahme muss der Besteller beweisen, dass das hergestellte Werk mangelhaft ist.[616]

3. Nebenpflichten und Obliegenheiten

a) Neben- und Sorgfaltspflichten

287 Zu den Nebenpflichten zählen **Aufklärungs- und Beratungspflichten**. Der Besteller muss insbesondere den Unternehmer auf ihm bekannte Umstände hinweisen, die eine vertragsgemäße Herstellung des Werkes beeinträchtigen oder ausschließen können.

Entsprechend des **§ 618** ist der Besteller verpflichtet, Räume, Vorrichtungen und Gerätschaften, die er dem Unternehmer zur Verfügung stellt, so einzurichten und zu unterhalten, dass der Unternehmer und seine Gehilfen gegen Gefahr für Leib und Leben geschützt sind.[617]

b) Mitwirkung des Bestellers gemäß § 642

288 Soweit es nach Art und Beschaffenheit des herzustellenden Werkes erforderlich ist, muss der Besteller **mitwirken**. Streitig ist, ob es sich dabei nur um eine **Obliegenheit** oder auch um eine **Schuldnerpflicht** handelt.[618]

Obliegenheiten sind Pflichten geringerer Intensität bzw. Verhaltensanforderungen im eigenen Interesse, die dadurch gekennzeichnet sind, dass dem Berechtigten regelmäßig weder Erfüllungsansprüche noch Klage- und Vollstreckungsmöglichkeiten oder Schadensersatzansprüche bei Verletzung der Obliegenheiten zustehen. Dem Belasteten werden vielmehr **für den Fall der Nichtbeachtung** andere **Rechtsnachteile** in Aussicht gestellt, insbesondere der Verlust oder die Minderung einer günstigen Rechtsposition.

289
- Nach einer in der Lit.[619] vertretenen Ansicht ist die Mitwirkung nach § 642 keine Pflicht, sondern **lediglich** eine **Obliegenheit**. Die Erfüllung von Obliegenheiten ist vom Gläubiger nicht erzwingbar. Die Nichterfüllung einer Obliegenheit dürfe daher auch nicht zum Schadensersatz verpflichten, da andernfalls mittelbar die Erfüllung der Obliegenheit doch erzwungen werden könne.

290
- Nach der Rspr.[620] und einem Teil der Lit.[621] handelt es sich bei der Mitwirkung des Bestellers (§ 642) zwar **grundsätzlich** (nur) um eine **Gläubigerobliegenheit**, in **Aus-**

---

616 BGHZ 61, 42, 47; BeckOK-BGB/Voit § 640 Rn. 1.
617 Palandt/Retzlaff § 631 Rn. 26.
618 BGHZ 50, 175, 178; BeckOK/Voit § 642 Rn. 6; Erman/Schwenker § 642 Rn. 2; Armbrüster NZ Bau 2006, 153 ff.
619 BeckOK/Voit § 642 Rn. 8.
620 BGHZ 11, 80, 83; Armbrüster NZBau 2006, 153.
621 MünchKomm/Busche § 642 Rn. 2 f.; Armbrüster/Bickert NZBau 2006, 153, 154.

nahmefällen aber **auch** um eine **Verpflichtung**. Ob ein solcher Ausnahmefall vorliegt, kann oftmals nur durch Auslegung des Vertrages (§§ 133, 157) ermittelt werden. Für das Vorliegen einer entsprechenden vertraglichen Haupt- oder Nebenpflicht ist entscheidend, ob es den Parteien auf eine selbstständige Klagbarkeit der Mitwirkungshandlung des Bestellers angekommen ist.[622] Ist ein solcher Fall ausnahmsweise gegeben, bestehen bei fehlender Mitwirkung nicht nur die Rechte des Unternehmers aus den §§ 642 f., sondern auch ein Erfüllungsanspruch auf Mitwirkung und ggf. Schadensersatzansprüche (§§ 280 ff.) wegen unterlassener Mitwirkung.[623]

- Jedenfalls **schließt** das Unterlassen der Mitwirkung – unstreitig – einen **Schuldnerverzug des Unternehmers aus** und kann zum Annahmeverzug nach §§ 293 ff. des Bestellers mit der Folge des Entschädigungsanspruchs (§ 642 Abs. 1) und des Kündigungsrechts (§ 643) des Unternehmers führen.

4. Besondere Kündigungsrechte des Bestellers

a) Kündigungsrecht des Bestellers gemäß § 648

Gemäß § 648 kann der Besteller bis zur Vollendung des Werkes **jederzeit** den Vertrag **ohne Angabe** von Gründen kündigen. Die Kündigung des Bestellers führt zur Beendigung des Werkvertrags ex nunc. 291

Die Kündigung schadet dem Werkunternehmer nicht, da er berechtigt ist, die vereinbarte **Vergütung** zu verlangen, **§ 648 S. 2.** Er muss sich nur seine ersparten Aufwendungen anrechnen lassen oder dasjenige, was er durch anderweitige Verwendung seiner Arbeitskraft erwirbt oder zu erwerben böswillig unterlässt.

Das Kündigungsrecht des Bestellers gemäß § 648 Abs. 1 kann durch Parteivereinbarung ausgeschlossen werden, ein Ausschluss durch **AGB** ist regelmäßig unzulässig.[624] Ferner sind sowohl der formularmäßige Ausschluss des Vergütungsanspruchs als auch ein Ausschluss der Anrechnung ersparter Aufwendung durch AGB des Unternehmers wegen Verstoßes gegen § 307 nicht zulässig.[625] 292

b) Kündigungsrecht des Bestellers gemäß § 649

Nach **§ 649 Abs. 1** steht dem Besteller ein Kündigungsrecht zu, wenn dem Vertrag ein Kostenanschlag zugrunde gelegt worden ist und sich ergibt, dass das Werk nicht ohne eine **wesentliche Überschreitung des Kostenanschlags** ausführbar ist. 293

Anders als bei dem jederzeitigen Kündigungsrecht des Bestellers, bei dem dieser gemäß § 648 S. 2 die vereinbarte Vergütung entrichten muss, schuldet der Besteller in diesem Fall von vornherein nur einen der geleisteten Arbeit entsprechenden **Teil der Vergütung**. Ab wann eine Überschreitung wesentlich ist, kann nur im Einzelfall bestimmt wer-

622 MünchKomm/Busche § 642 Rn. 2 f.
623 Palandt/Sprau § 642 Rn. 3.
624 BeckOK/Voit § 642 Rn. 29.
625 BeckOK/Voit § 642 Rn. 32.

den. In der Lit. und Rspr. werden unterschiedliche Prozentsätze genannt. Dabei wird eine wesentliche Überschreitung meist bei 15 %–20 % angenommen.[626] Unerheblich ist der Grund für die Überschreitung, sodass es auf ein Verschulden des Unternehmers nicht ankommt. Die Regelung greift selbst dann ein, wenn die Verteuerung auf einem Umstand beruht, der in der Sphäre des Bestellers liegt.

294 Gemäß § 649 Abs. 1 i.V.m. § 645 Abs. 1 kann der Unternehmer nur eine Teilvergütung für das bereits erstellte Teilwerk verlangen. Damit steht er schlechter als bei einer Kündigung des Bestellers gemäß § 648. Nach **§ 648 S. 2** kann der Unternehmer die gesamte vereinbarte Vergütung verlangen, muss sich jedoch dasjenige anrechnen lassen, was er infolge der Vertragsaufhebung an Aufwendungen erspart oder durch anderweitige Verwendung seiner Arbeitskraft erwirbt oder zu erwerben böswillig unterlässt. Der **Unterschied** besteht darin, dass der Unternehmer gemäß **§ 649** über die Vergütung für das bereits erstellte Teilwerk hinaus auch eine anteilige Vergütung für noch zu erbringende Leistungen verlangen kann. Vor allem bleibt dem Unternehmer bei einer Kündigung nach § 649 damit der Gewinn aus den noch zu erbringenden Leistungen.

295 Der Unternehmer ist gemäß **§ 649 Abs. 2** verpflichtet, eine sich abzeichnende **Überschreitung des Kostenanschlags** dem Besteller **unverzüglich mitzuteilen**. Weist der Unternehmer nicht unverzüglich auf eine absehbare wesentliche Überschreitung des Kostenanschlags hin, so hat dies nicht zur Folge, dass der Besteller nur die im Kostenanschlag genannte Summe schuldet. Allerdings macht sich der Unternehmer wegen Verstoßes gegen seine Informationspflicht aus § 649 Abs. 2 nach § 280 Abs. 1 schadensersatzpflichtig. Ersatzfähig ist gemäß § 280 Abs. 1 das negative Interesse, d.h., der Besteller ist so zu stellen, als ob der Unternehmer die Überschreitung rechtzeitig angezeigt und der Besteller daraufhin gekündigt hätte. Beruht die Überschreitung hingegen auf Weisungen des Bestellers oder kannte er die Gründe für eine Überschreitung, ist dies im Rahmen des Mitverschuldens (§ 254) zu berücksichtigen.

II. Rechte und Pflichten des Unternehmers

Gemäß § 631 Abs. 1 ist der Unternehmer zur Herstellung des versprochenen Werkes verpflichtet. Zum Inhalt seiner Leistungspflicht gehört auch, dass das Werk frei von Sach- und Rechtsmängeln sein muss, **§ 633** (vgl. dazu unten Rn. 309 ff.).

1. Vorleistungspflicht des Unternehmers und dingliche Sicherung

296 Die **Vergütung** des Werkunternehmers ist gemäß § 641 Abs. 1 **bei Abnahme des Werkes fällig**. Eine Abnahme ist die körperliche Hinnahme des Werkes unter Billigung als im Wesentlichen vertragsgemäß.[627] Mithin ist der Unternehmer in aller Regel vorleistungspflichtig. Er muss zunächst das Werk erstellen und kann erst anschließend seine Vergütung verlangen.

Als Ausgleich für dieses vom Werkunternehmer zu tragende Vorleistungsrisiko werden seine Ansprüche aus dem Vertrag durch **Pfandrechte** gemäß den **§§ 647, 650 e** gesichert. Außerdem kann der Unternehmer gemäß **§ 650 f** Sicherheitsleistungen vom Besteller verlangen, und zwar für die Vorleistungen einschließlich dazugehöriger Nebenforderungen.

---

626 BeckOK-BGB/Voit § 649 Rn. 7 m.w.N.

627 Zur Abnahme ausführlich Rn. 283 ff.

a) Werkunternehmerpfandrecht

Der Werkunternehmer hat an den beweglichen **Sachen des Bestellers**, die aufgrund des Werkvertrags in seinen Besitz gelangt sind, gemäß § 647 ein gesetzliches Pfandrecht, auf das gemäß § 1257 die Vorschriften über rechtsgeschäftlich entstandene Pfandrechte entsprechend anzuwenden sind. 297

Fall 11: Leidlicher Lamborghini

E hat an den erfolgreichen Anwalt Max Macker (M) einen gelben Lamborghini unter Eigentumsvorbehalt verkauft und ihm den Pkw übergeben. Nach der Vereinbarung zwischen E und M muss M den Wagen instandhalten. M verursacht einen Unfall und beschädigt den Wagen. Er lässt den Wagen in der Werkstatt des U, der M für den Eigentümer hält, reparieren. Nach Vollendung der Reparatur tritt E von dem Kaufvertrag mit M zurück, weil M nicht zahlt. E verlangt den Lamborghini von U heraus. U fordert von E zuerst die Bezahlung der Reparaturkosten. Zu Recht?

E kann gegen U einen Anspruch auf **Herausgabe** des Wagens **nach § 985** haben.

I. E müsste Eigentümer sein. E hat M den Pkw nur unter der aufschiebenden Bedingung der vollständigen Kaufpreiszahlung übereignet, §§ 929 S. 1, 158 Abs. 1, 449 Abs. 1. Da die Bedingung nicht eingetreten ist, ist **E** der **Eigentümer** des Lamborghinis geblieben.

II. **U** ist unmittelbarer **Besitzer** des Wagens.

III. Ferner dürfte U **kein Recht zum Besitz** gemäß § 986 Abs. 1 haben. 298

1. Aus dem ursprünglich zwischen E und M bestehenden Eigentumsvorbehalts-Kaufvertrag, demzufolge M berechtigt oder gar verpflichtet war, den Wagen reparieren zu lassen, kann U kein **abgeleitetes** Besitzrecht gemäß § 986 Abs. 1 S. 1 Alt. 2 herleiten, da E von diesem Vertrag zurückgetreten ist. Außerdem kann dahinstehen, ob aus dem **Anwartschaftsrecht** ein **Recht zum Besitz** folgt, da dieses mit dem Rücktritt des E untergegangen ist.

2. U könnte ein **Werkunternehmerpfandrecht** und deshalb ein eigenes Recht zum Besitz i.S.d. § 986 haben. Das Unternehmerpfandrecht besteht **an Sachen des Bestellers** (§ 647). Eigentümer des Lamborghinis war hier aber nicht M, der den Wagen zur Reparatur gegeben hat, sondern E. Insoweit sind die Voraussetzungen des § 647 nicht erfüllt.

   a) Da E jedoch M den Wagen unter Eigentumsvorbehalt verkauft hatte und ihm vor der vollständigen Zahlung des Kaufpreises an einer Instandhaltung des Wagens gelegen war, könnte man daran denken, dass E mit seinem Einverständnis zur Instandsetzung auch konkludent sein Einverständnis im Hinblick auf die Entstehung des gesetzlichen Pfandrechts erklärt hat. Dieses Ergebnis lässt sich sicherlich nicht mit einer unmittelbaren Anwendung des § 185 Abs. 1 erzielen, da sich diese Vorschrift nur auf rechtsgeschäftliche Verfügungen bezieht, nicht aber den Fall behandelt, dass kraft Gesetzes eine Belastung der Sache eintritt. 299

Ein Teil der Lit. wendet aber in der vorliegenden Fallkonstellation zum Schutz des Werkunternehmers **§ 185 Abs. 1 entsprechend** an: Der Eigentümer habe in die Begründung der Situation eingewilligt, in der das Werkunternehmerpfandrecht nach § 647 kraft Gesetzes entstehe. Da diese Situation selbst durch Rechtsgeschäft hergestellt werde, liege eine entsprechende Anwendung des § 185 Abs. 1 nahe. Der Unternehmer habe deshalb ein Werkunternehmerpfandrecht erworben, weil die einer Verpfändung ähnliche Hingabe zur Reparatur durch die Einwilligung des Eigentümers gedeckt sei.[628]

300 b) Gegen diese Ansicht wird zu Recht angeführt, dass sie auf eine Verpflichtungsermächtigung hinausläuft, die mit der ganz h.M. abzulehnen ist, weil sie das **Offenkundigkeitsprinzip der §§ 164 ff. umgeht** und neben dem Institut der Stellvertretung überflüssig ist.[629] Zwar wird der Eigentümer nicht zur Bezahlung der Reparaturkosten verpflichtet. Aber bei Bejahung eines Unternehmerpfandrechts muss der Eigentümer mit seinem Eigentum für die Bezahlung haften, und ohne besondere Anhaltspunkte ist nicht anzunehmen, dass er einen solchen Willen hatte. Eine analoge Anwendung des § 185 ist daher abzulehnen.[630]

c) U hatte zwar an dem Anwartschaftsrecht des M auf Erwerb des Volleigentums ein Pfandrecht erworben, da das Anwartschaftsrecht als Vorstufe des Eigentums auch mit einem gesetzlichen Pfandrecht belastet sein kann. Durch den Rücktritt des E von dem Kaufvertrag ist jedoch der **Bedingungseintritt unmöglich geworden** und daher das mit dem Pfandrecht belastete Anwartschaftsrecht untergegangen.

301 d) Es kommt indes ein **gutgläubiger Erwerb des Unternehmerpfandrechts** in Betracht.

aa) Die Regelung in § 1207 ermöglicht bei der rechtsgeschäftlichen Verpfändung durch einen Nichtberechtigten einen gutgläubigen Erwerb des Pfandrechts. Für das kraft Gesetzes (bereits) **entstandene** Pfandrecht verweist § 1257 auf die Vorschriften über das rechtsgeschäftlich **bestellte** Pfandrecht. Die Verweisung des § 1257 bezieht sich somit ihrem Wortlaut nach nicht auf den Entstehungstatbestand des vertraglichen Pfandrechts, also auch nicht auf § 1207. Eine unmittelbare Anwendung des § 1207 auf das gesetzliche Pfandrecht scheidet damit aus.

bb) Auf das Werkunternehmerpfandrecht könnte **§ 1207** aber **analog** Anwendung finden. Dafür sind eine planwidrige Regelungslücke und eine vergleichbare Interessenlage erforderlich. Der gutgläubige Erwerb eines Werkunternehmerpfandrechts ist im Gesetz nicht geregelt.

---

628 Roth JuS 1997, 518, 52; vgl. dazu auch Schmidt NJW 2014, 1.

629 Vgl. BGHZ 34, 122, 125 m.w.N.

630 Z.B. BGHZ 68, 323 ff.; Palandt/Retzlaff § 647 Rn. 3.

Als Argument für die **Möglichkeit des gutgläubigen Erwerbs eines gesetzlichen Pfandrechts wird § 366 Abs. 3 HGB** angesehen.[631] § 366 Abs. 3 HGB, der hinsichtlich der Entstehung des gesetzlichen Pfandrechts den guten Glauben des Kommissionärs, Spediteurs, Lagerhalters und Frachtführers auch dann schützt, wenn er sich nicht auf das Eigentum, sondern auf die Verfügungsmacht bezieht, gehe vom gutgläubigen Erwerb eines gesetzlichen Pfandrechts aus. Die Interessen eines Werkunternehmers, dessen gesetzliches Pfandrecht ebenfalls auf einer Besitzverschaffung beruhe, seien in gleicher Weise schutzwürdig. Es sei deswegen geboten, den Werkunternehmer in Bezug auf die Entstehung des gesetzlichen Pfandrechts (§ 647) in gleicher Weise wie bei einer vertraglichen Verpfändung zu schützen.

Aus der Norm des § 366 Abs. 3 HGB kann jedoch der Schluss gezogen werden, dass der gutgläubige Erwerb eines gesetzlichen Pfandrechts im BGB gerade nicht möglich sein soll.[632] Der Gesetzgeber hat das Problem des gutgläubigen Erwerbs von Pfandrechten gesehen und für den Werkunternehmer gerade nicht geregelt.

Ein gutgläubiger Erwerb des Unternehmerpfandrechts analog § 1207 kann auch nicht damit begründet werden, dass es sich um ein Besitzpfandrecht handelt.[633] Denn auch beim gutgläubigen Eigentumserwerb gemäß §§ 932 ff. wird **nicht an die Besitzerlangung des Erwerbers angeknüpft**, sondern lediglich auf den Besitz des Verfügenden abgestellt, weil dieser Besitz dafür spricht, dass der verfügende Besitzer auch Eigentümer ist. Wenn es aber entscheidend auf den Besitz des Übertragenden ankommt, dann scheidet eine unterschiedliche Behandlung des besitzlosen Pfandrechts und des Besitzpfandrechts aus, weil in beiden Fällen der Schuldner Besitzer ist. Auch der Mieter ist Besitzer und dennoch ist anerkannt, dass der Vermieter das – besitzlose – Vermieterpfandrecht nicht über §§ 1257, 1207 gutgläubig erwirbt. Außerdem fehlt es beim Werkunternehmerpfandrecht hinsichtlich der Entstehung des Pfandrechts an einer Einigung, wie sie sonst beim vertraglichen Pfandrecht vorausgesetzt ist.

Schließlich ist die **Anwendung der §§ 994 ff. besser geeignet**, den Interessengegensatz zwischen Eigentümer und Werkunternehmer auszugleichen, weil bei den §§ 994 ff. zwischen den notwendigen, den nützlichen und den Luxusverwendungen unterschieden wird und der Eigentümer daher nicht mit einem Pfandrecht bzw. Verwendungsersatzanspruch für Ansprüche wegen überflüssiger Arbeiten belastet wird.

631 Baur/Stürner § 55 C II Rn. 40; Berg JuS 1970, 12, 13.

632 Völzmann JA 2005, 264, 267.

633 Einzelheiten zum Besitzpfandrecht und zum besitzlosen Pfandrecht s. AS-Skript Sachenrecht 1 (2020).

302 IV. In Betracht kommt ein Zurückbehaltungsrecht des Werkunternehmers nach **§§ 1000, 994**.

1. E ist Eigentümer und U ist Besitzer.

2. Fraglich ist allerdings, ob der Werkunternehmer U als Besitzer Verwendungen gemacht hat oder ob nur der **Besteller als Verwender** i.S.d. §§ 994 ff. anzusehen ist.

a) Ein Teil der Lit. lehnt die Anwendung der §§ 994 ff. auf den Werkunternehmer ab: Der Werkunternehmer sei nicht Verwender; zudem mache er die Verwendungen nicht im eigenen Interesse, um die Sache weiter nutzen zu können, sodass die Verwendungen nicht durch den Besitz veranlasst sind und die §§ 994 ff. schon typologisch nicht anwendbar seien.[634]

b) Die h.M. wendet die §§ 994 ff. auch auf den Fremdbesitzer an, der die Verwendungen aufgrund eines Vertrags mit einem Dritten macht.[635] Zur Begründung wird angeführt, dass eine Einschränkung der Anwendbarkeit der §§ 994 ff. weder vom Wortlaut noch von der Interessenlage her geboten sei.

c) Außerdem müsste **U unrechtmäßiger Besitzer** sein.

Nach dem Rücktritt ist das abgeleitete Besitzrecht des U, welches er gegenüber E hatte, entfallen.

Problematisch ist jedoch, dass er im Zeitpunkt der Reparatur ein abgeleitetes Besitzrecht hatte, denn M war gegenüber E aus Eigentumsvorbehaltskauf zum Besitz berechtigt und U gegenüber M aus dem Werkvertrag. Außerdem war M verpflichtet, den Wagen reparieren zu lassen und somit zur Weitergabe des Besitzes befugt.

Nach der Lit. muss das EBV im Zeitpunkt der Verwendungshandlung bestehen, da es für den Umfang der zu ersetzenden Verwendung darauf ankommt, ob der Besitzer gut- oder bösgläubig ist.[636] Da in diesem Zeitpunkt noch kein EBV vorlag, würde ein Zurückbehaltungsrecht ausscheiden.

Nach der Rspr. sind in Ausnahmefällen die Vorschriften des EBV auch anwendbar, wenn im Zeitpunkt der Verwendungsvornahme dem Werkunternehmer ein Besitzrecht zustand, im Zeitpunkt des Herausgabeverlangens aber nicht.[637] Da nicht einzusehen ist, dass im Einzelfall der berechtigte Besitzer hinsichtlich der von ihm vorgenommenen Verwendungen schlechter steht als der unberechtigte Besitzer, ist dieser Auffassung zu folgen.

d) Bei den Reparaturkosten handelt es sich auch um **notwendige Verwendungen**.

e) Da U zudem gutgläubig war, hat er gemäß §§ 1000, 994 ein Zurückbehaltungsrecht.

---

634 Staudinger/Gursky vor §§ 994–1003 Rn. 20; Palandt/Herrler Vorbem. v § 994 Rn. 10.

635 BGHZ 51, 250, 251; Völzmann JA 2005, 264, 267.

636 Staudinger/Gursky Vorbem. v. §§ 994–1003 Rn. 17; Roth JuS 1997, 518, 521, 522.

637 BGH NJW 1995, 2627, 2628.

V. In Betracht kommt auch ein Zurückbehaltungsrecht aus **§ 273 Abs. 2**. Dann müsste U einen selbstständigen Verwendungsersatzanspruch haben. 303

1. Ein Anspruch aus **§ 994 Abs. 1 S. 1** scheidet aus, da die Voraussetzungen des § 1001 nicht vorliegen. Demnach kann der Verwendungsersatzanspruch nur gemäß § 1000 einredeweise geltend gemacht werden.
2. Auch ein Anspruch aus **§§ 670, 683 S. 1, 677** ist nicht gegeben, da U keinen Fremdgeschäftsführungswillen hatte.
3. Schließlich werden die Vorschriften der **§§ 951 Abs. 1, 812** durch das EBV als Spezialvorschrift verdrängt.

Demnach hat U (nur) ein Zurückbehaltungsrecht aus §§ 1000, 994, das er dem Herausgabeanspruch des E aus § 985 entgegenhalten kann.

---

b) Weitere Sicherungsrechte

Der Unternehmer kann bei einem Bauvertrag i.S.d. § 650 a für seine vertraglichen Forderungen die **Einräumung einer Sicherungshypothek** an dem Grundstück des Bestellers verlangen, **§ 650 e**. 304

Hinweis: *Anders als bei § 647 entsteht das Grundpfandrecht also* ***nicht automatisch*** *kraft Gesetzes, sondern der Unternehmer hat nur einen schuldrechtlichen Anspruch auf Einräumung der Sicherungshypothek. Die Bestellung der Sicherungshypothek kann nach h.M. nicht verlangt werden, solange das Werk mangelhaft ist.*[638]

Der Bauhandwerker kann vom Besteller **Sicherheitsleistungen** unter den Voraussetzungen des **§ 650 f** für die von ihm zu erbringenden Vorleistungen verlangen. Eine solche kann durch eine Garantie oder ein sonstiges Zahlungsversprechen eines Kreditinstituts geleistet werden, § 650 f Abs. 2 S. 1. Zu beachten ist, dass die Vorschrift unabdingbar ist (vgl. § 650 f Abs. 7), und somit ein Verzicht bei Vertragsschluss unwirksam ist.[639]

2. Rechte des Unternehmers, wenn Besteller Mitwirkung unterlässt

a) Kündigung gemäß § 643

Dem Unternehmer steht ein **besonderes Kündigungsrecht** zu, wenn bei der Herstellung des Werkes eine Mitwirkung des Bestellers erforderlich ist und dieser trotz Fristsetzung mit Kündigungsandrohung die **Mitwirkungshandlung nicht vornimmt**. 305

Für eine Kündigung gemäß § 643 ist zunächst erforderlich, dass die Voraussetzungen des § 642 erfüllt sind (Rn. 288). Ferner bedarf es einer **Fristsetzung** mit Kündigungsan-

---

638 BGHZ 68, 180, 184 f.
639 BGH NJW 2001, 822, 823.

drohung. Die Frist muss so bemessen sein, dass die Nachholung der Handlung, jedenfalls bei gehöriger Anstrengung des Bestellers, noch möglich ist.

Eine zu kurz bemessene Frist setzt eine angemessene in Gang. Anders als bei Fristsetzungen i.S.d. §§ 281, 323 muss sie mit der Erklärung verbunden werden, dass der Unternehmer den Vertrag kündigt, wenn die Handlung nicht innerhalb der Frist vorgenommen wird. Diese **Kündigungsandrohung** muss unzweifelhaft zu erkennen geben, dass eine Kündigung nach Fristablauf erfolgen wird. Die bloße Ankündigung, nach Fristablauf werde (möglicherweise) gekündigt, die zum Ausdruck bringt, dass sich der Unternehmer erst nach Fristablauf für oder gegen eine Kündigung entscheiden wird, reicht nicht aus.

306 Zwar sieht § 643 keine den §§ 281 Abs. 2, 323 Abs. 2 vergleichbaren Vorschriften für die **Entbehrlichkeit einer Fristsetzung** vor. Jedoch ist anerkannt, dass eine Fristsetzung entbehrlich ist, wenn sie sinnlose Förmelei wäre.[640] Das ist regelmäßig in Konstellationen der Fall, die mit den Fallgruppen der § 281 Abs. 2 und des § 323 Abs. 2 vergleichbar sind. Insbesondere ist eine Fristsetzung daher entbehrlich,

- wenn die Mitwirkungshandlung gar nicht mehr vorgenommen werden **kann**,
- wenn feststeht, dass sie, jedenfalls **innerhalb der Frist**, nicht mehr vorgenommen werden kann oder
- wenn der Besteller die Vornahme der Mitwirkungshandlung **endgültig verweigert**.

b) Folgen des Nichtnachholens der Mitwirkungshandlung

307 Gemäß § 643 S. 2 **gilt der Vertrag als aufgehoben**, wenn nicht die erforderliche Mitwirkungshandlung bis zum Ablauf der Frist vorgenommen wird. Der Vertrag ist daher beendet, ohne dass eine weitere Kündigungserklärung erforderlich ist. Wegen der mit dem Fristablauf verbundenen Gestaltungswirkung der Fristsetzung mit Kündigungsandrohung kann die Fristsetzung eines vollmachtlosen Vertreters nach Fristablauf nicht mehr genehmigt werden.[641] Dem Unternehmer steht neben der **Entschädigung nach § 642** eine **Teilvergütung** nach § 645 Abs. 1 S. 2 zu.

Bei **schuldhafter Nichterfüllung der Mitwirkungspflichten** ist streitig,[642] ob dem Unternehmer nur ein Vergütungsanspruch entsprechend § 648 S. 2 zusteht oder ob er einen Schadensersatzanspruch nach den §§ 280 Abs. 1 u. 3, 281 hat, da die Mitwirkung nicht nur Obliegenheit, sondern auch Schuldnerverpflichtung ist (vgl. dazu oben Rn. 290).

---

640 BGH NJW 2004, 2373, 2374.

641 BGH NJW-RR 2003, 303, 305.

642 Vgl. BeckOk/Voit § 642 Rn. 8 ff.

III. Kündigung aus wichtigem Grund, § 648 a

Mit der Regelung in § 648 a enthält auch das Werkvertragsrecht – wie etwa das Dienstrecht (§ 626) – ein außerordentliches Kündigungsrecht aus wichtigem Grund.

Hintergrund: *Bis zum 31.12.2017 wurde ein außerordentliches Kündigungsrecht bei Werkverträgen nur ausnahmsweise, insbesondere bei Bauverträgen anerkannt, und dabei auf § 314 oder eine erweiternde Auslegung des § 649 S. 1 a.F. (jetzt § 648) zurückgegriffen.*[643]

Das Recht, den Werkvertrag gemäß **§ 648 a Abs. 1 S. 1** aus wichtigem Grund ohne Einhaltung einer Frist zu kündigen, steht **beiden Vertragsparteien** zu, also sowohl dem Besteller als auch dem Unternehmer.

Hinweis: *Das Kündigungsrecht aus § 648 a Abs. 1 S. 1 ist **grundsätzlich formfrei**; nur für Bauverträge enthält § 650 h ausnahmsweise ein Schriftformerfordernis.*

Ein **wichtiger Grund** liegt nach **§ 648 a Abs. 1 S. 2** vor, wenn dem kündigenden Teil unter Berücksichtigung aller Umstände des Einzelfalls und unter **Abwägung der beiderseitigen Interessen** die Fortsetzung des Vertrags bis zur Fertigstellung des Werks **nicht zugemutet** werden kann. Durch diese generalklauselartige – sich **an § 314 orientierende**[644] – allgemeine Formulierung des wichtigen Grundes können neben den typischen Kündigungsgründen auch besondere Einzelfälle berücksichtigt werden. Allgemein kann jedoch davon ausgegangen werden, dass bei „kleineren", schneller abzuwickelnden Werkverträgen häufig die Unzumutbarkeit der Fortsetzung des Vertrags bis zur Fertigstellung des Werks nicht gegeben ist.[645]

Außerdem ermöglicht **§ 648 a Abs. 2** eine **Teilkündigung des Werkvertrags**, was vor dem Hintergrund des Umfangs der in einem Werkvertrag oftmals gebündelten unterschiedlichen Leistungen sinnvoll ist. Die Teilkündigung muss sich dabei auf einen **„abgrenzbaren Teil des geschuldeten Werks"** beziehen. Entscheidend ist für dieses Kriterium, dass die Vertragspartner eine klare Abgrenzung der von der Teilkündigung erfassten und der danach noch von einem anderen Werkunternehmer zu erbringenden Leistungen vornehmen können und der von der Kündigung betroffene Unternehmer in der Lage ist, die von ihm noch geschuldeten Leistungen ohne Beeinträchtigung zu erbringen.

Nach **§ 648 a Abs. 3** ist § 314 Abs. 2 u. 3 bei einer außerordentlichen Kündigung nach § 648 a Abs. 1 u. 2 entsprechend anzuwenden.

- In **§ 314 Abs. 2** ist geregelt, wann vor einer Kündigung aus wichtigem Grund eine **Fristsetzung zur Abhilfe** oder eine erfolglose **Abmahnung** erforderlich oder wann diese entbehrlich ist. Grundsätzlich sollen dem Vertragspartner durch die Fristsetzung oder Abmahnung die Folgen seines vertragswidrigen Verhaltens vor Augen geführt und ihm die Möglichkeit einer vertragsgerechten Verhaltensänderung eröffnet werden. Fristsetzung und Abmahnung haben aber nicht nur eine **Warn- und Ankündigungsfunktion**, sondern unter Umständen schafft die Abmahnung auch erst die

643 Vgl. dazu BGH RÜ 2017, 761, 762 f.

644 Vgl. zu § 314 AS-Skript Schuldrecht AT 2 (2020), Rn. 95 ff.

645 BT-Drs. 18/8486, S. 51.

Voraussetzung für den wichtigen Grund, weil die Vertrauensgrundlage erst wegen des nach (und trotz) der Abmahnung fortgesetzten vertragswidrigen Verhaltens endgültig zerstört wird.[646]

- Aus der Verweisung auf **§ 314 Abs. 3** folgt, dass die außerordentliche Kündigung eines Werkvertrags nur innerhalb einer **angemessenen Kündigungserklärungsfrist** erfolgen kann, nachdem der Berechtigte vom Kündigungsgrund Kenntnis erlangt hat.[647] Dadurch soll sichergestellt werden, dass der andere Teil nicht unnötig lange im Ungewissen darüber bleibt, ob der Berechtigte von seinem Kündigungsrecht Gebrauch machen wird.

Der Unternehmer hat gemäß **§ 648 a Abs. 5** – anders als bei einer freien Kündigung nach § 648 – im Fall einer Kündigung aus einem wichtigen Grund **nur Anspruch auf** die **Vergütung**, die auf das bis zur Kündigung **erbrachte Teilwerk** entfällt. Denn bei der Kündigung aus wichtigem Grund wäre ein an der vereinbarten Vergütung ausgerichteter Anspruch, wie ihn § 648 vorsieht, nicht angemessen. Ist das bisherige Teilwerk mangelhaft, so kann der Besteller diesbezüglich Nachbesserung verlangen.[648]

Hinsichtlich der Bewertung des erbrachten Teilwerks ist **§ 648 a Abs. 4 S. 1** zu beachten. Danach sind beide Vertragsparteien nach der Kündigung zu einer **gemeinsamen Feststellung des Leistungsstandes** verpflichtet, wenn eine Vertragspartei dies verlangt. Diese Feststellung dient – allein – der quantitativen Bewertung der bis zur Kündigung erbrachten Leistung und soll späterem Streit über den Umfang der erbrachten Leistungen vorbeugen. Sie hat indes **keine der Abnahme vergleichbaren Rechtsfolgen**.[649] Lehnt eine der Vertragsparteien die Mitwirkung an der Feststellung ab oder bleibt sie einem vereinbarten oder innerhalb angemessener Frist bestimmten Termin zur Feststellung fern, trifft sie gemäß § 648 a Abs. 4 S. 2 die Beweislast hinsichtlich des Leistungsstandes zum Zeitpunkt der Kündigung. Dies gilt gemäß § 648 a Abs. 4 S. 3 nicht, wenn die betreffende Partei aufgrund eines Umstandes fernbleibt, den sie nicht zu vertreten und der anderen Vertragspartei unverzüglich mitzuteilen hat.

Schließlich wird durch **§ 648 a Abs. 6** klargestellt, dass die **außerordentliche Kündigung** die Berechtigung der Werkvertragsparteien, **Schadensersatz** zu verlangen, **nicht berührt**. Ein solcher Schadensersatzanspruch kann beispielsweise, bestehen, wenn der wichtige Grund, der Anlass für die Kündigung war, von einer Partei schuldhaft herbeigeführt worden ist. So kann der Besteller neben der Kündigung etwa Schadensersatz statt der Leistung für nicht zu vermeidende Mehraufwendungen durch die Hinzuziehung eines anderen Unternehmers verlangen.[650]

646 BeckOK-BGB/Lorenz § 314 Rn. 17.
647 BT-Drs. 18/8486, S. 51.
648 Wolffskeel/Jerger ZRP 2015, 237, 239.
649 BT-Drs. 18/8486, S. 52.
650 Vgl. Erman/Schwenker/Rodemann § 648 a Rn. 7.

2. Abschnitt: Rechte des Bestellers bei Mangel des Werkes

Für die Gewährleistungsrechte des Bestellers verweist **§ 634** weitgehend – wie § 437 für das Kaufrecht – auf das allgemeine Leistungsstörungsrecht. Ist das Werk mangelhaft, so kann der Besteller die in § 634 genannten Ansprüche und Rechte geltend machen. **308**

A. Begriff des Mangels

I. Sachmangel

Nach **§ 633 Abs. 2 S. 1** ist das Werk frei von Sachmängeln, wenn es die **vereinbarte Beschaffenheit** hat. **309**

Hinweis: *Die Regelung entspricht dem § 434 Abs. 1 S. 1 im Kaufrecht.*

Nach **§ 633 Abs. 2 S. 2** ist, wenn keine bestimmte Beschaffenheit vereinbart worden ist, das Werk frei von Sachmängeln,

- wenn es sich **für die nach dem Vertrag vorausgesetzte**, sonst
- für die **gewöhnliche Verwendung** eignet **und** eine **Beschaffenheit** aufweist, die bei Werken der gleichen Art üblich ist und **die der Besteller** nach der Art des Werkes **erwarten kann**. Dies entspricht dem § 434 Abs. 1 S. 2 im Kaufrecht.
- Einem Sachmangel steht es gleich, wenn der Unternehmer **ein anderes als das bestellte** Werk oder das Werk **in zu geringer Menge** herstellt, **§ 633 Abs. 2 S. 3**. Die Vorschrift stellt eine Übereinstimmung zum Kaufrecht (§ 434 Abs. 3) auch hinsichtlich der Falsch- oder Zuweniglieferung her.

II. Rechtsmangel

Gemäß **§ 633 Abs. 3** ist das Werk frei von Rechtsmängeln, wenn Dritte in Bezug auf das Werk keine oder nur die im Vertrag übernommenen Rechte gegen den Besteller geltend machen können. Die Vorschrift übernimmt für den Werkvertrag die Beschreibung des Rechtsmangels aus § 435 S. 1 (Rn. 35 ff.). **310**

In Betracht kommen dabei vor allem gewerbliche Schutzrechte Dritter wie Urheber- und Patentrechte.[651]

Beispiel: Der Verlag B beauftragt die Werbeagentur des U zur Herstellung eines Fernsehwerbespots für ein neues Lifestyle-Magazin. U unterlegt den Film mit der Musik des Komponisten K, ohne sein Einverständnis einzuholen.[652]

651 OLG Düsseldorf NJW-RR 2003, 1245.
652 BGH MDR 2003, 1345.

III. Maßgeblicher Zeitpunkt

311 Maßgeblicher Zeitpunkt für das Vorliegen des Mangels ist der Zeitpunkt des Gefahrübergangs. Dies ist im Werkvertragsrecht in der Regel der **Zeitpunkt der Abnahme**, § 640.

Für die Beurteilung, ob ein Werk mangelhaft ist, kommt es nach einer durchgeführten Abnahme auf den Zustand des Werks zum Zeitpunkt der Abnahme an. Ist der Mangel erst **nach der Abnahme entstanden**, begründet dies selbst dann keine Mängelrechte des Bestellers, wenn die Fehlerhaftigkeit des Werks ohne Verletzung einer Prüfungs- und Hinweispflicht des Unternehmers nicht entstanden wäre. In Betracht kommen dann **allenfalls verschuldensabhängige Schadensersatzansprüche** (z.B. §§ 280 Abs. 1, 241 Abs. 2).[653]

Der Besteller kann mithin Mängelrechte nach § 634 grundsätzlich erst nach Abnahme des Werks mit Erfolg geltend machen. Er kann indes berechtigt sein, Mängelrechte nach § 634 Nr. 2–4 ohne Abnahme geltend zu machen, wenn er nicht mehr die (Nach-)Erfüllung des Vertrags verlangen kann und das Vertragsverhältnis in ein **Abrechnungsverhältnis** übergegangen ist. Allein das Verlangen eines Vorschusses für die Beseitigung eines Mangels im Wege der Selbstvornahme genügt dafür nicht. In diesem Fall entsteht ein Abrechnungsverhältnis dagegen, wenn der Besteller ausdrücklich oder konkludent zum Ausdruck bringt, unter keinen Umständen mehr mit dem Unternehmer, der ihm das Werk als fertiggestellt zur Abnahme angeboten hat, zusammenarbeiten zu wollen.[654]

B. Rechte des Bestellers

312 Hat der Unternehmer das Werk nicht wie versprochen erstellt (§ 631 Abs. 1), ist es also mit einem Sach- oder Rechtsmangel (§ 633) behaftet, so kann der Besteller gemäß § 634 folgende Rechte geltend machen:

Rechte des Bestellers bei Mangel des Werkes

§§ 634 Nr. 1, 635	§§ 634 Nr. 2, 637	§ 634 Nr. 3	§ 634 Nr. 4
Anspruch auf **Nacherfüllung**	Anspruch auf Ersatz der für die **Mangelbeseitigung** erforderlichen **Aufwendungen**	**Rücktritt** oder **Minderung**	**Schadensersatz** oder Ersatz der **vergeblichen Aufwendungen**

653 BGH RÜ 2016, 557, 558.
654 BGH RÜ 2016, 228, 229 ff.

I. Nacherfüllungsanspruch, §§ 634 Nr. 1, 635

In erster Linie kann der Besteller vom Unternehmer Nacherfüllung entweder im Wege der **Mängelbeseitigung** oder der **Neuherstellung** verlangen. Dieser Anspruch steht im Vordergrund der werkvertraglichen Gewährleistung. Dies kann aus der Systematik und den Voraussetzungen der übrigen Mängelrechte des Bestellers gefolgert werden, weil dort grundsätzlich zunächst eine angemessene Frist zur Leistung oder Nacherfüllung gesetzt werden muss. Im Unterschied zum Kaufrecht hat jedoch nicht der Kunde das **Wahlrecht**, sondern der **Unternehmer**. **313**

Grund für diese abweichende Regelung ist, dass der Unternehmer aufgrund seiner größeren Sachkunde besser entscheiden kann, ob der Mangel durch Nachbesserung behoben werden kann oder es notwendig ist, das Werk insgesamt neu herzustellen.[655]

Prüfungsschema für den Nacherfüllungsanspruch, §§ 634 Nr. 1, 635

A. Voraussetzungen

- **I.** Wirksamer **Werkvertrag**
- **II. Sach-** oder **Rechtsmangel** zum Zeitpunkt des Gefahrübergangs (Abnahme)
- **III. Kein Ausschluss oder Einschränkung** der Nacherfüllung (§§ 275, 635 Abs. 3) oder der Gewährleistung (§§ 639, 640 Abs. 3)

B. Rechtsfolge: Nach **§ 635** kann der **Unternehmer nach seiner Wahl** den **Mangel beseitigen** oder ein neues **Werk herstellen.**

C. Keine Verjährung des Nacherfüllungsanspruchs, **§ 634 a**

1. Voraussetzungen

Der Anspruch auf Nacherfüllung erfordert weder eine Fristsetzung noch ein Verschulden, sondern hat nur die folgenden zwei Voraussetzungen.

- **Wirksamer Werkvertrag** **314**
- **Sach- oder Rechtsmangel bei Abnahme** (bzw. bei gesetzlich geregelter Abnahmefiktion nach § 640 Abs. 2)

Hinweis: Vor *der Abnahme hat der Besteller seinen* ***ursprünglichen Erfüllungsanspruch*** *aus § 631 Abs. 1. Bei (wesentlicher) Mangelhaftigkeit des Werkes kann er die Abnahme verweigern, § 640 Abs. 1. Nach der Abnahme steht ihm der Anspruch auf Nacherfüllung als* ***modifizierter Erfüllungsanspruch*** *zu.*

655 BT-Drs. 1460/40, 265.

2. Ausschluss gemäß § 635

315 - Nach **§ 635 Abs. 3** kann der Unternehmer die **Nacherfüllung verweigern**, wenn sie nur mit **unverhältnismäßigen Kosten** möglich ist. Eine vergleichbare Regelung enthält § 439 Abs. 4 für das Kaufrecht (Rn. 69 ff.).

316 - Nach **§§ 635 Abs. 3, 275 Abs. 2** hat der Werkunternehmer das Recht, die Nacherfüllung zu verweigern, soweit diese einen Aufwand erfordert, der in einem groben Missverhältnis zum Leistungsinteresse des Bestellers steht.

- Außerdem verweist **§ 635 Abs. 3** auf **§ 275 Abs. 3**. Die Vorschrift enthält eine Sonderregelung für den Fall einer Leistung, die in der Person des Schuldners zu erbringen ist. Danach hat der Schuldner ein Leistungsverweigerungsrecht, wenn er die **Leistung persönlich** zu erbringen hat und ihm dies **nicht zugemutet** werden kann. Die Vorschrift betrifft vor allem Arbeits- und Dienstverträge.

  Für Werkverträge ist sie nur dann relevant, wenn der Werkunternehmer die Leistung persönlich zu erbringen hat. Da der Werkvertrag die Erreichung des Erfolges in den Vordergrund stellt und es dem Unternehmer überlässt, wie dieses Ziel zu verwirklichen ist, steht es dem Unternehmer vorbehaltlich besonderer Vereinbarung frei, **Hilfskräfte** einzusetzen.[656] Eine besondere Vereinbarung kann auch konkludent getroffen werden, etwa bei Arbeiten mit einem **hohen persönlichen Gestaltungsbedarf** (Künstler, Architekt, Gutachter).

3. Rechtsfolgen

a) Wahlrecht des Unternehmers

317 Verlangt der Besteller Nacherfüllung, so kann der Unternehmer nach seiner Wahl den Mangel beseitigen oder ein neues Werk herstellen, **§ 635 Abs. 1**. Hat der Unternehmer von seinem Wahlrecht Gebrauch gemacht, so kann er seine Wahl der Nacherfüllung noch wechseln. Nach ganz h.M.[657] handelt es sich nicht um eine Wahlschuld mit der Folge, dass das andere Recht erlischt, wenn das eine Recht geltend gemacht wird, sondern um einen Fall der **elektiven Konkurrenz**. Eine elektive Konkurrenz ist gegeben, wenn dem Berechtigten kraft Gesetzes mehrere voneinander verschiedene Ansprüche für die Rechtsausübung zur Wahl stehen.

b) Leistungsort

318 Der Leistungsort der Nacherfüllung ist im Zweifel dort, wo sich das Werk vertragsgemäß befindet.[658]

---

656 BeckOK-BGB/Voit § 631 Rn. 45.

657 Palandt/Retzlaff § 634 Rn. 2; BGH NJW 2006, 1198, 1199.

658 Palandt/Retzlaff § 635 Rn. 4.

c) Kosten der Nacherfüllung

Gemäß **§ 635 Abs. 2** hat der Unternehmer die zum Zweck der **Nacherfüllung erforderlichen Aufwendungen**, insbesondere Transport-, Wege-, Arbeits- und Materialkosten zu tragen. **319**

d) Leistungsverweigerungsrecht des Bestellers

Hat der Besteller einen Nacherfüllungsanspruch, so kann er nach Abnahme die Zahlung eines angemessenen Teils der Vergütung verweigern, **§ 641 Abs. 3**. Angemessen ist in der Regel das Doppelte der für die Beseitigung des Mangels erforderlichen Kosten. **320**

e) Rechtsfolgen bei Neuherstellung

Erstellt der Unternehmer ein neues Werk, so kann er vom Besteller die **Rückgewähr des mangelhaften Werkes** nach den Rücktrittsvorschriften verlangen, **§ 635 Abs. 4**. Durch die Verweisung auf die **§§ 346–348** wird klargestellt, dass sich die Rückgewähr des mangelhaften Werkes nach dem Rücktritts- und nicht nach Bereicherungsrecht richtet. **321**

Kann der Besteller das mangelhafte Werk nicht herausgeben, so schuldet er unter den Voraussetzungen des § 346 Abs. 2 **Wertersatz**.

Ferner muss der Besteller gemäß § 346 Abs. 1 die **gezogenen Nutzungen** herausgeben oder wenn dies nicht möglich ist, nach § 346 Abs. 2 Nr. 1 Wertersatz leisten.

II. Selbstvornahmerecht und Aufwendungsersatz, §§ 634 Nr. 2, 637

Im Unterschied zum Kaufrecht hat der Besteller im Werkvertragsrecht ein Selbstvornahmerecht und einen entsprechenden Aufwendungsersatzanspruch. **322**

Hinweis: *An diesem grundlegenden Unterschied zwischen Kaufrecht und Werkvertragsrecht hat sich auch durch die Reform zum 01.01.2018 nichts geändert (vgl. dazu oben Rn. 82).*

1. Voraussetzungen

Ebenso wie der Nacherfüllungsanspruch erfordert das Selbstvornahmerecht des Bestellers zunächst die folgenden zwei Voraussetzungen:

- **Wirksamer Werkvertrag**
- **Sach- oder Rechtsmangel bei Abnahme** (bzw. bei gesetzlich geregelter Abnahmefiktion nach § 640 Abs. 2)

Darüber hinaus ist zwar kein Verschulden, aber eine **angemessene Fristsetzung** oder deren **Entbehrlichkeit** erforderlich. Ferner darf der Aufwendungsersatzanspruch nicht ausgeschlossen sein.

a) Angemessene Fristsetzung

323 Gemäß **§ 634 Nr. 2** hat der Besteller nach **§ 637** das Recht, den Mangel selbst zu beseitigen und Ersatz der erforderlichen Aufwendungen zu verlangen, wenn er dem Unternehmer zuvor eine **angemessene Frist zur Nacherfüllung** gesetzt hat und diese **erfolglos abgelaufen** ist.

Die Angabe einer Frist erfordert nicht das Benennen eines Zeitraums oder Zeitpunkts, bis wann der Besteller die Nacherfüllung verlangt. Die Aufforderung zur „sofortigen" bzw. „unverzüglichen" Leistung reicht aus. Dem **Begriff der Fristsetzung** lässt sich nicht entnehmen, dass die maßgebliche Zeitspanne nach dem Kalender bestimmt sein muss oder in konkreten Zeiteinheiten anzugeben ist. Eine Frist ist ein Zeitraum, der bestimmt oder bestimmbar ist. Mit der Aufforderung, die Leistung oder die Nacherfüllung „in angemessener Zeit" oder „umgehend" zu bewirken, wird somit eine zeitliche Grenze gesetzt[659] (vgl. dazu auch Rn. 88).

Beseitigt der Besteller den Mangel selbst, **ohne dem Unternehmer die erforderliche Frist zu setzen** oder nimmt er noch vor Fristablauf die Mangelbeseitigung vor, so hat der Besteller nach h.M. **keine Ersatzansprüche.** Er kann auch nicht analog § 326 Abs. 2 S. 2 in Höhe der Ersparnisse des Unternehmers dessen Werklohnansprüche kürzen (vgl. dazu unten Rn. 329).

b) Entbehrlichkeit der Fristsetzung

324 In fünf Fällen kann der Besteller auch ohne vorherige Fristsetzung den Mangel selbst beseitigen und Ersatz der erforderlichen Aufwendung verlangen:

- Gemäß **§§ 637 Abs. 2 S. 1, 323 Abs. 2**, wenn
  - der Unternehmer die Leistung **ernsthaft und endgültig verweigert**, § 323 Abs. 2 Nr. 1,
  - ein relatives **Fixgeschäft** vorliegt, § 323 Abs. 2 Nr. 2, oder
  - **besondere Umstände** vorliegen, die unter Abwägung der beiderseitigen Interessen die sofortige Selbstvornahme rechtfertigen, § 323 Abs. 2 Nr. 3.
- Ferner nach **§ 637 Abs. 2 S. 2**, wenn
  - die **Nacherfüllung fehlgeschlagen** oder

    Im Werkvertragsrecht ist anders als im Kaufrecht in § 440 S. 2, wonach von einem Fehlschlag nach dem zweiten Versuch auszugehen ist, nicht ausdrücklich geregelt, wann ein Fehlschlagen der Nachbesserung vorliegt. Aus der fehlenden Regelung kann geschlossen werden, dass beim Werkvertragsrecht ggf. **mehr als zwei Nachbesserungsversuche** zulässig sind. Entscheidendes Kriterium ist, dass der Besteller nicht von der Hoffnungslosigkeit weiterer Versuche ausgehen muss.[660] Als **Indiz** für diese Hoffnungslosigkeit kann aber die Anzahl von zwei Versuchen aus § 440 S. 2 gewertet werden.[661]

---

659 BGH RÜ 2009, 681; Greiner/Hossenfelder JA 2010, 412.

660 Staudinger/Peters/Jacoby § 634 Rn. 70; BeckOK-BGB/Voit § 636 Rn. 24.

661 Palandt/Retzlaff § 636 Rn. 15.

- dem **Besteller unzumutbar** ist.

  Die Nacherfüllung durch den Unternehmer kann auch aus zeitlichen Gründen unzumutbar sein, wenn der Besteller das mangelhafte Werk möglichst rasch zur eigenen Verwendung oder zur Weitergabe an seinen Kunden braucht.[662]

c) Kein Ausschluss des Aufwendungsersatzanspruchs

Gemäß § 637 Abs. 1 kann der Besteller nur Aufwendungsersatz verlangen, wenn der „Unternehmer nicht zu Recht die Nacherfüllung verweigert". Ein solches Recht besteht unter den Voraussetzungen des **§ 635 Abs. 3**, also etwa wenn die Nacherfüllung nur mit unverhältnismäßigen Kosten möglich wäre.

Hinweis: *Eine Selbstvornahme i.S.v. § 637 scheidet aus, sofern die* ***Beseitigung des Mangels unmöglich*** *ist. Die Folge der Unmöglichkeit der Nacherfüllung ist das Entfallen des Erfüllungsanspruches und damit ebenso des Nacherfüllungsanspruches (§§ 634 Nr. 1, 635 Abs. 1) und des Selbstvornahmerechts einschließlich des Vorschussanspruches gemäß §§ 634 Nr. 2, 637.*[663]

2. Vorschuss gemäß § 637 Abs. 3

Der Besteller kann gemäß § 637 Abs. 3 vom Unternehmer für die zur Beseitigung des **325**
Mangels erforderlichen Aufwendungen einen Vorschuss verlangen.

Dies setzt voraus, dass

- der Besteller ein **Recht zur Selbstvornahme** hat und
- außerdem muss er die **Absicht** haben, die **Mangelbeseitigung später vorzunehmen**. Dies kann grundsätzlich unterstellt werden. Ein Anspruch auf Kostenvorschuss besteht jedoch nicht, wenn der Besteller den Mangel nicht innerhalb einer angemessenen Frist beseitigen kann oder will.[664]

III. Rücktritt oder Minderung, §§ 634 Nr. 3, 636, 638

Der Rücktritt und die Minderung sind im Rahmen des Werkvertragsrechts **Gestaltungsrechte**, die einer (konkludenten) Erklärung bedürfen.[665] Ferner haben diese Gestaltungsrechte zunächst – wie der Anspruch auf Nacherfüllung – die folgenden Voraussetzungen:

- **Wirksamer Werkvertrag**
- **Sach- oder Rechtsmangel bei Abnahme** (bzw. bei gesetzlich geregelter Abnahmefiktion nach §§ 640 Abs. 1 S. 3)
- Darüber hinaus bedarf es sowohl für den Rücktritt als auch für die Minderung einer **Fristsetzung**. Dies folgt daraus, dass § 634 Nr. 3 für den Rücktritt auf § 323 verweist,

---

662 BGH NJW-RR 1990, 560, 561; Palandt/Retzlaff § 636 Rn. 16.

663 BGH RÜ 2014, 415, 417.

664 Jauernig/Mansel § 637 Rn. 6; OLG Nürnberg NJW-RR 2003, 1601, 1602.

665 Zu daraus folgenden Besonderheiten im Verjährungsrecht s. unten Rn. 332 ff.

nach dem grundsätzlich erforderlich ist, dass der Besteller eine angemessene Frist zur Nacherfüllung setzt.

Außerdem ordnet **§ 638** für die Minderung an, dass der Besteller diese **„statt zurückzutreten"** wählen kann, sodass die Voraussetzungen der Minderung mit denen des Rücktritts gleichlaufen und ebenfalls eine Fristsetzung erforderlich ist. Grundsätzlich hat der Besteller daher seinen Erfüllungsanspruch im Wege der Nacherfüllung zu suchen. Wird jedoch der Nacherfüllungsanspruch innerhalb der Frist nicht erfüllt, kann der Besteller entweder zurücktreten oder mindern. Für die **Entbehrlichkeit der Fristsetzung** enthält **§ 636** besondere Regelungen (dazu oben Rn. 324).

IV. Schadens- oder Aufwendungsersatz, § 634 Nr. 4

326 Die Vorschrift des § 634 Nr. 4 begründet keinen eigenständigen werkvertraglichen Schadens- oder Aufwendungsersatzanspruch, sondern verweist auf das **allgemeine Leistungsstörungsrecht**.

Bei den Schadensersatzansprüchen des Bestellers wegen eines Mangels des Werkes ist zu unterscheiden zwischen dem **Schadensersatzanspruch statt der Leistung** und den sonstigen Schadensersatzansprüchen, die neben die Leistung bzw. neben den Schadensersatzanspruch statt der Leistung treten, wie der **Verzögerungsschaden** und der **einfache Schadensersatzanspruch neben der Leistung**.

Ungeachtet dessen, müssen aber bei allen Schadensersatzansprüchen des Bestellers zumindest die folgenden **Voraussetzungen** gegeben sein:

- **Wirksamer Werkvertrag**
- **Sach- oder Rechtsmangel bei Abnahme** (bzw. bei gesetzlich geregelter Abnahmefiktion nach § 640 Abs. 1 S. 3)
- Ferner muss ein **Vertretenmüssen des Unternehmers** vorliegen.

Ob **weitere Voraussetzungen** erforderlich sind, richtet sich danach, welcher Schadensersatzanspruch statt oder neben der Leistung einschlägig ist.

Anstelle eines Schadensersatzanspruches statt der Leistung kann der Besteller gemäß **§ 634 Nr. 4** i.V.m. **§ 284** den **Ersatz vergeblicher Aufwendungen** verlangen. Dazu müssen die Voraussetzungen eines Anspruchs auf Schadensersatz statt der Leistung vorliegen. Der Anspruch betrifft insbesondere Vertragskosten, aber auch sonstige Kosten, etwa beim Bauwerkvertrag die Kosten für die Durchführung einer Eröffnungsfeier, die wegen der Mangelhaftigkeit des Werkes verschoben werden musste.[666]

---

666 MünchKomm/Busche § 634 Rn. 71.

Überblick über die Schadensersatzansprüche des Bestellers

Schadensersatz statt der Leistung			SE neben der Leistung	
§§ 634 Nr. 4, **311 a Abs. 2**	§§ 634 Nr. 4, 280 Abs. 1 u. 3, **283**	§§ 634 Nr. 4, 280 Abs. 1 u. 3, **281**	§§ 634 Nr. 4, 280 Abs. 1 u. 2, **286**	§§ 634 Nr. 4, **280 Abs. 1**
Anfängliche Unmöglichkeit der Nacherfüllung	Nachträgliche Unmöglichkeit der Nacherfüllung	Nichtleistung der Nacherfüllung nach Fristsetzung	Verzug mit der Nacherfüllung	Sonstige Schäden, die durch das mangelhafte Werk entstanden sind

Die Abgrenzung zwischen den Ansprüchen entspricht weitgehend derjenigen, die im **327**
Kaufrecht getroffen wird. Eine Besonderheit ergibt sich allerdings dadurch, dass es im Werkvertragsrecht anders als im Kaufrecht einen Aufwendungsersatzanspruch bei Selbstvornahme gibt.

Ein Anspruch auf Ersatz von Mangelbeseitigungskosten kann sich sowohl aus §§ 634 Nr. 2, 637 (Aufwendungsersatz bei Selbstvornahme) als auch aus §§ 634 Nr. 4, 280 Abs. 1 u. 3, 281 (kleiner Schadensersatzanspruch) ergeben.

Dabei sind indes die folgenden **Unterschiede zwischen** dem **Aufwendungsersatzanspruch** nach §§ 634 Nr. 2, 637 und dem **Schadensersatzanspruch** aus §§ 634 Nr. 4, 280 Abs. 1 u. 3, 281 zu beachten:

- Der Schadensersatzanspruch setzt zusätzlich noch ein Verschulden des Unternehmers voraus, wobei dieses vermutet wird, § 280 Abs. 1 S. 2.
- Verlangt der Besteller Schadensersatz statt der Leistung, so ist der Anspruch auf die Leistung, also die Mängelbeseitigung, ausgeschlossen, § 281 Abs. 4.
- Bei der Selbstvornahme kann der Besteller einen Vorschuss für die erforderlichen Aufwendungen verlangen, § 637 Abs. 3.
- Verlangt der Besteller einen Vorschuss, so hat er die Pflicht zur späteren Abrechnung.[667] Es besteht kein Anspruch auf Abrechnung des Vorschusses, wenn dem Besteller Schadensersatzansprüche in Höhe des zur Mängelbeseitigung notwendigen Betrags in gleicher Höhe zustehen.[668]

Ferner ist der Anspruch auf **Ersatz von Mangelbeseitigungskosten** aus **§§ 634 Nr. 2, 637** von dem Anspruch auf **Ersatz vergeblicher Aufwendungen** gemäß **§ 634 Nr. 4** i.V.m. **§ 284** zu unterscheiden.

667 Palandt/Retzlaff § 637 Rn. 10.
668 Palandt/Retzlaff § 637 Rn. 10.

Fall 12: Maroder Marmorboden

B beauftragt schriftlich den Unternehmer U, in den Sommerferien den maroden Marmorboden, der in der Diele seines Hauses liegt, abzuschleifen und neu zu versiegeln. U führt den Auftrag aus. Die Zusammensetzung des für die Versiegelung erforderlichen Mittels hat der Hersteller geändert, ohne U darauf hinzuweisen. Infolgedessen bilden sich Schlieren auf dem Boden. B fordert U zur Mangelbeseitigung auf. Dieser weigert sich nachdrücklich mit dem Hinweis, dass er den Mangel nicht zu vertreten habe. B fragt, ob er den Mangel von einem anderen Unternehmer beseitigen lassen und Ersatz der voraussichtlichen Kosten in Höhe von 2.500 € verlangen kann.

328 A. Ein Anspruch des B gegen U auf Ersatz der Mangelbeseitigungskosten könnte sich aus **§§ 633 Abs. 2 Nr. 2, 634 Nr. 2, 637** ergeben.

I. B hat U „beauftragt", in den Sommerferien den Marmorboden abzuschleifen und U hat den Auftrag ausgeführt. U schuldete nicht das Tätigwerden, sondern einen Erfolg. Gemäß § 632 Abs. 1 gilt eine Vergütung als stillschweigend vereinbart, da die Herstellung des Werkes den Umständen nach nur gegen eine Vergütung zu erwarten ist. Ein **wirksamer Werkvertrag** liegt mithin vor.

II. U hat seine **Pflicht** aus § 633 Abs. 1, das Werk dem Besteller sachmangelfrei zu verschaffen, **verletzt**, denn das Werk weist aufgrund der Schlieren keine Beschaffenheit auf, die bei Werken gleicher Art üblich ist und die der Besteller nach der Art des Werkes erwarten kann, § 633 Abs. 2 Nr. 2.

III. Da das Werk mangelhaft ist, kann nach § 634 Nr. 2 i.V.m. § 637 der Besteller den Mangel selbst beseitigen und Ersatz der erforderlichen Aufwendungen verlangen. Dieser Aufwendungsersatzanspruch setzt aber nach § 637 grundsätzlich voraus, dass der Besteller dem Unternehmer eine **angemessene Frist zur Nacherfüllung gesetzt** hat.

Eine Fristsetzung ist hier jedoch gemäß §§ 637 Abs. 2, 323 Abs. 2 Nr. 1 **entbehrlich**, da der U die Leistung ernsthaft und endgültig verweigert.

Ferner hatte U **nicht das Recht, die Nacherfüllung zu verweigern**, da der Mangelbeseitigungsanspruch kein Vertretenmüssen voraussetzt.

Somit kann B von U den Ersatz der für die Mangelbeseitigung erforderlichen Aufwendungen verlangen. Gemäß **§ 637 Abs. 3** kann er auch einen **Vorschuss** verlangen.

B. In Betracht kommt außerdem ein Schadensersatzanspruch des B gegen U aus **§§ 633 Abs. 2 Nr. 2, 634 Nr. 4, 280 Abs. 1 u. 3, 281**.

I. Ein **wirksamer Werkvertrag** liegt vor.

II. Das Werk ist mit einem **Sachmangel** behaftet.

III. Eine **Fristsetzung** ist gemäß § 281 Abs. 2 **entbehrlich**, da U die Mangelbeseitigung verweigert.

IV. Außerdem müsste U die **Pflichtverletzung zu vertreten haben**. Dies wird gemäß **§ 280 Abs. 1 S. 2** vermutet. U wendet ein, dass er die Pflichtverletzung nicht zu vertreten habe, da der Hersteller ohne sein Wissen die Zusammensetzung geändert hat und er dies nicht habe erkennen können. Nach h.M. kann eine Entlastung aber nur gelingen, wenn U weder das mangelhafte Werk noch die Nichtnacherfüllung zu vertreten hat.[669]

U kann sich demnach nicht entlasten, da er die Verweigerung der Mangelbeseitigung zu vertreten hat.

C. Ein Schadensersatzanspruch könnte sich zudem aus **§ 823 Abs. 1** ergeben.

I. Zwischen den Schadensersatzansprüchen aus § 634 Nr. 4 und § 823 Abs. 1 besteht **echte Anspruchskonkurrenz** mit der Folge, dass Ansprüche aus dem Vertrags- und Deliktsrecht nebeneinander bestehen und dass jeder Anspruch nach seinen Voraussetzungen, seinem Inhalt und seiner Durchsetzbarkeit selbstständig zu behandeln ist.

II. Zweifelhaft ist, ob durch die Schlieren auf dem Marmorboden das **Eigentum verletzt** worden ist. Die Herstellung eines mangelhaften Werkes ist nämlich grundsätzlich keine Eigentumsverletzung, da der Besteller dann nie mangelfreies Eigentum erlangt hat.

Hier hatte B jedoch, bevor der Boden bearbeitet wurde, mangelfreies Eigentum an dem Marmorboden, sodass durch die unsachgemäße Versiegelung das Eigentum des B verletzt worden ist.

U trifft jedoch **kein Verschulden**, da der Hersteller die Zusammensetzung des für die Versiegelung erforderlichen Mittels geändert hatte, ohne U darüber zu informieren. Ein Anspruch aus § 823 Abs. 1 scheidet somit aus.

Abwandlung zu Fall 12:

Welche Ansprüche hat B, wenn er den Mangel, ohne U zur Mangelbeseitigung aufzufordern, von einem anderen Unternehmer beseitigen lässt?

A. B könnte gegen U einen Anspruch auf Schadensersatz aus **§§ 634 Nr. 4, 280 Abs. 1 u. 3, 283** haben. **329**

I. Ein **wirksamer Werkvertrag** liegt vor.

II. Das Werk ist **mangelhaft**.

III. Dadurch, dass B den Mangel hat beseitigen lassen, ist die **Nacherfüllung unmöglich** geworden.

IV. B hat jedoch die **Unmöglichkeit selbst herbeigeführt**, sodass sich U entlasten kann, § 280 Abs. 1 S. 2.

669 Vgl. dazu ausführlich oben Rn. 171 ff.

B. Ein Anspruch auf Schadensersatz aus **§§ 634 Nr. 4, 280 Abs. 1 u. 3, 281** scheidet aus, da dieser voraussetzt, dass die Mangelbeseitigung noch möglich ist. Für den Fall der nachträglichen Unmöglichkeit ist **§ 283 lex specialis**.

C. Ein Aufwendungsersatzanspruch aus **§§ 634 Nr. 2, 637** ist ebenfalls nicht gegeben, da B dem U **keine angemessene Frist** für die Nacherfüllung gesetzt hat und eine Fristsetzung auch nicht entbehrlich war.

D. Fraglich ist, ob B zurücktreten und dann den Werklohn gemäß **§§ 634 Nr. 3, 323 Abs. 1, 326 Abs. 5, 346** zurückverlangen kann.

Auch dieser Anspruch setzt grundsätzlich voraus, dass der Besteller dem Unternehmer eine angemessene Frist zur Nacherfüllung gesetzt hat. Die **Fristsetzung** könnte jedoch ausnahmsweise **entbehrlich** sein, da die Mangelbeseitigung unmöglich ist. Mit der Durchführung der Selbstvornahme durch den Besteller kann der Unternehmer seiner Pflicht zur Mangelbeseitigung nicht nachkommen, da kein behebbarer Mangel mehr vorhanden ist, sodass die Fristsetzung gemäß **§ 326 Abs. 5** entbehrlich ist.

Gemäß **§ 323 Abs. 6** ist der Rücktritt jedoch ausgeschlossen, wenn der Gläubiger für den Umstand, welcher ihn zum Rücktritt berechtigen würde, allein oder weit überwiegend verantwortlich ist. Da der Besteller durch die Mangelbeseitigung die Unmöglichkeit verursacht hat, ist der **Rücktritt ausgeschlossen**.

E. B könnte einen Teil des Werklohns gemäß **§§ 634 Nr. 3, 638 Abs. 1, Abs. 4, 346** zurückverlangen, wenn er mindern kann.

Wie sich aus § 638 Abs. 1 ergibt („statt zurückzutreten"), sind die Voraussetzungen der Minderung mit denen des Rücktritts deckungsgleich, sodass auch die **Minderung nach § 323 Abs. 6 ausgeschlossen** ist.

F. Auch ein **Aufwendungsersatzanspruch** aus **§ 635 Abs. 2** scheitert, da diese Regelung nur den Fall betrifft, dass der Werkunternehmer die Nacherfüllung vornimmt.

G. Ferner kommt ein Anspruch auf Ersatz der **ersparten Aufwendungen** aus **§§ 326 Abs. 2 S. 2, Abs. 4, 346** in Betracht.

I. Nach einem Teil der Lit. muss der Unternehmer dem Besteller die Aufwendungen ersetzen, die er selbst im Falle der Nacherfüllung gehabt hätte.[670]

II. Wie im Kaufrecht ist jedoch mit der ganz h.M. davon auszugehen, dass das Gewährleistungsrecht **abschließende Sonderregelungen** enthält.[671] Ein Anspruch aus §§ 326 Abs. 2 S. 2, Abs. 4, 346 würde die Regelung in § 637 unterlaufen, die für einen Aufwendungsersatzanspruch fordert, dass dem Unternehmer eine angemessene Frist zur Nacherfüllung gesetzt worden ist. Eine solche Fristsetzung ist selbst dann erforderlich, wenn der Unternehmer schuldhaft gehandelt hat. Im

670 Köhler/Lorenz S. 200; BeckOK-BGB/Voit § 637 Rn. 17 hält dies für erwägenswert; umfangreiche Lit. zu den vergleichbaren Problem im Kaufrecht, vgl. Rn. 82 ff.

671 BGH NJW 2005, 1348, 1350; Dauner-Lieb ZGS 2005, 169; Katzenstein ZGS 2005, 184.

Übrigen führt die Selbstvornahme durch den Besteller dazu, dass dem Unternehmer in Streitfällen die Möglichkeit der Untersuchung und der Beweissicherung genommen wird.

H. Ein Aufwendungsersatzanspruch aus **§§ 684 S. 1, 812** ist ebenfalls nicht gegeben, da die Vorschriften über die Gewährleistung **abschließende Sonderregelungen** enthalten.[672]

I. B kann schließlich auch nicht gemäß **§ 812 Abs. 1 S. 1 Alt. 1** von U Ersatz der ersparten Aufwendungen verlangen, da auch insoweit das **Gewährleistungsrecht abschließend** ist.

C. Ausschluss der Gewährleistung

Die Gewährleistungsansprüche können sowohl durch Vertrag als auch per Gesetz ausgeschlossen sein. Sind vertragliche Haftungsbeschränkungen in AGB enthalten, erfolgt eine Inhaltskontrolle gemäß den **§§ 307 ff.** Ferner ist zu beachten, dass sich der Unternehmer nach **§ 639** auf einen Haftungsausschluss nicht berufen kann, soweit er den Mangel arglistig verschwiegen oder eine Garantie für die Beschaffenheit des Werkes übernommen hat. **330**

Im Werkvertragsrecht enthält **§ 640 Abs. 3** einen besonderen gesetzlichen Ausschluss von Gewährleistungsrechten. Danach stehen dem Besteller die in § 634 Nr. 1–3 bezeichneten Rechte nicht zu, wenn er den **Mangel bei Abnahme kennt** und sich seine Rechte wegen des Mangels bei der Abnahme nicht vorbehält. Voraussetzung hierfür ist eine ausdrückliche oder schlüssige Abnahme. Für den Ausschluss nach § 640 Abs. 3 ist eine Fiktion der Abnahme nach § 640 Abs. 2 nicht ausreichend.[673] Ferner genügt grob fahrlässige Unkenntnis nicht für einen Haftungsausschluss.[674]

Folgende Rechte werden durch § 640 Abs. 3 **ausgeschlossen**:

- Gemäß § 635 **Nacherfüllung** zu verlangen,
- gemäß § 637 den Mangel selbst zu beseitigen und **Ersatz der erforderlichen Aufwendungen** zu verlangen, und
- vom Vertrag **zurückzutreten** oder die Vergütung **zu mindern**.

Nicht erwähnt sind in § 640 Abs. 3 die **Rechte des Bestellers aus § 634 Nr. 4**, also das Recht, Schadensersatz oder Aufwendungsersatz zu verlangen. Somit kann der Besteller, auch wenn er den Mangel bei Abnahme kennt und sich die Rechte wegen des Mangels nicht vorbehält, weiterhin Schadensersatz- oder Aufwendungsersatzansprüche geltend machen.[675]

---

672 BGH NJW 2005, 1348, 1350; a.A. Oechsler NJW 2004, 1825, 1826.
673 BeckOK-BGB/Voit § 640 Rn. 35.
674 Anders im Kaufrecht, vgl. § 442 Abs. 1 S. 2; BeckOK-BGB/Voit § 640 Rn. 35.
675 BeckOK-BGB/Voit § 640 Rn. 41.

331 **Zum Teil** wird jedoch angenommen, dass dem Besteller **nur noch der Anspruch auf Ersatz des Mangelfolgeschadens** zustehe, wenn er ein mangelhaftes Werk trotz Kenntnis des Mangels abnehme, ohne sich die Mangelgewährleistungsrechte vorzubehalten. Der Anspruch auf Schadensersatz wegen der Mangelbeseitigungskosten sei hingegen ausgeschlossen.[676] Vom Wortlaut des § 640 Abs. 3 her bleibe dem Besteller zwar der Anspruch auf Ersatz von Mangelschäden und Mangelfolgeschäden erhalten. Es erscheine jedoch kaum interessengerecht, dass dem Besteller auch der Anspruch auf Ersatz des Mangelschadens erhalten bleiben soll. Er verhalte sich nämlich widersprüchlich, wenn er zwar einerseits das Werk trotz des ihm bekannten Mangels als vertragsgerecht annimmt, andererseits jedoch später die Mittel ersetzt haben möchte, um den Mangel zu beseitigen.

Dieser Sichtweise folgt die **h.M.**[677] **richtigerweise** nicht, denn **dagegen** sprechen nicht nur der Wortlaut des § 640 Abs. 3, sondern auch die Systematik sowie Sinn und Zweck des Gesetzes. Es besteht nämlich kein Anlass, dem das Werk rügelos abnehmenden Besteller den Schadensersatzanspruch zu nehmen und damit den Unternehmer auch von den Folgen schuldhafter Vertragsverletzung freizustellen. Die Erwägung, der Besteller könne, wenn er den Vorbehalt seiner Rechte unterlässt, den Unternehmer unmittelbar auf Schadensersatz in Anspruch nehmen, ohne vorher Nachbesserung verlangen zu müssen, rechtfertigt eine erweiterte Anwendung des § 640 Abs. 3 jedenfalls nicht. Die Gefahr, dass ein Besteller die Vorschrift dazu missbrauchen könnte, sofort Schadensersatz zu fordern, ist gering.

Wer so handelt, geht das Risiko ein, seine gesamten Rechte als Besteller zu verlieren, falls den Unternehmer kein Verschulden trifft. Da § 640 Abs. 3 dem Unternehmer lediglich eine Einrede gewährt, besteht auch keine Gefahr, dass der Besteller den Unternehmer ohne vorherige Fristsetzung zur Mangelbeseitigung sofort zur Leistung von Schadensersatz zwingen könnte. Denn der Besteller muss auch bei rügeloser Abnahme trotz ihm bekannter Mängel den Unternehmer zunächst zur Nachbesserung auffordern und abwarten, ob dieser dem Nacherfüllungsverlangen folgt. Erst dann kann er sein Schadensersatzverlangen geltend machen.[678]

D. Verjährung der Mängelansprüche

332 Die Verjährung der werkvertraglichen Mängelansprüche regelt **§ 634 a**. Die Vorschrift erfasst alle Gewährleistungsansprüche des Bestellers gemäß § 634. Das sind der Nacherfüllungsanspruch gemäß § 634 Nr. 1, der Aufwendungsersatzanspruch und der Vorschuss bei Selbstvornahme gemäß § 634 Nr. 2, die Schadensersatzansprüche gemäß den §§ 634 Nr. 4, 280, 281, 283 bzw. 311 a sowie der Aufwendungsersatzanspruch aus den §§ 634 Nr. 4, 284.

In § 634 a Abs. 4 wird für das Rücktrittsrecht (§ 634 Nr. 3) und in § 634 a Abs. 5 für das ebenfalls als Gestaltungsrecht normierte Minderungsrecht (§ 634 Nr. 3) auf § 218 ver-

676 OLG Schleswig RÜ 2016, 691, 693 ff.

677 Vgl. Palandt/Sprau § 640 Rn. 13; Schwenker NJW 2016, 1746 f.

678 Schwenker NJW 2016, 1746 f.

wiesen. Danach ist der Rücktritt bzw. die Minderung unwirksam, wenn der Anspruch auf die Nacherfüllung verjährt ist.

I. Verjährungsfristen

1. Verjährung in zwei Jahren

Gemäß **§ 634 a Abs. 1 Nr. 1** verjähren Gewährleistungsansprüche bei einem Werk, dessen Erfolg in der **Herstellung, Wartung oder Veränderung** einer Sache oder in der Erbringung von Planungs- und Überwachungsleistungen hierfür besteht, in **zwei Jahren**. Die Vorschrift betrifft Reparatur- und Wartungsarbeiten von beweglichen Sachen, wie Kraftfahrzeuge, Maschinen und EDV-Anlagen. **333**

Hinweis: *Bei Herstellung beweglicher Sachen gilt gemäß § 650 das Gewährleistungsrecht des Kaufrechts und damit die Verjährungsregel des § 438 (Rn. 157 ff.).*

2. Verjährung in fünf Jahren

Die 5-jährige Verjährungsfrist gemäß **§ 634 a Abs. 1 Nr. 2** gilt für Mängelansprüche bei einem **Bauwerk** oder einem Werk, dessen Erfolg in der Erbringung von Planungs- und Überwachungsleistungen hierfür besteht. Die Verjährungsfristen im Kaufrecht und im Werkvertragsrecht sind für Bauwerke also identisch, vgl. § 438 Abs. 1 Nr. 2 a). **334**

Beispiel: Die (lange) Verjährungsfrist des § 634 a Abs. 1 Nr. 2 von fünf Jahren für Arbeiten bei Bauwerken findet für die nachträgliche Errichtung einer Photovoltaikanlage auf dem Dach einer Tennishalle Anwendung, wenn die Photovoltaikanlage zur dauernden Nutzung fest eingebaut wird, der Einbau eine grundlegende Erneuerung der Tennishalle darstellt, die einer Neuerrichtung gleich zu achten ist, und die Photovoltaikanlage der Tennishalle dient, indem sie eine Funktion für diese erfüllt.[679]

3. Besonderheiten bei Arglist

Bei Arglist des Verkäufers gilt gemäß **§ 634 a Abs. 3 S. 1** die regelmäßige Verjährungsfrist von **drei Jahren**, § 195. Diese beginnt gemäß § 199 am Schluss des Jahres, in welchem der Besteller die Kenntnis bzw. grob fahrlässige Unkenntnis von der Mangelhaftigkeit der Sache hatte. **335**

Um zu verhindern, dass dadurch die 5-Jahresfrist von § 634 a Abs. 1 Nr. 2 verkürzt wird (Verjährung bei Bauwerken), ordnet **§ 634 a Abs. 3 S. 2** an, dass die Verjährung bei Arglist nicht vor der dort bestimmten Frist abläuft.

II. Verjährungsbeginn

Gemäß § 634 a Abs. 2 beginnt die Verjährung bei den Sonderregeln des Abs. 1 Nr. 1 (zwei Jahre) und Abs. 1 Nr. 2 (fünf Jahre) mit der Abnahme. Die regelmäßige Verjährungsfrist (§ 195) beginnt gemäß § 199 am Schluss des Jahres, in welchem der Besteller die Kenntnis bzw. die grob fahrlässige Unkenntnis von der Mangelhaftigkeit der Sache hatte. **336**

679 BGH RÜ 2016, 761.

III. Verlängerung der Verjährungsfrist

337 Der Ablauf der Verjährungsfristen kann sich durch Neubeginn, **§ 212**, oder durch eine Hemmung, **§ 209**, hinauszögern.

- Beim **Neubeginn** endet der Lauf der bisherigen Verjährungsfrist und die Verjährungsfrist beginnt erneut in voller Länge zu laufen. Es kommt nur im Falle des Anerkenntnisses des Schuldners (§ 212 Abs. 1 Nr. 1) oder bei Beantragung bzw. der Vornahme einer gerichtlichen oder behördlichen Vollstreckungshandlung (§ 212 Abs. 1 Nr. 2) zu einem Neubeginn.
- Die **Hemmung** der Verjährungsfrist bewirkt gemäß § 209, dass die Frist angehalten wird, bis der Hemmungsgrund entfallen ist. Zur Hemmung der Verjährung führen insbesondere die Rechtsverfolgungsmaßnahmen des § 204.

Problematisch ist, welche Auswirkungen **Mängelbeseitigungsmaßnahmen** auf die Verjährung haben. Diese Frage wird virulent, wenn auch die Nacherfüllung mangelhaft ist.

In Betracht kommt ein Neubeginn der Verjährung gemäß **§ 212 Abs. 1 Nr. 1**. Der Reparaturversuch des Werkunternehmers könnte nämlich ein **Anerkenntnis** „in anderer Weise" der Mängelrechte des Bestellers sein. Dies hätte zur Folge, dass mit jeder Nachbesserung die Verjährungsfrist neu zu laufen beginnen würde.

Hingegen könnte in einer Nachbesserung aber auch eine **„Verhandlung"** über den Anspruch oder die den Anspruch begründenden Umstände i.S.d. **§ 203** zu sehen sein. Dies hätte dann zur Folge, dass die Verjährungsfrist nicht neu beginnen, sondern nur angehalten würde.

- Nach einer in der Lit. vertretenen Auffassung[680] liegt in jeder Form der Nachbesserung – sei es in Form der Neuerstellung oder in Form der Mangelbeseitigung – ein Anerkenntnis i.S.d. § 212 Abs. 1 Nr. 1.
- Demgegenüber sind nach h.M. die **Umstände des Einzelfalls** maßgeblich. Ein Anerkenntnis ist nicht der Regelfall. Es kann, muss aber nicht vorliegen.[681]

Wie im Kaufrecht[682] wird man von einem Anerkenntnis nur dann ausgehen können, wenn die betreffenden Maßnahmen aus der Sicht des Bestellers unter Berücksichtigung aller Umstände des Einzelfalls als konkludentes Anerkenntnis der Mangelbeseitigungspflicht des Werkunternehmers anzusehen sind. Dies ist lediglich dann der Fall, wenn der Werkunternehmer aus der Sicht des Bestellers **nicht nur auf Kulanz** oder zur gütlichen Beilegung eines Streits, sondern in dem Bewusstsein handelt, zur Mangelbeseitigung verpflichtet zu sein.

---

680 Graf von Westphalen ZGS 2002, 19, 21.

681 Reinking ZGS 2002, 140, 144; Arnold ZGS 2002, 438, 440.

682 BGH NJW 2006, 48.

3. Abschnitt: Verhältnis des § 634 zu den übrigen Vorschriften

A. Verhältnis zu den Anfechtungsregeln

Greifen die Gewährleistungsvorschriften tatbestandsmäßig ein, ist also ein Mangel bei Gefahrübergang gegeben, so ist eine Anfechtung nach **§ 119 Abs. 2 ausgeschlossen**. Dies gilt nicht nur für Sachmängel, sondern auch beim Vorliegen von Rechtsmängeln. Die Anwendung des § 119 Abs. 2 würde nämlich dazu führen, dass die Mängelgewährleistung des Werkvertragsrechts ausgehebelt wird: 338

- Die Verjährungsfrist des Gewährleistungsanspruchs beträgt in der Regel drei Jahre. Der Besteller könnte aber zehn Jahre anfechten, § 121.
- Bei einer Anfechtung richtet sich die Rückabwicklung nach den §§ 812 ff., die Rückabwicklung bei einem Mangel aber nach den §§ 346 ff.
- Ein Anfechtungsrecht stünde dem Besteller sofort zu, ohne dass er dem Unternehmer zuvor eine Frist zur Mängelbeseitigung gesetzt haben müsste. Dies verstößt gegen die Wertung des §§ 634 Nr. 3, 323 Abs. 1, wonach eine Lösung von den Primärleistungspflichten durch Rücktritt erst nach einer Fristsetzung möglich ist. Das Recht des Unternehmers zur zweiten Andienung würde unterlaufen.

Vor Gefahrübergang ist aber der Anfechtungsgrund des § 119 Abs. 2 (selbstverständlich) auch im Werkvertragsrecht anwendbar.

Eine Anfechtung nach **§ 119 Abs. 1** und **§ 123** ist **neben** den Gewährleistungsrechten aus **§ 634** also auch nach Gefahrübergang möglich.[683]

B. Verhältnis zum allgemeinen Leistungsstörungsrecht

Soweit ein **Mangel** bei Gefahrübergang vorliegt, sind die allgemeinen Regeln der Leistungsstörung neben den Gewährleistungsansprüchen des Werkvertragsrechts **grundsätzlich nicht anwendbar**.[684] Zwar verweist § 634 auf die allgemeinen Regeln, sodass die Voraussetzungen der Haftung identisch sind. Der Unterschied zwischen den allgemeinen Regeln und den Gewährleistungsansprüchen des Bestellers besteht jedoch in der Verjährung, § 634 a. 339

Der Besteller kann **ausnahmsweise** berechtigt sein, Mängelrechte nach § 634 Nr. 2–4 **ohne Abnahme** geltend zu machen, wenn er nicht mehr die (Nach-)Erfüllung des Vertrags verlangen kann und das Vertragsverhältnis in ein **Abrechnungsverhältnis** übergegangen ist. Allein das **Verlangen eines Vorschusses** für die Mangelbeseitigung im Wege der Selbstvornahme genügt dafür nicht. Denn das Recht zur Selbstvornahme und der Anspruch auf Kostenvorschuss lassen den Erfüllungs- (§ 631) und Nacherfüllungsanspruch (§ 634 Nr. 1) unberührt.

683 Palandt/Retzlaff Vorbem. v § 633 Rn. 15.

684 Im Kaufrecht macht der BGH eine Ausnahme für den Fall, dass der Verkäufer arglistig handelt (Rn. 154).

Nur ausnahmsweise kann die Forderung des Bestellers nach einem Vorschuss für die Mangelbeseitigung zu einem Abrechnungs- und Abwicklungsverhältnis führen, nämlich wenn der Besteller den (Nach-)Erfüllungsanspruch aus anderen Gründen nicht mehr mit Erfolg geltend machen kann. Das ist z.B. der Fall, wenn der **Besteller** (konkludent) zum Ausdruck bringt, unter keinen Umständen mehr mit dem Unternehmer, der ihm das Werk als fertiggestellt zur Abnahme angeboten hat, zusammenarbeiten zu wollen, also **endgültig und ernsthaft eine (Nach-)Erfüllung** durch ihn **ablehnt**, selbst für den Fall, dass die Selbstvornahme nicht zu einer mangelfreien Herstellung des Werks führt. Dann kann der Besteller nicht mehr zum (Nach-)Erfüllungsanspruch gegen den Unternehmer zurückkehren.[685]

Ein Anspruch nach den allgemeinen Leistungsstörungsregeln kann – auch nach der Abnahme des Werks – gegeben sein, wenn eine **Pflichtverletzung** vorliegt, die **nicht** in der Herstellung eines **mangelhaften Werkes** liegt.

C. Verhältnis zu den §§ 823 ff.

340 Es besteht wie im Kaufrecht echte Anspruchskonkurrenz zwischen Gewährleistungs- und Deliktsrecht (h.M.) mit der Folge, dass Ansprüche aus Vertrags- und Deliktsrecht **nebeneinander** bestehen und dass jeder Anspruch nach seinen Voraussetzungen, seinem Inhalt und seiner Durchsetzung selbstständig zu behandeln ist.[686]

- Entsteht durch das mangelhafte Werk ein Schaden an **anderen Rechtsgütern des Bestellers**, so ist eindeutig eine **Rechtsgutsverletzung** gegeben.
- Problematisch sind indes die Fälle, in denen das Werk mangelhaft ist und sich der Mangel an dem Werk „fortfrisst". Nach h.M.[687] ist darauf abzustellen, ob der geltend gemachte Schaden **stoffgleich** mit dem der Sache von Anfang an anhaftenden Mangelunwert ist. Bedeutung hat die Frage insbesondere dann, wenn der Gewährleistungsanspruch verjährt ist.

Fall 13: Trügerische Tankanzeige

B beauftragt U mit der Wartung seines Privatflugzeugs. Bei dem notwendigen Austausch des Tankanzeigegerätes vertauscht U versehentlich die Anschlüsse, sodass das Gerät ständig einen vollen Tank anzeigt. Dies bleibt bei der Abnahme am 01.02. 2018 und auch später unbemerkt. Da der Pilot zunächst auf die Anzeige vertraut, muss er auf einem Acker notlanden, wodurch an dem Flugzeug ein Schaden in Höhe von 120.000 € entsteht. Im Oktober 2020 erhebt B Schadensersatzklage gegen U, der sich auf Verjährung beruft.

341 A. Der Anspruch des B gegen U könnte sich aus **§§ 634 Nr. 4, 280 Abs. 1** ergeben.

I. U und B müssten einen **Werkvertrag** geschlossen haben. Gegenstand des Vertrags war die Wartung des Flugzeugs. Im Zuge der Wartung wurde die Benzinuhr

685 BGH, RÜ 2017, 288, 290 f.

686 Vgl. Palandt/Retzlaff Vorbem. v § 633 Rn. 17 m.w.N.

687 BGHZ 162, 86, 94; Palandt/Retzlaff § 823 Rn. 178 n.w.N.

ausgetauscht. Da jedoch ein Erfolg geschuldet wurde und es nicht in erster Linie um Warenumsatz (Lieferung der neuen Benzinuhr) ging, liegt kein Kauf mit Montageverpflichtung, sondern ein Werkvertrag vor.

II. U hat seine **Pflicht zur mangelfreien Wartung verletzt**, indem er beim Austausch des Tankanzeigers die Anschlüsse vertauschte.

III. Ein **Vertretenmüssen** des U liegt auch vor, da er sich nicht exkulpiert hat, vgl. § 280 Abs. 1 S. 2.

IV. Infolge des Montagefehlers ist aufgrund der Notlandung ein **Schaden** in Höhe von 120.000 € entstanden. Da es sich dabei um einen Schaden handelt, der durch die Pflichtverletzung endgültig entstanden ist und der durch Nachbesserung oder Neuherstellung nicht beseitigt werden kann, ist er gemäß §§ 634 Nr. 4, 280 Abs. 1 zu ersetzen.

V. Der **Anspruch** könnte jedoch **verjährt** sein. Die Verjährungsfrist beträgt gemäß § 634 a Abs. 1 Nr. 1 **zwei Jahre**, weil es sich bei dem geschuldeten Werk um die Wartung einer beweglichen Sache handelt. Sie beginnt mit Abnahme (§ 634 a Abs. 2), also hier am 01.02.2018, und ist somit im Oktober 2020 bei Klageerhebung bereits abgelaufen.

B. Ein Anspruch des B gegen U könnte sich indes aus **§ 823 Abs. 1** ergeben.

I. Dann müsste U das **Eigentum** des B **verletzt** haben.

1. Der § 823 schützt nur das Integritätsinteresse und nicht – wie das Gewährleistungsrecht – auch das Äquivalenzinteresse. Insofern muss wie folgt abgegrenzt werden. Führt eine mangelhafte Leistung (nur) dazu, dass es zu einem gerade auf der Mangelhaftigkeit der vertraglichen Leistung beruhenden „Mangelunwert" gekommen ist (dann findet § 823 Abs. 1 keine Anwendung), oder ist es durch die mangelhafte Leistung zu darüber hinausgehenden Schäden des Bestellers gekommen, die sein Integritätsinteresse beeinträchtigen (dann findet § 823 Abs. 1 neben dem Gewährleistungsrecht Anwendung).

2. Die **Abgrenzung** einer **Verletzung des Integritätsinteresses und des** (bloßen) **Äquivalenzinteresses** ist auch im Werkvertragsrecht umstritten:

a) Nach h.M. ist – ähnlich wie im Kaufrecht – darauf abzustellen, ob der geltend gemachte Schaden **stoffgleich** mit dem der Sache von Anfang an anhaftenden Mangelunwert ist.[688] Keine Stoffgleichheit besteht, soweit sich der Mangel auf andere, zunächst unversehrte Teile des zu behandelnden Gegenstands des Bestellers auswirkt und diese dadurch beschädigt werden.[689]

Da sich vorliegend der Mangel zunächst ausschließlich auf das Tankanzeigegerät beschränkte und das Flugzeug im Übrigen völlig unversehrt

688 Vgl. BGHZ 162, 86, 94 m.w.N.

689 BGHZ 96, 221.

war, ist insoweit das Integritätsinteresse des B betroffen, sodass § 823 Abs. 1 Anwendung findet.

b) Die Abgrenzung der Rspr. nach dem Kriterium der Stoffgleichheit wird in der Lit. als praktisch kaum durchführbar kritisiert. Teilweise wird angenommen, durch eine mangelhafte Werkleistung werde per se in das ursprünglich einwandfreie Eigentum des Bestellers eingegriffen und dieses geschädigt, sodass eine **Eigentumsverletzung in jedem Fall** vorliege.[690] Auch nach dieser Auffassung kann B Schadensersatz gemäß § 823 Abs. 1 verlangen.

c) Nach anderen Stimmen aus der Lit. ist das **Vertragsrecht** gegenüber deliktsrechtlichen Ansprüchen **generell vorrangig**.[691] Begründet wird dies vor allem damit, dass die im Vertragsrecht vorgesehene kürzere Verjährungsfrist nicht durch die Regelverjährung konterkariert werden solle.

d) Das Eigentum als absolutes Rechtsgut verdient auch im Rahmen vertraglicher Rechtsbeziehungen denselben Schutz, den es gegenüber jedermann genießen würde.[692] Da insoweit Äquivalenz- und Integritätsinteresse voneinander abgegrenzt werden müssen, ist das **Kriterium der Stoffgleichheit** – trotz einiger Unschärfen – **geeignet**, die erforderliche Grenze zwischen Vertrags- und Deliktsrecht zu ziehen.

Mit der h.M. stellt demnach der Schaden an dem Flugzeug eine Eigentumsverletzung i.S.d. § 823 Abs. 1 dar.

II. U handelte auch schuldhaft und rechtswidrig, sodass ein Anspruch des B gegen U entstanden ist.

III. Fraglich ist jedoch, ob dieser Anspruch durchsetzbar ist. U hat sich auf die Einrede der Verjährung berufen.

1. Zwischen den deliktischen Ansprüchen aus § 823 Abs. 1 und den vertraglichen Ansprüchen aus § 634 besteht **echte Anspruchskonkurrenz**. Die jeweiligen Ansprüche richten sich alleine nach dem für sie maßgeblichen Recht und sind nach ihren Voraussetzungen und Rechtsfolgen grundsätzlich selbstständig zu beurteilen.[693] Insbesondere kann ein Anspruch wegen der Beschädigung fremden Eigentums grundsätzlich auch dann vorliegen, wenn die verletzende Handlung im Rahmen eines Vertragsverhältnisses vorgenommen wird, **ohne dass die vertraglichen Verjährungsvorschriften anzuwenden wären**. Mithin richtet sich die Verjährung des Anspruchs nach deliktsrechtlichen Verjährungsvorschriften.

2. Ansprüche aus Delikt verjähren nach der regelmäßigen **Verjährungsfrist** des § 195 in **drei Jahren**. Die Verjährung beginnt gemäß § 199 Abs. 1 jedoch erst

690 Gsell JZ 2005, 1171, 1172.

691 MünchKomm/Wagner § 823 Rn. 195; Erman/Schiemann § 823 Rn. 124.

692 BGHZ 101, 337, 346 f.

693 BGHZ 162, 86, 93.

mit dem Schluss des Jahres, in dem der Anspruch entstanden ist und der Gläubiger von den den Anspruch begründenden Umständen und der Person des Schuldners Kenntnis erlangt hat oder hätte erlangen müssen.

Demnach begann die Verjährung erst mit dem Schluss des Jahres 2016. Der Anspruch ist also im Oktober 2020 noch nicht verjährt, sodass B von U Schadensersatz in Höhe von 120.000 € verlangen kann.

Besondere Schwierigkeiten bei der Abgrenzung von Gewährleistungs- und Deliktsrecht ergeben sich bei **Bauleistungen**. Die Errichtung eines Gebäudes mit mangelhaften Baumaterialien ist keine Eigentumsverletzung an dem Grundstück.[694] Das Eigentum des Bestellers an Grund und Boden erleidet durch eine mangelhafte Bauweise keine Minderung gegenüber seinem vorherigen Zustand. Stellt man demgegenüber auf das Gebäude ab, so hat der Grundstückseigentümer von vornherein das mangelhafte Gebäude erhalten, sodass kein – schon vorhandenes – Eigentum verletzt wurde. **342**

Noch schwieriger gestalten sich Fälle, in denen beispielsweise im Rahmen einer **Reparatur oder Sanierung** in eine vorhandene – im Eigentum des Bestellers stehende – Bausubstanz eingegriffen werden muss. Hier bezieht sich die werkvertragliche Leistung gerade auf einen Eingriff in die Substanz, sodass bei Fehlern Mangelunwert und mangelhafte Leistung deckungsgleich sind.[695] Etwas anderes soll nur dann gelten, wenn Eigentum beschädigt wird, das von dem Sanierungsauftrag nicht erfasst war.

Beispiel: Im Rahmen einer umfassenden Sanierung eines Jugendstilhauses soll Bauunternehmer U u.a. die Geschossdecke dergestalt erneuern, dass die vorhandenen Balken bewahrt werden. Die vorhandenen Holzbalken tragen jedoch den von U eingebrachten Estrich nicht und müssen vollständig entfernt werden.
In diesem Fall bezog sich die Sanierungsmaßnahme von vornherein auch auf die Balken, sodass Mangelunwert und Schaden stoffgleich sind und dem Besteller ein Anspruch aus § 823 Abs. 1 wegen Beschädigung der Balken nicht zusteht.

Anders verhält es sich, wenn im Rahmen dieser Sanierungsmaßnahme die Geschossdecke einstürzt und dadurch andere Bauteile wie z.B. Fenster beschädigt werden. Auf die Fenster bezog sich die Werkleistung des Unternehmers nicht, sodass keine Stoffgleichheit vorliegt und dem Besteller insoweit ein Anspruch aus § 823 Abs. 1 zusteht.

---

694 BGH NJW 1963, 1827, 1829.
695 BGHZ 162, 86, 95 f.

Rechte des Bestellers bei Mangel des Werkes

Sachmangel

- Nach **§ 633 Abs. 2 S. 1** ist das Werk frei von Sachmängeln, wenn es die **vereinbarte Beschaffenheit** hat.
- Nach **§ 633 Abs. 2** ist, wenn keine bestimmte Beschaffenheit vereinbart worden ist, das Werk frei von Sachmängeln,
  - wenn es sich für die **nach** dem **Vertrag vorausgesetzte**, sonst
  - für die **gewöhnliche Verwendung eignet** und die **übliche Beschaffenheit aufweist**.
- Einem Sachmangel steht es gleich, wenn der Unternehmer ein **anderes als das bestellte** Werk **oder** das **Werk in zu geringer Menge** herstellt, **§ 633 Abs. 2 S. 3**.

Rechtsmangel

Nach **§ 633 Abs. 3** ist das Werk frei von **Rechtsmängeln**, wenn Dritte in Bezug auf das Werk keine oder nur die im Vertrag übernommenen Rechte gegen den Besteller geltend machen können (entspricht § 435 S. 1).

Nacherfüllungsanspruch

- Liegt ein wirksamer Werkvertrag vor und ist das Werk mangelhaft, so kann der **Unternehmer** nach seiner **Wahl** den **Mangel beseitigen** oder ein **neues Werk** herstellen (§ 635).
- Ist die **Nacherfüllung unmöglich, § 275**, so ist der Anspruch ausgeschlossen.
- Der Unternehmer kann die Nacherfüllung verweigern, wenn sie nur mit **unverhältnismäßigen Kosten** möglich ist, **§ 635 Abs. 3**.
- Der **Besteller** hat nach **§ 636** das **Recht, ohne Fristsetzung** vom Vertrag **zurückzutreten**, also dem Werkunternehmer keine Möglichkeit zur Nacherfüllung zu geben, wenn
  - der Unternehmer die Nacherfüllung gemäß §§ 635 Abs. 3, 636 verweigert,
  - die Nacherfüllung fehlgeschlagen oder dem Besteller unzumutbar ist, § 636.
- Die Rechtsfolgen der Nacherfüllung ergeben sich aus § 635 Abs. 2, 4.

Selbstvornahmerecht des Bestellers

Im Unterschied zum Kaufrecht hat der Besteller im Werkvertragsrecht ein Selbstvornahmerecht, **§ 637 Abs. 1**. Dieses steht ihm zu, wenn er dem Unternehmer zuvor eine angemessene Frist gesetzt hat und diese erfolglos abgelaufen ist. Wann eine Fristsetzung entbehrlich ist, regelt § 637 Abs. 2.

Rücktritt, Minderung

Rücktritt oder Minderung sind gegenüber der Nacherfüllung **nachrangige Gewährleistungsrechte**, die als **Gestaltungsrechte** normiert sind. Grundsätzlich kann der Besteller erst zurücktreten oder mindern, wenn er dem Unternehmer eine **angemessene Frist** gesetzt hat, die erfolglos verstrichen ist.

- Liegen die Voraussetzungen der **§ 323 Abs. 5 S. 2** oder **§ 323 Abs. 6** vor, so ist das Rücktrittsrecht **ausgeschlossen**.
- Rücktrittsrecht wird ausgeübt durch einseitige **Erklärung** gegenüber dem Unternehmer, **§ 349**.
- Die **Rechtsfolgen** des Rücktritts ergeben sich aus **§§ 346 f.**
- Liegen die Voraussetzungen des Rücktrittsrechts vor, so kann der Besteller **wahlweise** auch **mindern**, § 638.

Rechte des Bestellers bei Mangel des Werkes (Fortsetzung)

Schadensersatz oder Aufwendungsersatz, § 634 Nr. 4

- Schadensersatz **statt der Leistung** aufgrund der **Unmöglichkeit der Nacherfüllung**
  - Ist die Nacherfüllung **von Anfang an** unmöglich, so ergibt sich der Anspruch aus § 634 Nr. 4 i.V.m. **§ 311 a Abs. 2**.
  - Liegt eine **nachträgliche** Unmöglichkeit der Nacherfüllung vor, so greifen §§ 634 Nr. 4, 280 Abs. 1 und 3, **283** ein.
- Gemäß §§ 634 Nr. 4, 280 Abs. 1 und 3, **281 Abs. 1** kann der Besteller bei **Verzögerung** Schadensersatz statt der Leistung verlangen.
- Liegen die Voraussetzungen des **Verzuges** vor, so kann der Besteller gemäß §§ 634 Nr. 4, 280 Abs. 1 und 2, **286** Ersatz des **Verzögerungsschadens** verlangen.
- **Sonstige Schäden**, die durch das mangelhafte Werk entstanden sind, sind gemäß §§ 634 Nr. 4, **280 Abs. 1** ersatzfähig.

Ausschluss der Gewährleistung

- Gewährleistungsausschluss durch **Individualvereinbarung** ist unwirksam, wenn der Besteller den Mangel arglistig verschwiegen oder eine Garantie übernommen hat, **§ 639**.
- Erfolgt der Haftungsausschluss oder die Haftungsbeschränkung durch **AGB**, so sind insbesondere **§ 309 Nr. 7** und **§ 309 Nr. 8 b)** und **§ 307** zu beachten.
- Ein gesetzlicher Haftungsausschluss ergibt sich aus **§ 640 Abs. 3**.

Verjährung der Mängelansprüche

- Die **Verjährung** des Nacherfüllungsanspruchs, des Aufwendungsersatzanspruchs bei Selbstvornahme und des Schadens- oder Aufwendungsersatzanspruchs richtet sich nach **§ 634 a Abs. 1**. In § 634 a Abs. 4 wird für den **Rücktritt** und in § 634 a Abs. 5 für die **Minderung** auf **§ 218** verwiesen.
- Soweit **keine Sonderregelungen** eingreifen, verjähren Mängelgewährleistungsansprüche des Bestellers gemäß **§ 634 a Abs. 1 Nr. 3** in der **regelmäßigen Verjährungsfrist**, also in **drei Jahren**, § 195.
- Der **Fristbeginn** richtet sich bei der Regelverjährung nach **§ 199 Abs. 1**; im Übrigen (§§ 634 a Abs. 1 Nr. 1, 2) kommt es auf die Abnahme an, **§ 634 a Abs. 2**.

Verhältnis des § 634 zu den übrigen Vorschriften

- **Anfechtungsregeln:**
  Liegen die Gewährleistungsvorschriften tatbestandsmäßig vor, so ist eine Anfechtung nach § 119 Abs. 2 ausgeschlossen. Eine Anfechtung nach §§ 119 Abs. 1 und 123 ist möglich.
- **Allgemeine Regeln der Leistungsstörung:**
  - Soweit ein Mangel bei Abnahme vorliegt, sind die allgemeinen Regeln der Leistungsstörung neben den Gewährleistungsansprüchen nicht anwendbar (Ausnahme h.M.: bei Arglist).
  - Ein Anspruch nach den allgemeinen Leistungsstörungsregeln kann gegeben sein, wenn eine Pflichtverletzung vorliegt, die nicht in der Herstellung des mangelhaften Werkes liegt.
- Die **§§ 823 ff.** sind **neben** den Gewährleistungsregeln anwendbar.

4. Abschnitt: Gefahrtragung

A. Leistungsgefahr

343 Die Leistungsgefahr trägt der **Unternehmer**. Er schuldet den Erfolg. Erst mit der Abnahme geht die Gefahr auf den Besteller über. Allerdings kann der Anspruch des Bestellers wegen Unmöglichkeit gemäß § 275 Abs. 1 untergehen oder ein Leistungsverweigerungsrecht des Unternehmers nach § 275 Abs. 2 oder § 275 Abs. 3 bestehen.[696]

B. Gegenleistungsgefahr

344 Der Anspruch auf die Gegenleistung entfällt bei Unmöglichkeit grundsätzlich gemäß §§ 275 Abs. 4, 326 Abs. 1 S. 1. Dies gilt jedoch nicht, wenn die **Vergütungsgefahr** vorher auf den Besteller übergegangen ist. Die Vergütungsgefahr (Preisgefahr) betrifft die Frage, ob der Besteller den vergeblichen Leistungsversuch vergüten muss. Eine allgemeine Preisgefahrregel enthält § 326 Abs. 2 S. 1. Danach geht die Vergütungsgefahr auf den Gläubiger über, wenn er für das Leistungshindernis allein oder weit überwiegend verantwortlich ist. Das Werkvertragsrecht enthält außerdem besondere Gefahrtragungsregeln in **§ 644** und **§ 645**. Diese gehen in ihrem Anwendungsbereich den allgemeinen Regeln vor.[697]

I. Übergang der Vergütungsgefahr nach § 644

345 Die Vergütungsgefahr geht auf den Besteller über, wenn

- der Besteller das **Werk abgenommen** hat, § 644 Abs. 1 S. 1 (geht also das Werk nach Abnahme unter, so muss der Besteller es bezahlen),
- der Besteller sich im **Verzug** mit der Annahme befindet, § 644 Abs. 1 S. 2,
- das Werk auf Verlangen des Bestellers **versandt** wird, § 644 Abs. 2 (in diesem Fall findet § 447 entsprechende Anwendung).

II. Teilvergütungspflicht gemäß § 645

1. Unmittelbare Anwendung des § 645

346 Nach § 645 trägt der Besteller die Vergütungsgefahr, wenn das Werk infolge eines Mangels des **vom Besteller gelieferten Stoffes** oder infolge einer vom Besteller für die Ausführung **erteilten Anweisung** untergegangen, verschlechtert oder unausführbar geworden ist, ohne dass ein Umstand mitgewirkt hat, den der Unternehmer zu vertreten hat. Dann kann der Unternehmer nämlich einen Teil der Vergütung und Ersatz der in der Vergütung nicht inbegriffenen Auslagen verlangen.

Der Begriff **„Stoff"** umfasst alle Gegenstände, aus denen und mit deren Hilfe das Werk zu erstellen ist.

---

696 Looschelders Rn. 654 f.

697 Palandt/Retzlaff § 645 Rn. 3.

Beispiel: Die Stadt W und das aufstrebende Architekturbüro Crämer (C) schließen einen Vertrag über den Umbau, die Sanierung und die Erweiterung einer Grundschule. Im Verlauf der Bauarbeiten ergab sich, dass das Gebäude nicht erhalten werden konnte. A verlangt eine Vergütung für die bis dahin geleistete Arbeit.
Es besteht ein Anspruch gemäß § 645 Abs. 1 S. 1, da die Erstellung des Werkes infolge eines vom Besteller gelieferten Stoffes (Gebäude) unausführbar geworden ist.[698]

Um eine **Anweisung** handelt es sich, wenn der Besteller für eine von ihm gewünschte Modalität der Ausführung das Risiko übernimmt, auch indem er trotz Bedenken des Unternehmers auf seinem Wunsch beharrt.

2. Analoge Anwendung des § 645 Abs. 1

Die Regelung in § 645 Abs. 1 ist außerdem analog anzuwenden auf Risiken, die mit den in der Vorschrift geregelten Fällen vergleichbar sind. 347

Fall 14: Brennende Bauhausvilla

B kauft eine Villa im Bauhausstil und lässt sie umfangreich von U renovieren. Als die Arbeiten zu 4/5 fertig sind, stellt B im Erdgeschoss Bautrockner auf, um schneller einziehen zu können. Infolge eines nicht erkennbaren Gerätedefekts kommt es zu einem Kurzschluss, die Villa brennt ab und die Renovierungsarbeiten des U werden zerstört. Er verlangt den Werklohn für die bis dahin erbrachten Arbeiten. B wendet ein, dass er den Brand nicht zu vertreten habe. Außerdem habe man nie über eine Vergütung gesprochen. Hat U gegen B einen Anspruch auf Vergütung?

A. U könnte gegen B einen Anspruch auf Zahlung des Werklohns aus **§ 631 Abs. 1** haben.

I. U und B haben einen **Werkvertrag** über die Renovierung der Villa geschlossen. Zwar haben sie keine Abrede über eine Vergütung getroffen. Eine solche gilt jedoch gemäß **§ 632 Abs. 1** als stillschweigend vereinbart, weil die Renovierung einer Villa den Umständen nach nur gegen eine Vergütung zu erwarten ist.

II. Der Anspruch könnte gemäß **§ 326 Abs. 1** untergegangen sein. Dann müsste eine erneute Renovierung für U unmöglich oder unzumutbar sein, § 275 Abs. 1–3. Dafür hat U keine Umstände vorgetragen, sodass ein Untergang nach § 326 Abs. 1 ausscheidet.

III. Der Anspruch ist jedoch erst mit Abnahme fällig, § 641. Abnahme gemäß § 640 Abs. 1 ist die körperliche Hinnahme verbunden mit der Anerkennung des Werkes als vertragsgemäße Leistung.[699] Allein darin, dass B Bautrockner aufstellte, kann noch keine Abnahme gesehen werden, sodass der Vergütungsanspruch noch **nicht fällig** ist.

B. Ein Anspruch auf Zahlung einer Vergütung könnte sich auch aus **§ 645 Abs. 1** ergeben. Eine unmittelbare Anwendung scheidet jedoch aus, da der „Stoff" (die Villa), an

698 Vgl. auch BGH NZBau 2005, 285, 287.
699 BGHZ 125, 111, 112.

dem das Werk erbracht werden soll, für sich fehlerfrei war und auch keine Anweisung des B vorlag, die zum Untergang geführt hat.

C. In Betracht kommt jedoch eine **analoge Anwendung des § 645**.

I. Früher wurde in der Lit.[700] vorgeschlagen, dass der Besteller generell das Risiko von Leistungsstörungen zu tragen hat, die vor Abnahme aus seiner Sphäre kommen (sog. Sphärentheorie).

II. Die ganz h.M. lehnt diese **Sphärentheorie** jedoch ab,[701] da sich der Gesetzgeber bei der Schaffung des BGB gegen die Einführung der Sphärentheorie ausgesprochen und in den §§ 644, 645 Spezialregelungen geschaffen hat.[702] Die Anwendung der Sphärentheorie würde hingegen auf eine allgemeine Gefährdungshaftung hinauslaufen.

Bejaht wird die analoge Anwendung des § 645 von der h.M. indes in bestimmten Risikolagen, die den in der Vorschrift **geregelten Fällen vergleichbar** sind.[703] Dies ist der Fall, wenn das Werk aus Gründen untergeht, die in der Person des Bestellers liegen oder auf eine Handlung des Bestellers zurückgehen, auch wenn ihn kein Verschulden trifft.

Hier beruht die Zerstörung des Werkes darauf, dass B einen defekten Bautrockner angeschlossen hat und damit eine **gefahrerhöhende Handlung** vorgenommen hat. Da dies mit einer erteilten Anweisung vergleichbar ist, findet § 645 analoge Anwendung.

U hat mithin gegen B einen Anspruch auf Bezahlung der erbrachten Renovierungsarbeiten.

Abwandlung zu Fall 14:

Ändert sich die Rechtslage, wenn der Brand durch andere auf der Baustelle arbeitende Handwerker ausgelöst wurde?

Fraglich ist, ob ein Fall vorliegt, der mit den in § 645 geregelten Fällen vergleichbar ist. Bei einer Renovierung sind regelmäßig verschiedene Handwerker auf der Baustelle tätig, sodass keine Handlung des Bestellers vorliegt, die das Risiko des Untergangs erhöht hat.[704] Somit findet § 645 keine analoge Anwendung und die Vergütungsgefahr ist deshalb nicht übergegangen.

---

700 Erman JZ 1965, 657.

701 Palandt/Retzlaff § 645 Rn. 9; BeckOK-BGB/Voit § 645 Rn. 17 m.w.N.

702 Looschelders Rn. 658.

703 BGHZ 137, 35; Palandt/Sprau § 645 Rn. 8.

704 BGHZ 78, 352, 356; Palandt/Sprau § 645 Rn. 9.

In den folgenden Fallgestaltungen ist hingegen eine analoge Anwendung des § 645 Abs. 1 geboten:

- Der Besteller hat durch ein zurechenbares Verhalten den Untergang verursacht. 348

  Beispiel: U hat dem Bauherrn B eine Scheune errichtet. Vor der Abnahme fährt B Heu ein. Bereits in der nächsten Nacht brannte die Scheune durch Selbstentzündung des Heus ab.[705]

- Der Besteller kann den Gegenstand, an dem die Leistung vorgenommen werden soll, nicht zur Verfügung stellen.

  Beispiel: U hat sich verpflichtet, ein Wandgemälde im Schloss des B zu restaurieren. Während der Arbeiten brennt das Schloss ab, ohne dass einer Partei ein Verschuldensvorwurf gemacht werden kann.

- Die Unmöglichkeit beruht auf Umständen in dem Staat des Bestellers.

  Beispiel: U verpflichtete sich im Jahre 1975 für B, der im Iran ansässig war, eine Tierkörperverwertungsanlage im Iran zu montieren. Nach dem Sturz des Schahs untersagt die neue Regierung den Bau der Anlage.[706]

- Zweckerreichung

Beispiel: Das abzuschleppende Auto springt, bevor der ADAC am Ort ist, wieder an.

705 Vgl. dazu BGHZ 40, 71 f.

706 BGHZ 83, 197, 203.

Werkvertrag

Zustandekommen

- **Gegenstand** des Werkvertrags gemäß **§ 631** kann **jeder Erfolg** sein, z.B.
  - die Herstellung einer unbeweglichen Sache (bewegliche Sachen, § 650),
  - geistige Tätigkeit,
  - Reparaturarbeiten an beweglichen und unbeweglichen Sachen,
  - Erstellung von Individualsoftware.
- **§§ 650 a ff.** enthalten für den **Bau-, Verbraucher-, Architekten-, Ingenieur- und Bauträgervertrag** als besondere Werkverträge Sondervorschriften.
  - **Vergütung:** Haben die Parteien einen Werkvertrag abgeschlossen und keine Einigung über die Vergütung erzielt, so ergibt sich aus § 632, dass die Vergütung stillschweigend vereinbart ist, wenn die Herstellung des Werkes den Umständen nach nur gegen eine Vergütung zu erwarten ist.
  - Werkvertrag kann insbesondere gemäß **§ 134** wegen des Verstoßes gegen ein Verbotsgesetz nichtig sein; bei einer Ohne-Rechnung-Abrede ist der Werkvertrag gemäß § 134 i.V.m. § 1 Abs. 2 Nr. 2 **SchwarzArbG** nichtig, selbst wenn man nur einen einseitigen Verstoß des Unternehmers gegen die Verbotsnorm annimmt. Bei einem Verstoß gegen das SchwarzArbG hat der Besteller **keine Gewährleistungsansprüche**; außerdem sind Ansprüche des Unternehmers aus § 812 Abs. 1 S. 1 auf Wertersatz für seine Leistung gemäß § 817 S. 2 ausgeschlossen.

Rechte und Pflichten

- Unternehmer ist zur Herstellung des Werks, Besteller zur Zahlung des Werklohns verpflichtet; ein Kostenanschlag ist im Zweifel nicht zu vergüten, § 632 Abs. 3.
- Nach § 632 a kann der Unternehmer von dem Besteller Abschlagszahlungen verlangen.
- Gemäß **§ 640** ist der Besteller verpflichtet, das vertragsgemäße **Werk abzunehmen**. Abnahme bedeutet die körperliche Hinnahme des Werkes verbunden mit der Anerkennung des Werkes als vertragsgemäße Leistung.
- Maßstab für die Neben- und Sorgfaltspflichten sind § 241 Abs. 2 und § 242.
- Gemäß § 642 hat der Besteller die Obliegenheit **mitzuwirken**; nach der Rspr. kann die Mitwirkung ausnahmsweise auch eine Schuldnerpflicht sein.
- **Dingliche Sicherung** des Vergütungsanspruchs:
  - Unternehmer hat an den beweglichen Sachen des Bestellers ein **Werkunternehmerpfandrecht, § 647**. Das Pfandrecht besteht nur an Sachen des Bestellers. Es kann nach h.M. nicht gutgläubig erworben werden. Hat der Werkunternehmer bearbeitete Sachen in Besitz, die nicht dem Besteller gehören, kann ihm ein Zurückbehaltungsrecht gemäß §§ 1000, 994 zustehen.
  - Hat der Unternehmer ein Bauwerk erstellt, so kann er für seine Forderungen die Einräumung einer **Sicherungshypothek** verlangen, **§ 650 e**.

Gefahrtragung

- Bis zur Abnahme trägt der Unternehmer die **Leistungsgefahr**.
- **§ 644 und § 645** sind Sondervorschriften für den Übergang der **Vergütungsgefahr**; § 645 kann in Ausnahmefällen **analog** angewendet werden.

5. Abschnitt: Besondere Werkverträge

Die **§§ 650 a ff.** enthalten seit der Reform des Werkvertragsrechts mit Wirkung zum 01.01.2018 spezielle Regelungen für besondere Werkverträge, nämlich für den

- Bauvertrag,
- Verbraucherbauvertrag,
- Architektenvertrag,
- Ingenieurvertrag und den
- Bauträgervertrag.

Examensrelevant sind dabei vor allem der Bauvertrag und der Verbraucherbauvertrag.

A. Bauvertrag, § 650 a ff.

I. Gegenstand des Bauvertrags gemäß § 650 a

Nach der **Legaldefinition** in **§ 650 a Abs. 1 S.1** ist ein Bauvertrag ein Vertrag über die Herstellung, die Wiederherstellung, die Beseitigung oder den Umbau eines Bauwerks, einer Außenanlage oder eines Teils davon. 349

Der **Begriff des Bauwerks** bezeichnet eine unbewegliche, durch Verwendung von Arbeit und Material in Verbindung mit dem Erdboden hergestellte Sache; für die Qualifikation als Bauwerk ist die sachenrechtliche Einordnung nicht entscheidend. Die Verbindung mit dem Grundstück nach § 946 ist zwar ein zuverlässiges Indiz, aber auch sonstige enge und auf längere Dauer angelegte Verbindungen sind ausreichend.[707]

Beispiele: Bahngleise, Rasenheizung, Schwimmbecken, Autowaschanlage[708]

Gegenbeispiel: Segelyacht

Unter **Außenanlagen** sind Grundstücksflächen zu verstehen, die in einem wirtschaftlichen Zusammenhang mit einem Bauwerk stehen und seinem Zweck dienen.

Beispiel: Gartenanlagen

Durch **§ 650 a Abs. 2** wird geregelt, wann ein **Vertrag über die Instandhaltung eines Bauwerks** als Bauvertrag anzusehen ist. Das ist nur dann der Fall, wenn das Werk für die Konstruktion, den Bestand oder den bestimmungsgemäßen Gebrauch des Bauwerks von **wesentlicher Bedeutung** ist. Denn nur unter diesen Voraussetzungen kann davon ausgegangen werden, dass es sich nach der Vertragsdauer und dem Umfang des Vertrages um einen auf längerfristige Zusammenarbeit angelegten Vertrag handelt, bei dem die Anwendung der speziellen bauvertragsrechtlichen Vorschriften gerechtfertigt ist. 350

Unter **Instandhaltung** sind Arbeiten zu verstehen, die der Erhaltung des Soll-Zustandes des Bauwerks dienen. Instandhaltungsarbeiten, die für die Konstruktion, den Bestand oder den bestimmungsgemäßen Gebrauch des Bauwerks von wesentlicher Bedeutung

707 BeckOK BGB/Voit BGB § 634 a Rn. 6.

708 Jauernig/Mansel § 634 a Rn. 7.

sind, können etwa **Pflege- und Inspektionsleistungen** sein, die der Erhaltung oder der Funktionsfähigkeit des Bauwerks dienen.

Beispiele: Verträge zur Inspektion von Brücken oder zur Pflege- und Wartung von tragenden oder sonst für den Bestand eines Bauwerks wichtigen Teilen.[709]

Für den **Bauvertrag als besonderen Werkvertrag** gelten **neben** den allgemeinen Vorschriften in den **§§ 631 ff.** ergänzend die Regelungen der **§§ 650 a–h**, vgl. § 650 a Abs. 1 S. 2.

II. Vertragsänderung und Anordnungsrecht des Bestellers

351 Von besonderer Bedeutung beim Bauvertrag ist das Anordnungsrecht des Bestellers.

Hintergrund: *Das Werkrecht des BGB kannte bisher – anders als die VOB/B – ein solches Anordnungsrecht des Bestellers nicht. Damit wurde das Werkvertragsrecht dem auf eine längere Erfüllungszeit angelegten Bauvertrag und dem komplexen Baugeschehen häufig nicht gerecht, insbesondere wenn während der Bauausführung Veränderungen eintreten. Dabei wird das Ziel verfolgt, möglichst auf ein Einvernehmen der Vertragsparteien hinzuwirken, bevor der Besteller von seinem Anordnungsrecht Gebrauch macht. Das ist regelmäßig im Interesse beider Parteien, weil ein Streit über eine Vertragsänderung die Zusammenarbeit bei der weiteren Ausführung des Baus erheblich belasten kann.* [710]

Deshalb sieht **§ 650 b** ein **zweistufiges Modell zur Vertragsanpassung** des Werkerfolges und der Vergütung vor, wenn der Besteller nachträglich eine Vertragsänderung begehrt:

- Zunächst soll nach **§ 650 b Abs. 1 S. 1** eine **einvernehmliche Vertragsanpassung** angestrebt werden.
- Erzielen die Parteien innerhalb von 30 Tagen nach Zugang des Änderungsbegehrens beim Unternehmer keine Einigung, kann der **Besteller einseitig** die Änderung in Textform **anordnen, § 650 b Abs. 2.**

1. Einvernehmliche Vertragsanpassung

352 Das Änderungsbegehren des Bestellers kann gemäß **§ 650 b Abs. 1** zwei unterschiedliche Bezugspunkte haben:

- **Änderung des vereinbarten Werkerfolgs,** § 650 b Abs. 1 S. 1 Nr. 1

  Eine Änderung des Werkerfolgs nach § 650 b Abs. 1 S. 1 Nr. 1 ist nicht an bestimmte Ziele gebunden, sie kann z.B. darauf zurückzuführen sein, dass sich die Vorstellungen des Bestellers geändert haben oder er bei der Bauplanung bestimmte Umstände, nicht berücksichtigt hat.

  Beispiel: Unterzubringende Möbel oder sonstige Gegenstände

709 BT-Drs. 18/8486, S. 53.
710 BT-Drs. 18/8486, S. 53.

- **Änderung**, die **zur Erreichung des vereinbarten Werkerfolgs** notwendig ist, § 650 b Abs. 1 S. 1 Nr. 2

  Änderungsbegehren i.S.d. § 650 b Abs. 1 S. 1 Nr. 2 können beispielsweise Änderungen der Rechtslage oder von behördlichen Vorgaben betreffen. Ferner sind auch Fälle erfasst, in denen die ursprüngliche Leistungsbeschreibung des Bestellers lücken- oder fehlerhaft ist und ihre Umsetzung deshalb nicht zur Herstellung eines funktionstauglichen Bauwerks führen würde.[711]

Ein wesentlicher Bestandteil der einvernehmlichen Vertragsänderung ist, dass sich die Parteien auch über die Auswirkungen einigen, welche die Änderung für die vom Besteller zu zahlende Vergütung hat. Der Unternehmer ist deshalb gemäß **§ 650 b Abs. 1 S. 2** grundsätzlich verpflichtet, ein **Angebot über die Mehr- oder Mindervergütung** zu erstellen. Geht es um die Änderung des vereinbarten Werkerfolgs (§ 650 b Abs. 1 S. 1 Nr. 1), gilt diese Verpflichtung nur, wenn dem Unternehmer die Ausführung der Änderung zumutbar ist (vgl. zur Zumutbarkeit unten Rn. 353).

Für den Fall, dass der Besteller die Verantwortung für die Planung des Bauwerks oder der Außenanlage trägt, enthält **§ 650 b Abs. 1 S. 4** eine weitere Einschränkung. Danach ist der Unternehmer nur dann zur Erstellung eines Angebots über die Mehr- oder Mindervergütung verpflichtet, wenn der Besteller die für die Änderung erforderliche Planung vorgenommen und dem Unternehmer zur Verfügung gestellt hat. Diese Einschränkung trägt dem Umstand Rechnung, dass der Unternehmer erst dann zur Erstellung des Angebots über die Mehr- oder Mindervergütung in der Lage ist, wenn er die geänderte Planung und die darin vorgesehenen Leistungen kennt.[712]

2. Anordnungsrecht des Bestellers

Lediglich für den Fall, dass die Parteien keine Einigung nach § 650 b Abs. 1 erzielen, bestimmt § 650 b Abs. 2 S. 1, dass der Besteller die Änderung (einseitig) anordnen kann. Einer Anordnung, die auf eine **Änderung des Werkerfolgs** gerichtet ist, muss der Unternehmer allerdings nach § 650 b Abs. 2 S. 2 **nur nachkommen, wenn** ihm die Ausführung **zumutbar** ist. **353**

Der Begriff der Zumutbarkeit gemäß § 650 b Abs. 2 S. 2 ist ebenso zu verstehen wie in § 650 b Abs. 1 S. 2. Dieses **Zumutbarkeitskriterium** kann beispielsweise die technischen Möglichkeiten, die Ausstattung und Qualifikation des Bauunternehmers betreffen, aber auch betriebsinterne Vorgänge. Bei der Abwägung, welche Leistungen für den Unternehmer zumutbar sind, sind die **Interessen beider Parteien** zu **berücksichtigen** und müssen in einem ausgewogenen Verhältnis in die Bewertung einfließen. Dabei ist einerseits zu berücksichtigen, dass der Unternehmer durch die Anordnung zu Leistungen verpflichtet wird, die nicht der ursprünglichen Vereinbarung der Parteien entsprechen, andererseits aber auch, dass beide Vertragsparteien in dem Stadium der Abwicklung des Bauvertrags aneinander gebunden sind und ein Wechsel des Vertragspartners für den Besteller nur schwer möglich und mit hohen Kosten verbunden ist. Deshalb liegt

---

711 Erman/Schwenker/Rodemann § 650 b Rn. 3.

712 BT-Drs. 18/8486, S. 54.

die Schwelle für die Unzumutbarkeit einer Anordnung unterhalb der des allgemeinen Leistungsverweigerungsrechts (§ 275 Abs. 2 u. 3).[713]

Im Gegensatz zu den Änderungen des vereinbarten Werkerfolgs stehen die **Änderungen**, die **zur Erreichung des vereinbarten Werkerfolgs** erforderlich sind (§ 650 b Abs. 1 S. 1 Nr. 2), nicht unter dem Vorbehalt der Zumutbarkeit. Mithin hat der Unternehmer hier nur die allgemeinen Leistungsverweigerungsrechte wegen Unzumutbarkeit (§ 275 Abs. 2 u. 3).

3. Vergütungsanpassung bei Anordnungen nach § 650 b Abs. 2

354 Die Vergütungsanpassung bei Anordnungen des Bestellers nach § 650 b Abs. 2 richtet sich nach **§ 650 c**. Die Vorschrift enthält **Vorgaben zur Berechnung der Mehr- oder Mindervergütung** bei solchen Anordnungen.

Hintergrund: *Damit will der Gesetzgeber Spekulationen eindämmen und Streit der Parteien über die Preisanpassung weitestgehend vermeiden. Die gesetzliche Regelung soll Anreize sowohl für eine korrekte Ausschreibung durch den Besteller, als auch eine korrekte und nachvollziehbare Kalkulation durch den Unternehmer setzen. Durch die grundsätzliche Berechnung nach den tatsächlich erforderlichen Kosten soll insbesondere verhindert werden, dass der Unternehmer auch nach Vertragsschluss angeordnete Mehrleistungen nach den Preisen einer Urkalkulation erbringen muss, die etwa mit Blick auf den Wettbewerb knapp oder sogar nicht auskömmlich ist oder inzwischen eingetretene Preissteigerungen nicht berücksichtigt. Zugleich soll dieser Berechnungsmaßstab die Möglichkeiten für den Unternehmer einschränken, durch Spekulationen ungerechtfertigte Preisvorteile zu erzielen.*[714]

Für den Unternehmer ergibt sich aus § 650 c ein **Wahlrecht**, ob er

- nach den **tatsächlich erforderlichen Kosten, § 650 c Abs. 1** oder
- „Nachträge" auf Basis seiner **ursprünglichen Kalkulation, § 650 c Abs. 2**, abrechnet.

Um Spekulationen bei der Preisgestaltung zu verhindern, kann der Unternehmer das **Wahlrecht** für jeden Nachtrag allerdings **nur insgesamt ausüben** („Vergütung für den Nachtrag"). Je nachdem wie er sich entschieden hat, hat er konsequent entweder die Urkalkulation fortzuschreiben oder die tatsächlich erforderlichen Mehr- oder Minderkosten für die nachträglich angeordnete Leistung darzulegen.[715]

Besteht zwischen den Parteien **Streit** über die nach den § 650 c Abs. 1 oder § 650 c Abs. 2 geschuldete Mehrvergütung, ergibt sich für den Unternehmer das Risiko, dass er die infolge der Änderung geschuldete Mehrleistung zunächst ohne Vergütung erbringt und eine Klärung der Mehrvergütung erst im Zusammenhang mit der Schlussrechnung erfolgt. Deshalb sieht **§ 650 c Abs. 3** eine **vorläufige Pauschalierung**, derzufolge der Unternehmer bei der Berechnung von vereinbarten oder gemäß § 632 a geschuldeten Abschlagszahlungen 80 % einer in einem Angebot nach § 650 b Abs. 1 S. 2 genannten

713 Erman/Schwenker/Rodemann § 650 b Rn. 4.
714 Vgl. BT-Drs. 18/8486, S. 55.
715 BT-Drs. 18/8486, S. 56.

Mehrvergütung ansetzen kann, wenn sich die Parteien nicht über die Höhe geeinigt haben oder eine anderslautende gerichtliche Entscheidung ergeht.

III. Schlussrechnung als Fälligkeitsvoraussetzung

Gemäß **§ 650 g Abs. 4 S. 1** ist die Vergütung des Unternehmers erst dann **fällig, wenn** 355

- der Besteller das Werk abgenommen hat oder die **Abnahme** nach § 641 Abs. 2 entbehrlich ist **und**
- der Unternehmer dem Besteller eine **prüffähige Schlussrechnung** erteilt hat. Die Schlussrechnung ist prüffähig, wenn sie eine **übersichtliche Aufstellung** der erbrachten Leistungen enthält und für den Besteller nachvollziehbar ist, **§ 650 g Abs. 4 S. 2**. Je nach Art und Umfang der erbrachten Leistungen sind Mengenberechnungen, Zeichnungen und sonstige Belege beizufügen.[716]

Mit der Regelung in § 650 g Abs. 4 wird für den Bauvertrag die Fälligkeit der Vergütung **neben der Abnahme** von der Erteilung einer prüffähigen Schlussrechnung abhängig gemacht.[717]

Um eine längere Unsicherheit zwischen den Parteien darüber zu vermeiden, ob eine vom Unternehmer vorgelegte Schlussrechnung die Voraussetzung der Prüffähigkeit erfüllt, sollen diesbezügliche Einwendungen nur innerhalb einer überschaubaren Frist möglich sein.[718] Deshalb wird gemäß **§ 650 g Abs. 4 S. 3** die **Prüffähigkeit fingiert**, wenn der Besteller nicht innerhalb von 30 Tagen nach Zugang der Schlussrechnung begründete Einwendungen gegen ihre Prüffähigkeit erhoben hat. Dabei soll durch das Erfordernis begründeter Einwendungen erreicht werden, dass der Zweck der Vorschrift **nicht** dadurch umgangen werden kann, dass der Zahlungsschuldner sich **lediglich pauschal auf die fehlende Prüffähigkeit beruft** und für den Unternehmer nicht erkennbar ist, welche Posten der Rechnung aus welchen Gründen beanstandet werden.[719]

IV. Schriftform der Kündigung

Eine weitere Besonderheit für den Bauvertrag enthält **§ 650 h**. Danach bedarf – **im Gegensatz zum allgemeinen Werkvertragsrecht** – die Kündigung eines Bauvertrags der Schriftform. Diese Regelung dient – wie das Schriftformerfordernis bei Kündigung eines Mietvertrags oder eines Arbeitsverhältnisses (§ 568 und § 623) – der **Rechtsicherheit** und der **Beweissicherung**. Darüber hinaus soll sie die Bauvertragsparteien **vor übereilten** und später bereuten spontanen **Handlungen schützen**, die angesichts des Umfangs, den Bauverträge in der Regel haben, mit erheblichen negativen Folgen verbunden sein können.[720] 356

Das Schriftformerfordernis gilt im Hinblick auf diesen Schutzzweck sowohl für die **freie Kündigung** gemäß **§ 648** als auch für die **Kündigung aus wichtigem Grund** gemäß

716 BT-Drs. 18/11437, S. 43.
717 Erman/Schwenker/Rodemann § 650 g Rn. 8.
718 BT-Drs. 18/11437, S. 43.
719 Palandt/Sprau § 650 g Rn. 11.
720 BT-Drs. 18/8486, S. 61.

§ 648 a.[721] Eine Kündigung in Textform (§ 126 b) reicht nicht aus, denn damit würde der angestrebte Schutzzweck nicht erreicht.[722]

V. Weitere Regelungen zum Bauvertrag

357 Da die Vorschriften zur **Sicherungshypothek** des Bauunternehmers in **§ 650 e** und zur **Bauhandwerkersicherung** in **§ 650 f** ausschließlich Bauverträge betreffen, wurden sie aus systematischen Gründen in das Kapitel 2 mit den Neuregelungen zum Bauvertrag (§§ 650 a–650 h) übernommen (vgl. dazu Rn. 349).

358 Für Bauverträge wird die neue Regelung zur **fiktiven Abnahme** in § 640 Abs. 2 durch die Vorschriften in **§ 650 g Abs. 1–3** ergänzt. Dort wird eine Regelung zur Zustandsfeststellung für den Fall, dass die Abnahme verweigert wird, und in Ergänzung zu den allgemeinen Regeln und § 644 eine Regelung zur Gefahrtragung getroffen.

- Kommt es nicht zu einer Abnahme des Bauwerks oder der Außenanlage, weil die Vertragspartner über die Abnahmereife des Werks streiten, trifft den Besteller die Obliegenheit, auf Verlangen des Unternehmers an einer **gemeinsamen Feststellung des Zustands** des Werks mitzuwirken, **§ 650 g Abs. 1**.

  Diese Zustandsfeststellung **ersetzt nicht** die **Abnahme** und hat auch keine sonstigen Ausschlusswirkungen, sie dient – entsprechend ihrer Bezeichnung – lediglich der Dokumentation des Zustands des Werks, um späterem Streit vorzubeugen.

- Eine **einseitige Zustandsfeststellung durch** den **Unternehmer** ist gemäß **§ 650 g Abs. 2 S. 1** möglich, wenn der Besteller einem vereinbarten oder vom Unternehmer innerhalb einer angemessenen Frist bestimmten Termin fernbleibt. Dies gilt nicht, wenn der Besteller infolge eines Umstands fernbleibt, den er **nicht zu vertreten** hat und den er dem Unternehmer unverzüglich mitgeteilt hat, **§ 650 g Abs. 2 S. 2**.

- Hat eine Zustandsfeststellung nach § 650 g Abs. 1 oder 2 stattgefunden und ist das Werk dem Besteller verschafft worden, gilt gemäß **§ 650 g Abs. 3 S. 1** die **Vermutung**, dass ein **offenkundiger Mangel**, der in der Zustandsfeststellung nicht angegeben wurde, nach der Zustandsfeststellung entstanden und vom Besteller zu vertreten ist. Diese Vermutung gilt jedoch nicht, wenn der Mangel seiner Art nach nicht vom Besteller verursacht sein kann, **§ 650 g Abs. 3 S. 2**. Das ist z.B. der Fall, wenn es sich um einen Materialfehler handelt oder der Mangel darin besteht, dass das Werk nicht nach den Planungsvorgaben hergestellt wurde.

  Bei der **Auslegung des Begriffs offenkundig** ist die jeweilige Fachkunde des Bestellers zu berücksichtigen. Ein offenkundiger Mangel ist gegeben, wenn der Mangel bei einer ordnungsgemäßen Zustandsfeststellung ohne Weiteres hätte entdeckt werden müssen.

359 Bei Streitigkeiten im **einstweiligen Rechtsschutz** über das Anordnungsrecht des Bestellers gemäß § 650 b oder über die Vergütungsanpassung gemäß § 650 c nach Beginn

721 Erman/Schwenker/Rodemann § 650 h Rn. 1.
722 BT-Drs. 18/8486, S. 61.

der Bauausführung muss gemäß **§ 650 d** ein Verfügungsgrund nicht glaubhaft gemacht werden.

In **§ 650 b Abs. 1 S. 3** und **§ 650 b Abs. 2 S. 3** werden **Beweislastregelungen** getroffen, die den Verantwortungssphären der Parteien Rechnung tragen sollen.

B. Verbraucherbauvertrag, § 650 i ff.

Die Regelungen in den **§§ 650 i–650 n** enthalten Spezialvorschriften zum Verbraucherbauvertrag. Dabei werden eine Reihe von Schutzvorschriften zusammengefasst, um dem besonderen Schutzbedürfnis der Verbraucher beim Abschluss größerer Bauverträge Rechnung zu tragen.[723] **360**

I. Gegenstand des Verbraucherbauvertrags

In **§ 650 i Abs. 1** wird der Verbraucherbauvertrag als Vertrag definiert, durch den der Unternehmer von einem Verbraucher zum Bau eines neuen Gebäudes oder zu erheblichen Umbaumaßnahmen an einem bestehenden Gebäude verpflichtet wird. **361**

Durch diese **Legaldefinition** des § 650 i Abs. 1 wird deutlich, dass der Verbraucherbauvertrag als Spezialfall des allgemeinen Bauvertrages einzuordnen ist, da er den Anwendungsbereich der §§ 650 i ff. in persönlicher und sachlicher Hinsicht einschränkt.[724]

- In **persönlicher Hinsicht** setzt das Vorliegen eines Verbrauchervertrags und damit die Anwendbarkeit der §§ 650 i ff. das Kontrahieren zwischen einem **Unternehmer** (§ 14) einerseits und einem **Verbraucher** (§13) andererseits voraus.[725]

- Ferner finden die Regelungen über den Verbraucherbauvertrag in **sachlicher Hinsicht** nur im Fall des Baus eines neuen Gebäudes oder bei erheblichen Umbaumaßnahmen an einem bestehenden Gebäude Anwendung.

  Unter den **Bau neuer Gebäude** fallen Wohngebäude, nicht aber – und damit anders als im Rahmen des Bauvertrags gemäß § 650 a Abs. 1 – die Herstellung von Außenanlagen.[726] Es bedarf nämlich Maßnahmen, die das Grundstück wesentlich umgestalten. Der Bau eines Carports oder Gartenschuppens reicht daher nicht aus.[727]

  Der Begriff der **erheblichen Umbaumaßnahmen** erfasst solche Maßnahmen, die mit dem Bau eines neuen Gebäudes vergleichbar sind. Maßgeblich sind dabei Umfang und Komplexität des Eingriffs sowie das Ausmaß des Eingriffs in die bauliche Substanz des Gebäudes.

  Beispiel: Baumaßnahmen, bei denen nur noch die Fassade eines alten Gebäudes erhalten bleibt

  Gegenbeispiel: Instandsetzung oder Renovierung von Gebäuden, ohne dass es sich dabei um erhebliche Umbauarbeiten handelt

723 BT-Drs. 18/8486, S. 61.
724 Omlor JuS 2017, 967.
725 Zum Begriff des Unternehmers und des Verbrauchers Schuldrecht AT 2 (2020), Rn. 152 ff.
726 Erman/Schwenker/Rodemann § 650 i Rn. 3.
727 BT-Drs. 18/8486, S. 61.

362 Nach **§ 650 i Abs. 2** bedarf der **Abschluss des Verbraucherbauvertrags** – anders als der Abschluss eines Werkvertrags gemäß § 631 oder der des Bauvertrags gemäß § 650 a – der **Textform** (§ 126 b).[728]

Nach **§ 650 i Abs. 3** gelten für den Verbrauchervertrag ergänzend zu den Regelungen der §§ 631 ff. (Allgemeine Vorschriften) und der §§ 650 a ff. (Bauvertrag) die Vorschriften in den §§ 650 i–650 n, die unterschiedliche Schutzinstrumente zugunsten des Verbrauchers statuieren.

Klausurhinweis: *Bei der Falllösung ist unbedingt die* ***Klammertechnik*** *der Neuregelungen des Werkvertragsrechts zu beachten. Die Lösung einer Rechtsfrage bzgl. eines Verbraucherbauvertrags ist zunächst in den speziellen Regelungen der §§ 650 i–650 o zu suchen; nur hilfsweise sind danach die Vorschriften über den (einfachen) Bauvertrag in den §§ 650 a ff. und danach schließlich die allgemeinen Regelungen der §§ 631 ff. zu befragen.*

II. Schutzinstrumente beim Verbraucherbauvertrag

1. Vorvertragliche Informationspflichten durch Baubeschreibung

363 Gemäß **§ 650 j** i.V.m. **Art. 249 § 1 EGBGB** hat der Unternehmer dem Verbraucher rechtzeitig vor Abgabe von dessen Vertragserklärung eine Baubeschreibung in **Textform** gemäß § 126 b zur Verfügung zu stellen.

Der **Inhalt dieser Baubeschreibung** ist in **Art. 249 § 2 EGBGB** geregelt. Zweck dieser vorvertraglichen Informationspflicht ist zum einen, dem Verbraucher einen **Preisvergleich** mit anderen Anbietern zu ermöglichen. Zum anderen dient insbesondere die Information über den **Zeitpunkt der Fertigstellung** des Werks (vgl. Art. 249 § 2 Abs. 2 EGBGB) auch dazu, dass der Verbraucher eine Grundlage für die Planung etwaiger mit dem Bau zusammenhängender weiterer Entscheidungen erhält.[729]

Beispiele: Zeitpunkt zur Kündigung eines bestehenden Mietverhältnisses oder der Beauftragung eines Umzugsunternehmens oder der Lieferung einer neuen Einbauküche

364 Nach **§ 650 k Abs. 1** werden die Angaben in der Baubeschreibung in Bezug auf die Bauausführung **Inhalt des Vertrages**, es sei denn, die Parteien haben ausdrücklich eine abweichende Vereinbarung getroffen. Aufgrund der bei Bauverträgen in aller Regel bestehenden **asymmetrischen Informationslage** zwischen Verbraucher und Unternehmer kann die mit der Baubeschreibungspflicht angestrebte **Verbraucherschutzfunktion** nämlich nur erreicht werden, wenn die Angaben zur Bauausführung in der vorvertraglich dem Bauherrn übergebenen Baubeschreibung auch zum Vertragsinhalt werden.[730]

Soweit die **Baubeschreibung unvollständig oder unklar** ist, trifft **§ 650 k Abs. 2** eine besondere Regelung zur Schließung der Regelungslücke durch ergänzende Vertragsauslegung, wobei Zweifel bei der Auslegung zulasten des Unternehmers gehen. Die Wirksamkeit des Vertrags bleibt allerdings in jedem Fall unberührt.

---

728 Zur Textform AS-Skript BGB AT 2 (2021), Rn. 135.

729 Omlor JuS 2017, 967, 968.

730 BT-Drs. 18/8486, S. 62.

Hinweis: *Eine parallele Regelung enthält § 305 c Abs. 2 für die Auslegung von AGB. Die Vorschrift des § 650 k Abs. 2 findet jedoch nicht nur bei Vorliegen von AGB, sondern auch bei einer Individualvereinbarung Anwendung.*

Schließlich ist zu beachten, dass gemäß **§ 650 k Abs. 3** auch die Angaben im Bauvertrag zum Zeitpunkt der Fertigstellung des Werks verbindlicher Vertragsinhalt werden. Beim Fehlen solcher Angaben im Vertrag werden insoweit die Angaben in der Baubeschreibung (vgl. Art. 249 § 2 Abs. 2 EGBGB) bindender Vertragsinhalt.

Hinweis: *Hinsichtlich der Rechtsfolgen einer nicht eingehaltenen Vereinbarung zum Fertigstellungszeitpunkt oder zur Dauer der Bauausführung gelten grundsätzlich die allgemeinen Regelungen zum* ***Schuldnerverzug*** *(§ 286). Für den Fall, dass bereits eine Teilleistung bewirkt, aber offensichtlich ist, dass das Fertigstellungsdatum nicht eingehalten wird, bietet jedoch das* ***Rücktrittsrecht*** *aus § 323 Abs. 5 keine für den Bauvertrag geeignete Lösung, denn beide Parteien sind in diesem Fall in der Regel nicht mehr an einer Rückabwicklung des Vertrags interessiert. Dem Besteller steht hier deshalb zusätzlich ein* ***Kündigungsrecht*** *aus wichtigem Grund nach § 648 a Abs. 1 zu.*[731]

2. Widerrufsrecht, § 650 l

Das **wichtigste Schutzinstrument** für den Verbraucher ist das **Widerrufsrecht gemäß** **365**
§ 355,[732] das durch § 650 l S. 1 für Verbraucherbauverträge statuiert wird, die nicht notariell beurkundet worden sind. Bei einem notariell beurkundeten Vertrag sieht **§ 17 Abs. 2 a Nr. 2 BeurkG** bereits eine Bedenkzeit vor, sodass es in diesem Fall des Schutzes des Verbrauchers über ein Widerrufsrecht gemäß § 355 nicht bedarf.

Hintergrund: *Der Gesetzgeber will mit § 650 l eine Schutzlücke schließen, was ihm unter Abwägung der Risiken für den Verbraucher und der Interessen des Geschäftsverkehrs angemessen erscheint. Verträge über den Bau neuer Gebäude oder über erhebliche Umbaumaßnahmen werden von Verbrauchern nämlich oft nur einmal im Leben geschlossen und sind regelmäßig mit* ***hohen finanziellen Verpflichtungen*** *verbunden; vielfach setzen Verbraucher ihre gesamten Ersparnisse zur Finanzierung des Bauprojekts ein und binden sich zusätzlich durch Immobiliendarlehen über viele Jahre finanziell. Als problematisch habe sich vor allem der* ***Vertrieb von schlüsselfertigen Häusern*** *erwiesen, bei denen Verbraucher mit zeitlich begrenzten Rabattangeboten zu schnellen Vertragsabschlüssen gedrängt werden; diese Fälle sollen vom Anwendungsbereich erfasst sein.*[733]

Gemäß **§ 650 l Abs. 1 S. 2** muss der Unternehmer den **Verbraucher** nach Maßgabe des Art. 249 § 3 EGBGB **über** dieses **Widerrufsrecht belehren**. Verwendet der Unternehmer hierbei das Muster für die Widerrufsbelehrung (Anlage 10 zu Art. 249 § 3 EGBGB), gilt die Widerrufsbelehrung kraft Gesetzes als ordnungsgemäß, Art. 249 § 3 Abs. 2 EGBGB.

---

731 BT-Drs. 18/8486, S. 63.

732 Zu den Voraussetzungen und Rechtsfolgen allgemein und ausführlich AS-Skript Schuldrecht AT 2 (2020), Rn. 233 ff.

733 BT-Drs. 18/8486, S. 63.

366 **Besonderheiten** für den Beginn der Widerrufsfrist und das Erlöschen des Widerrufsrechts sieht die Regelung in **§ 356 e** vor:

- In Ergänzung des § 355 Abs. 2, demzufolge die **Widerrufsfrist** grundsätzlich 14 Tage beträgt und mit Vertragsschluss beginnt, bestimmt **§ 356 e S. 1**, dass die Widerrufsfrist **nicht vor ordnungsgemäßer Belehrung** gemäß Art. 249 § 3 EGBGB **beginnt**.
- Allerdings sieht (auch im Fall einer nicht oder nicht ordnungsgemäß vorgenommenen Belehrung) **§ 356 e S. 2** das **Erlöschen** des Widerrufsrechts **12 Monate und 14 Tage nach** dem in § 355 Abs. 2 S. 2 genannten Zeitpunkt (dem **Vertragsschluss**) vor, sodass ein „ewiges Widerrufsrecht" ausgeschlossen ist.

Hinsichtlich der **Rechtsfolgen des Widerrufs** ist die Regelung des **§ 357 d** zu beachten, welche die allgemeine Vorschrift in § 355 Abs. 3 S. 1 ergänzt. Danach **schuldet** der **Verbraucher** für den Fall, dass die Rückgewähr (vgl. § 355 Abs. 3 S. 1) der bis zum Widerruf erbrachten Leistung ihrer Natur nach ausgeschlossen ist, dem Unternehmer **Wertersatz**.

Die – verschuldensunabhängige – Verpflichtung des Verbrauchers zum Wertersatz ist gegenüber der Rückgewähr in Natur die Regel, da die Bauarbeiten üblicherweise auf dem Grundstück des Verbrauchers durchgeführt werden und deshalb zu einem **Wertzuwachs aufseiten des Verbrauchers** führen, der nicht zurückgewährt werden kann.

Beispiele: Aushub einer Baugrube, Betonieren von Fundamenten, Errichtung eines Dachstuhls[734]

Bei der **Berechnung** des Wertersatzes ist gemäß **§ 357 d S. 2** grundsätzlich die vereinbarte Vergütung zugrunde zulegen. Ist diese **Vergütung** indes unverhältnismäßig hoch, ist der Wertersatz auf **Grundlage des Marktwerts** der erbrachten Leistung zu berechnen, vgl. **§ 357 d S. 3**.

Grenzen oder Kriterien für die **Bemessung der Unverhältnismäßigkeit** enthält das Gesetz nicht; jedenfalls reicht die bloße Überschreitung des Marktwerts aber nicht aus.[735]

3. Unabdingbarkeit und Umgehungsverbot, § 650 o

367 **Von** den Vorschriften über den Verbrauchervertrag gemäß den **§§ 650 i–650 l** und **§ 650 n**, also insbesondere den Regelungen zur Baubeschreibung und zum Widerrufsrecht, kann **nicht zum Nachteil des Verbrauchers abgewichen** werden, § 650 o S. 1.

Demgegenüber kann von den Regelungen in § 650 l über die Abschlagszahlungen des Verbrauchers durch Individualvereinbarungen – auch zum Nachteil des Verbrauchers – abgewichen werden.

Außerdem wird die Unabdingbarkeit nach § 650 o S. 1 durch ein in **§ 650 o S. 2** statuiertes **Umgehungsverbot** (ähnlich der Regelung des § 476 Abs. 1 S. 2) abgesichert.

734 BT-Drs. 18/8486, S. 38.

735 Wolffskeel/Jerger NJW 2015, 237, 240.

C. Architektenvertrag und Ingenieurvertrag, §§ 650 p ff.

Im Zuge der Reform des Bauvertragsrechts sehen die §§ 650 p–650 t mit Wirkung zum 01.01.2018 spezielle Regelungen zum Architektenvertrag und Ingenieurvertrag vor. **368**

Hintergrund: *Auch bisher wurden der Architektenvertrag und der Ingenieurvertrag bereits als Werkvertrag qualifiziert. Gleichwohl wäre bei einigen Aufgaben des Architekten oder Ingenieurs auch eine Zuordnung zum Dienstvertragsrecht vorstellbar. Der Gesetzgeber hat sich jedoch gegen eine Qualifizierung des Architektenvertrags als „gemischter Vertrag" entschieden, weil dies in der Rechtsanwendung zu erheblichen Unsicherheiten führen würde. Da die Anwendung des Werkvertragsrechts für Architekten und Ingenieure aber in einigen Punkten erhebliche, teilweise unverhältnismäßig belastende Konsequenzen hat, sollen die Regelungen des Werkvertragsrechts nicht uneingeschränkt auf Architekten- und Ingenieurverträge Anwendung finden, sondern den Besonderheiten dieses Vertragstyps durch spezielle Regelungen Rechnung tragen.*[736]

Der Architekten- oder Ingenieurvertrag ist nunmehr in **§ 650 p Abs. 1 legal definiert**. **369** Danach wird der Unternehmer verpflichtet, die Leistungen zu erbringen, die nach dem jeweiligen Stand der Planung und Ausführung des Bauwerks oder der Außenanlage erforderlich sind, um die zwischen den Parteien vereinbarten Planungs- und Überwachungsziele zu erreichen.

Die Definition enthält die aus **§ 650 a** bekannten Begriffe **Bauwerk** und **Außenanlage** (dazu oben Rn. 349). Das bedeutet für die Außenanlage, dass nicht jede Vereinbarung über Arbeiten an einem Grundstück ausreicht, denn nur die Herstellung, die Wiederherstellung, die Beseitigung oder der Umbau einer Anlage wird erfasst. Deshalb ist nicht jede Vereinbarung über Leistungen in Bezug auf Arbeiten an einem Grundstück als Architekten- oder Ingenieurvertrag anzusehen, sondern nur solche, die auf **gestalterische Arbeiten** gerichtet sind.[737]

Beispiele: Planung der Einrichtung oder Umgestaltung eines Gartens, Parks, Teichs oder Dammes

Sowohl bei einem auf ein Bauwerk als auch bei einem auf eine Außenanlage gerichteten Architekten- oder Ingenieurvertrag sind regelmäßig **umfangreiche und komplexe Tätigkeiten** geschuldet.[738]

Soweit wesentliche Planungs- und Überwachungsziele noch nicht vereinbart sind, hat **370** der Unternehmer gemäß **§ 650 p Abs. 2 S. 1** zunächst eine **Planungsgrundlage** zur Ermittlung dieser Ziele zu erstellen.

Hinweis: *Mit der Neuregelung soll zugleich einer in der Praxis vielfach zu weitgehenden Ausdehnung der* ***unentgeltlichen Akquise zulasten des Architekten*** *entgegengewirkt werden. Durch die Einführung einer vertraglichen Pflicht des Architekten oder Ingenieurs, an der Ermittlung von Planungs- und Überwachungszielen mitzuwirken, stellt der Gesetzgeber klar, dass zum Zeitpunkt der grundlegenden Konzeption des Bauprojekts durchaus bereits ein Vertrag geschlossen sein kann.*[739]

---

736 BT-Drs. 18/8486, S. 66.

737 Palandt/Retzlaff § 650 a Rn. 7.

738 Erman/Schwenker/Rodemann § 650 p Rn. 3.

739 BT-Drs. 18/8486, S. 67.

Nach **§ 650 p Abs. 2 S. 2** ist der Architekt oder Ingenieur verpflichtet dem Besteller die Planungsgrundlage zusammen mit einer **Kosteneinschätzung** für das Vorhaben zur Zustimmung vorzulegen. Die Kosteneinschätzung soll dem Besteller eine grobe Einschätzung der zu erwartenden Kosten für seine Finanzierungsplanung geben. Planungsgrundlage und Kosteneinschätzung zusammen sollen den Besteller in die Lage versetzen, eine fundierte Entscheidung zu treffen, ob er dieses Bauprojekt oder die Außenanlage mit diesem Planer realisieren oder von dem in **§ 650 r** vorgesehenen **Sonderkündigungsrecht** Gebrauch machen möchte.[740]

Klausurhinweis: *Der Anspruch des Unternehmers auf die vereinbarte Vergütung ergibt sich aus § 650 p i.V.m. § 631 Abs. 1 und § 632 Abs. 1.*

371 In **§ 650 q** ist bestimmt, welche Vorschriften **auf Architekten- und Ingenieurverträge Anwendung** finden.

- Danach gelten grundsätzlich die **§§ 631–650** sowie die **§§ 650 b** und **650 e–650 h** entsprechend, soweit sich aus den speziellen Vorschriften über den Architektenvertrag und Ingenieurvertrag nichts anderes ergibt, § 650 q Abs. 1.
- Für die **Vergütungsanpassung** im Fall von Anordnungen nach § 650 b Abs. 2 gelten die Entgeltberechnungsregeln der Honorarordnung für Architekten und Ingenieure (HOAI), soweit infolge der Anordnung zu erbringende oder entfallende Leistungen vom Anwendungsbereich der Honorarordnung erfasst werden. Im Übrigen ist die Vergütungsanpassung für den vermehrten oder verminderten Aufwand aufgrund der angeordneten Leistung frei vereinbar. Soweit die Vertragsparteien keine Vereinbarung treffen, gilt § 650 c entsprechend, § 650 q Abs. 2.

372 Durch **§ 650 s** wird das Recht des Architekten oder Ingenieurs statuiert, ab der Abnahme der letzten Leistung des bauausführenden Unternehmers oder der bauausführenden Unternehmer eine **Teilabnahme** der bis dahin erbrachten Architekten- oder Ingenieurleistungen zu verlangen. Damit wird hinsichtlich des überwiegenden Teils der Leistungen des Architekten oder Ingenieurs ein **Gleichlauf der Verjährungsfrist** der Mängelhaftung mit der des bauausführenden Unternehmers erreicht, vgl. § 634 a Abs. 2. Wird von dem Recht auf Teilabnahme Gebrauch gemacht, schließt sich nach Erfüllung aller geschuldeten Leistungen die **Schlussabnahme** an. War ein Architekt oder Ingenieur aber z.B. nur mit der Planung des Vorhabens beauftragt, kann er nach dem Ende seiner Tätigkeiten bereits die (Gesamt-)Abnahme nach § 640 Abs. 1 verlangen. Für diese Fälle ändert sich durch das Recht auf Teilabnahme gemäß § 650 s nichts.[741]

373 Schließlich sieht **§ 650 t** vor, dass ein Unternehmer, der vom Besteller wegen eines **Überwachungsfehlers** in Anspruch genommen wird, die Leistung verweigern kann, wenn auch der bauausführende Unternehmer für den Mangel haftet und der Besteller diesem noch nicht erfolglos eine angemessene Frist zur Nacherfüllung bestimmt hat. Mit diesem **Leistungsverweigerungsrecht** wird ein **„Vorrang der Nacherfüllung"** im Verhältnis zwischen Architekt oder Ingenieur, ausführendem Bauunternehmer und Besteller statuiert.

740 Erman/Schwenker/Rodemann § 650 s Rn. 3.

741 BT-Drs. 18/8486, S. 70.

Hintergrund: *Durch § 650 t soll die überproportionale Belastung der Architekten und Ingenieure im Rahmen der* ***gesamtschuldnerischen Haftung mit*** *dem* ***bauausführenden Unternehmer*** *reduziert werden. Denn Bauherren nehmen bei Mängeln, die sowohl der Bauunternehmer als auch der Architekt oder Ingenieur zu verantworten haben, vorrangig letztere in Anspruch, da Architekten und Ingenieure aufgrund ihrer Berufsordnung zum Abschluss einer Berufshaftpflichtversicherung verpflichtet sind und damit die Realisierung von Schadensersatzansprüchen gesichert ist.*[742]

Das Leistungsverweigerungsrecht aus **§ 650 t** gilt nur für Überwachungsfehler. Denn **bei Planungsmängeln** wäre ein solches Recht **nicht** gerechtfertigt, da der Architekt oder Ingenieur in diesen Fällen die Hauptursache für den Mangel gesetzt hat.[743]

D. Bauträgervertrag, §§ 650 u f.

Der Bauträgervertrag wird nunmehr in **§ 650 u Abs. 1 S. 1** (bis zum 31.12.2017 inhaltsgleich in § 632 a Abs. 2 a.F.) **legal definiert**. Danach handelt es sich um einen Vertrag, der die Errichtung oder den Umbau eines Hauses oder eines vergleichbaren Bauwerks zum Gegenstand hat und der zugleich die Verpflichtung des Unternehmers enthält, dem Besteller das Eigentum an dem Grundstück zu übertragen oder ein Erbbaurecht zu bestellen oder zu übertragen. **374**

In Bezug auf die Errichtung oder den Umbau finden gemäß **§ 650 u Abs. 1 S. 2** grundsätzlich die Regelungen in den **§§ 631–650 o Anwendung**, soweit sich aus § 650 u und § 650 v (Abschlagszahlungen) nichts anderes ergibt. Für den Anspruch auf Übertragung des Eigentums an dem Grundstück oder auf Übertragung oder Bestellung des Erbbaurechts **gilt** hingegen **Kaufrecht, § 650 u Abs. 1 S. 2**. **375**

Klausurhinweis: *Die Differenzierung zwischen der Anwendbarkeit des Kauf- oder des Werkvertragsrechts ist, insbesondere bei der* ***Mängelgewährleistung*** *zu beachten. Verpflichtet sich der Veräußerer zur Errichtung eines Bauwerkes (Haus, Eigentumswohnung), richten sich die Rechte des Erwerbers wegen Mängeln des Grundstücks nach Kaufrecht (§§ 437 ff.), wegen Mängeln des Bauwerkes nach Werkvertragsrecht (§§ 635 ff.).*

Dies gilt auch bei einem Vertrag über die Lieferung und ***Errichtung eines Ausbau- oder Fertighauses****. Maßgeblich für die Abgrenzung ist nämlich nicht der Umfang der Montagearbeiten, sondern die Frage, ob nach dem Vertrag die Pflicht zur Eigentumsübertragung zu montierender Einzelteile oder die Herstellungspflicht im Vordergrund steht.*[744] *Sowohl bei einem Vertrag über die Lieferung eines Ausbau- als auch eines Fertighauses tritt die Verpflichtung zur Lieferung der erforderlichen Bauteile hinter der Verpflichtung zur Erstellung des Ausbau- oder Fertighauses zurück.*

Wird ein Grundstück mit einem – bereits bei Vertragsschluss – ***neu errichteten Bauwerk*** *erworben, so ist für Baumängel das Werkvertragsrecht maßgebend.*[745]

742 BT-Drs. 18/8486, S. 70.

743 Erman/Schwenker/Rodemann § 650 t Rn. 3.

744 BGHZ 165, 325 ff.

745 BGH NJW 2006, 214, 216; Erman/Schwenker/Rodemann § 650 u Rn. 1; a.A. Palandt/Retzlaff Vorbem. v. § 633 Rn. 3.

376 Der **§ 650 u Abs. 2** enthält – als Ausnahme zum Grundsatz nach § 650 u Abs. 1 S. 2 – einen **Katalog** derjenigen Vorschriften aus dem Werk- und Bauvertragsrecht, die **nicht** auf den Bauträgervertrag **anzuwenden** sind:

- Freie Kündigung (§ 648) sowie Kündigung aus wichtigem Grund (§ 648 a),
- §§ 650 b–650 e (u.a. Anordnungsrecht des Bestellers, Sicherungshypothek des Bauunternehmers) und § 650 k Abs. 1 (Baubeschreibung als Vertragsinhalt),
- Widerrufsrecht (§ 650 l) und Abschlagszahlungen (§ 650 m Abs. 1).

Gemäß **§ 650 v** kann der Unternehmer von dem Besteller **Abschlagszahlungen** nur verlangen, soweit sie gemäß einer Verordnung aufgrund von Art. 244 EGBGB vereinbart sind.

3. Teil: Werklieferungsvertrag

Gemäß **§ 650** finden auf einen Vertrag, der die Lieferung **herzustellender** oder **zu erzeugender beweglicher Sachen** zum Gegenstand hat, die Vorschriften über den **Kauf** Anwendung (Werklieferungsvertrag). 377

Handelt es sich dabei um eine **nicht vertretbare Sache**, so finden **ergänzend** die Vorschriften des **Werkvertragsrechts**, nämlich die §§ 642, 643, 645, 648 und 649 Anwendung.

Obwohl das Gewährleistungsrecht des **Kaufrechts** mit dem des **Werkvertragsrechts** weitgehend übereinstimmt, weil jeweils auf die allgemeinen Regelungen verwiesen wird, bestehen folgende **Unterschiede**:

- Nur im Rahmen des Kaufrechts gelten die Regeln über den **Verbrauchsgüterkauf**, die den Verbraucher in erheblichem Umfang schützen, §§ 474 ff.
- Findet Kaufrecht Anwendung, hat bei der Nacherfüllung der **Käufer das Wahlrecht**, ob er Beseitigung des Mangels oder Lieferung einer mangelfreien Sache verlangt (§ 439), während beim Werkvertrag der Unternehmer wählen kann, in welcher Form er nacherfüllt, §§ 634 Nr. 1, 635.
- Im Werkvertragsrecht hat der Besteller ein **Selbstvornahmerecht** (§ 637 Abs. 1) und 378 kann gemäß § 637 Abs. 3 vom Unternehmer für die zur Beseitigung des Mangels erforderlichen Aufwendungen einen **Vorschuss** verlangen. Im Kaufrecht steht dem Käufer kein vergleichbares Selbstvornahmerecht zu. Ersatz der Aufwendungen für die Mangelbeseitigung kann der Käufer allenfalls als Schadensersatz statt der Leistung gemäß §§ 437 Nr. 3, 280, 281 bei Verschulden des Verkäufers verlangen.
- Die Mängelansprüche des Werkvertragsrechts verjähren, wenn keine Ausnahme gemäß § 634 a Abs. 1 Nr. 1 u. 2 vorliegt, in der **regelmäßigen Verjährungsfrist**, § 634 a Abs. 1 Nr. 3. Diese beträgt gemäß § 195 **drei Jahre** und beginnt mit dem Schluss des Jahres, in dem der Anspruch entstanden ist und der Gläubiger von den den Anspruch begründenden Umständen und der Person des Schuldners Kenntnis erlangt oder ohne grobe Fahrlässigkeit erlangen müsste (§ 199). Nur in den Fällen des § 634 a Nr. 1 und Nr. 2 beginnt gemäß § 634 a Abs. 2 die Verjährung mit der Abnahme.

  Im Kaufrecht beträgt die Verjährungsfrist, wenn keine Ausnahme gemäß § 438 Abs. 1 Nr. 1 oder Nr. 2 vorliegt, gemäß **§ 438 Abs. 1 Nr. 3 zwei Jahre**. Sie beginnt gemäß § 438 Abs. 2 bei Grundstücken mit der Übergabe, im Übrigen mit der Ablieferung der Sache.
- Auch der Zeitpunkt, von dem an Gewährleistungsrechte geltend gemacht werden 379 können, ist unterschiedlich. Dies ist im Kaufrecht im Regelfall die **Übergabe**, im Werkvertragsrecht regelmäßig die **Abnahme**.
- Im Werkvertragsrecht besteht eine **Vorleistungspflicht** des Unternehmers, denn der Werklohn wird erst mit Abnahme fällig, § 641 Abs. 1. Allerdings kann der Unternehmer gemäß § 632 a Abschlagszahlungen verlangen und ist durch ein Werkunter-

nehmerpfandrecht gesichert, § 647. Im Kaufrecht ist die Vergütung sofort fällig, § 271. Jedoch hat der Käufer ein Zurückbehaltungsrecht gemäß § 320.

- Außerdem hat der Besteller ein **jederzeitiges Kündigungsrecht** gemäß § 648, welches der Käufer nicht hat.

A. Nicht vertretbare Sachen

380 Soweit es sich um die Herstellung oder Erzeugung nicht vertretbarer Sachen handelt, sind gemäß § 650 S. 3 **bestimmte Regelungen des Werkvertragsrechts neben** dem **Kaufrecht anwendbar**.

Nach der Legaldefinition des **§ 91** sind **vertretbare Sachen** bewegliche Sachen, die im Verkehr nach Zahl, Maß oder Gewicht bestimmt zu werden pflegen. Charakteristisch für vertretbare Sachen ist, dass sie **nicht** im Hinblick auf die **individuellen Bedürfnisse** einer einzelnen Person geschaffen wurden, sondern dass es einen (wenn auch möglicherweise kleinen) Kreis von anderen Personen gibt, für den diese Gegenstände ebenfalls in Betracht kommen.[746]

Vertretbare Sachen sind etwa Geld, Wertpapiere, Waren aus Serienanfertigung, auch wenn sie nach den Wünschen des Bestellers anzufertigen sind.[747] Wein, der durch Rebsorte, Lager, Jahrgang und Qualitätsstufe bestimmt wird, ist ebenfalls eine vertretbare Sache.[748]

Nicht vertretbar sind dagegen **individuelle Sonderanfertigungen** wie Maßanzüge, Einbauschränke, persönliches Briefpapier oder Visitenkarten.

Soll eine solche Sache erzeugt oder hergestellt werden, finden die folgenden Vorschriften aus dem Werkvertragsrecht ergänzend Anwendung:

- Mitwirkungspflicht des Bestellers, **§ 642**,
- das Recht zur Kündigung des Unternehmers, wenn der Besteller die Mitwirkung unterlässt, **§ 643**,
- die Verantwortlichkeit des Bestellers für die von ihm gelieferten Stoffe oder von ihm erteilten Anweisungen, **§ 645**,
- das Kündigungsrecht des Bestellers gemäß **§ 648**,
- das Kündigungsrecht des Bestellers bei Überschreitung des Kostenanschlags gemäß **§ 649**.

B. Abgrenzungsprobleme

381 Wegen der unterschiedlichen Rechtsfolgen (dazu bereits oben Rn. 377 ff.) kann es im Einzelfall von großer Bedeutung sein, ob ein Kaufvertrag, Werkvertrag oder Werklieferungsvertrag über eine nicht vertretbare Sache vorliegt.[749]

---

746 Vgl. BeckOK/Voit § 650 Rn. 17.

747 Palandt/Ellenberger § 91 Rn. 2.

748 BGH NJW 1985, 2403, 2405.

749 Dazu ausführlich Leistner JA 2007, 281 f.

Fall 15: Hippe Hütte

Der begeisterte Jäger B lässt sich von Unternehmer U eine moderne Jagdhütte bauen. Macht es für die Rechte des B einen Unterschied, ob er Eigentümer des Jagdgeländes oder nur Pächter ist?

A. Die Jagdhütte wird mit dem Grund und Boden fest verbunden, sodass sie gemäß §§ 93, 94 Abs. 1 wesentlicher Bestandteil des Grundstücks wird. Gleiches gilt gemäß § 94 Abs. 2 für alle zur Herstellung der Hütte eingefügten Sachen. Ist B **Eigentümer** des Jagdgeländes, handelt es sich um die Errichtung eines Gebäudes, sodass ein reiner **Werkvertrag** vorliegt. 382

B. Ist B hingegen **Jagdpächter**, so ist die Hütte nur Scheinbestandteil i.S.d. § 95 Abs. 1 S. 1, da sie nur zu einem vorübergehenden Zweck eingefügt worden ist.[750] Sachenrechtlich handelt es sich damit um eine **bewegliche Sache**. Fraglich ist, ob dann über § 650 Kaufrecht Anwendung findet.

Dafür könnte sprechen, dass es die Einheit der Rechtsordnung gebietet, den Begriff „bewegliche Sache" im Vertragsrecht und im Sachenrecht gleich zu behandeln. Jedoch rechtfertigt eine sachenrechtliche Position keine unterschiedliche Rechtsstellung des Verbrauchers, zumal der Unternehmer sie häufig auch nicht kennt.[751] Deshalb ist **§ 650 teleologisch zu reduzieren**. Wenn eine Sache gemäß § 95 nur zu einem vorübergehenden Zweck oder in Ausübung eines Rechtes an einem Grundstück mit dem Grund und Boden verbunden wird und es sich dabei um ein Bauwerk handelt, ist § 650 **nicht anzuwenden**.[752] Hierfür spricht schließlich auch, dass es sich bei einer Jagdhütte nach dem allgemeinen Sprachgebrauch um keine bewegliche Sache handelt.

Fall 16: Maßgeschneiderte Mode

Der gut beleibte B geht in ein Modegeschäft, um einen Anzug zu kaufen. Da er nichts Passendes findet, schlägt ihm der Inhaber vor, bis zum Wochenende zu warten. Dann komme ein befreundeter Herrenschneider S, bei dem er sich den Anzug nähen lassen könne. Macht es einen Unterschied, ob der Anzug aus dem Stoff gemacht wird, den sich B bei dem Herrenschneider S aussucht oder ob B den Stoff selbst mitbringt?

A. Wird der Anzug aus Stoff hergestellt, den sich B bei S aussucht, handelt es sich um einen Werklieferungsvertrag i.S.d. § 650, sodass Kaufrecht anwendbar ist. Da es sich um eine **unvertretbare Sache** handelt, finden ergänzend die in § 650 S. 3 genannten Vorschriften des Werkvertragsrechts Anwendung. 383

750 BGHZ 92, 70, 72; OLG Hamm NJW 1992, 916, 917.

751 Schuhmann ZGS 2005, 250, 255.

752 Leistner JA 2007, 81, 82.

B. Problematisch ist, welche Regelungen Anwendung finden, wenn der Anzug aus Stoff hergestellt wird, den B mitbringt.

I. In der Lit.[753] wird **teilweise** davon ausgegangen, dass in solchen Fallgestaltungen **Werkvertragsrecht** gilt und nicht über § 650 das Kaufrecht Anwendung findet. Der Begriff „Lieferung" einer neuen beweglichen Sache setze voraus, dass der Unternehmer Eigentum und Besitz an der Sache auf den Besteller überträgt. Dies kann er nicht, wenn der Besteller bereits Eigentümer ist. Nach der früher h.M. ist der Besteller auch Hersteller i.S.d. § 950, sodass er das Eigentum an der neuen Sache erwirbt, wenn die Sache aus einem von ihm gelieferten Stoff hergestellt wird.[754]

II. Die **h.M.**[755] geht nunmehr aber davon aus, dass auch in diesem Fall das **Kaufrecht** Anwendung findet, weil nach europarechtlicher Vorgabe ein Vertrag i.S.d. § 650 vorliegt. Dabei wird teilweise dafür plädiert, den überholten Herstellerbegriff aufzugeben und den Unternehmer als Hersteller anzusehen,[756] andere weisen darauf hin, dass der Begriff „Lieferung" nicht zwingend eine Eigentumsverschaffung voraussetze.[757]

Für diese Auffassung spricht, dass andernfalls § 650 in seinem Anwendungsbereich wesentlich beschränkt wird. Hinzu kommt, dass schuldrechtliche Beziehungen der Parteien nicht von sachenrechtlichen Erwägungen abhängig gemacht werden sollten. Insbesondere der **Verbraucherschutz gebietet es, diese Verträge dem Kaufrecht zu unterstellen**, weil der Kunde auch in dem Fall, dass er selbst den Stoff stellt, den Schutz der Vorschriften des Verbrauchsgüterkaufs genießen sollte. Andernfalls hinge das Schutzniveau von dem eher zufälligen Umstand ab, wer den Stoff bereitstellt. Allerdings bleibt es dabei, dass es sich bei dem Anzug um eine unvertretbare Sache handelt und deshalb gemäß § 650 S. 3 ergänzend einige werkvertragliche Vorschriften Anwendung finden.

---

384 Ferner kann die Frage virulent werden, wie Verträge einzuordnen sind, bei denen zwar die Lieferung einer beweglichen Sache erfolgt, die jedoch **zusätzlich planerische, konstruierende oder gestalterische Elemente** aufweisen.

Beispiel: Planung und Herstellung einer komplexen Maschine, die in den Produktionsprozess des Auftraggebers einzupassen ist[758]

Teilweise wird wegen des Wortlauts des § 650 ein derartiger Vertrag dem Kaufrecht zugeordnet, da es sich – trotz der Nebenleistungspflichten – um die Lieferung einer herzustellenden beweglichen Sache handelt.[759] In der Rspr.[760] wird darauf abgestellt, ob

753 BeckOK-BGB/Voit § 650 Rn. 10.
754 BGHZ 20, 159, 163; Palandt/Herrler § 950 Rn. 8.
755 Röthel NJW 2005, 250, 255; Leistner JA 2007, 81, 82; Schuhmann ZGS 2005, 250, 255.
756 Schuhmann ZGS 2005, 250, 255.
757 NK-BGB/Raab § 651 Rn. 27.
758 Leistner JA 2007, 81, 82.
759 Palandt/Retzlaff § 650 Rn. 5.
760 BGH RÜ 2009, 692, 694.

die Planungsleistung so dominiert, dass sie den **Schwerpunkt des Vertrags** bildet und deswegen die Anwendung des Werkvertragsrechts erfordert. Das kann z.B. dann der Fall sein, wenn es bei der Beauftragung im Wesentlichen um die allgemeine planerische Lösung eines konstruktiven Problems geht.

Wird der **Bau eines Schiffes** in Auftrag gegeben, so könnte ein Werklieferungsvertrag **385**
gemäß § 650 vorliegen, da der Vertrag die Lieferung einer herzustellenden beweglichen Sache zum Gegenstand hat.

Die Regelung des **§ 647 a** zeigt jedoch, dass der Schiffsbau dem **Werkvertragsrecht** unterliegen soll.[761]

Beim „Kauf" von **Software** ist zu differenzieren: **386**

- Geht es um **Standardsoftware**, liegt ein **Kaufvertrag** vor. Ist die Software auf einem Datenträger (z.B. CD-ROM) verkörpert, handelt es sich um einen Sachkauf, auch wenn der eigentliche Wert in der verkörperten geistigen Leistung liegt.[762] Bei Software, die über das Internet übertragen wird, ist ein Rechtskauf gegeben, sodass gemäß § 453 die Vorschriften über den Sachkauf entsprechende Anwendung finden.[763]

- Wie Verträge über die Herstellung von **Individualsoftware** oder die Anpassung von Standardsoftware zu behandeln sind, ist umstritten. Teilweise wird angenommen, es handele sich bei Individualsoftware nicht um Sachen i.S.d. § 651, sodass ausschließlich Werkvertragsrecht Anwendung findet.[764]

  Nach a.A. handelt es sich bei Individualsoftware – wie bei Standardsoftware – um die Lieferung einer Sache, sodass gemäß § 650 Kaufrecht anwendbar ist.[765] Nach einer weiteren Auffassung ist nach dem Schwerpunkt der Leistung abzugrenzen: Bei der Softwareerstellung handele es sich um einen gemischt-typischen Vertrag, bei dem es dem Auftraggeber in erster Linie auf das Know-how des Softwareherstellers ankomme. Deshalb sei **Werkvertragsrecht** anwendbar.[766] Für die Anwendung von Werkvertragsrecht spricht, dass auch andere geistige Leistungen, die in einer Sache verkörpert werden, etwa juristische Gutachten, dem Werkvertragsrecht unterfallen.

761 BeckOK-BGB/Voit § 650 Rn. 2.
762 BeckOK-BGB/Faust § 433 Rn. 21.
763 NK-BGB/Büdenbender § 453 Rn. 2.
764 Palandt/Retzlaff Einf v § 631 Rn. 22.
765 Schweinoch/Roars CR 2004, 326, 328; Mankowski MDR 2003, 854, 857.
766 Spindler/Klön CR 2003, 81, 83.

STICHWORTVERZEICHNIS

Die Zahlen verweisen auf die Randnummern.